御堂龍児

四柱推命大鑑

国書刊行会

まえがき

科学が進歩してコンピューターが発達し、インターネットを使えば富士山にまで登らなくても火口を覗くことができ、また一瞬でオアフ島を観光できる時代となりました。少しキーボードを叩くだけで、その場で何でも調べられます。まったく凄い進歩だと思います。

しかし、こんなに科学が進歩しても、結局この世のものは五行の働きから逃げることができません。

五行とは、木《もく》・火《か》・土《ど》・金《こん》・水《すい》の五つのエネルギー要素で、自然界はこれらの要素から成り立っていると考えられています。この大地は、土です。火は太陽で、太陽が海を照らして上がって来る水蒸気が風をつくり、この地球上を巡り、生命が生まれ育って来ました。実は、この水蒸気とか風が金の作用です。この金の働きによって雨が降り、大地が潤い、さまざまな生命が育ちます。これが水の作用です。木は狭義には草や木《き》のことですが、広い意味ではこの地球上の生命あるものを全て木とみなします。太陽の火が大地を照らし、その土からはいろいろな命が生まれてきます。胎生、卵生、湿生のものと様々です。こうして、五行が絡み合って生命の循環が進み、我々の地球が出来上がり生命の活動の場となりました。

人の一生も、これら五行の働きに支配されています。人が自然界の産物である限り、例外なく五行エネルギーの働きには逆らえません。

本書で紹介する四柱推命は、あなたが生まれた日の季節が、草木の生い茂る春なのか、線路のレールさえ伸びてしまう夏の暑いときなのか……など五行を表す十干十二支に当てはめます。もしも、木の五行の人が夏の暑い時に生まれたならば、絶対に水が必要です。もしも水がないと木はたちまちに枯れてしまいます。反対に、ふんだんに水をやると草木はどんどん伸びていきます。同様の原理で、木の五行の人が夏に生まれたならば、水の運に入った時、その人の運はどんどん伸びていきます。

この、ある人にとって必要な五行を喜神《きしん》と言います。もしも、火の運に入れば、かなり大変な人生となることでしょう。反対に、その人にとってマイナスの働きをするものを忌神《ぎしん》と言います。この喜神と忌神を見分けること、それが運命のカラクリを知ることです。季節の五行の働きとは、いわば太陽に代表される火の作用です。火から始まった五行の循環をよく掴むことができれば、あなたも運命のカラクリを知ることができるのです。

とりわけ本書の第七章では、喜神に基づいて成功した人の実例を分析しました。人生で成功するには、喜神となる五行の天職をみつけることが不可欠です。

人がどう生きていくか。

誰でも自分のやりたいことができれば幸せでしょうが、成功した人の喜神・忌神を調べていくうちに、何よりも喜神に示される仕事こそ、その人が幸福に思うこと、その人が世のために貢献できることでもあったのです。

中国の古典に『陰騭録《いんしつろく》』という本があります。

袁了凡《えんりようぼん》という人が主人公ですが、あるとき慈雲寺で遊んでいた時に、雲南から来たという孔老人が、見込みのある子だと言って占ってくれました。孔老人は皇極数という、人の一生を読み取る術を習得したと言い、袁了凡の一生を占いましたが、後に科挙に及第することや何歳で出世するかなど、ことごとく当たっていたと言います。

以来、了凡は運命論者になってしまったのですが、仕事で北京を訪ねた時、高名な雲谷禅師《うんこくぜんじ》から人の運命とはそういうものではない、と諭されます。それからは、自分自身で運命を拓く努力をしてゆくようになりました。

最初の数年は、それこそ予言の通りだったのですが、さらに数年もすると女の子しかできないと言われた予言が外れて男の子が産まれたり、出世の年が外れて早くなったり、いろいろなことが変わってきたのです。

――世の中に善行を積むこと、自分の食べる分を減らしてでも恵まれない人に分け与えること、それが雲谷禅師の教える道であり、その教えを守る努力が運命を拓いたのです。

本書を通して運命とは何かを知り、さらには本当の意味の奉仕の精神を摑み、術を越えて道に至り、あなたの人生を本当の意味で切り拓かれんことを願います。

目次

奥伝

初伝

第一章　宿命と運命を読み解くための準備

一、運命を左右する五行のエネルギー

まず最初に、四柱推命の概念をお話ししましょう。

四柱推命とは、出生年月日時を干支《かんし》に置き換えて、その干支の五行のエネルギーバランスを測って気質や性格を読み取り、その人の運勢の流れを看《み》ていく（看命）学問です。人生の中で何歳の時にどんな事柄が起きるかを予測したり、時には過去の出来事を当てたりもします。

占いというイメージがある中で、あえて学問と強調したのは、四柱推命はかつて中国の皇帝の秘書官であった珞琭子《らくろくし》が研究し創始した歴史があるからです。

１３６８年ごろには明の劉泊温《りゅうはくうん》が『滴天髄《てきてんずい》』を著しています。劉泊温は皇帝朱元璋《しゅげんしょう》の参謀となって、軍の責任者や皇室の補助となる人選をするのに、この四柱推命を使いました。劉泊温の記した『滴天髄』は推命学の三大書の一つとなっています。ちなみに他の二冊は『窮通宝鑑《きゅうつうほうかん》』（原作者不明、余春台改編）と『子平真詮《しへいしんせん》』（沈孝《ちんこう》瞻《たん》著）です。

さて、【例題1】をご覧ください。

出生年月日と時間を干支に直したものを「命式《めいしき》」と呼びますが、この例題は高額宝くじに当選した男性の命式です。

【例題1】

1943年9月18日20時00分生まれ　K男

［A］本命

	天干	地支
年柱	癸	未
月柱	辛	酉
日柱	己	卯
時柱	甲	戌

［B］大運

3	庚申
13	己未
23	戊午
33	丁巳
43	丙辰
53	乙卯

［C］流年

1966年＝丙午年

［D］喜神と忌神

喜神	火・土
忌神	金・水・木

＊この方の生年月日は『推命学の革新』（朝田啓郷著）より引用しました。喜神と忌神は新たに加えたものです。

命式の作成方法は第二章で説明します。まずは、四柱推命の概念を摑んでください。

命式の［A］の部分が、その人の出生年月日と時間を天干と地支の組み合わせである「干支《かんし》」に直したもので、気質、性格、適職、結婚、病気などその人の持って生まれた宿命を表していて、これを「本命《ほんめい》」と言います。

次に［B］の部分はその人の運気の盛衰を表していて、その人がいつ結婚するか、病気になるかという運命の時期を表します。これを「大運《たいうん》」と言います。世間でよく言う運が良いとか悪いとかを表すのはこれです。

［C］はこの男性が高額宝くじに当たった年です。年も十干と十二支に置き換えています。以下、「流年《りゅうねん》」と呼んでいきます。いわゆる毎年の運勢のことです。

［D］の部分が、四柱推命で人の運命の成功と失敗、吉凶を読み取り、判断していくために最も大切な鍵となります。ここでは、「喜神《きしん》」と「忌神《ぎしん》」と記してあります。

喜神は読んで字のごとく、その人にとってプラスに働くエネルギーで、忌神はその人にとってあまりうまくいかないマイナスのエネルギーのことです。「神」とは気とかエネルギーという意味で、神社仏閣に祀る神仏のことではありません。

本書も後半の中伝の部分に入ると、喜神をさらに詳しく分けて、用神《ようじん》と喜神と呼び、忌神も詳しく分けて、忌神、仇神《きゅうしん》、閒神《かんじん》と呼んでいきます。しかし、初心、入門の段階では、まずは喜神・忌神の概念を理解しましょう。そうすれば、大体の運命の謎が解明できます。本書は最初の段階で、ある程度、喜神・忌神の修得ができるよう工夫しています。

用神、仇神など用語の詳しい説明は後述するとして、早速、【例題1】の解題に入りましょう。

左は、【例題1】に五行を振ったものです。五行とは古代中国に考え出されたエネルギーの循環の思想で、本書の四柱推命だけでなく、漢方や針灸、中国武術、導引術などから古代の天文学に至るまで、様々な分野における基本的な思想となっています。

［A］本命

	天干	地支
年柱	癸 水	未 土
月柱	辛 金	酉 金
日柱	己 土	卯 木
時柱	甲 木	戊 土

［B］大運

3	庚 金	申 金
13	己 土	未 土
23	戊 土	午 火
33	丁 火	巳 火
43	丙 火	辰 土
53	乙 木	卯 木

［C］流年

1966年
＝
丙 火 午 火 年

［D］喜神と忌神

喜神	火・土
忌神	金・水・木

図表1

十干	五行
甲	陽の木
乙	陰の木
丙	陽の火
丁	陰の火
戊	陽の土
己	陰の土
庚	陽の金
辛	陰の金
壬	陽の水
癸	陰の水

十二支	五行
子	陽の水
丑	陰の土
寅	陽の木
卯	陰の木
辰	陽の土
巳	陰の火
午	陽の火
未	陰の土
申	陽の金
酉	陰の金
戌	陽の土
亥	陰の水

ここで干支の読み方と五行について触れておきましょう。

干支は「えと」とも読みます。これはいわば当て字で、「え」は兄、「と」は弟の古い読みです。つまり、干支とは兄弟を意味しており、陽と陰に分かれます。

みなさんが「えと」という言葉から連想されるのは、子《ね》・丑《うし》・寅《とら》・卯《う》・辰《たつ》・巳《み》・午《うま》・未《ひつじ》・申《さる》・酉《とり》・戌《いぬ》・亥《い》の十二支ではないでしょうか。しかし十二支には兄《え》も弟《と》もありません。あなたの「えと」は何ですかという時に使う「えと」は本来の干支とは違うのです。

十干を表す漢字は甲《きのえ》・乙《きのと》・丙《ひのえ》・丁《ひのと》・戊《つちのえ》・己《つちのと》・庚《かのえ》・辛《かのと》・壬《みずのえ》・癸《みずのと》です。

宇宙は「五大エネルギー」、すなわち木・火・土・金・水の五行から構成されています。この五行のそれぞれを陽と陰に分けます。

木を陽の木と陰の木に分け、火を陽の火と陰の火に分け……と以下同様にして、土・金・水のそれぞれも陽と陰に分けます。こうして、五行は十に分けられます。そのおのおのに文字を当てたのが十干です。**図表1**に示したように、木は甲と乙から成り、火は丙と丁、土は戊と己、金は庚と辛、水は壬と癸からそれぞれ成るということになります。

陽の木は甲《きのと》ですが、これはつまり木の兄《え》ですから「きのえ」、

図表2

十干		十二支		六十干支
甲《きのえ》	—	子《ね》	→	甲子《きのえね》
乙《きのと》	—	丑《うし》	→	乙丑《きのとうし》
丙《ひのえ》	—	寅《とら》	→	丙寅《ひのえとら》
丁《ひのと》	—	卯《う》	→	丁卯《ひのとう》
戊《つちのえ》	—	辰《たつ》	→	戊辰《つちのえたつ》
己《つちのと》	—	巳《み》	→	己巳《つちのとみ》
庚《かのえ》	—	午《うま》	→	庚午《かのえうま》
辛《かのと》	—	未《ひつじ》	→	辛未《かのとひつじ》
壬《みずのえ》	—	申《さる》	→	壬申《みずのえさる》
癸《みずのと》	—	酉《とり》	→	癸酉《みずのととり》
甲《きのえ》	—	戌《いぬ》	→	甲戌《きのえいぬ》
乙《きのと》	—	亥《い》	→	乙亥《きのとい》
丙《ひのえ》	—	子《ね》	→	丙子《ひのえね》
丁《ひのと》	—	丑《うし》	→	丁丑《ひのとうし》

そうすると陰の木は木の弟《と》となりますから「きのと」と読んだのです。

同様に十二支も陽の五行と陰の五行に分けます。

次に、六十干支についてです。図表2を参照してください。

十干と十二支を、上下の段にそれぞれ順に並べて組み合わせてみました。十干は十、十二支は十二ありますから、十二支の二つ、戌と亥が余ります。十干は再び始めに戻り、十二支の戌から再び「甲・乙・丙・丁……」と繰り返します。十二支も亥まで行ったら再び「子・丑・寅……」と繰り返します。こうすることによって、十干と十二支の新しい組み合わせができます。この組み合わせの数は十干の十と十二支の十二の最小公倍数である六十通りあることになります。

これで、十干十二支の読み方と、そのつながりが理解できたでしょうか。

中国や日本の古い暦法では、この六十干支の組み合わせを使って年や日を表していたこともあります。

【例題1】の命式では、日柱が己卯とあります。己卯の中でも天干の己を「日主《にっしゅ》」と言います。日主がこの命式の主人公です。この主人公の五行が、波線を引いた酉の字と比べて、五行のエネルギーを貰っているのか、洩らしているのか、エネルギーバランスを比べながら、必要な喜神をみつけ出

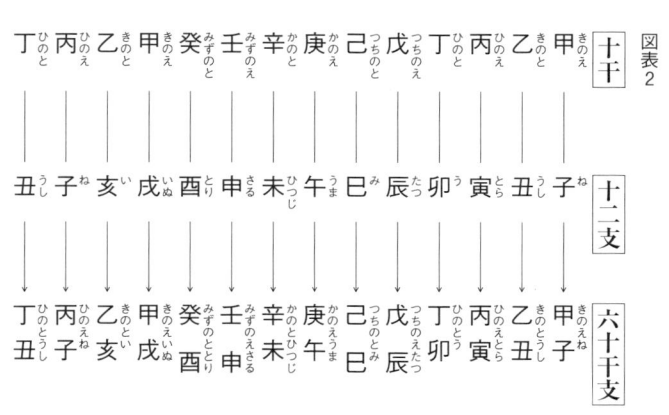

します。この、必要な喜神をみつけ出すことを、「喜神を取る」と言います。

【例題1】の解題で波線を引いた酉の字は、この命式の人の生まれ月を表しています。

日主の己土は酉金の月に生まれると、エネルギーを洩らすので、己土を助ける五行のエネルギーを必要とします。次節で詳述する**図表3**五行の相生の図の矢印の方向にエネルギーが洩れていき、矢印の先はエネルギーを貰っているのです。洩れていくのを「洩気《えいき》」、貰うほうを「相生《そうしょう》」と言います。

己土は、火が入ると、日主がエネルギーを貰って強くなり、同時に土からエネルギーを取っていく金を抑えます。

従って火が喜神で、日主己土と同じ五行の土も喜神になります。

【例題1】の人は火・土のエネルギーの時や、火・土の方角、火・土に関することをすると運が良くなり、その反対に忌神の金・水・木のことに関わると、思ったことが進まない、悪い方に向かっていきます。

この方は、１９４３年生まれで、高額宝くじに当たった年は１９６６年です。満23歳、数え年で24歳の時に宝くじが当たりました。四柱推命では、数え年といって、満年齢とは違い、オギャーと生まれた年から1歳と数え始める考え方をします。日本では全て満年齢で数えますが、台湾や中国に行って年を尋ねるとほとんどの方が数え年齢で答えます。

【例題1】の［B］で3、13、23……と表している数は、この数え年で表記した運勢のリズムです。ですからこの方は数え年齢では3歳（満年齢2歳）、13歳（満年齢12歳）、23歳（満年齢22歳）と10年毎に運のリズムが変わっていくことが分かります。

注目すべきは、23歳と33歳、それに43歳の大運の時です。30年もの間、この人にとって火・土の喜神の時期が続くので運の良い時期になり、思っていることがうまく順調に運び、流れが続くのです。

果たして、１９６６年の丙午年にK男さんは高額宝くじに当選しました。この年は彼にとって喜神となる火の年でした。**図表1**を見ると丙も午も火の干支であることがわかります。

高額宝くじにはよほどの運がないと当たりません。しかし、このように喜神の大運と喜神の流年が揃えば、そんな稀なるラッキーチャンスを摑めるのです。

本章から第二章までは、この喜神と忌神の考え方を摑むための基本、本命や大運の並べ方を学び、簡単な判断ができるようにしていきましょう。

二、五行エネルギーの特性

一般には単に「五行」と呼ばれていますが、私はあえて「五行エネルギー」とも呼んでいます。このように呼んだほうが、その感じが伝わりやすいと考えるからです。

五行エネルギーというのは、この世界を成り立たせている力で、まえがきで述べたような目に見える現象だけでなく、もっと奥の深いところでも働いている力です。

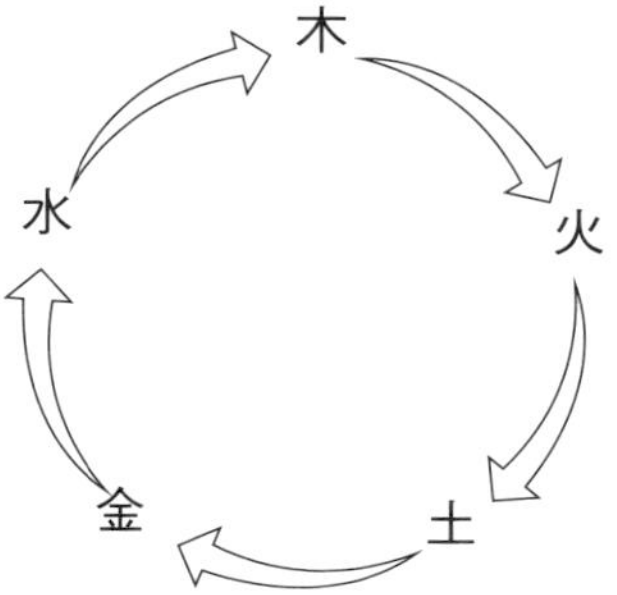

図表３　五行の相生

木のエネルギーは火のエネルギーを生む
火のエネルギーは土のエネルギーを生む
土のエネルギーは金のエネルギーを生む
金のエネルギーは水のエネルギーを生む
水のエネルギーは木のエネルギーを生む

木が火を生み、火が燃えて土になり、土が金を生み出して、金から水が生じます。これを相生と言います。図表3を参照してください。しかし、この見かけの現象だけでなく、もっとイメージを広げていくなら、木の奥のエネルギーが火に伝わり、火が燃え尽きてもそのエネルギーは土として地面に残り、そこからその中で固まり、育まれた金が生じていく……と、形は変わってもそのエネルギーの根本的な力は変わらず、循環しながら巡っていると考えることができます。なお、木が燃えて火にエネルギーを伝える時や土の中から金を生み出す時に、木

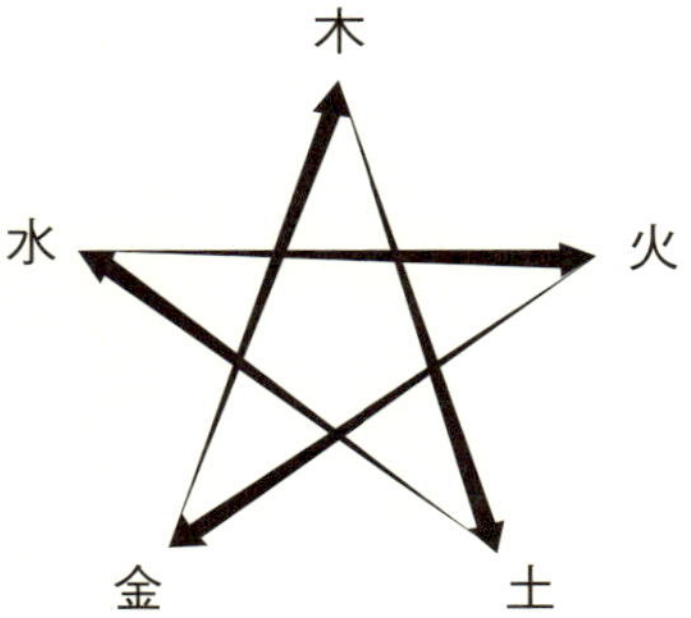

図表4　五行の相剋

木のエネルギーは土のエネルギーを押さえて剋す
土のエネルギーは水のエネルギーを押さえて剋す
水のエネルギーは火のエネルギーを押さえて剋す
火のエネルギーは金のエネルギーを押さえて剋す
金のエネルギーは木のエネルギーを押さえて剋す

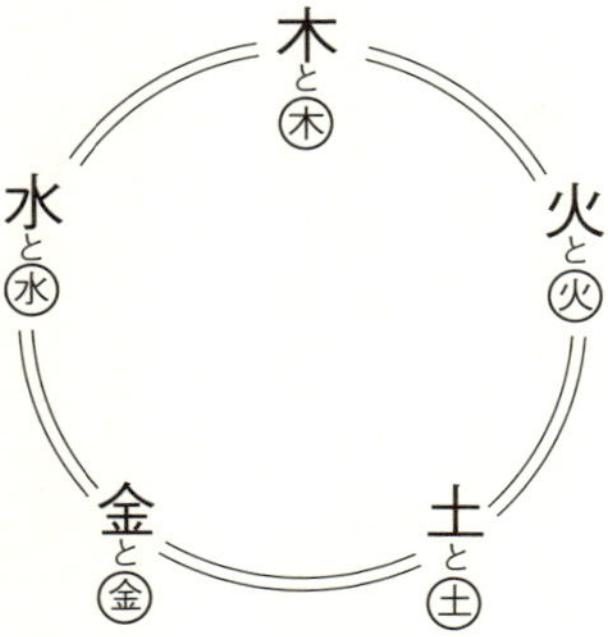

図表5　五行の比和

木のエネルギーは同じ木を助ける
火のエネルギーは同じ火を助ける
土のエネルギーは同じ土を助ける
金のエネルギーは同じ金を助ける
水のエネルギーは同じ水を助ける

はそのエネルギーを持っていかれ、土は金を産んで土の精華を金に譲ります。これを「木は火にエネルギーを洩らす」とか、洩気と言います。

宇宙は常に変化していきます。中国の哲人、朱子の言葉を借りれば、宇宙は理であり、変化していくものは気となります。理気二元論です。五行という言葉を使う時は、気の変化という意味に限定されますが、五行エネルギーの変化には現象の奥にも変化があるらしいと考えてください。

相生の次は木剋土、火剋金、土剋水、水剋火という「相《そう》剋《こく》」の関係です。図表4を参照してください。これは図表3五行の相生の図では隣へと巡っていた関係から一つ飛びで生じる、互いに争う関係です。

「比《ひ》和《わ》」は弱っている五行同士が助け合う関係を言います。図表5を参照してください。火は鉄を溶かしますが、逆に鉄の量を増やすと火は負けてしまい、消えることもあるでしょう。このように、相手から剋《こく》されそうな時に、同質のものを入れて助けるのが比和です。このことは、エネルギーの循環という点で、非常に意味が深いように思います。

続いて、五行の考え方には「相剋の関係は悪い」という一元的な考え方はないと知っておきましょう。

たとえば草木が伸びていくのに、水が必要だからといって、水をやり過ぎると根が浮いて枯れてしまいます。また大きく成長した木がもっと大きくなるために、水は必要でなく、逆に斧（金）で剪定した方が、幹も枝ぶりもより大きく立派になっていきます。そして剪定してまっ直ぐになった木を人が利用することも出来ます。火のエネルギーを強めようと大量の木を入れすぎると、火が強くなりすぎて熾烈となり、全てを焼き尽くして自滅してしまいます。山火事や大火事が続くと、火の熱で空中にある水蒸気が空に昇り雲を造り、いつの間にか雨を呼ぶように、強すぎる火には水がついて回ります。

土は多すぎると固くなってしまい、草木も育ちにくくなります。するといずれ風化してしまいます。草木によって適当に剋されていると、逆に土が潤い、落ち葉などが栄養となり、風化することのない土となります。

土を助けるのは火ですが、火が多過ぎると土の中の水分が失われ、結局は砂漠のようになってしまいます。いくら火が相生だといっても、多過ぎるとバランスを壊してしまうのです。

金は、土から掘り出されたままでは、美しくありません。金と敵対する相剋の火の力を借りて初めて、金は精製、精錬されて光り輝く存在となります。

土は金を生みますが、土が多過ぎれば金は奥底に隠れて掘り出されず、金の力が隠れてしまいます。このように相生の関係がよいとばかりは言えません。ここでは木の力を借りて、土の勢いを抑え、金を土の中から出しやすくするのです。

水を剋すのは土です。剋すから悪いというのは単純な考え方です。川の氾濫を抑えるために、土嚢袋を置いたり、コンクリートで堤防を造ります。こうして、水の流れをコントロールします。また用水路などを作り、水をコントロールすることで作物に潤いを与え、多くの稲を育てます。昔の中国では治水に成功することは繁栄につながりました。

金は水を生みますが、水が強くなりすぎてしまうと必要な養分まで流してしまったり、その土地に湿気が多くなって、水が穢れ、悪い病気の元になってしまいます。

このように、五行の相生・相剋・比和というのは循環が大切であり、ある五行だけを強めたり、剋されるのが嫌だから敵対する五行をなくしてやろうという考えは、自然界では矛盾したことなのです。あくまでも均整、バランスが大切で、調和を考えることです。五行のエネルギーは循環しながら互いにバランスを取っていることが理想です。

三、二十四節気は天の動きのカレンダー

地球は太陽の周りを廻っています。

古来、西と東を問わず、季節や時間を知るのに、地球から見た太陽の通り道に基点を設けました。

この点が、黄経0度、春分点です。地球の赤道をそのまま宇宙にまで広げたと仮定した天の赤道と太陽の通り道である黄道との交点のことを言います（図表6参照）。

そこをスタートとして、太陽が今どこにあるかを示す天空の住所として、天空を30度ずつに区切った黄道十二宮を決めました。それをさらに15度ずつに分けて季節の気の変化を観察したのが東洋の賢人達です。季節の気の変化を示すので、「節気《せつき》」と「中気《ちゆうき》」という言葉を使います（図表7参照）。

たとえば寅月は立春であり、草木が芽をほころばせる時です。台湾や中国では春節といって、春の始めであり一年の始まりであるこの時期に、盛大なお祝いをするのです。現在、日本では西洋にならって西暦のカレンダーによる1月1日がお正月ですが、東アジアの国々では、西暦で2月となる寅月の立春をはさんで一週間から10日くらいの正月休みを取ります。

さて、ここでは、一年には二十四の節気があり、ひと月は節気によって分けられると整理しておきましょう。

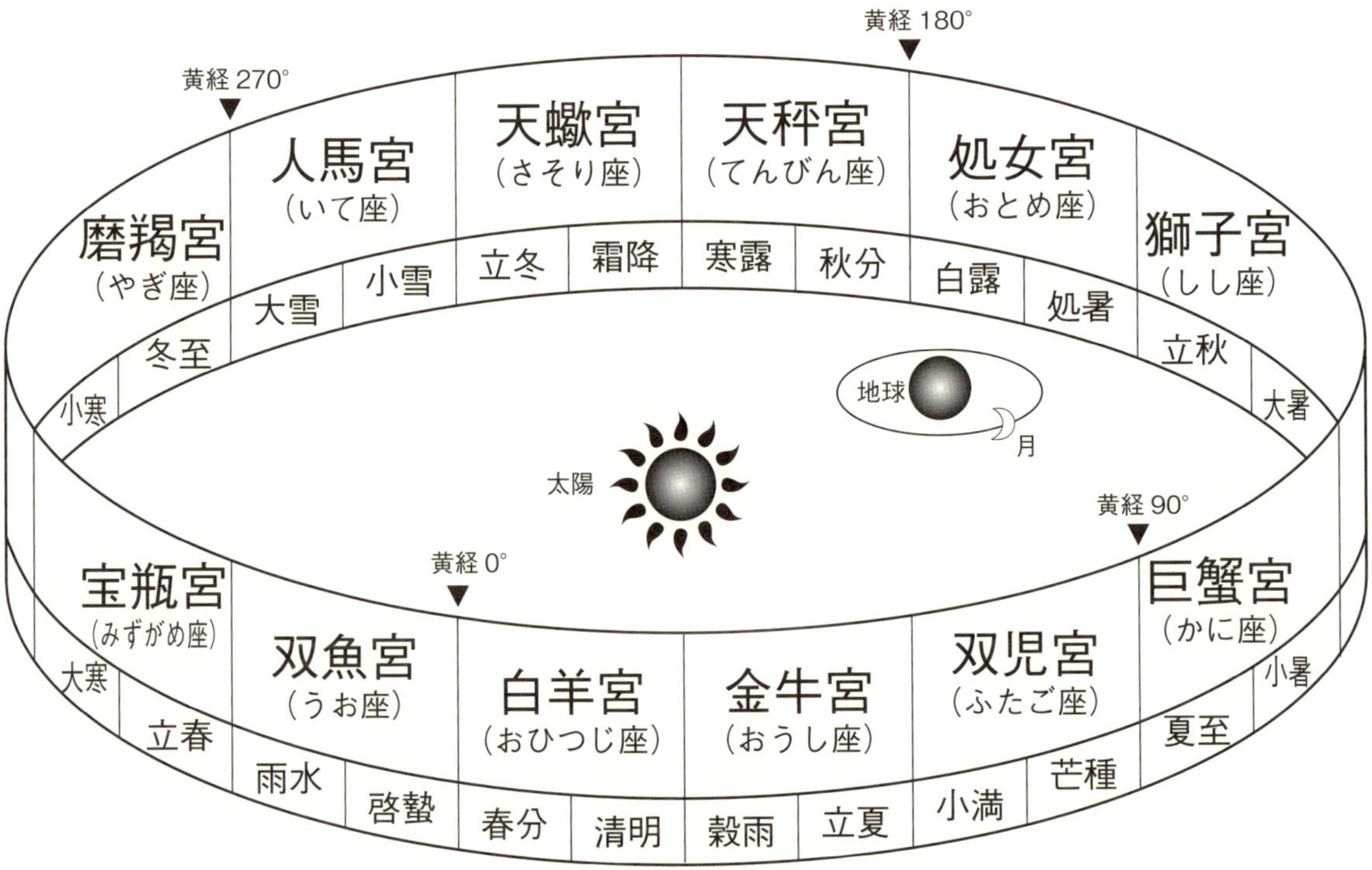

図表6　黄道十二宮と二十四節気

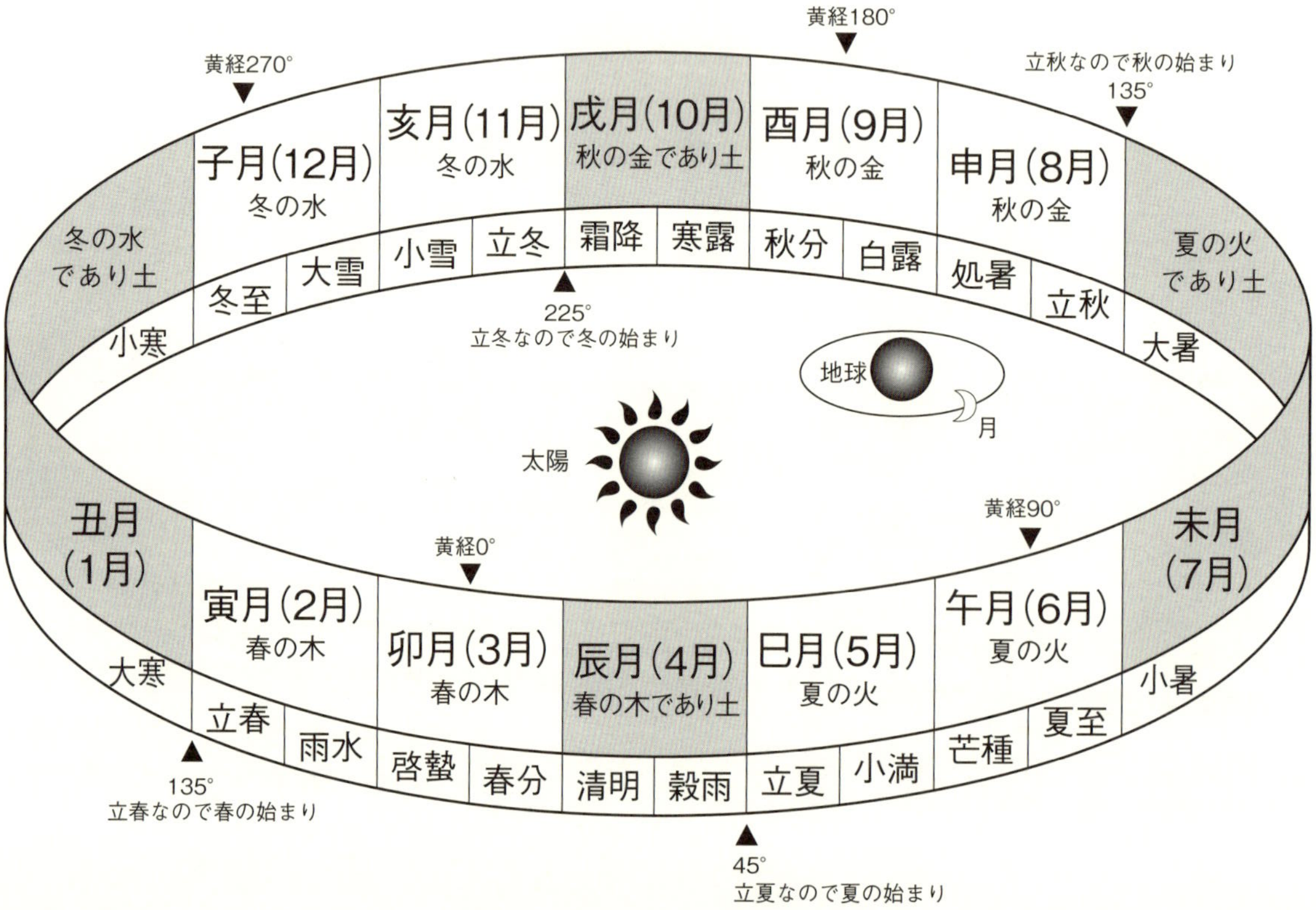

図表7　太陽の動きと二十四節気

2月は寅月であり、立春から始まる。
3月は卯月であり、啓蟄から始まる。
4月は辰月であり、清明から始まる。
5月は巳月であり、立夏から始まる。
6月は午月であり、芒種から始まる。
7月は未月であり、小暑から始まる。
8月は申月であり、立秋から始まる。
9月は酉月であり、白露から始まる。
10月は戌月であり、寒露から始まる。
11月は亥月であり、立冬から始まる。
12月は子月であり、大雪から始まる。
1月は丑月であり、小寒から始まる。

これは、これから推命判断を行うための基本中の基本ですから、ここでよく理解しておきましょう。年の始まりは2月の立春からで、今の私達が習慣にしている1月のお正月はもともと東洋の考え方にはなかったのです。ですから2月の立春日より前の生まれの人は、前年の生まれとみなし、前年の干支になるということにも注意してください。

四、五行のエネルギーは季節で変化する

もういちど図表7をご覧ください。

2月の寅月は、立春と雨水の二つの節気を含んでいます。立春はここから春が立ちますよ、始まりますよ、という意味です。続いて雨水になると、しとしと降る雨が多くなります。この頃は春といえどもまだまだ寒く、雨が雪になることもありますが陽光には春の兆しが感じられる時期です。

3月の卯月に入ると、啓蟄と春分の節気が続きますが、啓蟄は地面の中からどんどん虫達も這い出てきて、桃の花が咲く頃です。いよいよ春の気が本格的に動いてくる時期に入ります。地域によっては鶯の鳴き声も聞こえはじめます。

春分では、少しずつ溶け出した雪の中から蕗《ふき》の薹《とう》が顔を出してきます。4月の辰月に入ると、清明と穀雨の節気に入ります。

清明とは「清浄明瞭」の略で、雪解け水で大地は清められ、そこから新しい生命の息吹が始まる、という意味があります。桜を始め、この頃からだんだんと、色とりどりの春の花が咲き始めます。

穀雨の時は雨が多くなりますが、この時に降る雨は草木にとって自然の恵みであり、草木の成長を助けます。雨が降った後に見る草木はぐーっと伸び、葉の色もいっそう緑鮮やかです。

さて、ここまでは節気の基本的なイメージを説明しましたが、ここからが本題です。それぞれの季節（四時）と五行の関係を覚えましょう。図表8に示したように、五行の強弱は旺《おう》・相《そう》・休《きゅう》・囚《しゅう》・死《し》の五段階で表します。旺が最も強く、死が最も弱い五行です。

春は草木が殻を破って芽を出し、今まで地面に隠れていた力が伸びてきます。木の力の出始め、少しずつ伸び始めるのが寅月です。木の力が勢いづいてきて、特に春分を過ぎた頃には美しい若草色の新芽が伸びだします。木の力が強いのがこの卯月です。寅月、卯月で草木の成長が始まりぐんぐんと伸びて芽を出し、葉を広げていきます。辰月になると草木の姿も美しく整いだし、葉も生えそろい、たくさんの葉が風にそよぎ、気持ちのよい時期に入ります。

四時／五行	春 寅・卯月（木の五行の時）	夏 巳・午月（火の五行の時）	季 辰・未・戌・丑月（土の五行の時）	秋 申・酉月（金の五行の時）	冬 亥・子月（水の五行の時）
木	旺	休	囚	死	相
火	相	旺	休	囚	死
土	死	相	旺	休	囚
金	囚	死	相	旺	休
水	休	囚	死	相	旺

図表８　「旺相休囚死」表

寅月、卯月の春は木の五行が最も強い時です。木の力が強くなって「旺」、火の力は季節の五行が生み出すので少し強くて「相」、水の力は春の季節に対して洩らしますから少々弱く「休」、金の力は金剋木となって消耗してしまい「囚」、土の力は季節の五行から剋されて衰え「死」になると整理しておきます。

辰月の後半になると、大地の中から地面の気が昇ります。次の節気の立夏に入る手前の18日前からは土用といって地面の気が強くなります。二十四節気はいわば天の動きで、土用は地の動きです。図表7の4月の辰月に「春の木であり土」と記してあるのはそのためです。

辰月は土の五行が最も強い時です。辰月は土の力が強い「旺」、土が金を生むので金の力が少し強い「相」、火は土の五行を洩らすのでその力が少し弱く「休」、木は辰土を剋すために消耗して力が弱くなって「囚」、水は辰土に剋されて力が衰退して「死」と整理しておきます。

5月の巳月に入ります。巳月の節気は立夏から始まって小満に続きます。ここからが夏の始まりです。

春の木の気は辰月の土用の時を挟んで、そのエネルギーがだんだんと勢いを弱めていき、続いてじわじわと火の気が上がってきます。勢いよく伸び、葉を広げていた草木の成長が極まって、天の日差しが強まり、火が天に向かって燃え立つように、火の気が上ってきます。気温もだんだんと高くなり、蝶が舞い始めます。小満では、万物盈満《えいまん》すれば草木葉繁る時といわれ、動物、植物をはじめ全てのものの成長が極まる時です。

6月の午月に入ります。節気は芒種と夏至です。ほとんどの地域で梅雨に入ります。この梅雨入りも地球から見た太陽が黄道のどこを通過するのかで入梅日が決められています。黄経80度を過ぎたところで入梅です。いよいよ一年で昼が一番長く夜が短い夏至に入ります。昼が長いので、一年で一番暑くなる時期のように思いますが、本当に暑いのはこの後の未月です。

巳月、午月は火の五行が最も強い時です。巳月、午月には火の力が強くて「旺」、土の力は季節の五行が生み出すので少し強くて「相」、木は季節の五行に洩らしていくので力が少し弱くなり「休」、水は火を剋すために力が弱くて「囚」、金は季節の五行に剋されて力が衰退して「死」になると整理しておきます。

7月は未月です。小暑と大暑の節気があります。小暑で夏の最後の月が始まります。日差しも強くなっています。7月20日頃は土用の時となります、この土用の時は大地が大きく息をする時です。地面の中に溜まった火の気が吐き出されます。大暑になると、日差しの強さもさることながら地面の照り返しも強くなり、暑さも本格的です。昔は今のように冷房や冷蔵庫、清涼な衣服の素材などありませんから、特に農業に従事している人などはこの天地両面からの暑さに身体を壊すことがありました。それで、体力をつけて暑さに負けないようにと土用の丑の日に鰻を食べるようになったのです。また、この頃は鮎が美味しい時期です。梅雨が開けて、川の水もきれいになり、鮎の餌も多い時期です。まだ若い鮎はまさに水の精です。

未月は土の五行が最も強い時です。未月には土の力が強く「旺」、金の力が少し強くなり「相」、火の力が弱くなり始め「休」、木の力が弱まって「囚」、水の力が衰えて「死」と整理しておきます。

8月は申月です。立秋に入って、秋の始まりとなりますが、まだまだ暑くて汗が止まらないような時期です。しかし、朝夕の風の中に少し秋の気配を感じ始めます。山に行くと、まだまだ緑は見られますが、その色合いはくすみだし、紅く色づく準備が始まります。一部、紅色や茶色に変わり始めている草木もあるようです。処暑になると、昼間の暑さは変わらずとも、朝夕の蒸し暑さがだんだんとなくなり、過ごしやすくなってきます。山に行くと、虫の声が聞こえ、葉も枯れ始め、赤とんぼも飛び始めます。

9月の酉月の節気は白露と秋分です。白露に入ると、秋の気が強くなり、はっきりと感じられます。8月に立秋といっても実際には一ヵ月後の9月に入って、ようやく本当に秋らしい気を感じられます。先の立春の時もそうでした。春の始まりといっても、本当に春の気を感じるのはおよそ一ヵ月後です。白露は、処暑の終りごろから聞こえてきたコオロギや鈴虫の声が、最も盛んになる頃です。山に行くと草木の実が色づき始め、葉が風に吹かれた時もカサカサと枯れた感じです。秋分は、地の虫たちも冬支度を始めます。春の春分点は天の赤道から上がって行く太陽の通り道との交点でしたが、この秋分点は下がっていく太陽の通り道と天の赤道の交点なのです。そのため、これまで地面から上がってきたもの、地面から這い出してきた虫や蟬、空を飛ぶ蝶、桃の実やひまわりの花などもみんな一つのエネルギーの盛りを終えて、蟬は地上に落ち、葉も枯れ落ち、山のもの達の活動も上から下へと向かいます。なお、こおろぎや鈴虫など地を這う虫たちは、申月の終りから出てきます。

申月、酉月は金の五行が最も強い時です。申月と酉月には金が強くて「旺」、水の力は季節の五行が生みだすので少し強くて「相」、土は季節の五行の金を洩らしますから少し弱くて「休」、火は火剋金となって力が消えかけて「囚」、木は季節の五行に剋されて衰退してきて「死」になると整理しておきます。

10月の戌月は寒露と霜降の節気です。寒露は、夜に外にいると服がびっしょりと濡れてきます。冷たい夜露のせいです。山野では、秋の彩がはっきりとしてきます。霜降は、秋の土用に入りますので、地面の呼吸が変わってきます。秋の金の気を吐き出して、冬のエネルギーに変わる準備に入ります。

戌月は土の五行が最も強い時です。戌月には土の力が強くて「旺」、金の力が少し強い「相」、火の力が少し弱まって「休」、木の力が弱くて「囚」、水の力が季節の五行に剋されて「死」と整理しておきます。

11月は亥月で、立冬と小雪の節気があります。この立冬から冬が始まります。先人の知恵で造られた暦は、四季を大事にしています。立冬から冬に入るといっても、感覚的にはまだ秋が続いているようです。しかし、日がだんだんと短くなってきて、日差しも冬の日差しに変わってきます。雨も少なくなってきていることに注意しましょう。自然界の動きは、ほとんど休む体勢に入ってきています。小雪に入ると、いよいよ日差しは弱まり、朝夕の冷え込みが厳しくなってきます。朝に水で顔を洗うとヒヤッと冷たさを感じるでしょう。

12月は子月で大雪と冬至の節気があります。先の小雪から東北部や山間部では雪がチラつき始めますが、この大雪ではあちらこちらで雪の知らせが届くようになり、いよいよ本格的な冬の到来です。朝の通勤や通学の途中で、近くの池や水溜りに氷が張っているのを見ることもあるでしょう。冬至では、一年の中で夜が一番長くて昼が短い時となります。この日から、今まで大地へ沈んでいた陰の気が転換して大地の中の陽の気が少しずつ上昇していきます。とはいっても、太陽からはまだ陽の気が感じられず、私達もそれほど体感できません。

奥底で動き始めています。この後の寅月を待ちましょう。

亥月、子月は水の五行が最も強い時です。亥月、子月には水の力が強い「旺」、木の力は水に生じられるので「相」、金は季節の五行を洩らすために力が弱まっていき「休」、土は土剋水となって消耗して力がすっかり弱くなり「囚」、火の力は季節の五行から剋されて衰退して「死」になると整理しておきます。

1月は丑月で、小寒と大寒が節気となります。丑月の小寒は土も凍るような寒い時で、東北や山間部の朝夕は吐く息も凍るようです。霜柱もよく立ち、雪も積もったままのところが多いでしょう。大寒は一年の中で最も寒い時で、最低気温が観測されるのもこの時期です。丑月の土用に入って地面の冷たい気が吐き出されるこの頃は、私達にとってはまだまだ寒さ厳しい冬の時期に感じられるでしょう。

丑月は土の五行が最も強い時です。丑月は土の力が強い「旺」、季節の五行が金を生むのでその力が少し強い「相」、火は季節の五行を洩らすために力が少し弱く「休」、木は季節の五行を剋すため力が弱く「囚」、水の力は季節の五行に剋され衰退して「死」になると整理しておきます。

四柱推命は、何も古典の中にある難しい言葉を覚えることが重要なのではありません。季節の変化、自然のリズムと五行エネルギーの変化をよく知ることが大切です。読者の方々も、ぜひ毎日の生活の中で自然を観察してみてください。

五、季節の五行がわかると喜神が取れる

ここまで学んできたことを元に、【例題1】をもう一度振り返ってみましょう。

12ページの【例題1】をもう一度参照してください。

この命式では、日主己が酉月に生まれていることがわかります。己土は秋の酉金月には五行エネルギーが洩れます。

「旺相休囚死」の五段階の表現では、「休」となります。

およそ旺、相の時は日主が出生月のエネルギーから助けられる時で、日主の力が強い時となります。この日主の力が強い時を「身強《みきよう》」と呼びます。日主が月支に五行エネルギーを洩らしたり剋されているような時には日主が弱くなるので「身弱《みじやく》」と呼びます。

K男さんは、日主己土が月支に五行エネルギーを洩らす身弱なので、喜神は日主を助ける火・土を取りました。

そして大運も流年も火・土の運に入った時に順調で、思っていることがスムーズに運び、結果、高額宝くじに当選したということです。

このように、日主がどの季節の五行に生まれたのかによって、日主のバランスを良くする喜神の五行を割り出すことが四柱推命の基本なのです。

身強の人では日主の五行エネルギーが強いので、日主から洩らす五行エネルギー、日主が剋す五行エネルギー、日主を剋す五行エネルギーを喜神とします。それ以外の五行エネルギーは忌神となります。

身弱の人では日主の五行エネルギーが弱いので、日主と同じ五行エネルギーか、日主を生む五行エネルギーを喜神とします。それ以外の五行エネルギーは忌神となります。

【例題1】では、日主の己土が酉月に生まれて身弱となりますから、喜神が火・土となり、忌神が金・水・木となったのです。

もう一つ例題をやってみましょう。

こちらは松田聖子さんの命式です。デビューは1980年でした。1980年を干支に置き換えると庚申となり、これを流年とします。

【例題2】

1962年3月10日17時30分生まれ

[A] 本命

	天干	地支
年柱	壬水	寅木
月柱	癸水	卯木
日柱	丁火	未土
時柱	己土	酉金

[B] 大運

1	壬水	寅木
11	辛金	丑土
21	庚金	子水
31	己土	亥水
41	戊土	戌土
51	丁火	酉金
61	丙火	申金

[C] 流年

1980年
＝
庚金 申金年

[D] 喜神と忌神

喜神	土・金・水
忌神	木・火

日主の丁火は3月の卯月に生まれました。

卯木のエネルギーは日主火のエネルギーを生む相生の関係となります。

したがって、松田聖子さんは身強となります。

身強の人では日主から洩らす五行エネルギー、日主が剋す五行エネルギー、それに日主を剋す五行エネルギーを喜神と取ります。

図表9を参考に、この場合の五行の相生、相剋、比和、洩気の関係を考えてみましょう。

日主丁火から洩らす五行は土、日主丁火が剋す五行は金、日主丁火を剋す五行は水です。さらに火も日主丁火を助けます。以上により、土・金・水が松田聖子さんにとっての喜神とわかります。忌神は木・火です。

さて、彼女がデビューした年は11歳からの大運、辛丑の中の1980年、庚申年でした。なるほど、大運も

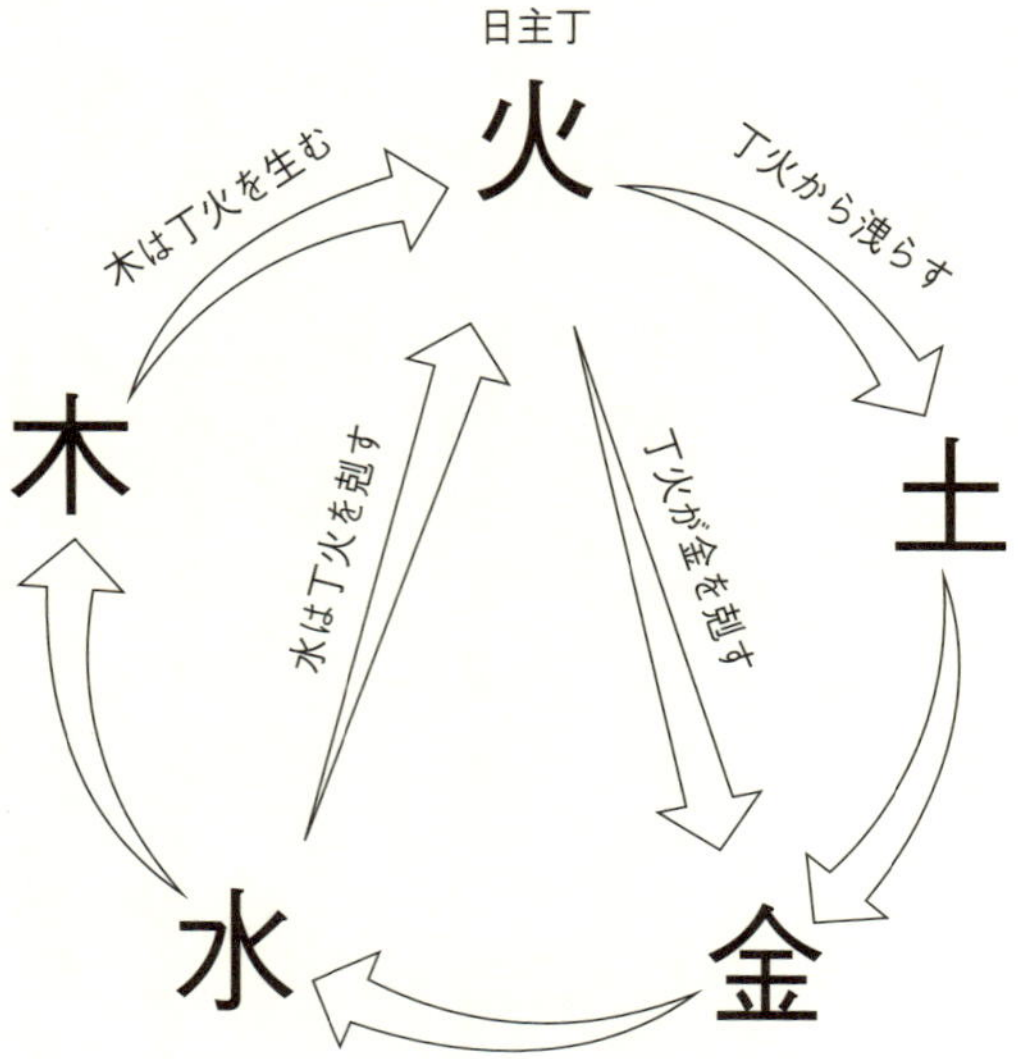

図表9

流年も喜神となる時だったのです。大運の意味は追って詳述しますが、ここでは10年毎の運勢のリズムと捉えてください。

　彼女のように名声が上がって成功したり、または【例題1】のK男さんのように高額宝くじに当選したりというような時は、必ず大運と流年の両方に喜神となる五行のエネルギーが巡ってきているものです。

第二章　宿命と運命を読み解く

一、運命式を作る

まず巻末資料Ⅰの「命式表《めいしきひょう》」をコピーするか書き写してご用意ください。

そこに、あなたの生年月日と出生時間、そしてどこで生まれたかを書き出してください。

他の人を看る場合も同様です。

読者の中には、自分の生まれた時間を知らない方がいらっしゃるでしょうが、両親に尋ねるなり母子手帳を調べるなりして、できるだけ正確な出生時間を割り出してください。

どうしても出生時間がわからない場合には、やや的中率が下がりますが、出生時間のわかっている場合と同様に看ることができますので、このまま読み進めてください。

◇運命のルーツ、年柱を並べる

四柱推命は四つの干支を並べていきます。必ず右から左へ順に年、月、日、時と並べます。

あなたが何年に生まれたかによって、巻末の万年暦の該当ページを開いて、年干、年支を書き写していくだけなのですが、ここで一つ注意点があります。

現在、日本で使われている暦はグレゴリオ暦といい、毎年西暦の1月1日で年が変わります。

しかし、四柱推命では、毎年2月4日頃の立春を年の変わり目と考えるのです。この点は第一章でも説明しました。

巻末の万年暦を開いてください（万年暦の見方は図表10参照）。たとえば２０１３年ですと、この年は2月4

図表10　巻末「万年暦」の見方

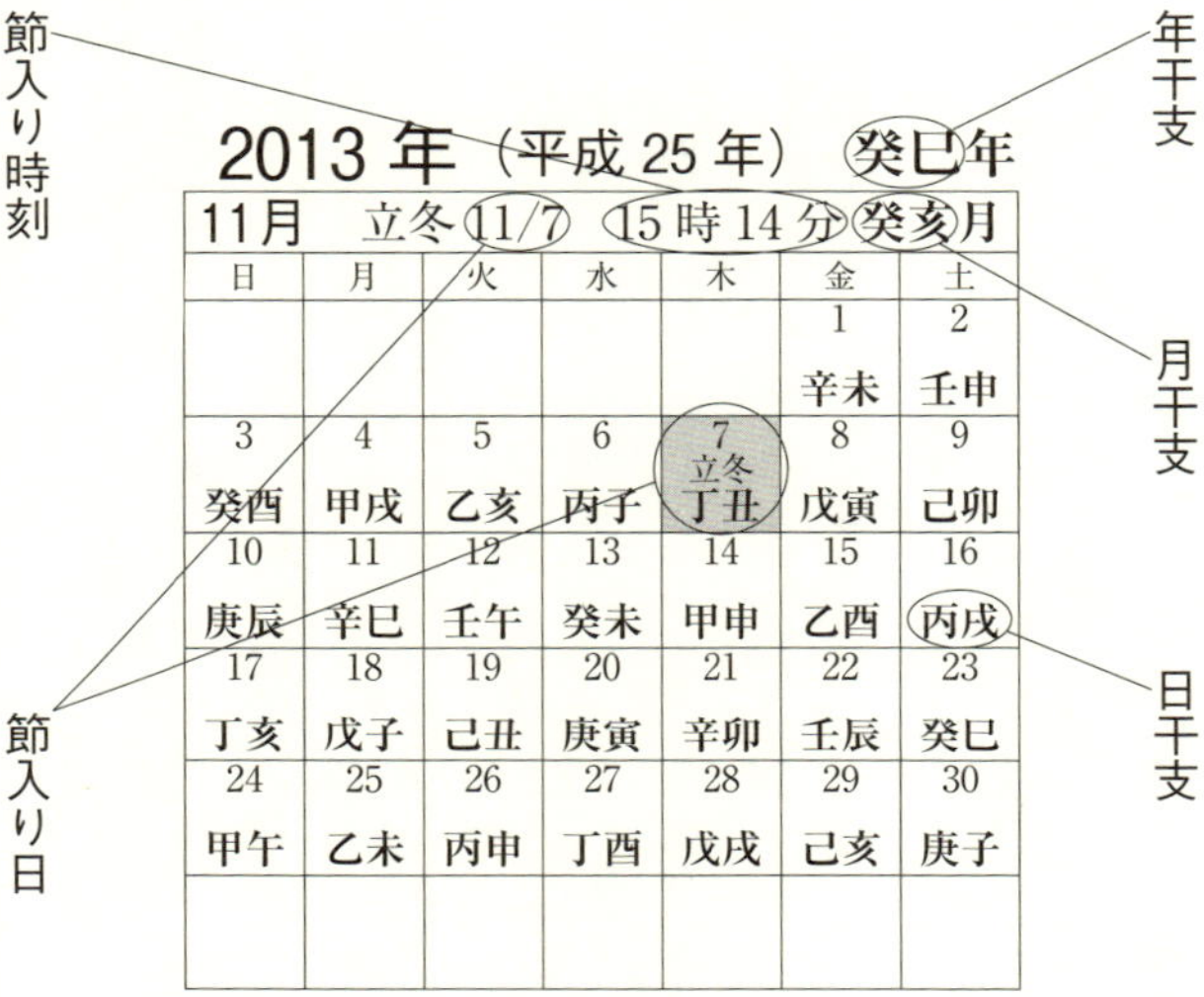

日が立春ですので、推命学ではこの日から新年となります。そしてページの右上、西暦と和暦に続けて書いてある「癸巳」が２０１３年の干支で、翌年の立春までに生まれた人の年干支となります。

　注意点ですが、巻末の万年暦では年の干支、月の干支、日の干支が横書きになっています。これは暦をカレンダー式に工夫したためで、命式表に書き写す時は縦書きに直すようにしてください。

　この年干支から、次の月干支、そして自分自身を表す日干支へと続きます。年から月、月から日（自分）が生まれるので、年干支はあなたのルーツを示す干支でもあるのです。先祖のこと、父母のこと、出身、環境を意味します（図表11参照）。

◇福徳運を表す月柱を並べる

　次は月干支の並べ方ですが、これも現在使われている暦とは異なります。

　日常一般的に使われている暦では毎月１日を

図表11

四柱（　）内は別名	天干	地支	表すこと
年柱（父母宮、田宅宮）	年干	年支	先祖、年長者、父母（年干が父方、年支が母方）／出身・環境
月柱（兄弟宮、福徳宮）	月干	月支	兄弟姉妹、友人、（父母）／（自分の）性格・趣味
日柱（夫妻宮、疾厄宮）	日干（＝日主）	日支	自分自身（日干＝日主）、配偶者（日支）／体質・健康
時柱（子女宮、官禄宮）	時干	時支	子供（時干が息子、時支が娘）、目下、部下／仕事能力

＊財運は本命の喜神と用神をみる。

月の変わり目としていますが、推命学では先の年干支と同じように二十四節気によって新しい月が始まると考えます。

たとえば巻末の万年暦で２０１３年11月の項をみますと、７日のマスが網がけ（■表示）になっています。これは11月７日が節入り日でこの日から新しい月になるという意味です。推命学では、11月７日から次の節気の始まりとなり、そこから12月６日までを１ヵ月とみなすのです。仮に12月生まれの場合でも、節入り日前の生まれの場合には推命学上はまだ前月とみなし、11月の干支である癸亥となります。２０１３年12月７日午前８時ちょうど生まれの場合も同様に、節入り時刻よりも前ですから月干支は前月の２０１３年11月の項をみます。

運命のルーツである年干支から生じられた月干支は、自分の兄弟姉妹を示します。それと同時に、月支はその人の持って生まれた福分を示します。その人の個性や性格判断、人生の中で問題が起きた時に助けがあるかどうかは、ここが喜神となるか忌神となるかで判断するのです。詳しくは第三章で述べていきます。

◇自分自身と配偶者を表す日柱

年柱・月柱・日柱・時柱と四柱ある中でも、この日柱が一番重要です。日柱は日干（天干）と日支（地干）に分かれますが、日干は特に「日主《にっしゅ》」とも呼び、自分自身を表す干支として推命の中心を成します。また日干は自分の精神・魂を表し、日支は自分の肉体・身体を表すとともに配偶者のことも表します。

例として２０１３年12月３日の日柱を調べてみましょう。巻末の万年暦を参照すると、該当する年月日のところに「癸卯」とあります。これが日柱です。

古い推命法では、日が夜の11時から次の日となるので、夜11時以降は次の日の干支を使うといわれています。しかし、最近の推命では、普通の暦どおりの夜０時からを次の日とみます。

本書でも夜０時より日干支が変わるものとします。

また、日干支を夜０時で分けるか否かによって、時干支の表も巻末資料Ⅱのようになります。

◇仕事能力と子供運を表す時柱

現在の日本の占いや推命では、出生時間をほとんど問題にしていませんが、台湾、香港では四柱推命などの占術、インドではインド占星術、西洋ではホロスコープで運勢を見る際に必要不可欠のため、多くの人が自分の出生時間を知っています。アメリカではエリートビジネスマンが占星術を自身の参考にするだけでなく、重要な交渉事や出張に行く時、または会議の日取りから、結婚式の日取りに至るまで、大事な時には必ず顧問の占術家のところへ相談に行くという話をよく耳にします。

さて、時柱の出し方ですが、先に調べた出生日の日主を使い巻末資料Ⅱから求めます。表の日主の列を縦に追っていき、出生時間の段とクロスしたところを見れば時柱が割り出されます。

たとえば２０１３年12月３日の正午の時柱を調べるには、12月３日は「癸卯」の日で、日干は「癸」ですから、「戊・癸」の列を縦に追っていき、午前11時１秒～午後１時の段とクロスしたところが「戊午」となり、これが癸卯日の正午の時柱となります。

ここまでを整理して、２０１３年12月３日12時00分生まれのＡ子さん女性の生年月日時を干支に置き換えてみた命式表が図表12となります。

ここで注意すべきことは、11時ちょうどとか、12時50分という時間の境目に生まれている場合です。この時は巻末資料Ⅲを見て、あなたの出生地と明石との間に生じる時差を調べ、プラス・マイナスして調整してください。同じ日本の時間であっても、日の出・日の入りの時間が30分以上も違い、太陽の位置が地域によって異なるため、明石を基準点として時差を補正するのです。経度が１度変わると４分の差が生じます。

明石は東経135度で東京は139度45分です。

図表12

命式表

2013年12月3日12時00分生

氏名（A子）女男命

生地（東京）

	年柱	月柱	日柱	時柱
天干神殺星				
天干通変星			日主	
天干	癸	癸	癸	戊
地支	巳	亥	卯	午
蔵干				
地支通変星		（　）		
地支神殺星				

歳運							
天干通変星							
大運							
地支通変星							

喜神…

忌神…

明石と東京の経度差は４度45分となります。

４分×４度45分を計算すると19分となります。

よって東京での正午は12時から地方時差の19分を進めた11時41分となるわけです。つまり東京での午時は10時41分から12時40分59秒まで、そして未時は12時41分からとなります。

逆に明石より西の方で生まれた人の場合は地方時間を遅らせます。九州の長崎市を例にしますと、長崎市は巻末資料Ⅲからマイナス20分の時差がありますので、長崎市の正午は12時から20分遅らせた12時20分からとなるわけです。ですから、長崎市での午時は11時20分から13時19分59秒までとなります。なお10時とか12時とか時間の中心に生まれた人の場合は特に問題ありませんが、時間の境目に生まれた人の場合は少々面倒ですからよく気をつけてください。

時柱は日主によって定まりますので、日主が管理するものという意味を持ち、仕事運、仕事能力を表します。日主が生んでいくという意味もありますから、子供や後継者を表す意味もあります。

◇運命の吉凶を表す大運

今までに並べた年柱、月柱、日柱、時柱の四柱における天干・地支合わせて八つの干支のことを、四柱推命では本命と呼んでいます。これはいわゆる運命の「命」にあたり、人が持って生まれた宿命のことで、結婚運（あなたはどんな人と結婚するか）、財運（あなたは一生のうちどれくらいの財を得ることができるか）、職業運（あなたが能力を発揮できる適職は何か）など、もう既に決まっている先天的な部分です。

これから並べていく大運によって、あなたの結婚の時機はいつか、いつ財産を築くことができるか、またあなたの成功の時期はいつ頃なのかといったことを知ることができます。先の「命」に対して運命の「運」にあたり、人が一生の中で過ごす社会的環境は、全てこの中に表れてくるのです。

では、実際に大運を並べる作業に入りましょう。

大運は、本命の月干支を基準として並べていきます。それと、年柱のうちの年干も必要となります。

歳運の計算方法は巻末資料Ⅳを参照します。

あなたが「男性」で、年干が甲・丙・戊・庚・壬であれば「順」、年干が乙・丁・己・辛・癸であれば「逆」となります。

あなたが「女性」で、年干が甲・丙・戊・庚・壬であれば「逆」、年干が乙・丁・己・辛・癸であれば「順」となります。

次に巻末資料Ⅴの中からあなたの生月干支を探し出します。12月3日の月柱は癸亥でした。干支ナンバーは60です。「順」の人であればそのまま番号の順に翌月の干支、翌々月の干支、更にその次と追いかけていきます。

先の例で説明しますと、２０１３年生まれは癸巳年です。女性だと年干→癸で「順」になりますから、60癸亥から続いて干支ナンバー1、2、3、4……と順に追いかけて甲子、乙丑、丙寅、丁卯……となります。

男性だと年干→癸で「逆」になりますから、60癸亥から続いて、干支ナンバー59壬戌、58辛酉、57庚申、56己未……と遡っていきます。60癸亥は基準なので含んで数えません。

このようにして、命式表にあなたの大運を並べていきます。

次に何歳からあなたの運命のリズムが切り変わるのかを調べます。このリズムは誰でも10年毎に変わります。「歳運《さいうん》」と呼びます。

歳運を配していきます。これは「順」の人と「逆」の人とで次のように手順が違います。

「順」の人の場合、あなたの生まれた日から節終り日まで何日間あるかを計算し、それを3で割ります。余りは四捨五入してください。

「逆」の人の場合は、あなたの生まれた日から遡って、生月の節入り日まで何日間あるかを計算し、それを3で割ります。余りはやはり四捨五入します。

ここまでの一例として、２０１３年12月14日22時、東京23区内生まれのＢ男さん男性の命式表（本命と大運）を図表13に示します。

①巻末の万年暦を参照します。

出生年月日の干支をそれぞれ出していきます。

年柱は癸巳と見出しに表示されています。

月柱はカレンダーの12月の項をみます。甲子とあります。

日柱も同じようにみます。12月14日を探し、マスに記されている甲寅が日柱となります。

時柱は巻末資料Ⅱから割り出せます。

ここまでは簡単な作業となります。

四柱推命は右から左に縦書きで年・月・日・時の干支を書いていきます。間違いのないように作業を進めてください。

以上、Ｂ男さんの場合は、月の節気に気をつけることも、出生時間の時差を配慮する必要もなく、簡単に割り出せました。

②四柱を並べ終わったので、次に大運を並べていきます。

Ｂ男さんの場合は「男性」で、年干が「癸」です。巻末資料Ⅳから「逆」とわかります。

月干支は「甲子」でしたから、そのまま巻末資料Ⅴをみて60癸亥、59壬戌、58辛酉……と番号を逆に追っていくだけです。命式表にはそのまま癸亥、壬戌、辛酉、庚申……と、やはり右から左に書き入れます。

③次に歳運を割り出します。

図表13

命式表

氏名（　B男　）女（男）命

2013年12月14日22時00分生

生地（東京　）

	年柱	月柱	日柱	時柱
天干神殺星				
天干通変星			日主	
天干	癸	甲	甲	乙
地支	巳	子	寅	亥
蔵干				
地支通変星		（　）		
地支神殺星				

歳運	2	12	22	32	42	52	62
天干通変星							
大運	癸亥	壬戌	辛酉	庚申	己未	戊午	丁巳
地支通変星							

喜神…

忌神…

B男さんは「逆」ですから、彼の出生年月日から節入り日まで何日間あるかを計算します。この月の節入り日は12月7日ですから、14日－7日＝7日となります。最後にこの7日を3で割ると2余り1になります。厳密には、2．３３３……となるので、四捨五入して、B男さんの歳運は2歳運ということがわかりました。

どんな人でも、10年毎に運が変わります。その最初の節目が7歳なのか9歳なのか、人それぞれ違うのです。歳運は10歳ごとに変わるので、10歳ずつ増えていくことになりますから、B男さんの場合は2歳、12歳、22歳、32歳、42歳……というリズムになります。

B男さんの歳運は図表13のようになりました。あなたの本命と大運、歳運もこのように算出して並べてみてください。

ところで、節入り日、節終り日の当日に生まれた人の場合、歳運の計算には以下の注意が必要です。

節入り日に生まれた人で「順」の人は歳運が10歳運。「逆」の人は歳運が1歳運になります。

節終り日に生まれた人で「順」の人は歳運が1歳運。「逆」の人は歳運が10歳運となります。

最後にもう一つ、歳運で使っている年齢は、数え年齢であるという点に注意してください。

先にも述べましたが、数え歳というのは、オギャーと生れた瞬間が既に1歳で、以後、旧暦で正月を迎える毎に1歳を加えていくのです。農暦の正月1日と立春では前後2、3日から10日ほどの差がありますが、ここでは便宜上、立春を越えたら1歳加えるとします。

つまり先のB男さんは、２０１３年の12月に生まれて、生まれた瞬間に1歳です。満ではまだ0歳です。そして、２０１４年の立春を越えると、再び1歳が加わります。ここで数え年齢の2歳になるのです。

２０１４年12月14日になって満1歳を迎えますが、この時に、数え年齢では2歳のままです。数え年の習慣のない私達には少々面倒ですが、間違えないように気をつけてください。

④必要に応じてより厳密な歳運を割り出します。

本書では、読者が喜神と忌神を割り出せるようになることを第一の目標としています。

歳運の計算は、実は何歳と何ヵ月まで調べるのですが、まずは③の歳運を割り出すまでを目標にしてください。一度に細かいことをたくさん覚えるよりも、四柱推命＝喜神を取る、という基本をしっかりマスターするほうが大切です。

参考までに、歳運の時間算出方法を述べておきます。

B男さんの場合は、12月14日生まれでした。男性で年干が陰干ですから「逆」です。出生年月日から節入り日までの日数を数えると7日でした。これを3で割ると2余り1となります。この2が歳運です。

ここからはまず、誕生日の誕生時から遡って深夜0時までの時間を調べます。B男さんは22時生まれなので、0時までは22時間です。

次に節入り当日の時間を調べます。節入り日は12月7日。節入り当日の節気が変わる瞬間の時間は08時08分です。この時から節入り日翌日の0時までの時間を計算します。深夜0時は24時ですから、24時間から8時間8分を引くと15時間52分となります。先の22時間と、この15時間52分を合算すると37時間52分。

歳運はこれが10年間のうちの何日に相当するかを考えます。

1ヵ月は約30日。30日を10年に見立てると1年は3日に相当します。同様に4ヵ月は1日、1時間は5日、1分は2時間に相当すると見立てて換算します（図表14参照）。

37時間52分の場合を考えてみましょう。まず37時間は24時間＋13時間ですから、4ヵ月（1日）＋65日（13×5日）で6ヵ月と5日。52分は

図表14

3日	1年に換算する
1日	4ヵ月に換算する
1時間	5日に換算する
1分	2時間に換算する

52×2時間で104時間＝約4日。したがって37時間52分は10年間のうち6ヵ月と9日に相当します。

したがって歳運が2歳運のB男さんは、2歳6ヵ月と9日から10年ごとに大運が変わるということになります。

なお④として述べた算出方法は、細かく厳密に看る場合には必要ですが、一生の大まかな運の流れを看るには①から③までの手順で充分です。以下、本書では原則的に④を省略した歳運を採用しています。

もう一つ例題を考えてみましょう。

【例題3】

1964年7月14日20時00分生まれ　C男

	天干	地支
年柱	甲	辰
月柱	辛	未
日柱	甲	子
時柱	甲	戌

男性で年干が陽干（甲・丙・戊・庚・壬）ですから「順」です。

順なので、次の節入り日までを数えます。節入り日は8月7日です。

7月31日－7月14日＝17日、8月の節入り日の前日は8月6日ですから、17日＋6日＝23日となります。23日を3で割ると7.666……となるので四捨五入して8歳運です。

次は「逆」の例を考えてみましょう。

【例題４】

１９６２年２月３日６時00分生まれ　Ｄ男

	天干	地支
年柱	辛	丑
月柱	辛	丑
日柱	壬	申
時柱	癸	卯

男性で年干が陰干（乙・丁・己・辛・癸）ですから、「逆」となります。

この男性が生まれたのは２月３日、つまり節終り日です。節終り日生まれで「逆」ですから、10歳運となります。

しかし、試しに細かく計算して確認してみましょう。

節入り日は１月６日の４時35分です。誕生日から節入り日までを数えますと27日です。27日÷３＝９歳運となりました。誕生時は朝６時なので、その日の０時まで遡って６時間とわかります。節入り日は４時35分です。さらに遡って、１月７日の０時から節入り時間の４時35分までの時間を計算します。これは19時間25分です。

誕生日の出生時間の６時間と節入り日の時間19時間25分を加えると、25時間と25分です。図表14にしたがって換算すると24時間＝１日ですので４ヵ月となります。24時間を差し引きますと余りは１時間と25分です。１時間は５日、25分は２日と２時間と換算されますが２時間は切り捨てますので合わせて７日です。したがって、厳密には９歳に４ヵ月と７日を加えた年を基点として、彼の大運は変わっていきます。

◇運命の根を表す十二支の蔵干

ここでは、「通根《つうこん》」と「透干《とうかん》」について説明していきます。本格的な四柱推命の判断には非常に重要な事柄ですから、よく理解しておいてください。

通根とは文字通り根に通じるという意味です。本命の天干と地支の全体を樹木に例えて、天干を枝葉、地支を幹、蔵干を根と想像してみてください。樹木で最も大事なのはその根です。根が地中にしっかりと張り、伸びていけば枝も葉も勢いよく茂ります。つまり天干・地支・蔵干は上下一貫してつながっていて、根から吸い上げた養分は上に昇っていくと考えます。天干や地支と同じ五行が蔵干にもあると、同類の五行同士エネルギーの循環が活発となり、力を持つのです。木の枝葉である天干から、根の蔵干の方を見て同じ五行があれば、通根といいます。蔵干の方から天干を見て同じ五行があれば透干といいます。

蔵干は巻末資料Ⅵの地支蔵干表を使って割り出します。縦の見出しは地支、横は蔵干です。蔵干は右から「初《しょ》気《き》」「中気《ちゅうき》」「本気《ほんき》」と呼び、気の強さが異なります。命式表に書き入れる際も、本命の蔵干の欄に右から初気・中気・本気と書き並べます。

例を挙げて説明します。天干と地支と蔵干の五行に注意して、次ページの本命をみてください。ここでは理解を助けるために、天干、地支、蔵干に五行を振りました。

【例題5】

	年柱	月柱	日柱	時柱
天干	庚金	戊土	甲木	庚金
地支	子水	寅木	申金	午火
蔵干	癸水	戊土 丙火 甲木	戊土 壬水 庚金	己土 丁火

年干と時干にある庚金は日支申の蔵干の「本気」と同じですから、庚は申に通根しています。

時柱の蔵干に己土がありますが、これは月干の戊土と同じ五行なので、下から上をみて透干しています。

また、日主甲木は月支の本気と同一です。甲は月支に根を持つとか、日主が月支に通根していると言います。

これで日主甲木は強いが、天干にある二つの庚金も巨木を切り倒す力があるとわかります。


このときに「天干にある五行と、地支蔵干の本気の五行が比和か相生（地支が天干に対して）の場合にのみ通根として力を持つ」ということに注意してください。寅木は戊土を剋しますから、月支寅木の蔵干に戊があっても月干の戊土と通根しているとは扱いません。時支の午火は戊土を生じる関係ですから、午火の蔵干の己土は戊土とつながるのです。これについては巻末資料Ⅶの十干十二支の透干・通根一覧表を参照してください。

透干と通根を図解しています。


さて、次の場合はどうでしょう。

【例題6】

	年柱	月柱	日柱	時柱
天干	壬 水	壬 水	己 土	壬 水
地支	寅 木	寅 木	卯 木	申 金
蔵干	戊 土　丙 火　甲 木	戊 土　丙 火　甲 木	乙 木	戊 土　壬 水　庚 金

時支申金が金生水と天干の壬水を生じています。同時に申の蔵干にも水が含まれていて、年干、月干と時干に通じて力を借しています。

なお、この本命の場合は、水の五行が通根しているために力を持つと同時に、その強い水が天干から雨のように降り注ぎ水生木と年支、月支、日支とに五行のエネルギーを与えています。そのため本命全体では、木の五行が一番勢いを持つことになるのです。

以上のように、干と支の通根の有無を調べることによって、本命の五行の力の強弱を量ったり、日主の強弱を量ったりすることができます。このことは、日主にとって何の五行が最もプラスとなるか、どの五行が日主にとって一番マイナスになるのかを知るのに必要です。

また透干は、もともとの本命と巡ってくる大運や流年との間にも成立し、後天運の吉凶を左右します。ここの概念は難解なので巻末資料Ⅶに整理しました。

二、身強か身弱かを決める

先に述べたように、四柱推命における八つの干と支の配列は一本の木にたとえるとよく理解できます。リンゴの木にたとえると、本命の地支である年支、月支、日支、時支は木の幹から根元にあたります。地支の蔵干は地中の根と考えてください。根が地中より吸収した養分は、幹を通して吸い上げられ、木全体に行き渡り、日干＝日主であるリンゴの実をつける原動力になります。本命の天干である年干、月干、時干は木の枝葉にあたります。根とは違った形でエネルギーを生み出し、日主の実を付けます。根である蔵干と、枝葉である天干から吸収された養分とによって日主の実がなるのです。このときに、光が不十分だと成長も悪く、また水が不十分でも成長は悪くなります。すると実のできも悪く、美味しいリンゴはできません。このように、実（日主）と枝葉（天干）と幹（地支）と根（蔵干）の関係を観察すれば、宿命の状態を知ることができます（図表15参照）。

さて、これに関連して、四柱推命には身強・身弱という非常に大切な考え方があります。

草木の成長にとって、日光や水は必要不可欠です。しかし、多雨や強い日差しは成長を早めるどころか、かえって草木を枯らしてしまいます。このエネルギー過多の状態が身強です。草木の順調な成長には、多すぎず、少なすぎず、適度な光と水が必要なのです。

身強とは「日主が月支からエネルギーを供給されていたり、日主が他の干支から生じられるか比和の関係にあるため、日主の五行が強すぎる状態」のことをいいます。たとえば次の本命です。

図表 15

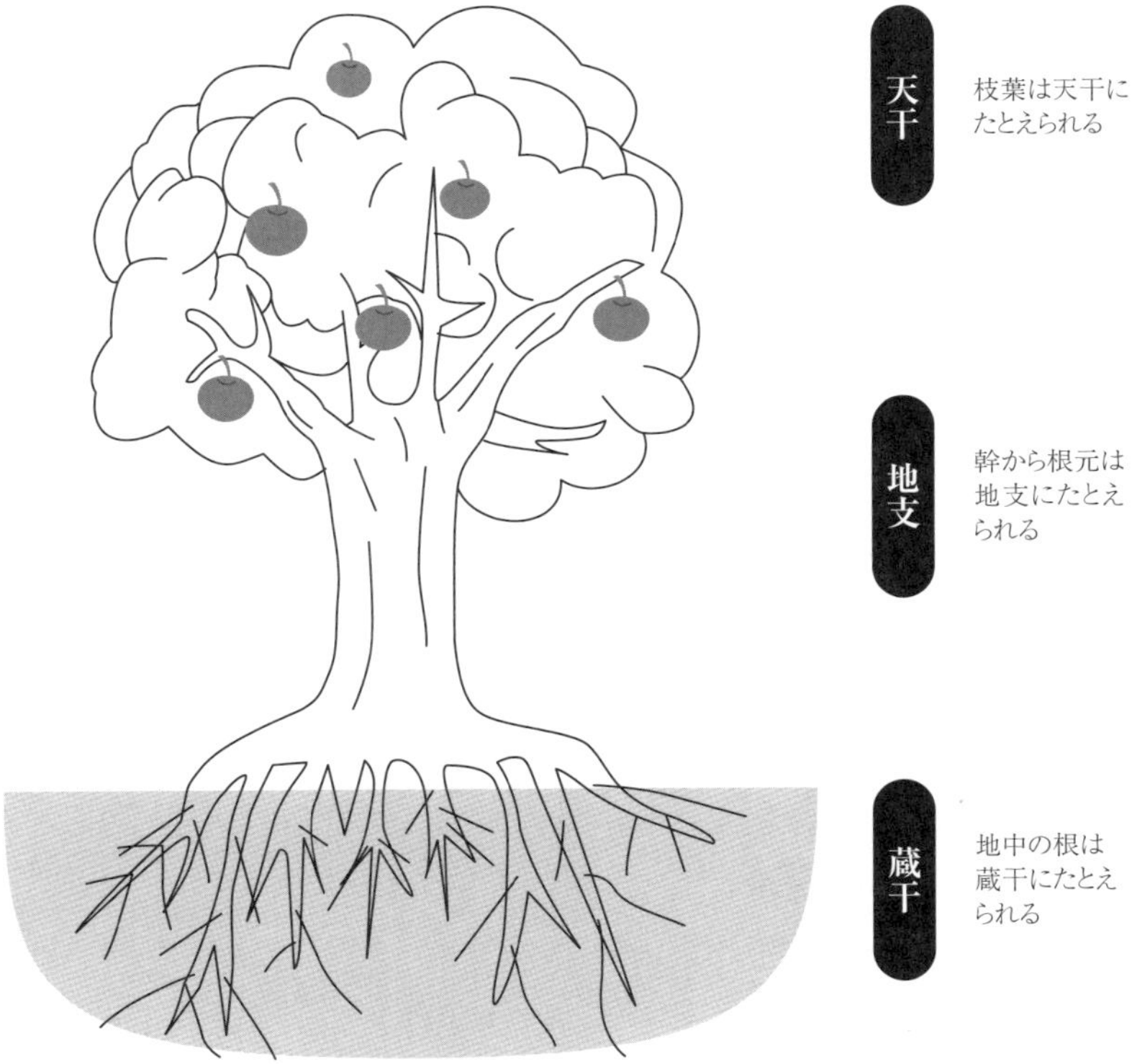
天干
枝葉は天干に
たとえられる
地支
幹から根元は
地支にたとえ
られる
蔵干
地中の根は
蔵干にたとえ
られる

一本の木は本命にたとえられる。日主はリンゴの実である。本命では天干、地支、蔵干に分かれているが、本当は一本の木のように上から下までひと続きにつながっていると考えると、本命の読み取り方を一歩進めることができる。

【例題7】

時柱	日柱	月柱	年柱	
辛 金	庚 金	戊 土	丙 火	天干
巳 火 比和	申 金	相生 戌 土	辰 土	地支
戊土 庚金 丙火	戊土 壬水 庚金	辛金 丁火 戊土	乙木 癸水 戊土	蔵干

この本命の人は、日主が庚で五行は金ですから、日主の庚金は月支の戌土と年支の辰土より生じられていますし、日支の申金とも比和の関係ですから、根からエネルギーがどんどん吸収されている状態です。しかも、月干には戊土があって、時干には辛金があり、日主をますます強める五行が揃っています。

そのためにこの本命の場合は、先のリンゴの木に例えますと、肥料のやり過ぎ、または土が多過ぎて幹まで埋没している状態です。これは身強に過ぎる状態です。

では、次の本命をみてみましょう。

【例題8】

	年柱	月柱	日柱	時柱
天干	辛金	甲木	庚金	壬水
地支	丑土	午火	寅木	午火
蔵干	癸水 辛金 己土	己土 丁火	戊土 丙火 甲木	己土 丁火

この本命も、先の身強の人と同じく庚金ですが、月支は時支ともに午火で日主の庚金と相剋の関係にあります。また、日支が寅木ですので、日主が剋してエネルギーを消費している状態です。ただ、年支にある丑土が日主に養分を与え、年干にある辛金が日主と同じ五行で支えになってくれているだけです。これが身弱の状態です。

リンゴの木にたとえると、雨が降らずに乾燥していて、水を十分に補給できない状態といえます。この場合、リンゴの木に不足している水を与えれば、順調に成長することができます。

身弱とは日主が月支からエネルギーを奪われていたり、日主が他の干支と相剋や洩気の関係にあるため、日主の五行が弱まっている状態です。この身強か身弱かを決めるのは、推命にとって非常に大事なことです。

身強・身弱の「身」とはすなわち自分自身であり、日主のことですが、この日主が周りの干支から助けられていて強いか、それとも周りの干支と剋洩、敵対関係にあって弱いかということがわかれば、運命の吉凶を決

図表 16

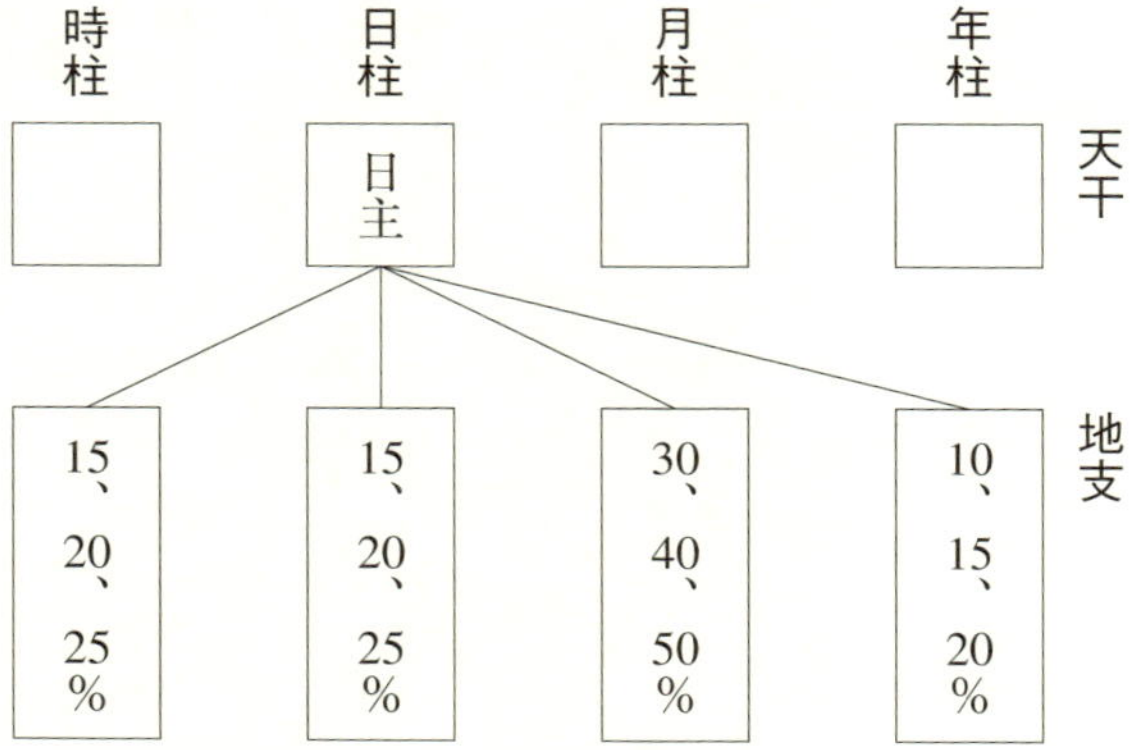

日主が月支、日支、時支、年支から供給されるエネルギーの配分を示した図。
たとえば日主と相生または比和の関係にある月支の力はあらかじめ 30%だが、蔵干が天干に透れば 40%に変化し、年柱、月柱の天干にも透れば 50%となる。

める鍵である喜神と忌神を定めることができます。

日主対他の天干、地支、蔵干、五行の組み合わせから強弱を測ることは、初心者にとってはちょっと難しいかもしれません。そこで本書では初心者でも簡単に身強・身弱を決められる、独自のテクニックを紹介します。

図表16をご覧ください。

日主を中心に月支、日支、時支、年支とのエネルギー関係をパーセンテージで示したものです。身強か身弱かを判断する時にこの図表に当てはめてみて、日主の五行のエネルギー状態が十分なのか不足がちなのかを数字で把握していきます。

図表16では、日主対地支のみを測った場合の関係になっていますが、厳密にいえば、日主対天干の関係も測らなければなりません。しかし、まずは天干よりも根である地支の作用の方がはるかに大きいことを意識してください。

蔵干が天干に透っているかどうかで日主対地支の力関係は変わります。月支が日支に作用する割合が四つの地支のうちで30～50％となっていることが第一の判断ポイントとなります。それから日支と時支が日主に作用する割合を15～25％とし、年支は日主からやや離れているので、10～20％と考えます。

天干と地支の透干・通根をよくみて地支の力関係を判断してから、次に日主からエネルギーを受ける地支のパーセンテージを合計します。ここで、日主が他の地支からエネルギーを受けているということは、日主が他の地支から生じられている相生の関係であるか、または同じ五行の比和の関係にあるかどちらかです。

日主が月支をはじめ、日支、時支、年支のどれかとより多く相生または比和の関係にあれば、身強となります。

次の【例題9】に当てはめてみます。

【例題9】

	年柱	月柱	日柱	時柱
天干	戊（土）	己（土）	庚（金）	辛（金）
地支	寅（木）　剋	未（土）	申（金）　比和	巳（火）　剋
蔵干	戊庚丙（土金火）	丁乙己（火木土）	戊壬庚（土水金）	戊庚丙（土金火）
	0％	＋50％	＋20％	0％
	日主と相生でも比和でもないので0％。	日主と相生の関係、さらに年干の戊と月干の己に透干しているので50％。	日主と比和の関係、さらに時干の辛に透干しているので20％。	日主と相生でも比和でもないので0％。

日主対地支の関係は、日主が月支から生じられる相生の関係にあるので、あらかじめ30％のエネルギーを日主が受けていることになります。

加えて月支である未土の蔵干にある己土と同じ五行の戊土が年干にあるので、月支の力は40％、さらに月干の己土を加えて最終的に50％のエネルギーと考えます。それに、日支も日主と比和の関係にあり、時干に辛が透りますから20％と考え、合計70％のエネルギーを日主は地支から受けていることになります。実際は未から天干の戊と己ともに透り、申からは庚と辛に透るので、与えられる力は70％以上になります。このパーセンテージは初心者用の目安です。熟練して応用が利くようになると、感覚的に五行エネルギーの強弱を読み取れるようになります。

この例では日主は地支より半分以上のエネルギーを受けていますので、身強ということになるわけです。

つまり、「日主が地支より50％以上のエネルギーを受けていれば身強、それ以外は身弱」ということになります。

次に、身弱の人の場合について考えてみます。これも例題にしたがって考えてみましょう。

【例題10】

	年柱	月柱	日柱	時柱
天干	辛金	辛金	庚金	癸水
	生	剋	剋	生
地支	丑土	卯木	寅木	未土
蔵干	癸水 辛金 己土	乙木	戊土 丙火 甲木	丁火 乙木 己土
	＋20％	0％	0％	＋15％
	日主と相生の関係、さらに年干の辛と月干の辛に透干しているので20％。	日主と相生でも比和でもないので0％。	日主と相生でも比和でもないので0％。	日主と相生の関係なので15％。

日主の庚金と月支卯木は金剋木の相剋の関係ですから、日主はエネルギーを受けません。また、日主対日支の関係でも金剋木の関係ですから日主は月支、日支よりエネルギーを受けません。日主は年支の丑土と時支の未土で相生の関係となり、合計で35％のエネルギーを受けています。しかし、日主を助ける力は50％未満です。したがって、この本命は身弱となります。

最後にもう一つ例題をやってみましょう。

【例題11】

	年柱	月柱	日柱	時柱
天干	辛 金	辛 金	甲 木	乙 木
地支	巳 火	卯 木	寅 木	亥 水
蔵干	戊 土 庚 金 丙 火	乙 木	戊 土 丙 火 甲 木	甲 木 壬 水
	0％	＋40％	＋20％	＋20％
	日主と相生でも比和でもないので0％。	日主と比和の関係、さらに時干の乙に透干しているので40％。	日主と比和の関係、さらに時干の乙に透干して20％。	日主と相生の関係、さらに時干の乙に透干して20％。

この例題の日主は甲木です。

月支の卯木は日主と比和でエネルギーを与えています。次に日支は寅木ですから、日主とは比和の関係です。最後に、年支が巳火で日主は洩気となっています。ここで日主が年支と洩気の関係にあるからといって「では、日主から年支に逆にエネルギーを与えているのでマイナス15％だな」とは考えないでください。この場合には日主に対してエネルギーが供給されない0％と考えます。

ここまでの地支が日主に供給するエネルギー量を合計すると、月支からは40％、日支が20％、時支が20％となり、合計80％。つまり身強ということです。

三、喜神と忌神を取る

前節がきちんと理解できれば、喜神と忌神を取ることは簡単です。

文仁親王妃紀子様の命式を例に看てみましょう。

【例題12】

	天干	地支	蔵干
年柱	丙火	午火	己土 丁水
月柱	丁火	酉金	辛金
日柱	癸水	酉金	辛金
時柱	甲木	子水	癸水

9	19	29	39	49	59
丙申	乙未	甲午	癸巳	壬辰	辛卯

紀子様は１９６６年9月11日生まれです。出生時間は23時40分。出生地は静岡市内です。

日主は癸水です。

月支は酉金です。月支の蔵干の辛金と同じ五行は天干にありません。そのため、月支の力は先の図表16に示した30～50％のエネルギー量のうち、30％で日主を助けます。日支も同じく、酉金で、その蔵干は天干に通っていませんので、15％～25％のエネルギー量のうち15％で日主を助けます。

時支は子水で日主と同じ五行です。日主以外の天干には通っていません。ですから15～25％のエネルギー量のうち、15％で日主を助けます。

図表17　喜神・忌神の一覧

日主	強弱	喜神	忌神
甲・乙	身強	火・土・金	水・木
	身弱	水・木	火・土・金
丙・丁	身強	土・金・水	木・火
	身弱	木・火	土・金・水
戊・己	身強	金・水・木	火・土
	身弱	火・土	金・水・木
庚・辛	身強	水・木・火	土・金
	身弱	土・金	水・木・火
壬・癸	身強	木・火・土	金・水
	身弱	金・水	木・火・土

年支は午火で日主から剋す五行です。そのためここではエネルギー量を考慮に入れず0％です。

結局、月支が30％、日支が15％、時支が15％で合計60％となり、日主を助ける力が50％を超えました。したがって身強です。

次に図表17、喜神・忌神の一覧で日主「壬・癸」「身強」の欄を見てください。喜神は木・火・土で忌神は金・水とあります。喜神と忌神はこのようにして取ります。

喜神と忌神を取れるようになれば、推命の第一歩を踏み出したことになります。

四、十干十二支の合と冲を理解する

◇干合について

十干の特徴は、隣り合う干同士がくっつく性質を持つことです。「干合《かんごう》」といって干と干が結合して、全く別の五行に変化するのです。

これは次の場合に成立します。

甲	己	→ 土
乙	庚	→ 金
丙	辛	→ 水
丁	壬	→ 木
戊	癸	→ 火

ただし、この十干の干合には条件が必要です。「二つの干が結合して変化する五行が、月支から相生か、月支と比和の関係であること」、さらに「本命に干合する五行や相剋する十干十二支を持っていない」ことです。

五種類の干合パターンと月支の関係を以下に説明します。

〈日主が甲で月干か時干が己、または日主が己で月干か時干が甲の場合〉

甲の五行は木ですが、干合すると甲も土に変化します。

	年柱	月柱	日柱	時柱
天干	（　）	己	甲	（　）
		土		
地支	（　）	辰・未・戌・丑・巳・午	（　）	（　）

＊右記の場合は、月支が辰・未・戌・丑・巳・午のいずれかであることが甲と己の干合できる条件となり、それ以外の場合は、甲と己が隣り合わせていても干合しません。

〈日主が乙で月干か時干が庚、または日主が庚で月干か時干が乙の場合〉

乙の五行は木で庚の五行は金ですが、干合すると乙も金に変化します。

	年柱	月柱	日柱	時柱
天干	（　）	（　）	乙	庚
			金	
地支	（　）	申・酉・戌・辰・丑	（　）	（　）

＊右記の場合は、月支が申・酉・戌・辰・丑のいずれかであることが乙と庚の干合できる条件となり、それ以外の場合は、乙と庚が隣り合わせていても干合しません。

〈日主が丙で月干か時干が辛、または日主が辛で月干か時干が丙の場合〉

丙の五行は火で辛の五行は金ですが、干合すると水に変化します。

	年柱	月柱	日柱	時柱
天干	（　）	丙	辛	（　）
地支	（　）	亥・子・丑・申・酉	（　）	（　）

（丙・辛 → 水）

＊右記の場合は、月支が亥・子・丑・申・酉のいずれかであることが丙と辛の干合できる条件となり、それ以外の場合は、丙と辛が隣り合わせていても干合しません。

〈日主が丁で月干か時干が壬、または日主が壬で月干か時干が丁の場合〉

丁の五行は火で壬の五行は水ですが、干合すると木に変化します。

	年柱	月柱	日柱	時柱
天干	（　）	壬	丁	（　）
		木		
地支	（　）	寅・卯・亥・子	（　）	（　）

＊右記の場合は、月支が寅・卯・亥・子のいずれかであることが丁と壬の干合できる条件となり、それ以外の場合は、丁と壬が隣り合わせていても干合しません。

〈日主が戊で月干か時干が癸、または日主が癸で月干か時干が戊の場合〉

戊の五行は土で癸の五行は水ですが、干合すると火に変化します。

	年柱	月柱	日柱	時柱
天干	（　）	（　）	戊	癸
			火	
地支	（　）	巳・午・未・寅・卯	（　）	（　）

＊右記の場合は、月支が巳・午・未・寅・卯のいずれかであることが、戊と癸が干合できる条件となり、それ以外の場合は、戊と癸が隣り合わせていても干合しません。

〈干合が成立しない場合〉

	年柱	月柱	日柱	時柱
天干	（　）	壬	丁	壬
地支	（　）	卯	（　）	（　）

妬合

＊仮に月支が干合できる条件を備えていても、右記のように一つの干が二つの干に挟まれた状態では「妬合《とごう》」といって取り合いになり干合できません。

	年柱	月柱	日柱	時柱
天干	（　）	戊	辛	丙
地支	午 火	子 水	未 土	

干合しない

＊右記の場合、月支子水の力を得て丙と辛が干合しそうですが、月支子水は年支午火と相剋となっています。日支の未土は五行が土なので丙と辛が干合して水になる気を剋します。よって干合しません。

◇十二支の陰陽と五行について

十二支同士が結合したり、相剋したりする性質は陰陽五行に基づいています。

木＜陽寅／陰卯　火＜陽午／陰巳　土＜陽辰・戌／陰丑・未　金＜陽申／陰酉　水＜陽子／陰亥

これらの十二支の間では相生と相剋の関係が成り立ちます。十二支同士の結合パターンには、干合と同様に元々の五行が変化する「三方局《さんほうきょく》」「三合《さんごう》（三会局《さんかいきょく》）」「六合《ろくごう》」があるほか、十二支同士が対立したり傷つけ合うパターンには、「冲《ちゅう》」や「刑《けい》」があります。

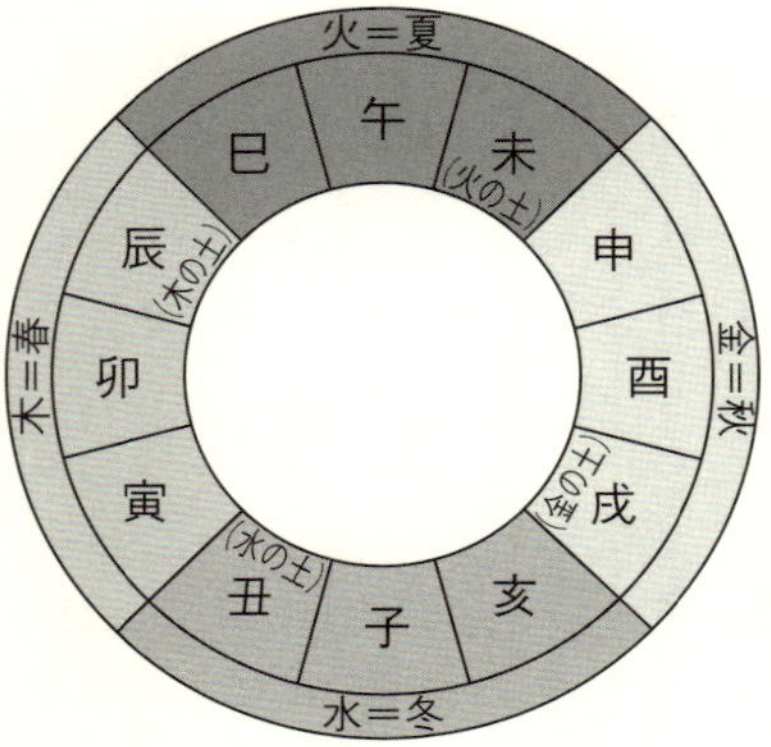

寅・卯・辰＝木
巳・午・未＝火
申・酉・戌＝金
亥・子・丑＝水

図表18　三方局の関係

〈三方局〉

十二支のうち寅・卯・辰の三つが揃った時に、三支が結合し、強い木に変化します。それは木が集まって林になり、林が増えて森になるのをイメージするとわかりやすいでしょう。なお、土の五行に属している辰が木に変化できるのは、辰が春の季節に属しているからです。そのため寅と卯と辰の三つが揃うと、統合して木となるわけです。

これを三方局といい、四通りの組み合わせがあります。

○寅・卯・辰が三つ揃った時には、強い木になる（森のイメージ）。

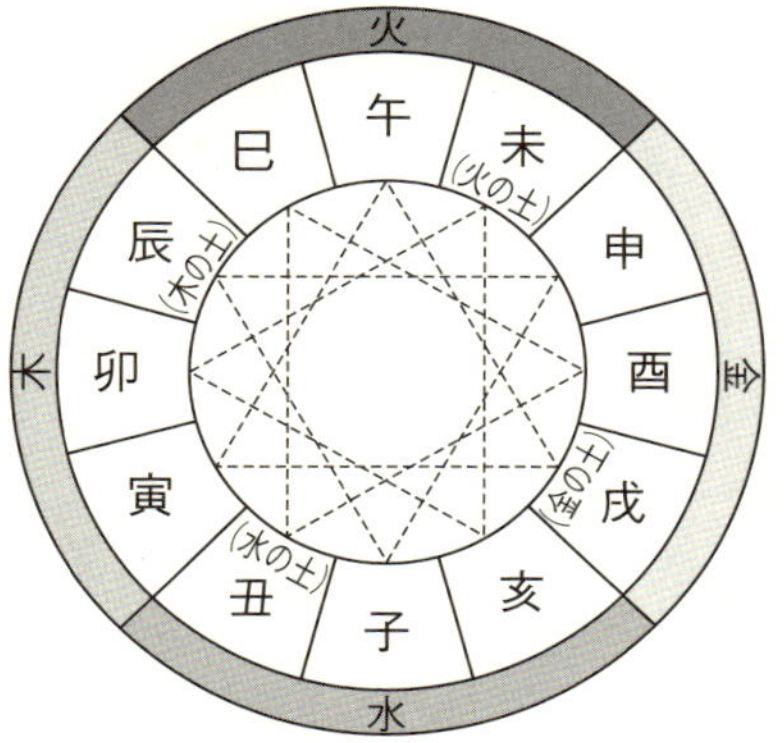

寅・午・戌＝火
巳・酉・丑＝金
申・子・辰＝水
亥・卯・未＝木

図表19　三合（三会局）の関係

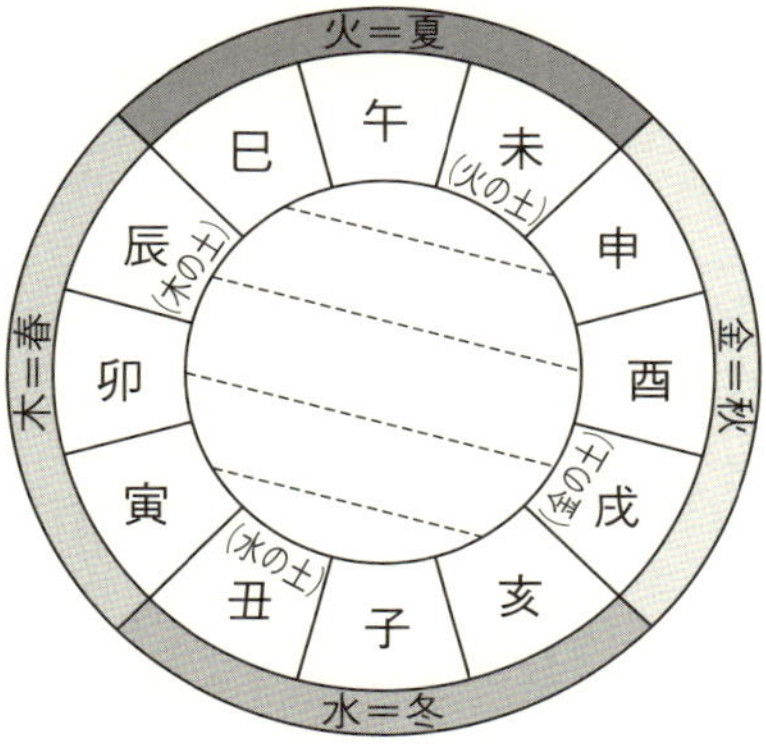

子・丑＝土　　辰・酉＝金
寅・亥＝木　　巳・申＝水
卯・戌＝火　　午・未＝火

図表20　六合の関係

○巳・午・未が三つ揃ったときには、高温の火になる（火事のイメージ）。

○申・酉・戌が三つ揃ったときには固い金になる（鋼《はがね》のような鉄のイメージ）。

○亥・子・丑が三つ揃ったときには大きな水になる（大河や海のイメージ）。

〈三合（三会局）〉

三方局の次に強力な変化が三合（三会局）です。

次の四通りの組み合わせがあります。

○寅・午・戌の三支が全部揃うか、寅と午、午と戌が揃うと統合し、火に変化する。

○巳・酉・丑の三支が全部揃うか、巳と酉、酉と丑が揃うと統合し、金に変化する。

○申・子・辰の三支が全部揃うか、申と子、子と辰が揃うと統合し、水に変化する。

○亥・卯・未の三支が全部揃うか、亥と卯、卯と未が揃うと統合し、木に変化する。

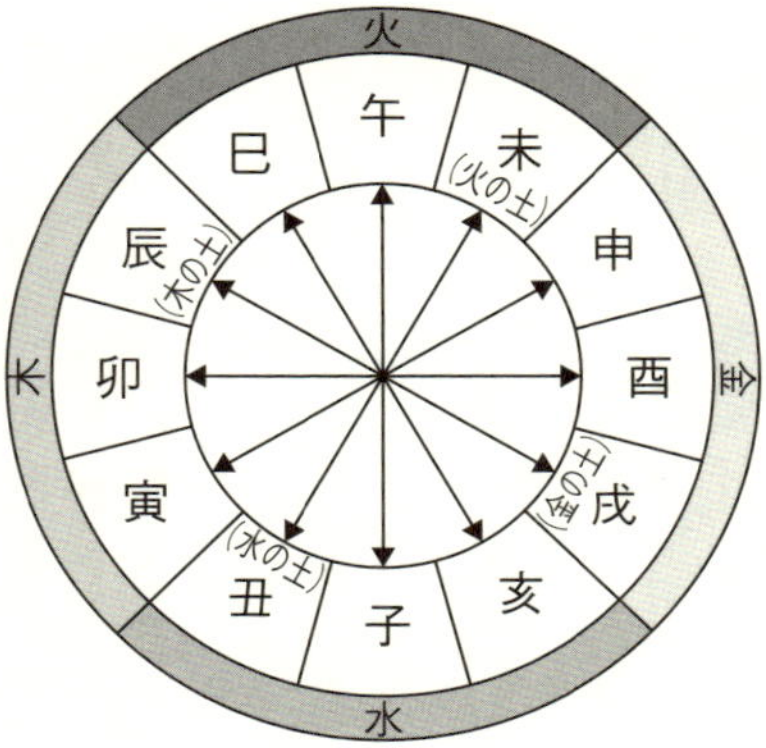

子↔午　卯↔酉
丑↔未　辰↔戌
寅↔申　巳↔亥

図表21　冲の関係

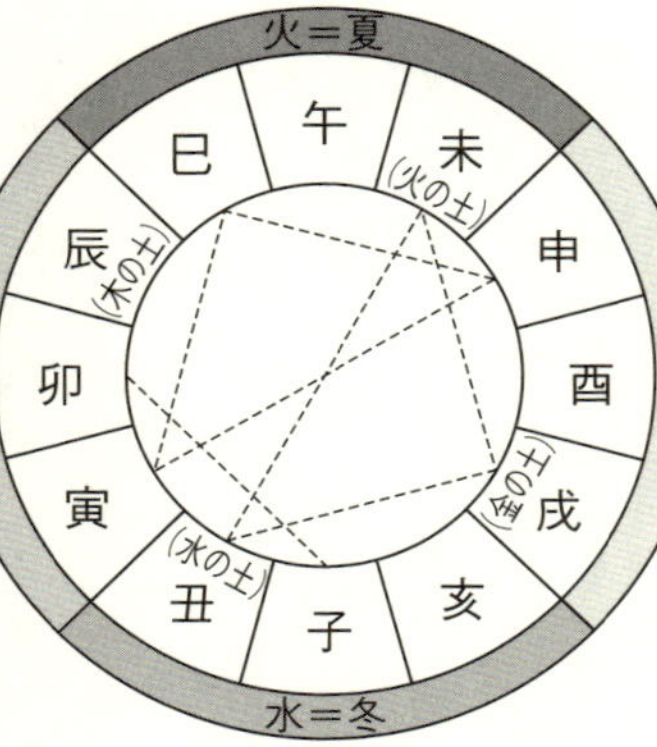

子　・　卯の二つ揃う時
丑・未・戌の三つ揃う時
寅・巳・申の三つ揃う時
} 刑

辰・辰
午・午
酉・酉
亥・亥
} 自刑

図表22　刑と自刑の関係

〈六合〉

この六合はちょっと特殊な関係です。その原理は七政《しちせい》四余《しょ》という中国占星術からきています。子・丑の間と午・未の間に線を引いて折り返すと、子と丑がくっつき、寅と亥がくっつき……、というように片側の十二支がもう一方の十二支の五行に引っ張られて、五行が変わるのです。

この合はくっつく力が弱く、季節の五行と相生か比和の時にのみ変化します。以下の六通りの組み合わせができます。

○子と丑が合して、丑の五行の土となる。
○亥と寅が合して、寅の五行の木となる。
○戌と卯が合して、戌の蔵干の火となる。
○酉と辰が合して、酉の五行の金となる。
○申と巳が合して、申の蔵干の水となる。
○未と午が合して、午の五行の火となる。

〈冲〉

図表21のように子水と午火、卯木と酉金など向かい合い相剋する十二支同士は冲になります。冲は対立してい

るので、衝突、事故、病気、別離という意味も出てきます。以下、六通りの組み合わせがあります。

○子・午は、子水と午火の相剋。
○丑・未は、水の土と火の土が相剋。
○寅・申は、寅木と申金の相剋。
○卯・酉は、卯木と酉金の相剋。
○辰・戌は、木の土と金の土の相剋。
○巳・亥は、巳火と亥水の相剋。

〈刑〉

これも中国占星術の考え方が入っています。占星術では、90度は不吉とされ、困難、不自由という意味があります。このように五行の性質よりも位置の関係で悪い意味が出てくるのが刑です。刑には、病気や精神面の問題が現れやすいようです。

刑はこの他以下のパターンがあります。

○寅・巳・申と三つの地支が揃う時。
○丑・戌・未と三つの地支が揃う時。
○子と卯。
○同じ地支同士が二つ揃う時（辰・辰　午・午　酉・酉　亥・亥）これを特に自刑と呼びます。

五、三方局・三合・六合・冲・刑を見極める

前節をふまえ、いろいろな例をみてみましょう。

【例題13】

	天干	地支
年柱	辛	卯
月柱	庚	寅
日柱	丙	辰
時柱	丙	寅

春の寅月で木の気が強い時です。寅を中心に年支の卯と日支の辰は合して寅卯辰の三方局となります。時支の寅も年支の卯と日支の辰と揃って寅卯辰の三方局となります（図表18参照）。日主丙はすべての地支から気をもらっています。

【例題14】

	年柱	月柱	日柱	時柱
天干	己	癸	乙	甲
地支	巳	酉	丑	申

この本命では、日主乙が秋月に生まれています。秋の酉月で金の気が強い時なので、酉を中心に年支の巳と日支の丑は合して、巳酉丑の三合となります。巳の五行は火ですが、秋の酉月なので合して金となるのです（図表19を参照）。地支がすべて金に変化して、日主はとても弱い状態です。

【例題15】

	年柱	月柱	日柱	時柱
天干	戊	戊	辛	丁
地支	子	午	酉	酉

この本命は、日主辛が夏月に生まれています。

夏の午月の火が強い時なので日主の辛金を剋す力が強くなっています。時柱の丁火は月支の午に通根して、日主を剋しています。月支の午と年支の子は図表21をみると、対面同士なので冲の関係とわかります。また、日支の酉と時支の酉は図表22から、自刑の関係とわかります。この時に、日支と時支の酉は日主を助ける力が弱くなっています。

【例題16】

	天干	地支
年柱	甲	午
月柱	庚	午
日柱	壬	子
時柱	丙	午

この本命は、日主壬が夏月に生まれています。夏の午月は火の気が強い時です。図表8「旺相休囚死」表では、火は旺となっていることに注意してください。地支にある三つの午火は力が強くなっています。しかも三つの午火と一つしかない子水は冲しています。子水が蒸発してなくなるようなイメージです。同時に三つの午は刑となっていて、地支は落ち着きません。地支が落ち着かない人は、運勢的にも不安定になりやすい傾向があります。

【例題17】

	年柱	月柱	日柱	時柱
天干	甲	丙	壬	辛
地支	子	寅	申	丑

日主壬は月干の丙火を剋しています。月支は寅木で日支は申金なので、日支と月支は冲の関係です。このように天干と地支がともに剋し合うのを特に「天剋地冲《てんこくちちゅう》」と呼び、凶の意味が強くなるのです。月と日の天剋地冲では、福徳運を表す月干支と自分自身および配偶者を表す日干支なので結婚や家庭に問題が出やすい傾向があります。

【例題18】

	天干	地支
年柱	庚	辰
月柱	乙	酉
日柱	丙	辰
時柱	丁	酉

この本命は、日主丙が秋月に生まれて、「旺相休囚死」の「囚」となり弱い状態です。
秋の酉月で金の気が強い時です。月支の酉を中心に年支の辰は合し、月干の乙と年干の庚も干合して金になります。つまり年支と月支、日支の辰と時支の酉も六合して金となるのです（図表20参照）。

この時に、日主の丙火は助けてくれる五行の地支がありません。日主を助ける地支が透干・通根していないのです。時干の丁火を助ける五行の地支もなくて、本命全体で金の力が強く、火の力はとても弱いものとなります。こういう場合は、本命全体が変化する特別格になります（第五章で詳述）。

【例題19】

	天干	地支
年柱	辛	卯
月柱	庚	寅
日柱	丙	午
時柱	壬	辰

この本命は、日主丙が春月に生まれています。春の寅月で木の気が強い時なので、まず月支の寅と年支の卯、それに時支の辰が揃って三方局となります。同時に、寅木は火を生むので、日支の午は寅と三合します。春の木の五行は旺であり、火の五行は相ですから力は強い時と理解して下さい。このように、季節や月の五行によって三方局や三合の合する力が変わってくるのです。たとえば秋の金の月ならば寅と卯と辰の合する力は弱くなります。

【例題20】

	年柱	月柱	日柱	時柱
天干	戊	己	甲	乙
地支	寅	未	申	丑

　年干の戊土と日主の甲木は剋し合い、年支の寅木と日支の申金も剋し合っています。さらに月干の己土と時干の乙木も剋し合い、月支の未土と時支の丑土も剋し合っています。年柱と日柱が天剋地冲となり、月柱と時柱も天剋地冲となります。このように天剋地冲がある本命では職業、住居、家庭など常に不安定な状況となりやすいものです。

【例題21】

	年柱	月柱	日柱	時柱
天干	癸	辛	乙	庚
地支	酉	酉	酉	辰

秋の酉月で金の気が強い時です。年支・月支・日支の三つの酉は時支の辰と六合して金となり、日主乙と時干庚は干合して金となります。年干の水も金の力に従い全局が金水の固まりとなりました。酉の自刑も影響しますが、辰酉の合の意味の方が強く現れます。天干・地支ともに合してしまったので、本命全体が変化する特別格となります（第五章で詳述）。

六、神殺星と運命への影響

「神殺星《しんさつせい》」とは文字通り、自分を助けてくれる吉の作用をする星と、凶の作用をする星という意味です。

現在、日本の四柱推命はこの神殺星を非常に重視していますが、台湾や香港では判断の補足に用いる程度で、あくまでも日主と他の干支との五行の調和がポイントになります。そこで本書では、神殺星の中で判断上重要なものだけを取り上げました。図表23のB男さんの命式表を例に巻末資料Ⅷの一覧にまとめた神殺星があるか調べてみましょう。

〈天徳貴人《てんとくきじん》〉〈月徳貴人《げつとくきじん》〉

天徳貴人の神殺星は月支（月柱の地支）から日主（日柱の天干）と日支（日柱の地支）をみて出します。

月徳貴人の神殺星は月支から日主をみて出します（日支には現れません）。

Aさんの本命に月徳貴人は現れません。もし、月徳貴人が出された場合には、命式表の天干神殺星の欄へ書き入れます。

天徳および月徳貴人がつく人は、総じて穏やかで安定した一生となり、少々の困難に遭っても実力者の援助を得て、自然に解決されるという徳分をもっています。また、もしその人の四柱全体の喜神、忌神のバランスが悪い場合でも衣食に不自由することはありません。女性にとっては、この天徳貴人か月徳貴人がつくと地位や名誉のある男性と結婚できるという意味があります。

特に月徳貴人は正財・正官・正印・食神について福力を増し（これらの星は「通変星《つうへんせい》」といい第四章で詳述します）、本人の実力以上の発展が期待できます。

なお、この二星が両方とも本命に現れるのは祖先から恩徳を受けた人です。吉に吉を重ね、凶にあっても凶

図表23

命式表

２０１３年12月14日22時00分生

氏名（B男）女㊚命

生地（東京）

	年柱	月柱	日柱	時柱
天干神殺星				
天干通変星			日主	
天干	癸	甲	甲	乙
地支	巳	子	寅	亥
蔵干	丙庚戊	癸	甲丙戊	壬甲
地支通変星		（沐浴）		
地支神殺星		空亡	専禄	

歳運	2	12	22	32	42	52	62
天干通変星							
大運	癸亥	壬戌	辛酉	庚申	己未	戊午	丁巳
地支通変星							

喜神…木・火・土

忌神…金・水

を吉に化する幸運者といえます。ただし冲や刑に遭うとその力をなくします。

〈天乙貴《てんおつき》人《じん》〉

古典の『三命通会』には「天乙其神最尊貴、所至之處、一切凶殺隠然而避」とあります。

天乙貴人は吉神で、本命にこれが現れる人は聡明で機智に富んでいます。また、苦難に遭っても必ず、力のある人や目上の人の援助で乗り切れる吉星です。ただし、空亡と重なった場合にはその力がなくなります。

巻末の神殺表では最初に年干を縦列より捜し、次に横列の十二支のうちどれかが本命の十二支に該当すれば、天乙貴人が現れることになりますので地支神殺星の欄に書き入れます。ここで注意しておきたいのは、天乙貴人には陽貴人と陰貴人があり、それは卯酉の時間で分けられるということです。

B男さんは年干が癸で、横欄を見れば巳・卯です。Aさんは夜の生まれですから、陰貴人の方を見ます。B男さんの本命の年支・月支・時支に卯はありません。天乙貴人は現れないということです。

〈禄神《ろくしん》〉

古典の『三命通会』や『淵海子平』に詳しく紹介されています。

『淵海子平』には「甲禄在寅、乙禄在卯、丙戊禄在巳、丁己禄在午、庚禄在申、辛禄在酉、壬禄在亥、癸禄在子」とあります。

一般には日干である日主から月支につくのを建禄と呼び「福禄がある」といいます。禄とはすなわち先祖や親からのご褒美で、食禄、官禄、財禄があります。本命に禄がつくのは吉祥となり、日主からみて年支に現れれば蔵禄と呼びます。先祖や親からの禄となるのです。月支につけば建禄、日支につけば専禄、時支につけば帰禄です。

およそ、禄がつくのは日主対月支で「旺相休囚死」の「旺」です。根本的には日主を助ける禄となります。

B男さんの日主は甲で日支に寅がありますから専禄がつきます。

〈羊刃《ようじん》〉

羊刃は、どちらかというと凶作用を起こす星です。

日主から年支・月支・日支・時支を見て羊刃が現れるかどうかを調べます。

羊刃は長所に出れば剛気で、集中力があり、決めたことは必ずやり遂げます。短所に出れば、頑固、せっかちという意味を持ちます。羊刃が本命にある人は思ったらすぐに行動する性格で、大きなチャンスを摑むかと思えばせっかく捕まえたチャンスを逃したり、トラブルや法律上の問題を起こしやすいという暗示があります。また、自分の思い通りに物事を進めないと気が済まない性格から、配偶者との不和の意味も現れてきます。

B男さんの場合は、日主が甲なので一段目を見ます。その横列を見ると卯とあります。卯が本命の十二支にあるか調べると、ないことがわかります。したがってこの人に羊刃は現れません。

〈飛刃《ひじん》〉〈血刃《けつじん》〉

飛刃と血刃は一般には使いませんが、事故・手術などを看る時に参考にします。飛刃と血刃が冲する年には血を見る事故、突発的な凶事が多い傾向があります。

B男さんにはいずれも現れません。

〈駅馬《えきば》〉

駅馬が本命に現れる人は、転居が多く、外出しがちで家にじっとしていない人です。あるいは外国人と結婚したり、職業を転々としたりと変化、変遷の多い人となります。

本命に通変星（第四章で詳述）の七殺・正官があって、駅馬が現れると上司に見込まれて急に昇進するという意味になります。本命に偏財・正財があり駅馬が現れると、財の出入りが激しい人で、短期間で相当な額の財を手に入れることもあります。あるいは、外国で貿易を行って成功をすることもあります。

駅馬の意味が悪く現れた場合は、一生住居を転々とし、仕事も転々とするという暗示になります。配偶者が変わりやすいという意味もあります。

これらの吉凶は、喜神・忌神で判断していきます。喜神となる五行干支と駅馬が現れれば良い意味となり、移転、変化しながらも結果的には地位や財を摑めます。しかし、忌神となる五行干支に駅馬が現れた場合は、変化・変遷が多いだけで徒労に終りやすい傾向があります。

Ｂ男さんに駅馬は現れません。

〈桃花《とうか》〉

桃花は恋愛、交際といった意味があり、賑やかな場所が好きでお酒の席を好みます。異性の友だちも多い人です。女性でこの星があると整った顔立ちで、愛嬌のある可愛い感じの人です。

この星の意味が悪く現れた場合は、派手な交際とか酒色に溺れるという意味になります。これも喜神につくか忌神につくかで判断します。

Ｂ男さんに桃花は現れません。

〈華蓋《かがい》〉

華蓋とはハスの花の形をした天蓋で、もともと神仏を迎えるという意味があります。転じて、身分の高い人が使うようになったのです。

この星は、神や仏という目に見えない力を意味し、芸術、才華、知恵の星でもあります。僧侶の星でもあり、空亡と重なる時に力を増すと言われています。

B男さんに華蓋は現れません。

〈紅艶《こうえん》〉

『星平会海』という古典には「多情多慾少人知、六丙逢寅辛見雞、癸臨申上丁見未、眉開眼笑楽嘻嘻。甲乙見午庚見戌、世間只是衆人妻。戊己怕辰壬怕子、禄馬相逢作路妓、任是世家官宦女、花前月下也偸情」とあります。

紅艶星は女性の本命で重要視します。女性の場合、ロマンチストで自由を愛し、常に楽しいことを求める人の星です。また、物腰が柔らかく、愛嬌があって誰からも好かれる人です。

その一方で古典には不貞を働くとも記されています。この星だけでは断定できませんが、恋多き人には、確かにこの星がよく現れているようです。

B男さんに紅艶は現れません。

〈魁罡《かいごう》〉

これは天干地支の四つの組み合わせにしかつきません。

この星が日柱につけば、その吉作用は大きく魁罡格と呼ぶことがあります。剛強不屈の精神をもち、聡明で機知に富んでいます。何らかの形で人を指導する立場につくことができます。反面に激しやすく剛情な性格となり、吉凶が極端に表れてきます。

作家や芸術家を助ける霊感の星としても作用します。女性の場合、個性的な魅力に溢れる半面、気性が激しいため、配偶者との間にトラブルを生じやすくなります。あるいは、病気がちとなる傾向があります。

なお、本命に庚戌か庚辰の魁罡があって通変星の七殺か正官（第四章で詳述）がつく場合と、戊戌か壬辰の魁罡があって他に正財か偏財がある場合は、金銭的に不自由するか大きな事件を引き起こす暗示を伴います。

B男さんに魁罡は現れません。

〈空亡《くうぼう》〉

空亡はかつて天中殺という名で一大ブームとなりました。実際には天中殺と空亡との意味は多少異なります。そして実際にはそう恐れるほどの凶作用はありません。さきの天乙貴人のような吉星が空亡と重なれば吉力を失い、反対に凶星と重なったときには、その凶意を弱めることができます。

ただし、ここで空亡があるから運が良いとか悪いとか決めつけて考えないで下さい。あくまで四柱推命のポイントは喜神と忌神を見極めることです。変化し流転し続ける五行の理《ことわり》を完全に理解することができれば、人の一生の発展の時期、もちろん恋愛、結婚、離別などあらゆることが明らかになります。空亡だけでは、その判断はできないのです。

空亡は日柱と年柱から算出していきます。巻末資料Ⅸの空亡表を参照してください。先に日柱から出した空亡が、年柱・月柱・時柱に現れるかをみます。続いて年柱から出した空亡が他の柱に現れるかを調べます。この表は十干十二支の組み合わせをまとめたもので、六旬とも呼びます。縦の一列が一旬で、十干に対応して十二支が配されています。当然十二支のうち二支が余ります。この余りが空亡となるのです。

年柱が空亡の人は、年柱は祖先を意味しますので、祖先と縁が薄くなります。つまり、生家から早く離れたり、両親が離婚する可能性があります。

月柱が空亡の人は、父母兄弟の宮位（本章一節図表11参照）が空亡に遭っているということです。友達が少ないとか兄弟と縁が薄くなるという意味になります。しかし、月支が喜神にあたるときは職業上の変化が多いと判断します。

日柱が空亡の人は、配偶者の宮位が空亡に遭っているので、結婚のことで問題が出やすく家庭のトラブルが多いという意味になります。自分自身を表す宮位のため、時に養子運として表れることもあります。

時柱が空亡の人は、子供のことを表す宮位のため、子供が早くから家を離れる、家を顧みない、親子の縁が薄いという意味になります。

およそ空亡がつく人は職業をよく変えたり、転居が多く飄々とした人生を送りがちです。しかし、この変転が全て不運ではなく、転々としながら自分の能力や才能を発見し成功することもありますし、空亡のマイナスエネルギーを逆転させ、大成する場合もあるのです。加えて空亡は字の如く、僧侶や宗教界、芸術、占星術、風水などの無形の分野に向いています。

Ｂ男さんは月支に空亡があります。

七、十二運星と運命への影響

十二運星は流派によっては、身強か身弱かの判断に使われています。本書では気質・性格を知る判断の補助としてのみ使っていきます。

十二運星を巻末資料Ｘを参照して出します。これは日主と月支からみていきます。日主の列から縦に月支を選び、該当したところの十二運星を取ります。これを命式表では月柱の地支通変星の欄の（　）内に書き入れます。

それぞれの意味は以下の通りです。

〈長生《ちょうせい》〉

温厚で順応性に富んでいます。ロマンチストで直感にも優れています。自尊心も強い方です。

また、子どものような純粋さと、何でも知りたいという探究心を持っています。完璧を望み、潔癖症のところがあります。環境に左右されやすく怠惰となりやすい面もあります。

〈沐浴《もくよく》〉

お人好しで優しく、夢とロマンがテーマの人です。新しいもの好きで、現状に満足せず次々と新しい夢を求め、自由な生活を求めます。そのためか音楽関係や芸能関係の人に沐浴がつく人が多いようです。

繊細な神経をもっていて、プライドが高いのも特徴です。

短所として、雰囲気に流されやすく、優柔不断な面があります。なお、この星をもつ人は異性との縁が多いものです。

〈冠帯《かんたい》〉

頑固で一本気で我が強く、決めたことは遣り通す人です。ものごとの本質をよく見抜いて、ポイントを押さえていく力があります。新しいことの開発、他の人が手を付けていない分野、冒険的な世界で能力を発揮します。後進の面倒もよくみます。ただ、辛辣な言葉と視野が狭くなりがちなのが難点です。

〈臨官《りんかん》〉

自分の経験を重んじ、ものごとにはじっくりと取り組んでいく堅実をモットーとする人です。企画力もあり、伝統的な技芸や技能を習得する才能があります。義理固い人なのですが、多情でいろいろなことに気移りしやすい面と同時に頑固な面を持ちます。男性、女性ともに顔立ちの整った人が多いのも特徴です。

〈帝旺《ていおう》〉

ちょっとおせっかいで、お人好し、他人の面倒もよく見る親分肌の人です。わがままで自尊心が強く頑固なので、ちょっとしたことでへそを曲げてしまい、他人と折り合いが悪くなることもしばしばあるでしょう。

エネルギーの高い人なので、集中力があり、仕事はよくできますが、何かと極端になりやすいようです。人の先を行く大胆な行動力と深い洞察力を併せ持つかと思えば、神経質で小心な人となることもあります。
肉親と縁が薄くなりがちで、早くから親元を離れて暮らしたり、自分の親より結婚相手の親と同居しやすいという傾向があります。

〈養《よう》〉

とてもユーモアに富んでいて、誰とでもすぐに打ちとける社交家です。常識を第一に考えるので、考え方は何かと現実的です。親しい友人や身内に相談しないでの行動や、他人に甘えることができない点で、発展のチャンスを逃すことがあるようです。うまく精神性を満足させる仕事を見つけられると安定します。さもなくば、落ち着きに欠けた人生となりやすいでしょう。父母と縁の薄い点もあります。

〈胎《たい》〉

自由奔放なところがあり、気が変わりやすいのが特徴です。新しい物を好み、感覚的で多才多芸でもあります。短所として、忍耐力に乏しい面と、無理しても決めたことをやっていくという、相反した面があります。

〈絶《ぜつ》〉

パワーのある実力派です。変化を好み行動的です。表面上はいろいろな人と合わせることができます。お人好しで人情家でもありますから、時に他人に利用されてしまうことがあるようです。聡明で頭の冴える人ですが、少々短気で衝動的なことと、細かい配慮に欠けるのが難点です。

〈墓《ぼ》〉

優しい心を持ちいつも前向きで、精神的満足感を得ようとします。そのため、研究心や探究心が旺盛です。

多芸多才な人です。少々融通性に欠くことと、天邪鬼であることが玉に傷です。少々猜疑心の強いところもあります。なお、この星を持つ人は祖父・祖母や先祖との縁が深いとか、神仏を守っていく責任のあることから、霊感に似たヒラメキを持つ人が多いようです。

〈死《し》〉

他人から見ればどんな人ともつき合える社交家に見えるのですが、自分の心に正直な人で、時折、人とぶつかります。実際は夢に憧れ、夢の実現のため努力する人です。思い込みが激しいこと、気が変わりやすい点が短所となりましょう。

〈病《びょう》〉

人あたりが良く明るい性格です。美意識に恵まれていて、ファッションにも気を使います。鋭い直感と豊かな空想力を持つため、非現実的な仕事、芸術の方面に適しています。音楽関係の仕事をしている人には、この星を持つ人と沐浴を持つ人が一番多いものです。根気に欠けるのと、ちょっと自意識過剰になり過ぎるきらいがあります。

〈衰《すい》〉

温順で地味な性格で、手堅く人生を歩むタイプです。あまり、自分を表に出さず人に合わせていく方ですから人に好かれます。見かけの華やかさとは裏腹に自分に対する自信がない面もあります。何でもできることが、逆に器用貧乏になってしまう点が問題です。まだ起きていない問題を心配したり、取りこし苦労が多いために、大きなチャンスを逃してしまうこともあります。ものごとは、もっと鷹揚に構えることが大事です。

第三章　気質と体質を看る

一、日主に表れる気質・性格

ここまでの解説をもとに「本命を並べる」「大運を並べる」という作業、それに「喜神と忌神を算出する」ことが出来れば、四柱推命を読み解く準備は整いました。

本章からは、実践的に命式を看ていきましょう。

まずは、日主による気質・性格判断です。日主からわかる性格は、わりと他人から見てわかる面です。これに加えて、次節で解説する生まれ月から看る性格を合わせてみると、性格の五割くらいが読み取れます。あとの五割は次章で解説する通変星から判断していきます。

命式の並べ方に慣れてきますと、命式を並べながら日主や生まれ月からその人の大まかな気質・性格を読み取れるようになってきますので、早い判断が出来ます。

◇日主が甲の人

甲は大木です。陽の木です。運に乗ると屋久杉のような巨木となります。大木は鳥や小さな動物達が巣を造ります。人も大きな木を見ると不思議な安心感を覚えます。

大きく上に伸びる木ですから、自由を愛し、型にはめられることや束縛を苦手とします。自尊心が強くて頑固、人の指図に従うことが嫌いなマイペース型の人です。周囲の人と自分は違うんだという自負心もあり、周りの人から一目おかれたいという面もあるでしょう。

積極的で、自分がこれだと思うとどんどん前に進んでいき、目的を達成するまで一生懸命に努力します。

男女を問わず親分肌で困っている人を助けたり、頼まれると断れないといった情に厚い人です。観察力に優れていて、ものの本質をズバリと見抜く才能をもっています。積極的で交際も上手ですが、元来が強情な面を持っていますから、どんな人とでも合うというわけではありません。考え方や性格が合わない人とは対立したり、けんか腰になることがあります。

短気で感情をすぐ顔に出すところが欠点ですが、あまり物事にこだわらない点と人の面倒見が良いことから、自分の主義主張を通しながらもグループをまとめる中心人物として活躍することでしょう。

〈日主が甲で春月生まれの人〉

日主の気が強いので、性格的には少々我の強いところが目立ちます。進取の気性に富み、ものごとを突き詰めていく探究心が旺盛ですから、必ずある分野で頭角を現していく人となります。

女性では特にその性格の強いところが、家庭生活に影響しやすいものです。

一見無口ですが、話し出すとなかなか止まりません。他人と合わせることが苦手で、他人に気を使うのが疲れるというタイプが多く、いわゆる「空気が読めない」こともあるようです。周りに人が集まりますが、一人で行動することも好きです。

〈日主が甲で夏月生まれの人〉

小さい頃は往々にして神経質で病気がちの人が多く、とかく部屋に籠りがちだったことでしょう。長じては、頭の回転が早く、話題が豊富で、よく話す人です。読書や音楽鑑賞が好きで、自分で詩や小説を書いてみたり、作詞作曲をしたりすることも好きです。一見のんびりタイプにみえますが、少々短気でせっかちなところもあります。自分の好きなことを長く続けられるかどうかが、開運の鍵です。

なお、この日主が甲で巳月、午月生まれの場合は、例外的に身強・身弱にかかわらず、喜神が金・水となり、忌神は木・火・土となることに注意してください。

未月生まれの場合では、月支の未以外に天干・地支に丙・丁・巳・午・未の干支が二つ以上あるときのみ、喜神は金・水となり、忌神が木・火・土となります。

〈日主が甲で秋月生まれの人〉

協調性があり、リーダーシップも持ち合わせています。

どんなことでもやってのける能力にすぐれ、器用な人です。いつも高みを目指しているので、運に乗ると大きな成功を得ます。しかしながら時に、才能はあるのに芽が出ない、懐才不遇の人となることがあります。

男女共に理想が高いので、なかなか理想を変えられず、マイナスに出ると結婚も遅れがちになるようです。

小さい頃の家庭環境や親との関係を振り返ることが、発展の鍵です。

身強の人では本命に丙・丁・巳・午があると、自分の道で成功します。身弱の人では壬・癸・亥・子が二つ以上あると、人望を得て成功します。

〈日主が甲で冬月生まれの人〉

いかなる大木でも、冬の寒い時期には葉を落としてじっと耐えるほかありません。

日主が甲木の人は真直ぐ上に伸びていく進取の気性に富んでいますが、そのようないい面が現れにくく、優柔不断な面があるでしょう。時に、思いつきで行動したり、自分の考えを他人に気軽に話して失敗することもあるようです。

喜神は例外的に身強・身弱を問わず、木・火・土となります。忌神は金・水です。

他に丙・丁や巳・午・未などの火の干支があれば周囲の引き立てや目上の援助を受けて成功できます。

◇日主が乙の人

乙は花や草に代表される陰の木です。甲の陽木は大風で折れてしまうことがありますが、この乙木は少々踏みつけられてもまた、元に戻ってくる強さがあります。

温和で控えめ、日主が甲の人のように自分を出しません。そして同情心に富む人です。

男女ともに社交性があって人と争うことを嫌います。少し淋しがり屋で、同僚や仲間とにぎやかな雰囲気の中で仕事をするのが好きです。

機敏で要領よく仕事をこなしていきますが、少々視野の狭いところがあって、どうしても自分中心に物事を考えがちなところが短所といえます。また、優柔不断である点も目立ちます。

想像力がとても豊富で、理想や夢を追求し、その実現に向けて努力を惜しまない人です。豊かな感性をもち、芸術的感覚やファッションセンスに優れた人が多いのも特徴です。

〈日主が乙で春月生まれの人〉

控えめでおとなしい人ですが、じわじわと強さが出てきて、主張を通すタイプとなります。

また、人に対しても何に対しても、好き嫌いがはっきりしています。ことに寅月生まれの人では、一つのことがいつまでも気になり執着心の強い点や優柔不断さが目立ちます。一度決めたことを止めて、止めたことを再びやるという点も目立ちます。

他に丙・丁・巳・午の火の干支があると頭の回転が早く、機転が利いて何事もテキパキとこなす人となります。

〈日主が乙で夏月生まれの人〉

夏月は日主の気が洩れていく時です。この季節生まれの日主乙の人は、話題が豊富でよく喋る人です。せっかちなところが少々目立ちます。

家の外ではこぎれいで、仕事場のデスクなどきちんと掃除するのに、家に入ると何週間もほったらかしにするような面があるでしょう。

〈日主が乙で秋月生まれの人〉

美男美女が多く、器用な人が多いのですが、何故か人生の方向が落ち着きにくいようです。それは束縛を嫌い、ステータスに基準を合わせ、周囲から一目置かれたいところがあるからかもしれません。小さい会社でも自分流の仕事ができるという基準で選ぶと、運は安定して伸びていきます。

他に壬・癸・亥・子などの干支があると、弱い日主を助けて力を貸してくれるので、責任感が強く仕事は順序よくこなし、わかっていても出しゃばらず周囲とも協調して発展していく人となります。

〈日主が乙で冬月生まれの人〉

喜神は例外的に身強・身弱を問わず、木・火・土となります。忌神は金・水です。

他に丙・丁・巳・午など火の干支があれば、頭の回転が早く、臨機応変に対処できるので、営業でも成績を伸ばせるし、企画や設計、デザインなどの分野でも才能を発揮して認められます。

◇日主が丙の人

丙は天に輝く明るく熱い太陽です。陽の火です。

家にじっとしているよりも、外に出て仲間や友人と一緒に騒ぐのが好きな明朗活発な人です。気前がよく、大らかで豪放な性格ですが、忍耐力に欠けるのが最大の難点です。また感情の起伏が激しく、熱しやすく冷めやすい面があります。仕事なども気分次第で左右されます。

とは言っても、強情で負けず嫌い、それに集中力にも富んでいますから、いざとなると底力を発揮し、何が何でも最後までやり通します。任された仕事が大きければ大きいほど、ファイトを燃やして大きな成功をつかみます。

短気のため、他人とトラブルやいざこざを起こしやすいのですが、楽天的で陽気な性格なので、友人・知人から相談を持ちかけられたり、周囲から頼りにされることの方が多いでしょう。何よりも天性の強いエネルギーを何に向けるか、言いかえると人生の目標をはっきりと定めることが開運のコツです。

〈日主が丙で春月生まれの人〉

日主が丙の人は少々短気なのですが、春月生まれの人には温和でのんびりした面が出てきます。

寅月生まれの人は、成り行きでいろいろなことに手を出して、中途半端な状態に陥りやすいので、何をやるのか目標を定めて進めていくのが成功の鍵です。

卯月生まれの人は、プライドの高さや見栄や体裁にこだわる点が出てきますが、愛想がよく、頼まれたことや約束は必ず守る人です。

辰月生まれはのんびりした気分屋で、いろんなことに興味を持つ、仕事より遊び好きの人です。

〈日主が丙で夏月生まれの人〉

夏月生まれだとほとんどは身強となります。

丙の巳月生まれは月支に建禄がつきます。丙の午月生まれは月支に羊刃がつきます。そのため丙の夏月生まれの人は性格の激しさ、短気な面、感情の起伏が激しい面が強調されて出てきます。

その性格の激しさは、自分に合った仕事や活動を見つけてこそエネルギーをうまく転換できます。しかし、仕事面がうまくいかない時は私生活や家庭にも影響が出てきます。

他に壬・癸・亥・子・丑の干支があれば、しっかりとした目標を持ち、管理と実務能力を発揮して、多くの人の信頼を得ることができます。

〈日主が丙で秋月生まれの人〉

夏には天高く輝いていた太陽の日差しも、落ち着いてくる季節です。

日主丙のエネルギッシュな面がバランスよく現れてきて計画的になり、堅実性やコツコツ少しずつ努力していく面が出てきます。実力、信用ともに他から認められる人となります。

〈日主が丙で冬月生まれの人〉

日主丙は冬月ではその力が押さえられますので、忍耐力に欠ける面と感情の起伏が激しい面が目立たなくなります。他人に親切で、人の努力を認めることができる度量があります。計画的に物事を進めていきますが、枠の定まっている仕事は、いまひとつやる気が起こらないでしょう。仕事で問題が出ても臨機応変に対応します。

ただし、天干および地支に壬・癸・亥・子が月支の他にもあると、優柔不断で楽天的過ぎる性格が強くなってしまいます。

◇日主が丁の人

丁は丙火に比べると弱い火です。地に降りた陰の火です。いわば薪を燃やす火、ろうそくの火ともいえます。丁は火なのでエネルギーという意味もありますが、ろうそくの火は知恵も意味します。

繊細な神経と豊かな感受性を持つ人です。また強いカンと豊かな想像力を持ち、人一倍神経質です。そのため、自分の世界と現実とのギャップに悩むことが多く、それが原因で仕事をよく変えたり、恋人とトラブルを起こしたりします。

束縛されるのが嫌いで好き嫌いもはっきりしていますから、一人でいるほうが気楽だという面もあります。先の丙の人と同様に熱しやすく冷めやすいので、よほど好きなことでない限り長続きしません。しかし、集中力とカンの鋭さ、理解力に優れている点は十干中で一番です。

したがって単調な作業や仕事には向かず、音楽や芸術、創作活動、または執筆など変化に富んだ職業や夢のある仕事につき、好奇心を満足できた時に本当の能力を発揮します。また、四柱推命や占星術、風水などの世界にも向いています。

何か新しいことをする時には非常に慎重で計画的です。そしてじっと時機をうかがいチャンスが来たとみるとパッと行動に移します。単純で飽きっぽい面と、粘り強い点を合わせもつ、まったく摑みどころのない性格が魅力的でもある人です。

〈日主が丁で春月生まれの人〉

夢とか目標をとても大事にする人で、人一倍カンが優れています。自分自身と夢を信じて行動する人で、運に乗ると大成功を収めます。

日主が丁の人は、その細かい神経と豊かな感受性をどう使うかが問題です。音楽芸術、創作活動など変化にとんだ職業や夢のある仕事で成功しやすいです。

同じ芸術活動でも寅月生まれの人は、伝統の枠のある方を、卯月・辰月生まれの人は逆に伝統や枠に縛られない方でチャンスを摑みます。

〈日主が丁で夏月生まれの人〉

夏月生まれだとほとんどは身強となります。巳月と午月生まれでは、束縛されることが嫌いで、より好き嫌いのはっきりした面が表れてきますし、プライドが高く、自分のやり方や仕事にこだわります。また、対人関係では無意識のうちに、損得で人を評価することがあります。

〈日主が丁で秋月生まれの人〉

日主丁の基本的な性格である慎重、計画的という面が強調されます。

申月、戌月生まれの人では、自分の世界にこだわりますから、自分のペースを大事にし、自分で納得して行う面が出てきて、融通のきかないところがあります。決断力にも少々欠くようです。

人から干渉されることが嫌いで、他人のこともあまり干渉しません。

酉月生まれの人では、陽気さが出てきます。楽天的でユーモアに富んでいて他人の面倒もよくみます。文学や芸術、舞台に興味を持ちます。

〈日主が丁で冬月生まれの人〉

意地っ張りで、負けず嫌いな面が出てきます。それは他人に対してではなく、自分の中の夢や目標が達成できなかった時に表れます。自分で決めたことに負けたくないのです。ですから努力家でもあります。

部下や後輩に対しては、鷹揚で面倒見の良いところがあります。

他に丙・丁・巳・午など火の干支があれば、他人の才能を伸ばしたり、プロデュースする才能を発揮します。

◇日主が戊の人

戊は陽の土です。山であり、大地の盛り上がりです。山ですから、遠くからも目立つ存在であり、多くの動物、植物を養っています。

臨機応変の才に溢れて、説得力もあり、人に安心感を与える人です。

お人よしで頼まれたら断れず、何かと人の面倒をよくみます。物事を押し付けられたり命令されると反発しますが、下手に出られるとつい引き受けてしまうところがあります。

頑固で一度こうと思ったら、なかなか考えを変えません。それが良い面に出れば粘りがあり大事をなすことが出来ますが、逆の面に出れば、単に融通の利かない執着心の強い人ということになります。

日主が甲・壬・戊の人はよく大器晩成型と言われます。それは人の上に立ち指導者となるなど、旗頭として活躍できる運気を持っているからです。特にこの日主が戊の人は、信用と面子を重んじる人で、周囲からも頼りにされますので、目立ちこそしませんが人の輪を作る人物として活躍が期待できるでしょう。

〈日主が戊で春月生まれの人〉

日主戊の人はどっしりと落ち着いて、頑固で粘りがあるのですが、春月生まれですと猪突猛進という面が加わります。特に寅月生まれの人にはこの傾向が強くあります。もし本命に丙・丁・巳・午の干支があれば、大胆でかつ繊細な人となります。そして、一度決めたことは最後までやり通す剛柔を兼ね備えた人です。

卯月生まれでは、少々融通に欠ける頑固な面が目立ちます。丙・丁・巳・午の干支が加わると、柔らかさが加わり、先見の明をもち頭の切れる人です。

辰月生まれは、社交性に富んで交際上手ですが、何でも自分の思い通りに仕切りたい、ボスになりたがる人となります、戊土の頑固さも出てきます。天干に壬や癸が加わると柔らかさが出てくるうえに、不動産運にも恵まれます。

他に庚・辛・申・酉の干支が二つ以上あると、度量の広い人ですが懐才不遇の傾向が出てきます。

〈日主が戊で夏月生まれの人〉

日主が戊で巳月生まれの人は、よりせっかちな面と固執する頑固な面が出てきます。他に丙・丁があると、茫洋とした面も加わり、何を考えているか摑みどころのない人となります。

午月生まれなら、月支に羊刃がつきますから、戊土の性格に短気さと怒りっぽい面が出てきます。同時に、粘り強さ、決めたことはできるまで頑張り通すという面も出てきます。

未月生まれの人は頑固ですが、人当たりがよく、性格の強い面は微塵も出さず、愛想よくいろんな人と交際してチャンスを摑んでいきます。


〈日主が戊で秋月生まれの人〉


申月生まれだと、面倒見のよさが加わります。日主戊土のいい面が出ると、幅広い交際で人脈が広がっていき、事業が発展していくことになります。悪い面が出ると、他人に頼まれたことや約束をすぐに忘れてしまったり、信用を失うことになります。

酉月生まれの人は、見かけによらず心配性で、小さなことに気を取られすぎて大局を見失ったり、才能はあるのにここぞという時に一歩を踏み出せずにチャンスを逃してしまいます。

戌月生まれなら、日主戊のいい面がそのまま現れて、他人の面倒をよくみる人となります。


〈日主が戊で冬月生まれの人〉


日主戊土は山や大きな土の塊に例えられます。

冬の山はどんな感じでしょう。春夏秋と山の草木や動物達の面倒をみてきましたが、ここにきて自身の活動も止まってしまいます。したがって、日主戊の基本的性格がうまく出せない感じです。少し自分勝手なところがあり、他人のことより自分のことを優先します。頑固で神経質、現状に満足できない面が出てきます。

ただし、本命に丙・丁・巳・午の火の干支が加われば、思いやりがあり、共同作業が得意で他人の信頼を得て成功できます。

◇日主が己の人

己は大地の土であり、田んぼの黒い土、陰の土となります。高くそびえる山と違い、人が生活する場所にある土ですから、大衆性、順応性という意味が出てきます。おとなしく温和な人です。また努力家で多才な人でもあります。神経は細かく注意深いので、小さなことにもよく気がつきます。物事を進めるに当たっては、規則や規定に従うタイプです。反面、何か重大な事件が起こるとなかなか決心が下せない面もあります。対人関係でも、あまり自我を出さず相手に従うので他人から好かれます。

女性ならば魅力に溢れた優しい人で、いわゆる艶っぽい人が多いようです。だから異性からはもてるでしょうが、それがかえってトラブルの種となるようです。

日主が己の人は、人の上に立つよりも、自分の好きなことをコツコツとやっていくことや、与えられたことを確実にこなしていくことで力を発揮します。

〈日主が己で春月生まれの人〉

日主己はもともと従順でおとなしい性格の人です。この春月生まれの場合は、そういう面に加えて、てきぱきした面も持ち合わせていて、仕事のできる人となります。ただし、本命に甲・乙・寅・卯が合わせて三つ以上あると、逆に優柔不断となり、周囲に流されて決断が定まらず方向を失ってしまいます。

この場合でも、もし本命に丙・丁・巳・午の干支が加われば、他人に優しく自分に厳しい人となり、仕事も要領よくこなし、上司や目上の人から好かれます。

日主が己で辰月生まれの人は、ほとんどの場合は身強となります。ですから、性格の強さと頑固さが目立ってきます。計画力、実行力に富み、やる気になって運に乗ったときには大きな成果を上げていきます。しかし、性格の頑固さから余計な敵を作ることがあるので、注意が必要です。本命に庚・辛・申・酉の干支があれば、性格に柔軟さが出てきて、要領もよく、付き合いやすい人となります。

〈日主が己で夏月生まれの人〉

日主己は夏の火の気を得て、ほとんどの場合に身強となります。ただし少し注意してください。己は田んぼの土でした。夏の暑い時に水がないと、土は干上がってしまいます。ですから、夏月の日主己は身強・身弱にかかわらず、水の五行を最も必要とします。喜神は金・水。忌神は木・火となります。ここで身強ならば、土の五行は必要ありませんし、身弱ならば、土の五行を喜神に加えてください。

もし本命に金か水の干支が二つ以上あれば、愛想がよく、頭の回転も速い、機転の利く人となります。反対に本命に木か火の干支が三つ以上あると、優柔不断で、周りの空気が読めない人となります。

〈日主が己で秋月生まれの人〉

日主の己土が秋月に生まれると、日主の気が洩れていくので、ほとんどの場合で身弱となります。何事も堅実ですが、時に考えすぎてチャンスを逃がしてしまうことがあります。

もし本命に火・土があれば、弱い日主を助けてくれます。

特に本命に火の五行がある人は、決断力に富んでいるうえに何事も器用にこなします。一つのことを突き詰め専業に徹することで、大きな成功のチャンスを摑みます。

戌月生まれですと、身強となりますから、独立心が強くなり、自分が納得した仕事をマイペースで行う人となります。

〈日主が己で冬月生まれの人〉

己は田んぼの土でした。田んぼの土は、冬には寒さのためガチガチに固まっています。そこで冬の寒い時には必ず火が必要となってきます。例外的に身強・身弱にかかわらず、喜神は火・土。忌神は金・水となります。

もし身強の人ならば木は喜神となり、身弱の人では木は忌神となります。

本命に火があれば、努力家で、自分の納得できる仕事をして、自分のペースを大事にする人です。また物事を整理し総合的に判断できる人となります。

◇日主が庚の人

庚は地面から掘り出されたばかりの鉄鉱石であり、刀や斧といった道具としての鉄です。陽の金です。ズバッと切れる刃物のようにサバサバしています。またお金に通じるので、金権主義となるか、まったく無頓着かの両極端になりがちです。積極的で果敢、ためらわずに物事を行う剛の人です。

男女ともに気性は激しく、言葉もハッキリしています。気は短く、勝気です。しかし嫌なことがあってもすぐ忘れて根に持たない性格です。義理人情に厚く、情にもろいところがあって責任感も強いので、部下や同僚から信頼されます。仕事に対してもどんどん前向きに取り組むタイプです。集中力があり、仕事をてきぱきと片付けていきます。心の中には夢とロマンを隠しもつロマンチストでもあります。

直情型で何かにつけて極端な考え、行動を取りやすく、要領よく適当にということは嫌いな主義ですから、遊びにしろ仕事にしろ中途半端に終わらせず、最後まで徹底的にやり通します。

それが運勢に反映されると、浮き沈みの多い人生となります。それだけに大成功か大失敗かという極端な人生を送りがちなのも日主が庚の人の特徴です。

〈日主が庚で春月生まれの人〉

日主が寅月生まれの場合は、まだ寒い春の頃なので、庚金も冷えて固くなっています。もし本命に未や戌という火の蔵干を持った土があると、温順で柔軟性のある性格と、向上心が強く目標を達成するという剛の面が出てきます。

それ以外の卯月・辰月生まれの人では、先のことを考えすぎて、とかく現状に満足できない面が出てくるでしょう。仕事や住居をよく変える面も出てきます。

〈日主が庚で夏月生まれの人〉

庚が夏月生まれの場合、電車の線路でさえも暑さで伸びてしまう時ですから、水を入れて冷やしてやらなくてはなりません。

身強か身弱かにかかわらず、喜神は金・水。忌神は木・火・土となります。

もし本命に壬・癸・亥・子・丑（五行は土だが蔵干に水がある）があれば、頭の回転が速く、アイデア豊富で、人を引き寄せる話術があります。時に思いつきで余計なことを口に出してしまう口の軽さもありますが、人を大事にする人です。

〈日主が庚で秋月生まれの人〉

庚の五行は金で、秋月は「旺相休囚死」の「旺」となる時です。身強となり、庚金の鋭さが増す時です。庚金の気性の激しい点や言葉がはっきりした勝気な面が目立ってきます。強い性格で、休みなく働き続け、決めたことは必ずやり遂げようとします。他人と合わせていくのは苦手な方なので、共同作業は苦手で、多くの社員がいる会社や部署では精神的な負担やストレスが溜まりやすいようです。

〈日主が庚で冬月生まれの人〉

鉄は寒い冬には冷えて縮んでしまいます。

ですから、冬月生まれの庚金にとっては、身強か身弱かにかかわらず、喜神は木・火・土。忌神は金・水となります。

もし本命に丙・丁・巳・午・未の干支のどれかがあれば、何事も節度をわきまえ、他人とうまく協調しながら仕事を進めていきます。もしこれらの干支が一つもない時は、頭の回転が速く話も上手なのですが、短気な性格が目立ち、人には口出しするが自分のことは言われたくないという、自己主張の強い人となります。

◇日主が辛の人

庚が鉄鉱石であるのに対し、辛は研磨され洗練された金です。希少価値のある宝石といってもよいでしょう。庚の金は混じりけのあるものなので、清濁併せ呑むことができますが、同じ金でも辛の金は美しく整えられた金なので、少しでも汚いものは許せない潔癖な面が出てきます。よって自己中心的、プライドが高い面を持ちます。

人あたりはソフトですが、人一倍強い自尊心を持つ人です。神経質で繊細なところもあります。仕事は完璧に仕上げようとします。と同時に、気が多くて興味の対象がコロコロ変わる飽きっぽい面もあります。しかしいざとなると、何が何でもやり遂げる信念の持ち主で、そのプライドにかけて弱音を吐かず、物事をやり遂げていきます。それから日主が辛の人は、プライドの高さと好き嫌いの激しさから、他人から冷たい人と見られがちなのですが、実はハートの温かい個性豊かな人です。

自分の能力の限界を知っており、決して無理はせず、分をわきまえた行動をとり、時間や約束などはきちんと守りますので、周囲から信頼され厚い人望を得ます。この周囲から得られる信用と評価はこの人にとって最大の財産です。

〈日主が辛で春月生まれの人〉

辛の悪い面が出てきます。神経質で、いろんなことに頭を使う細かい人です。何かと現状に満足できない面もあります。辛金はゴールドであり、プラチナなのですから、じっと待っていれば幸運を呼び寄せるのですが、飽きっぽい面やせっかちな面が出てきてなかなかそうもいかないようです。技術や芸を身に着け仕事に生かすと運が安定します。

辰月生まれの人で、土と金の干支が多い身強の人では、本命に甲・乙・寅・卯の干支が一つでもあると、辛金のよい面が出てきます。プライドの高さはありますが、面倒見がよく、約束を守り、義理を通す人なので、周囲から信頼され、頼りにされる人となります。もし本命に土や金の五行が多くて、木の干支が一つもなければ、周囲には少々怠け者で見栄っ張りな人と映るでしょう。

〈日主が辛で夏月生まれの人〉

日主が辛金の人で、夏月生まれの場合、本命に壬・癸・申・亥・子・丑の干支のどれかがあるかないかで大きな差が出てきます。辛金は磨かれた繊細な金属、いわば宝飾品のゴールドです。それが夏の暑い時に外に放って置かれると、形が変わってしまいます。

身強か身弱かにかかわらず、喜神は金・水。忌神は木・火・土となります。

もし水の干支があれば、辛のいい面がよく現れ、聡明でアイデア豊富、話し上手でいつも人の輪の中心にいるような華やかさをもち、人を惹きつけます。中には音楽や芸術の才能に恵まれる人もいます。

もし水の干支が一つもなければ、性格は少々怠け者で、やたらと人に干渉します。また、思いつきでいろいろと始めて、途中で投げ出すということが往々にしてあるようです。

〈日主が辛で秋月生まれの人〉

秋は日主辛の気が強くなる時です。「旺相休囚死」の「旺」の時です。

ですから、辛金の固さが目立ってきます。プライドが高く、頑固な面が出やすいです。人と同じことをするのはイヤ、共同作業も苦手です。しかし底力があるので、運に乗れば自分の好きな分野、たとえば、デザイン設計、通訳、教師、塾の先生、会計士、小さなショップの運営などで成功することもあります。

〈日主が辛で冬月生まれの人〉

厳寒の冬ですから、身強か身弱かにかかわらず、喜神は木・火・土。忌神は金・水となります。

もし本命に丙・丁・寅・巳・午の干支があれば、少々無愛想で地味な性格ではありますが、努力家で周囲とも協調しながらうまく仕事を進めていきます。

もし本命に、庚・辛・申・酉・壬・癸・亥・子・丑の五行が三つ以上あれば、プライドの高い面や思い込みの激しい面が目立ちます。そのため協調性に欠き、職場での問題が多くなります。女性では、結婚に影響が出やすいものです。

◇日主が壬の人

壬は大きな水です。陽の水です。大きな川や海の水です。川や海の傍らで水面を眺めていると気分が晴れるものです。このように海にはロマンを誘う不思議な力があります。

天性の楽観主義者で、よくしゃべるか、無口な人かに分かれます。その心情は優しく、困っている人をみれば助けようとします。また日主が壬の人の特徴に、見かけが茫洋としているので、考えがコロコロ変わる摑みどころのない人物と見られがちな点があります。束縛されることや制約が大嫌いで、ロマンや理想を大事にし、その実現に向けて一生懸命に進んでいきます。しかし、現実に不満を持ちやすいので、職場での対人関係が合わなかったり自分の意見が通らなかった場合には、こっそり仕事以外の別のことをしてサボったり、急にいなくなったりしてしまいます。大盤振る舞いをしたかと思えば、十円をケチるような面もあります。

頭がよく冴えていて、特にその閃きには素晴らしいものがあります。思ったことを何でも口に出したり調子に乗ると周囲の意見が耳に入らないことを反省すれば、その秘めたるパワーを発揮して大成功します。また、表舞台に出るよりも参謀役で才能を発揮することがあります。

〈日主が壬で春月生まれの人〉

日主壬は陽の水、いうならば海です。どこまでも広く冒険へのあこがれを駆り立てる海のイメージから、茫洋としている、ロマンチストという性格が出てくるのですが、春月生まれの人は特にロマンチストで、夢に似た理想を追いかけます。

そのため若い時から現状に満足しにくく、進路がきまりにくい、仕事や住居が変わりやすい、という傾向があります。身強の人であれば、火の干支の大運に入って、その才能を伸ばし夢を現実にすることができます。身弱の人であれば、金の干支の運に入って、安定と成功が手に入ります。

〈日主が壬で夏月生まれの人〉

春月生まれと同じく、若い時から現状に満足しにくく、進路がきまりにくい、仕事や住居が変わりやすい、という傾向があります。特に本命に甲・乙・寅・卯の木の干支が多いと、その傾向が強く出てきます。技術や資格を習得することが運気のアップにつながります。

本命に金・水の干支が二つ以上ある人では、向上心が強く努力家となりますので、漫画家、デザイナー、アーティストなどになり、夢や理想を追求して世に認められることとなります。

〈日主が壬で秋月生まれの人〉

日主壬は秋月に生まれると、水の力が強くなります。そのため、束縛や制約されることを嫌う面が強く出てきます。また、その時の思いつきで行動していきます。

企画、開発、設計、ゲーム関係、漫画、アニメーション、宗教関係などの特殊な分野で活躍できます。

戌月生まれの人は、束縛や制約を嫌うのに加えて何事も自分で指揮を取りたがる人で、他人に口を出すことが多いようです。

〈日主が壬で冬月生まれの人〉

日主壬が冬月に生まれると、水の力は強くなります。「旺相休囚死」の「旺」となります。我儘で自尊心が強く、頑固です。人に対して上から目線でものを言うこともありますので、対人関係には注意が必要です。

もし、本命に丙・丁・寅・巳・午・未・戌の干支があれば、頑固な面はありますが、機転がきき話し上手で物腰の柔らかい人となります。また、アイデアマンで芸術や芸能の才能にも恵まれた人となります。

◇日主が癸の人

癸は空から一滴一滴と落ちてくる雨粒です。小さな水滴も集まれば川を作り、大きな水となるように、少々の苦労でも乗り越えていく忍耐強さのある人で、物事をよく考えじっくりと取り組んでいきます。

実直で思慮深く、そして霊感に似た鋭いカンの持ち主です。純情というか自分に正直な性格です。それが時には頑固さや協調性のなさと他人に映ることがあります。実際、他人の意見をまったく気にせず、マイペースで何でも進めていきます。

日主が癸の人は見かけの印象があまり当てになりません。というのも、人一倍強い優しい心を内に秘めていることは、長く付き合わないとわからないからです。その他、研究心が旺盛で、知的・精神的満足感を求めることが特筆されます。努力家でちょっとやそっとのことでは音《ね》をあげません。

ただ、人の好き嫌いが激しく、不平不満がたまりやすいところから、上下のはっきりした組織で働いたり、他人と共同で進めていく仕事にはあまり向いていません。むしろ本人の個性を生かせる分野やスペシャリストと呼ばれる分野で才能を存分に発揮できることでしょう。

〈日主が癸で春月生まれの人〉

日主癸の研究心が旺盛で、知的満足感を求める面がよく出てきます。物事の好き嫌いがはっきりしていて、潔癖症のところがあります。ファッションや小物にもこだわりがあり、おしゃれです。時に神経質で、小さなことが気になり過ぎる点には注意が必要です。

辰月生まれの人は、他に庚・辛・申・酉の干支が本命にあると、漫画、デザイン、芸能などの分野で才能を発揮します。

〈日主が癸で夏月生まれの人〉

本命で日主以外にも壬・癸・申・亥・子・丑（丑の蔵干に水があるため）の金水の干支があると、何事も自分で納得してからじっくり取り組み、長い時間をかけてマイペースに進めていきます。そして最後は自分のビジョンを実現します。それはまるで一滴の雨が集まって川を造り、最後には海になる過程のようです。

本命で、先の水の干支が一つもない人は性格のルーズさが出てきます。好奇心は強いけれども、何にでも手を出して途中で投げ出してしまうとか、変に自尊心だけは強いとか、同じ失敗を繰り返しやすい傾向になります。神経質で小さなことが気になり過ぎる点も出てきます。技術や資格を身につけると、開運につながります。

〈日主が癸で秋月生まれの人〉

申月生まれの人は、堅実な考えに基づいて行動し、礼儀正しく落ち着きのある人です。社交的で、愛想がよく頼まれたことや約束は必ず守る律儀さがあります。プライドが高く、見栄や体裁にこだわる点もあるでしょう。

酉月生まれの人は、我を張る性格、独断的すぎて周囲とズレる点に注意するとチャンスを摑みます。

戌月生まれの人は、豊かな発想と自分の変わった才能が周りに認められるかどうかが鍵です。

〈日主が癸で冬月生まれの人〉

冬のとても寒い時の癸水は凍ってしまいます。日主が凍ってしまうと力を出せないので、身強か身弱かにかかわらず、喜神は木・火・土。忌神は冷たい水と、その力を助ける金です。

本命に丙・丁・寅・巳・午・未の干支があれば喜神となって、日主を助けてくれます。明るい性格でユーモアに富み、感情が豊かで同情心に富んだ人となります。企画、開発、営業に適していますが、その他にも技芸、芸術、芸能、舞台で成功のきっかけを摑みます。

もし、これらの火の五行がなければ、進路がなかなか定まりにくい、いつまでも自分の方針が定まらない傾向が出てきます。

二、生まれ月から看る性格判断

〈寅月（2月）生まれ〉

この月生まれの人は、ものごとの道理を大切にする、観察力と決断力の強い人です。負けず嫌いで自由が好き、何事も思い立ったらすぐに始めます。何時もじっとしていられない性分でよく働く人です。目標のためには努力と苦労を惜しみません。まっしぐらに集中してどんどん進んでいきますが、途中で息切れしてしまい龍頭蛇尾になってしまうことがたびたびあります。

見かけは強い人ですが、内心は気の弱いところがあって、ストレスに弱く、ストレスが溜まるとひどく落ち込みます。他人を思いやれる優しい人ですが少々気難しいところがあり、突然無口になったりします。裏切られることや騙されることを恐れ、一番嫌います。

もし蔵干の丙・甲が年干に透っていれば、独断的で世の中は自分が背負っているというような意気込みを持つ人となります。

肺、足の病気に注意です。

〈卯月（3月）生まれ〉

完璧主義者で手をつけたことは最後までやり遂げようとします。潔癖症のところがあります。それは対人面に出ると人の好き嫌いが激しいということになります。衝動的でじっとしていることが苦手です。男女ともに、頭から抑えられたり、いろいろと指示されるのが苦手で、デスクワークには向いていません。自分の目標をしっかりと定めてから行動に移します。いろいろなことに注意し、考えをめぐらせています。一旦仕事に集中すると、口を挟まれたり邪魔されるのを嫌います。少々周りの空気が読めないところがあります。また自分の性格を出しすぎて体裁を繕わないので、人当たりはいいけれど、軽い人と見られることがあるようです。

蔵干の乙が時干に通っていると、仕事に対して完全主義です。女性ではモデルや服飾デザイン、美容師に向いています。

およそこの月生まれの人は少し怠け者のところがあるので、仕事の中に成功報酬を加えると、よく頑張れるようになります。もし時支が戌の人ならば責任感に欠けているところがあります。年支や他の地支と合わせて亥・卯・未が揃うと少々怠け者にもなります。

大腸、脇（肋骨のあたり）の違和感に注意です。

〈辰月（4月）生まれ〉

見かけは静かな感じの人で、少々夢想家のところがあります。自分が一番になりたい、人から尊敬されたいと思っている人です。話をする時は、ズバリと核心を突くので、他人に不快感を与えることがあるようです。食事の量が多いのが特徴、それから実行力と我慢強さを兼ね備えています。考えが変わりやすいのですが、機転が利いてチャンスを上手く摑みます。他人からの指図を嫌い、自分から仕切ります。ビジネスや対人関係では、始めはよくてもとかく尻切れトンボになりやすいので注意が必要です。

友人関係も、愛想がいいので多くの人が集まりますが、本当の友人は少なく、孤独になりやすいところがあります。

蔵干の乙が天干のどこかに透っていたら、何事に対しても食わず嫌いな人です。癸が月干か時干に透っていたら、物事のテスティングや評価が好きなので、評論家、ソムリエ、板前などに向いています。もし蔵干の戊が月干か時干に透っていれば、より自尊心が強く頑固な人といえましょう。

胃、両腕や肩の付け根辺りの不調には注意です。

〈巳月（5月）生まれ〉

少々空想癖があり、何事も大げさに考えすぎます。負けず嫌いの人です。主観は強い方ですが、心が広く包容力に富んでいます。逆に何かの拍子で怒らせると、激しく感情を高ぶらせます。何事に対しても完璧を求めるので、やり始めたことが続かないことがあります。精神力が強く、分析力を備え、数字に強く、理数系の人が多いです。理財にも優れていますが、時にお金のことには無頓着となる人もいて両極端となります。見かけはクールですが、内面は熱い人です。少々の不満があっても決して口には出しません。少々せっかちで動きの早い人です。その時の相手によって、無口になったりおしゃべりになったりしますが、元来話し好きの人です。男女ともに結婚運はあまりよくなく、未婚の人となるか、初婚は失敗する人が多いようです。

蔵干の戊が天干に透ると、食事に好き嫌いがない人です。蔵干の庚が月干か時干に透ると科学や研究の分野で成功します。蔵干の丙が透るとせっかちさが増します。

脾臓、肩の病気に注意です。

〈午月（6月）生まれ〉

楽観的で、気持ちが寛大でおっとりした人です。人に縛られることを嫌いますが、友人は大切にしますし、世話好きなので人が集まります。活動的でユーモアに富んでいます。

勝気でせっかち、負けず嫌いで自分のことが大好きです。ほめ言葉を喜び、他人からの意見や苦言には耳を傾けないところがあります。そのために、人から担ぎ出されたりうまく利用されたりして、トラブルを招きやすいので注意が必要です。

午は桃花がつく地支なので、女性では総じて美人が多いものです（第二章六節を参照）。

蔵干の己が透ればプライドの高さが増し頑固さが出てきます。蔵干の丁が透る時は、人当たりの良さが出てきます。どちらかというと社長などナンバー1となるよりも、ナンバー2、ナンバー3として蔭で仕事をする方が成功しやすいです。

心臓、頭の病気に注意です。

〈未月（7月）生まれ〉

積極的かつ仕事熱心で前に進むタイプです。自分の意見を主張しますが、親切で人情味に溢れた人です。総じてリーダーというよりも孤軍奮闘するタイプです。研究熱心で、凝り性です。物事の原理や原則を知りたがり、向学心に富んでいます。注意深く物事を進めていくかと思えば大雑把な面もあります。反面、神経質で昔の些細なことを覚えていたり、時に他人からみるとどうでもいいようなことでも、悩んで眠れないような面もあるようです。身内意識が強く、家族や社員を大事にします。他人が自分の家族や社員の批判をするのを最も嫌います。

蔵干の丁が時干に透ると仕事に対してとても積極的で艱難の苦労を伴っても必ずやり遂げる人です。乙が月干か日主に透る時は、現状に満足しにくい人です。それゆえに自分自身を責めるところがあります。

己が日主に透ると鋭敏な感性と感情の人です。
小腸、肩の病気に関して注意です。

〈申月（8月）生まれ〉

友人を大切にし、義理堅い人です。
強い個性をもち、自信に満ちた人です。頭の回転も早く大胆なので、他人よりも一歩先に進んでいきます。機知に富んでいて、学習能力があり要領のよさもあります。特に音楽、語学方面で能力を発揮します。しかし、何事もそつなくこなす器用さゆえに、途中で満足してしまう結果、器用貧乏ともなります。半時間もじっと座っていられない程に落ち着きがなく、我慢ができないところがあります。また、言葉が鋭いところがあり、他人を傷つけることがあります。そのため申月生まれの人は、言葉の使い方や相手の細かい反応に注意することが必要です。

蔵干の戊が日干か時干に透っていると学習能力がずば抜けて優れます。壬が月干か時干に透ると、観察力に優れた人となります。庚が月干か時干に透っていると、少し人任せの面が出てきますので、足元をすくわれないように注意です。

膀胱、二の腕辺りの病気に気をつけてください。

〈酉月（9月）生まれ〉

交際上手で、他人と交渉したり、うまく歩調を合わせることができる人です。自信家で、自尊心、虚栄心の強い人です。人からほめられ、賞賛されるのは大きな喜びとなります。また、お人よしの面も持ち合わせています。他人に頼まれると断れず、最後まで面倒をみる人です。少々うるさくおせっかいな面もありますが、積極的で奉仕の精神に溢れた人ですし、他人が満足してくれることが嬉しいといった、おおらかな面もあります。

秘密を心にしまっておけなくて、言ってはダメということほどすぐ他人に話してしまいます。

美しいもの、美的なものを求める理想主義者です。美しいものがあると欲しくなりますが手に入れてしまうと見向きもしない、というところがあるでしょう。

先の申月生まれの人が革新派なら、この酉月生まれの人は保守派で、大きな変化をあまり好みません。本来の性格には、内向的で気の小さいところがあります。心根が優しく、昔の悲しみをずっと引きずることもあるようです。感性、センス、ロマンを大事にしますし、異性との縁も多くあります。

腎臓、脇腹の病気に注意です。

〈戌月（10月）生まれ〉

受けた恩は倍にして返すという義理と人情を大事にする人です。信用や面子にもこだわりがあります。

奇抜なアイデアと行動で周りを驚かせることがあります。忠実で努力を惜しまない人です。仕事をするにも手抜きをすることは絶対にありません。用心深く仕事に取り組んでいきます。そしてその場その場で様々なことを修得していきます。お世辞やゴマすりが苦手で、自分の本心もなかなか他人には話さない面があります。そのため他人から見た性格と、本人の思う自分の姿が違っていて、心を許せる友人が少ないものです。

占術や風水、スピリチュアルなことが大好きです。お金には困らないのですが、金銭感覚が薄いので大財は得にくいようです。恋愛面に関しては失敗が多く、相手に感情を入れ過ぎてしまい逆に相手を見失いがちです。

蔵干の辛・丁・戊のどれかが天干に透っていると成功できるのですが、往々にして自分で思った通りの結果を得にくいように感じます。

胸、足の病気に注意です。

〈亥月（11月）生まれ〉

楽観的で、人との和や協調性を大事にします。見かけは頑固そうですが、内面では優柔不断なところがあります。観察力があり、何事にも慎重です。夢見がちな空想家で、あれこれやりたいと想像する人です。頭でっかちになって、時に行動力に欠けるところもあります。もしも日支にも亥があればこの性格が顕著に現れてきます。

独特なものの見方と、計画や企画が好きなことが特徴で、何事も徹底して追求するタイプです。神経質で細かいことを気にしますが、仕事や手をつけたことを何とかやりとげようとします。この面がよく出ると、研究、開発の分野や、原理を解明する仕事で成功します。頭が良く、物事の裏を見抜きます。原理原則を大事にする人でもあるので、性格的に矛盾が出てきやすいようです。

蔵干の甲か壬のいずれかが天干に透干していると、作家、文学関係、哲学、教師、教授、宗教家などに向きます。

お腹、胃、横隔膜の付近、脚（ふくらはぎ、くるぶし）の辺りの病気に注意です。

〈子月（12月）生まれ〉

心根は善良で明るい性格です。反応が早く、弁も立ちます。でも内面は意外と保守的です。

主観が強い人です。自分が損をしないように計算している面もあります。とは言っても、守銭奴ではありません。生活の中で物質面を重んじるので、金銭面で少々細かいということです。ユーモアがあって、頭脳明断なので一を聞いて十を知る聡明さがあります。しかし頭の良さと保守的な面が出すぎると、目の前の小さな利で満足し、大きな利を逃すこともあるようです。ぱっと飛びついて大きなチャンスを逃してしまうとか、一度決めたことを止めてまた元に戻すといったように、判断に迷って優柔不断になってしまうこともあるようです。

胆のう、泌尿器系、前立腺の病気に注意です。

〈丑月（1月）生まれ〉

向上心に富んでいるので、何事もコツコツ努力してゆっくりでも進んでいきます。我慢強く、他人には穏やかで親切ですが、細かいことにイライラしやすいところがあります。また安定を好み、規則やルールに従い保守的な面も強くあります。何をするにも現実的な方法で進んでいきます。悪く出ると、何事にも融通のきかない人となります。本人には自覚がないですが、空想家で、物事のよい面ばかりを見るところがあります。自ずと不平不満が口に出てきます。運に乗ると空想は現実となり賞賛を浴びますが、運がない時は誇大妄想と扱われてしまいます。

蔵干の己が天干のどこか（日主も含む）に透っていると、特に人当たりが良く、人望の厚い人となります。我慢強い人ではありますが、主観が強いため、人からは頑固で固執する性格にみられがちです。蔵干の辛が天干に透っていると、この傾向が出てきます。

昔の事件をほじくり返したり、古い失敗をいつまでも気にするところがあります。蔵干の癸が透る人は特にこの傾向が出てきます。物事を徹底的に追求するタイプなので、心理学や占術、スピリチュアル関係、哲学、中医学の方面に才能があります。

肝臓、膝、脚の病気に注意です。

三、出生時間から看る体質

どの部分が病気になりやすいかという体質は、生まれた時間によってほぼ決まっています。そこで、出生時間がわからない人は、時間と体質を対比させる方法によっておおよその出生時間を割り出せます。体質や調子の悪くなる部位を手掛かりに推時するのです。

この方法は中医学の理論を取り入れてあり、出生時間がわかっている人も、これによって体質や身体の弱いところがわかります。

〈子時（23～1時）生まれ〉

子の時間は胆臓、神経系統と関係があります。ですから、その系統の病気にかかりやすくなります。ここが弱い人は決断力、行動力が鈍くなり、何事も一人で決められないとか臆病になりがちです。ボーっとしやすく動きが緩慢です。その他、夜はなかなか寝られないとか、悪い夢を見るという症状が特徴です。

〈丑時（1～3時）生まれ〉

肝臓が体質的に弱く、そのために慢性のかすみ目、めまい、それからぼんやりとして無気力になるといった症状が表れてきます。爪の色も血の気の薄い白っぽい色になりやすいものです。また、背中、脇腹など筋骨の痛みが生じやすく、ふくらはぎのむくみや踵の痛みが発症することもあります。

〈寅時（3～5時）生まれ〉

肺に代表される呼吸気系統の病気にかかりやすいので、鼻炎や鼻づまり、嗅覚の異常、せき、啖が喉にからむといった症状が出てきたり、肌が荒れたり、風邪を引きやすい体質となります。

〈卯時（5～7時）生まれ〉

大腸を患いやすいので、便秘やしぶり腹（便意を催すが便は出ない）、下痢の症状があります。大腸は五行では金に属しますので、先の寅時の肺と表裏の関係です。そのため、肌が荒れたり、風邪を引きやすいという症状も出てきます。

〈辰時（7～9時）生まれ〉

胃が体質的に弱いことから、食物の栄養分をよく吸収できず、疲れやすい体質であるとか、胃下垂、胃炎、胃カタルといった胃に関係した病気に悩みます。その一方で正反対に胃が丈夫な大食漢の場合もあります。

〈巳時（9～11時）生まれ〉

脾臓関係に病気の原因があります。脾臓は胃や腸との関係が深く栄養分を吸収する働きがあります。ここが悪いと同時に胃腸も不調をきたし、消化不良や下痢、腹部膨張といった症状が出てきます。また、その他にも栄養分を全身に運ぶ働きをしますから、太腿や下肢の両股に浮腫が生じ、身体がだるくなるという症状が出てきます。

〈午時（11～13時）生まれ〉

心臓に原因のある病気にかかりやすくなります。身体中に血を送るいわば生命活動の中心である心臓に症状が出ると、動悸、めまい、胸苦しさという症状の他に、精神的な部分でも不安定になり、躁と鬱の変化が激しかったり、不眠症の他、記憶力、集中力の低下といった症状が出てきます。

〈未時（13～15時）生まれ〉

小腸が体質的に弱いので、下痢や吸収不良、血便、足の浮腫といった症状が表れてきます。食物は胃で消化されて送られますから、小腸が悪いと食べた物が胃でストップし、食欲不振とかあまり食べていないのに満腹であるといった症状が出てきます。

〈申時（15～17時）生まれ〉

膀胱や泌尿器系統の病気にかかりやすいので、残尿感、頻尿、尿失禁、冷え症、それから腰や背中の筋が張ってくる症状が出てきます。また、膀胱系統に病気を持っていると目にも症状が表れ、眼の片隅に虫が飛んでいるようにみえる飛蚊症や普段から目が疲れやすくなります。

〈酉時（17～19時）生まれ〉

腎臓に原因のある病気にかかりやすいので、残尿感、頻尿、尿失禁という症状が表れてきます。その他にもふくらはぎや両膝に浮腫ができたり、身体がだるくて無気力になったり、理由もなく腰が重苦しいという症状が表れてきます。腎臓は生殖器官を司っていますから、ここが悪いと精力減退や遺精といった症状も表れてきます。記憶力が著しく悪くなるのも腎臓が影響しています。

〈戌時（19～21時）生まれ〉

中医学で心包と呼ばれる心臓のあたりが原因の病気となり、午時生まれの人と同じく動悸やめまいといった症状が表れてきます。また、血管や血液循環の疾患にかかりやすく、その症状として顔色に光沢がなくなり薄黒い色になるとか蒼白くなってきます。

〈亥時（21～23時）生まれ〉

気血や栄養分を全身に巡らせる働きをする三焦というところの病気にかかりやすいので、手足の冷えや悪感、咽喉や耳の後のリンパ腺が腫れたり、全身の浮腫、聴力減退という症状が出てきます（三焦とは、西洋医学でいう特定の部位を指すものではなく、舌の奥から胃の付近、下腹部までの気を巡らせる機能の総称）。

四、実際に鑑定する

ここまで、二十四節気など季節の考え方、命式の並べ方、喜神と忌神、それに日主や生月別による性格判断などについて説明しました。これを一度整理するため、実例にしたがって性格や運勢を看てみましょう。【例題22】は誰もが知っている北野武（ビートたけし）さんの命式です。

まずは本命の看方に慣れましょう。喜神と忌神を使いながら大運を看ます。

本命の判断では、第一に日主および何月生まれかを看ます。次に、日主と生月による性格判断をしていきましょう。

北野武さんの日主は丁で丑月生まれです。本章一節「日主が丁の人」の項を参照しましょう。

強いカンと豊かな想像力を持ち、人一倍神経質です。そのため、自分の世界と現実とのギャップに悩むことが多く、それが原因で仕事をよく変えます。

束縛されるのが嫌いで好き嫌いもはっきりしています。

単調な作業には向かず、音楽や芸術、創作活動、または執筆など変化に富んだ職業や夢のある仕事につき、好奇心を満足できた時に本当の能力を発揮します。

続いて、北野さんは冬の丑月生まれですから本章一節「日主が丁で冬月生まれの人」の項を参照します。

本命に丙・丁・巳・午など火の干支があれば、他人の才能を伸ばしたり、プロデュース能力を発揮します。

実際に北野さんは多くの新人を育てたり、映画監督の仕事で数多く受賞していますね。

本章二節「丑月生まれ」の項も参照してください。この部分も北野武さんの性格に当てはまると思います。

ここまで自分で看たら、次に神殺星をみます。まず月支につく十二運星をご覧ください。北野さんは「墓」

【例題22】

命式表

氏名（北野 武）女・男命（男に丸印）

1947年1月18日　時　分生

生地（東京）

	年柱	月柱	日柱	時柱
天干神殺星				
天干通変星			日主	
天干	丙	辛	丁	―
地支	戌	丑	酉	―
蔵干	戊丁辛	巳辛癸	辛	―
地支通変星		（墓）飛刃 華蓋		
地支神殺星				

歳運	6	16	26	36	46	56	66
天干通変星							
大運	壬寅	癸卯	甲辰	乙巳	丙午	丁未	戊申
地支通変星							

喜神…木・火

忌神…土・金・水

がついています。前章七節の「〈墓〉」の項をみてみましょう。天邪鬼とありますが、彼の本質を適確に表していると思われます。

ここで、最も気になるのは、彼の本命では丑に「飛刃」がついています。この星がつくと事故や手術の暗示があり、特にこの月支と冲する未の年か、刑となる戌の年に注意です。

北野さんは1994年8月2日に命にかかわるほどのバイク事故を起こしています。1994年は甲戌年で(月は辛未年)、この飛刃と刑になる年でした。

ここまで基本の判断ができたら、四柱推命で一番大事な喜神と忌神を割り出していきます。生まれた時間がわからないので喜神・忌神の割り出しが少々難しくなりますが、練習のつもりで考えてみましょう。

北野武さんは日主が丁火で冬の丑月生まれです。丑の五行は土ですから、日主からエネルギーを洩らしていきます。

年支は戌の土で月支と同じく日主からエネルギーを洩らしています。

日支は酉の金で日主が剋しにいくので、エネルギーを消耗します。

生まれた時間が不明ですが、ここまで確認して、日主はどの地支からも力をもらえないので、身弱とわかりました。

前章三節の図表17喜神・忌神の一覧を見ると、日主が丙・丁で身弱の人にとって、喜神は木・火、忌神は土・金・水とわかります。また、木・火が入ると冬の寒い時季で地面も凍っているような時では、本命全体を暖めてくれる木・火があるとバランスが取れ、いわゆる運が良い人となります。

北野さんの本命では、年干に丙があって、寒い冬の時に太陽が顔を出している状態です。

結果、喜神は木・火で本命にある木・火の五行は力を貸してくれることになり、忌神の五行はあまり良くない運を表します。

もし大運で木・火の五行に巡れば、本人の希望ややりたいことが実現され、土・金・水の運の時には、物事がうまくいかない不如意の時期となってしまうのです。

北野さんの命式で本命の年干は丙です。これは彼にとっての喜神でした。

北野さんの喜神の丙は年柱にありますが、この年柱は父母宮・田宅宮であり、北野さんにとっての先祖や父母を表すところです。

ここに喜神の丙があると、父母か祖父母の代に名のある人や力のある人がいると看ます。

資料を見ていて驚いたのですが、北野さんの祖母は義太夫の花形であったそうです。

また、北野さんの母親は教育熱心で非常に厳しかったそうですが、今の彼があるのもその教育のおかげだったそうです。これは父母宮にある喜神の丙がよく影響しているといえましょう。

結婚や夫婦のことは日支から看ていきます。日支が酉で忌神となっています。この部分が忌神だと、家の中が落ち着かない、夫婦の間に波風が立ちやすいという意味が出てきます。

次に大運を看てみましょう。

16歳癸卯から看ていきます。癸は水の五行で忌神、卯は木の五行で喜神となりますが、何よりも本命の日柱丁酉と、大運の干支が冲となっています。

つまり、北野さんの本命で自分自身を表す大事な日柱が大運の干支と天剋地冲になっていますが、これは落ち着かない運勢を表し、仕事や住居が頻繁に変わる、出張が多くほとんど家にいない、大病をする、事故にあう、決まっていたことが白紙になるなどの意味が出てきます。

続いて26歳甲辰の大運です。この大運は甲木で力を持った時です。木は北野さんにとっての喜神です。辰の五行は土ですが、春月の土なので甲を助けます。

北野武さんは明治大学工学部に現役合格したものの、ほとんど学校に行かず、アルバイト三昧の日々を送っていたそうです。その後、浅草のストリップ劇場などで働いたり、コントや漫才の弟子入りで芸を磨いていました。これはおよそ満18歳から下積み時代の25、26歳まででしょうか。その後これまでの苦労が実り、新しい芸風も確立してきて売れ始めました。

なお、大運でどんなことが起きるかを知りたい場合には、通変星を読み取ります。これは次章以降で説明していきます。

36歳乙巳の大運では木火の五行干支です。彼にとって大きな力を貸してくれる五行エネルギーの時です。『世界丸ごとHOWマッチ』や『風雲!たけし城』など幾多の番組にレギュラー出演、夜8時台の番組で最高視聴率をたたき出した頃です。

46歳丙午の大運はどうでしょうか。先の大運で既に映画監督としても活躍していましたが、この大運に入ってからはさらに数多くの作品を手がけ、しかも海外で栄誉ある賞を受賞しています。まさに名実ともに恵まれた幸運期と言えます。

丙午は天干が火の五行で地支も火です。冬月生まれの日主の丁火にとっては火がとても大事です。この運のエネルギーを借りて、日主丁火の芸術、創作活動、夢のある仕事で北野さんの本当の力を発揮できたのです。

続いて56歳丁未の大運も喜神の時です。やはり運に乗っています。およそ30年以上もテレビに出続け、執筆活動も行い、映画作品は数多く受賞。多くの弟子を育てていくのは、並大抵のことではありません。四柱推命で看ていくと、ここまで喜神の運が続いたからできたこととも いえます。

中伝

第四章　通変星を理解する

一、通変星とは何か

◇通変星は日主からみた他の干支との関係

先の章で、自分のことを表す日主を中心に、年干支では先祖や目上の人それに父母のこと、月干支でも父母、兄弟や友人のこと、時干支では子孫、子供のことを判断するとしました。そして日干は自分自身を意味する日主なので、日干の対となる日支の方では配偶者のことがわかります。同時に、日支では自分の健康や身体のことを判断できます。

喜神になる五行、忌神になる五行がはっきりしたら、次は日主が他の干支とどんな関係になっているかを看ます。それは比和の関係なのか、相生の関係なのか、洩気の関係なのか、相剋の関係なのかということによって、親や兄弟、配偶者との縁の深浅や助力を得られるか、あるいは自力で頑張らなければならないのかを読み取るということです。

ここで、日主からみた関係を具体的にわかりやすくするため、「通変星」という星に置き換えて読み取ります。これによって、日主である私を取り巻く人物が、自分にとって力となるかならないかを看ることができます。年月日時の四つの柱から割り出される通変星から読み取れるのは、先祖と縁があるのかどうか、父母との縁の深浅、配偶者との縁の深浅、配偶者の社会的地位や収入の高低などです。

さて、通変星はその五行と陰陽から、次の十個があります。なお、通変星は、十神星あるいは十神と呼ぶこともありますが、本書では通変星と呼んでいきます。

日主と同じ五行の関係は比肩《ひけん》と劫財《ごうざい》です。
日主から洩れる関係は食神《しょくじん》と傷官《しょうかん》です。
日主が剋す関係は偏財《へんざい》と正財《せいざい》です。
日主を剋す関係は七殺《しちさつ》と正官《せいかん》です。
日主を生じる相生の関係は偏印《へんいん》と正印《せいいん》です。

◇通変星を並べる

では、日主と他の干支との関係を通変星に置き換えてみましょう。

これは巻末資料Ⅺを見ながら作業を進めます。たとえば２０１３年12月14日22時00分生まれのＢ男さん（命式表は図表24）の場合、まず巻末資料Ⅺの日主の段をみます。Ｂ男さんは日主が甲で年干（年柱の天干）が癸なので、日主甲の列と年干の癸の段がクロスしたところにある通変星をみると「正印」となっています。これをＢ男さんの命式表の天干通変星の欄へ書き入れます。同様に、月干（月柱の天干）の甲の通変星は「比肩」、時干（時柱の天干）の通変星は「劫財」と書き入れます。それぞれ、天干の通変星を出したら、次は地支の通変星です。これは巻末資料Ⅻを見ながら、同じ要領で出していきます。年支は「食神」、月支は「正印」、日支は「比肩」、時支は「偏印」となります。

さらに、大運の通変星も同じ要領で出しておきます。

ここまでをＢ男さんの命式表に書き込むと図表24のようになります。

読者の方も自分の命式表に通変星を書き入れてみてください。

日主から気を洩らしたり、日主が剋したり、日主を剋したりといった煩雑な五行の相生相剋で言う代わりに、漢字二字の通変星を用いるとわかりやすくなります。また通変星とは、五行のエネルギーを言い換えたものなので、喜神と忌神の定義を通変星で説明することもできます。

図表24

命式表

2013年12月14日22時00分生

氏名（B男）女㊚命

生地（東京）

	年柱	月柱	日柱	時柱
天干神殺星				
天干通変星	正印	比肩	日主	劫財
天干	癸	甲	甲	乙
地支	巳	子	寅	亥
蔵干	丙庚戊	癸	甲丙戊	壬　甲
地支通変星	食神	正印（沐浴）	比肩	偏印
地支神殺星	天徳	空亡		

歳運	2	12	22	32	42	52	62
天干通変星	正印	偏印	正官	七殺	正財	偏財	傷官
大運	癸亥	壬戌	辛酉	庚申	己未	戊午	丁巳
地支通変星	偏印	偏財	正官	七殺	正財	傷官	食神

喜神…木・火・土

忌神…金・水

身強の人の場合、喜神は日主が洩らす五行の「食神・傷官」、剋す五行の「偏財・正財」、それから日主を剋す五行の「七殺・正官」であり、忌神は「比肩・劫財」「偏印・正印」です。

身弱の人の場合は、喜神が日主を生じる五行の「偏印・正印」、日主と比和の五行の「比肩・劫財」であり、忌神は「食神・傷官」「偏財・正財」「七殺・正官」となります。

この通変星による喜神と忌神の定め方は、五行の相生、相剋の考え方と全く同じです。

図表24では、日主を生じる通変星は偏印・正印となります。

日主と比和の関係にある通変星は比肩・劫財ですから、身弱の人はエネルギー量が低いので偏印・正印によって日主へエネルギーを補給するか比肩・劫財によって日主を助けるのがよいというわけです。

逆に食神・傷官だと、日主がそれらを生じるとき、日主は自分のエネルギーを洩らして分け与えるわけですから、自らのエネルギー量が不足して弱ってしまいます。

偏財・正財は図表25に示すように、相剋のために消耗しますのでこれも弱ります。七殺・正官についても剋し合ってエネルギーを消耗しますからここでも弱まります。

以上、五行と通変星を置き換えてみても、日主が弱い時は助けてやることが必要で、相生の偏印・正印と比和の比肩・劫財が喜神となります。身弱でエネルギーが少ないのに、さらに日主のエネルギーを減らす通変星は忌神となるわけです。

四柱推命では、命式中で五行のバランス、つまり日主のエネルギー状態が平均していることをもって良好な命とします。

身強の人の場合、日主のエネルギーが多いわけですから、ある程度、消耗させて減らした方が良いのです。たとえば、鍋に水を入れて沸かすとき、蒸気を洩らす隙がなければ熱エネルギーが高まりすぎて鍋は破裂してしまいます。同様に、身強の人は放っておくとエネルギー過多となってしまうので、日主から強すぎるエネルギーを洩らしたり、減らしたりしてやるわけです。そのため日主からエネルギーを洩らす働きをする食神・傷

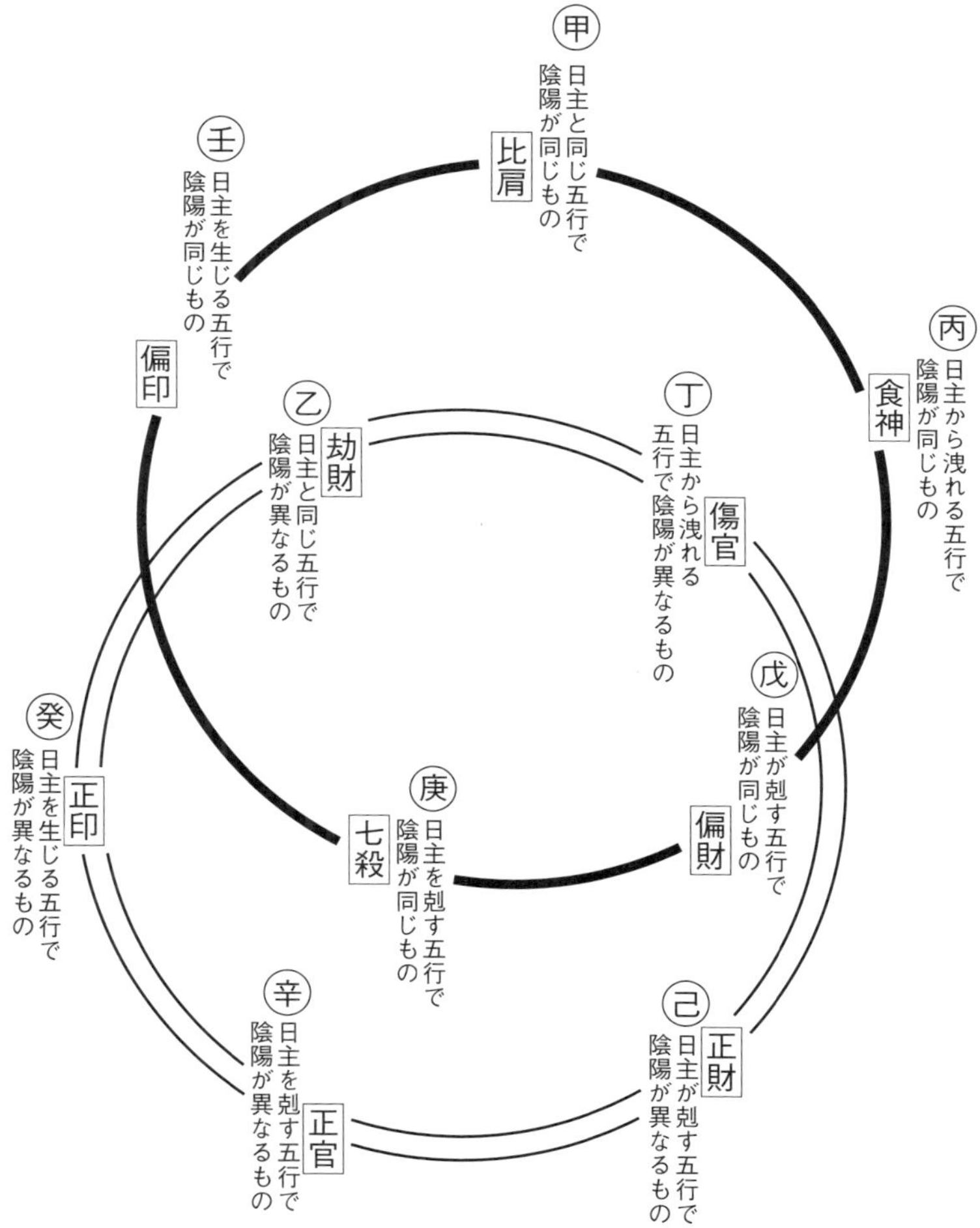

図表25
通変星とは五行の関係を換言したものなので、五行の相生・相剋・比和は次のように置き換えられる（日主を甲とした場合）。

官と、日主が剋す関係にあって日主のエネルギーを消耗させる偏財・正財と、日主を剋し日主を弱めることのできる七殺・正官が喜神となります。日主のエネルギーをさらに高める作用をする比肩・劫財と偏印・正印が忌神となるわけです。

各通変星の意味は次節および巻末資料XIIIの通りです。

二、通変星の意味

〈比肩〉

比肩とは、日主と同じ五行で、陰陽も同じものです。

これは、日主と同質のエネルギーであることから、日主を強める働きをします。ですから、頑固とか負けず嫌い、自我自尊の念が強いという意味になり、垂直思考型、封建的で上下関係を重んじます。単純、直情的という意味も併せ持ちます。自立心に富み、他人に頼ることを嫌います。友人、知人は多いのですが、少し距離をおいた交際となります。何事も現実的で一歩一歩進んでいきます。進取の気性に富み、楽観的です。

人間関係では、自分と同類の立場にある人、友人、同僚、ライバル、兄弟、女性の場合は姉妹、という意味になります。

〈劫財〉

劫財は日主と同じ五行で、陰陽が異なるものです。

先の比肩と同じく日主と同質のエネルギーですが、日主からみて陰にあたるので「裏」という意味が出てきます。ですから、裏のことまで考えることのできる判断力や企画力という意味になり、水平思考型、協調、和合を重んじ、上下関係には疎いところがあります。裏のことまで考える面が悪く出ると、物事をとかく損得で考える性格が出てきます。忍耐心が強く、機を摑むのに長けていて、チャンスをみたらパッと動く行動力があります。反応が早い分、衝動的でもあります。固執してしつこいところもあります。いい面に出ると物事をとことんまで突き詰めて大成します。

人間関係では、友人、同僚、ライバル、姉妹となり、女性の場合は兄弟という意味になります。

〈食神〉

食神とは日主から洩れる五行で、日主と陰陽が同じものです。

親の持つものが子供に伝わっていくように、日主の気が洩れて受け継がれることから、伝達、継承するという意味が出てきます。

伝達することは表現することでもありますので、ダンスや歌、舞踊、情報、マスコミ、芸能を意味します。温順で柔軟性があり、片寄りのない考え方が特徴です。気持も考え方も広い人で、他人との和を重視して計算ごとを持ち込みません。

人間関係では、学生、目下、女性の場合は子供という意味になります。

〈傷官〉

傷官は日主から洩れる五行で、日主と陰陽が異なるものです。

傷官にも伝達という意味がありますが、日主と陰陽が異なるため間接的な伝達、表現といった意味になります。音楽や絵画などの芸術を意味します。頭の回転も早く、カンも鋭いのですが、拘束を嫌います。情報や新しい知識の習得が早く、時代に必要なアイデアを提供します。

規則や約束事を守らないところがあり、我儘で自由気まま、少々自信過剰な面もあります。感情的で気分屋です。どちらかというと物質面を追求します。とかく家庭生活に波を立てやすいものです。女性では正官の意味する夫を剋すことになります。

人間関係では、食神と同じです。


〈偏財〉


偏財は日主が剋す五行で、日主と陰陽が同じものです。

自分が剋する、支配し管理することから財産という意味になります。ただし、偏財の場合は、流動的な財産です。つまりお金を使って遊んだり、飲食を楽しむわけです。悪く出ると散財、放蕩、取らぬ狸の皮算用となり先のことをあてにします。善良で気持ちの広い人です。弱きを助け、困っている人や他人の面倒をよくみます。おだてに弱い面、周りから一目おかれたいと思っている点もあります。判断力を供え、瞬間瞬間における判断力は早くて的確です。冒険や新しいことが好きで忙しければ忙しいほどパッパッと閃めくのです。

人間関係では父親、養子といった人物、男性の場合は愛人を表しています。


〈正財〉


正財は日主が剋す五行で、日主と陰陽が異なるものです。

偏財が流動的な財産であったのに対し、この正財は努力して得たお金、コツコツと蓄えたお金、安定的な財産です。人は苦労して得たお金に対しては、なるべく使うまいと思うものです。約束を守る人、保守的で自分を大事にする人となります。ケチなところがあり、石橋を叩いても渡らない面も出てきます。信用や約束を大事にして、何事も決して無理をしません。体験に基づく思考型なので、経験のないことや未知のことには手をだしません。そういう意味で、新しく開発することとか競争するような仕事には向いていません。経理、総務、接客に適します。自分の本分を大切にし、責任感も強く家庭も大切にします。

人間関係では、妻、女性の場合は父親にあたります。

〈七殺〉

七殺は日主を剋す五行で、日主と陰陽が同じものです。日主から数えて七番目にあたるので七殺といいます。古典では偏官と呼んでいる場合もありますが本書では七殺とします。自分が剋されるということは、支配、拘束されることなので、社会、仕事、上司を意味します。また、支配されると反発したくなることから、改革、革命といった意味も出てきます。直情型であるため、計画してから行動を起こすというよりも、やってみなければ良いも悪いもわからないと、行動しながら考えるタイプです。進取の気性に富み、他人を引張っていく力もあります。女性でも男性を引張っていくリーダーとなりますし、部下の面倒をよくみます。欠点が出ると、優柔不断、怠け者、見栄っぱりとなります。

人間関係では、男性の場合は子供を示し、会社の上司が嫌でも子供のために我慢して頑張ります。女性の場合は愛人、男を示します。

〈正官〉

正官は日主を剋す五行で、日主と陰陽が異なるものです。

七殺が体制に反発し、直情的行動を取るのに対して、この正官は規則に従って法律を尊重し、約束を守ります。失敗を恐れプライドを大切にし、温順で倹約家です。改革型の七殺に対し、大勢に従うタイプなので大企業などで全体をまとめたり管理する仕事で力を発揮します。精神的なことや信用を大切にする人です。悪く出ると自尊心が強く、体裁や見栄にこだわる、嘘をつく、お金を使い込む、という面が出てきます。

人間関係では、上司、目上の人、子供、女性の場合は夫を示します。

〈偏印〉

偏印は日主を生じる五行で、日主と陰陽が同じものです。

自分を生じることから、創造、知恵、思考、精神世界、自分の内面という意味が出てきます。日主と陰陽が同じなので自身に働きかけてくる力が強く動的です。独創的な発想が特徴で、伝統的なものより新しいものを好みます。他人の顔色や行動もよく見ています。改革、放浪という意味もあり、熱しやすく冷めやすい性格です。悪い意味に出ると、目標が定まらず、職や住居を点々と変えることになります。

人間関係では、陰陽が同じで女性の場合は母親、男性の場合は継母を表します。

〈正印〉

正印は日主を生じる五行で、日主と陰陽が異なるものです。

偏印と同じく創造、知恵、思考、精神世界、自分の内面という意味があり、昔から伝わってきた知恵を重んじ、理性的なところが特徴です。じっくり考えてから行動する人です。そして、礼儀正しく善良です。進取の気性に富んでいて、文才にも恵まれています。反面、ものの見方が偏りがちだとか、依頼心が強い、保守的、利己主義、ケチな面もあります。本命に偏印、正印が合わせて三つ以上あるとその傾向が強く出てきます。親は子供を育てる時に、その家の考え方や生きる知恵、礼儀作法、文化や伝統を伝えていきますから、伝統、古典、学問、名誉といった意味もあります。

人間関係では、男性の場合は母親、目上の人を示し、女性にとっては継母、祖父を示します。

三、通変星から読み取る人生の出来事

続いて、大運・流年の干支から後天運の吉凶を推し測る方法ですが、やはり喜神・忌神の考え方に基づいて判断していきます。

その際、大運と透干・通根している干支を重視して吉凶を定め、さらに具体的な事象を読み取るときには通

変星で判断します。

先の図表24では大運の通変星をすでに記入してあります。大運の透干・通根がない時は、大運の天干通変星によって前半の五年間を占い、地支通変星で後半の五年間を看ます。大体において、大運は大運地支につく通変星が運の吉凶に大きな影響を与えています。

同じ要領で流年の通変星も割り出しますが、ここでは天干通変星を重視して、一年間の吉凶を判断します。大運では地支通変星を重視し、流年では天干通変星の意味を重視します。

〈大運か流年に比肩が巡ってきた時〉

身弱の人か比肩が喜神となる人にとって、順調に物事が進展する時となります。以前から考えていたことが、友人や兄弟（姉妹）の援助を受けて達成できるでしょうし、仕事面でも発展できる吉運の時期となります。独立開業するのも良いし、事業の拡張を考えて積極的に活動していくのも良いでしょう。

今までのことをまとめる時期でもありますし、積極的に独立したり、転職したくなる時期でもあり、財運がアップする時期となります。

身強の人か比肩が忌神となる人にとって、この時期は、対人関係でのトラブルが発生しやすくなります。友人や兄弟あるいは職場の同僚との金銭の貸し借り、職場での地位・ポジションの変化、転職せざるを得なくなるなどの問題が起きやすくなります。また、恋人や家庭内においても意見の衝突が発生したり、家人が病気にかかって家の中が暗くなるという暗示もあります。

以上のことに加えて、女性には、恋人や配偶者に新たな恋人が出現したり、浮気が問題となるかもしれません。仕事面にも忌神としての影響は出てきますから、特に自営業の人は、守りを固めることに専念する方が良いです。サラリーマンにとっては、倒産の憂き目に遭うこともあります。

ただし、身強・身弱を問わず本命・大運・流年との間で干支の合・冲剋がある場合は、この限りではありません。

〈大運か流年に却財が巡ってきた時〉

身弱の人か却財が喜神となる人にとって、今までに計画していたことが急にできるようになる時となります。仕事面でも人脈が広がったり、思いがけない収穫を得たり援助者が現れたりして順調に物事が運ぶようになります。

何か新しいことを学んだり、習得したい時期にもなりますし、自分の本心と欲が出てくる時です。自分の能力に少し行き詰まりを感じて焦る時期かも知れませんが、最終的にはこれまでの努力が認められます。

交際関係も活発になり、家庭にも円満さが出てきます。

身強の人か却財が忌神となる人にとっては、比肩と同様にあまり良い年ではありません。一番は金銭の問題、第二に対人関係、上司との問題に悩む時です。保証人になって損をしたり、職場で部下や他人のミスを被ったり、仕事に嫌気がさして転職することもあります。

病気や事故に遭う可能性もあります。これは本人以外に家族の方にも注意が必要です。

この時には、人の忠告を聞かず自分勝手に物事を進めて失敗しやすいので、特に事業の拡大というようなことは控えて守りに徹するべきです。それから、恋人や夫婦間での対立やトラブルも生じやすい傾向にあります。ただし、身強・身弱を問わず本命・大運・流年との間で干支の合・冲剋がある場合は、この限りではありません。

〈大運か流年に食神が巡ってきた時〉

身強の人か食神が喜神となる人にとって、この時期は順風満帆の好調の時となります。特に、企画・研究の仕事に携わっている人にとっては、その成果が認められるでしょう。あるいは、新しいプロジェクトを計画・

推進していくのにも良い時期です。

健康面も良好で、金運もまあまあです。

気持ちの中に余裕が出てくる時期で、音楽や美術に興味を持ったり、グルメにはまったりする時期です。この時に浮かんだアイデアを実行すると財を得るチャンスともなります。

恋愛面でも喜びごとのある時で、男性・女性ともに新しい異性と知り合ったり、今までただの友人と思っていた相手との仲が急に進展することもあるでしょう。女性にとっては、懐胎したり出産しやすい時期となります。

身弱か食神が忌神となる人にとっては、考えていることが中々計画通りに運びにくく、悩みの多い時となるでしょう。イライラしやすくなったり、仕事に集中できず疲れやすくなります。神経を使い過ぎて病気にかかりやすい傾向もあります。それから法律的なトラブルや訴訟事に巻き込まれやすい時でもありますので、充分な注意が必要です。

女性にとっては、恋人や配偶者と口論やトラブルが生じやすいことを暗示します。

ただし、身強・身弱を問わず本命・大運・流年との間で干支の合・冲剋等がある場合は、この限りではありません。

〈大運か流年に傷官が巡ってきた時〉

身強の人か傷官が喜神となる人にとって、大きな成功を摑むというよりも今までに努力してきたことが報われるとか、名声を得ることができるというような時となります。財運もあります。自営業やフリーランスの人では、仕事が増え収入もアップしますし、サラリーマンの方は成績が向上したり顧客が増えます。ただし、ここで利欲に走り過ぎると、伸びてきた運が途絶えてしまいます。

傷官は精神の星です。そういう意味からも、この時期は技術の習得、精神性の向上、瞑想、ヨガ、気功などをすることで、次の結果に結びつきます。

食神の運の時と同じくこの傷官が巡ってくると、男性・女性ともに異性に関しての喜びごとがあるでしょう。女性では懐胎したり、出産しやすい時期となります。

身弱の人か傷官が忌神となる人にとっては、この傷官は悪い意味となりますから不如意なことが増え、悩みごとが多くなります。また、体調が悪くなりやすく、一人で内に籠もり悩みがちになる時期でもあります。

この傷官が巡ってきている時は信用を失ったり、思わぬことが法に触れたり、今までに隠して行ってきたことが急に暴露されたりしますので要注意です。上司との関係にも注意です。せっかく築いて来た関係が急にぎくしゃくすることがあります。あるいは、家庭で口論や揉めごとが頻繁に起きたり、子供のことで心配ごとが生じたりします。

女性にとっては、失恋、別離など恋人や配偶者のことで悩みが生じやすい傾向です。

ただし、身強・身弱を問わず本命・大運・流年との間で干支の合・冲剋等がある場合は、この限りではありません。

〈大運か流年に偏財が巡ってきた時〉

身強の人か偏財が喜神となる人にとって、営業成績が上がったり、株や投機等によって大金を手に入れたり、事業の結果が出てくる時となります。気落ちは外に向かいます。自分のやりたいことに挑戦、思わぬ援助者が現れ、独立成功のチャンスを摑む幸運期となりますから、社交の場にはマメに顔を出すようにし、友人や部下の世話も面倒がらずに引き受けるとよいでしょう。しかし、この時期は交際も自然と多くなりますので、それに伴う出費も嵩むこととなりましょう。進財・発展の時期ですが、前進することばかり考えずに守るということも考えないと足をすくわれることもありますから注意が必要です。

男性にとっては、異性の友だちと知り合うチャンスが増えますし、結婚にも発展しやすい時です。

身弱の人か偏財が忌神となる人にとっては、浮沈成敗の激しい時となり、うまく成功を収めたかと思えば、思いもよらないことで足をすくわれて倍のお金が出ていくことにもなりかねません。とにかく、金銭的に苦労しやすい時期です。これは、仕事が思うように行きにくいということでもあります。

計画の挫折や進学の断念、進級、昇進の失敗という意味も出てきます。

その他に、急な体調の変化や事故・トラブルにも遭いやすいので要注意です。場合によっては、父親か母親に影響が出ることもあります。浮気がばれて家庭に波風が立ったり、失恋の憂き目に遭うこともあります。

ただし、身強・身弱を問わず本命・大運・流年との間で干支の合・冲剋等がある場合は、この限りではありません。

〈大運か流年に正財が巡ってきた時〉

身強の人か正財が喜神となる人にとって、安定する時、信用を得る時、独立の時となります。今までの努力が報われて利益が上がり、サラリーマンにとっては昇給や昇進の喜びがあります。

また、不動産を手に入れたり、親からの援助で念願のマイホームを購入したりすることもあるでしょう。それから、男性にとっては異性との出会いや新しい恋が発展するチャンスの時です。あるいは、結婚の好機でもあります。併せて家庭内に落ち着きが出てきます。

精神的には人を大切にしようと思う時で、結果的に支援者と出会ったり、目上の人から援助を得ます。自分の周りの人たちを大事にすることで人脈が広がっていきます。

身弱の人か正財が忌神となる人にとっては、どうしてもお金のことで苦労する時となります。他に、信用に傷がついたり色々と不如意な事が多くなったりする時です。または、体調不良、悪性の病気にかかって、重大な事態になることもあります。

男性の場合は、家庭内にトラブルが生じたり、配偶者が健康を害したりすることもあります。以前の浮気がばれて問題になるかも知れませんから要注意です。

ただし、身強・身弱を問わず本命・大運・流年との間で干支の合・冲剋等がある場合は、この限りではありません。

〈大運か流年に七殺が巡ってきた時〉

身強の人か七殺が喜神となる人にとって、計画が順調に進み、仕事面でも思わぬ成果があがる時となります。サラリーマンにとっては、職場で思わぬ抜擢を受けたり昇進の喜びがある時となります。金運はまあまあで、家庭も円満に恵まれますし、競争や訴訟事にも勝つことができる運気にあります。気持ちの中では反骨精神が現れる時、新しいことにチャレンジしたくなる時です。自分の気に入るまで挑戦することによって大きな転機を迎えます。

特に本命に神殺星の羊刃が現れている人では、この時期に新しい分野で成功したり、リーダーとなるなど、これまでに努力してきたことが実を結ぶ時となります。

なお、女性では、異性との出会いや新しい恋の芽生える楽しい時となりましょう。

身弱の人か七殺が忌神となる人にとって、突発の災難に遭うことがあるかもしれません。事故や怪我に注意しましょう。また、詐欺のような思わぬ事件に巻き込まれたり、仕事上のトラブルが原因で転職せざるを得なくなることもあります。対人関係においてもいざこざが生じやすく、敵をつくりやすい時です。

女性の場合には、恋人と争ったり、三角関係が生じて悩むことになりやすい暗示があります。

ただし、身強・身弱を問わず本命・大運・流年との間で干支の合・冲剋等がある場合はこの限りではありません。

〈大運か流年に正官が巡ってきた時〉

身強の人か正官が喜神となる人にとって、昇進昇官のチャンスを得たり、受験やテストにおいて実力以上の力を発揮できる時となります。この時期には地位とか信用に関しての運気が巡ってくるからです。さらに、有力な協力を得たり、目上からの引き立てで予想以上の業績を上げることができます。金運も吉です。

気持ちや精神の面では、自分の能力をとことんまで出して見極めようと思う時で、行動に移せば成果を得られます。自分の魅力や本当の力を引き出せる時です。

女性にとっては、理想の恋人が出現したり新しい異性の友人ができたりして、結婚にも良い時期となります。

身弱か正官が忌神となる人にとっては、仕事面で思わぬミスが重なり、信用に関わる事件が起きやすい時となります。さらに、努力しても一向に成果が上がらず、思惑のはずれることが多々あることでしょう。心労・疲労が重なりやすいので、健康にも注意が必要です。

女性にとっては、夫の浮気や失恋の憂き目に遭ったり、結婚の話がこじれることがあるかもしれません。もし本命に七殺のある人がこの正官の運に遭うと流産という意味も出てきます。

ただし、身強・身弱を問わず本命・大運・流年との間で干支の合・冲剋等がある場合は、この限りではありません。

〈大運か流年に偏印が巡ってきた時〉

身弱の人か偏印が喜神となる人にとっては、進財・発展のチャンスに恵まれる時となります。特に財運に恵まれる時で、上客がついたり、ブランド品や骨董品を処分したら思ったよりお金になったりします。目上の人や上司・親から援助を受けたり、プラスになる人と知り合うことのできる時です。

また、受験やテストでも力を発揮できますし、企画・研究等の発表をして認められます。特に、宗教や芸術・伝統・文学の方面に何らかの形で深く関わる傾向があります。

気持ちや精神の面ではカンが働く時、お金でなく、気持ちのままに動いて大きな成果を得ます。今までのことを大きく変えてみたい、そんな時期です。

女性では結婚に結びつく新しい恋人の出現が期待できます。

身強の人か偏印が忌神となる人にとっては、何事も不如意でうまくゆかず、しかも忙しい割には何の身入もない時となります。しかも、人に騙されたり、判断ミスによって金銭的な打撃を被ることもあります。人への保証や貸し借りはしないことです。偏印が忌神で巡って来る時は、思い込みが強くなる時なので、他人の言葉もつい自分の都合のいいように理解して失敗を招いてしまいます。ちょっと変だなと感じたら、何人かに確かめながら物事を進めていくと、これらの問題を防げます。

サラリーマンにとっては、ちょっとしたことが原因で、上司や年長者から反感を買うことになるかもしれません。転職を考えることもあるでしょう。また健康・財運ともに注意が必要なときです。

ただし、身強・身弱を問わず、本命・大運・流年との間で干支の合・冲剋等がある場合は、この限りではありません。

〈大運か流年に正印が巡ってきた時〉

身弱の人か正印が喜神となる人にとって、仕事面においても家庭面においても順調な時となります。自分の持つ内面的な良さが他人から認められる時なのです。さらに、両親や目上の人からの恩恵を受けやすく、実力者と知り合うことがあって、今までの努力の成果が実り、認められます。昇進、昇格、試験運、金運も良いです。

サラリーマンは、上役の引き立てがあり、一層の信用・地位を得ることができます。

気持ちや精神面で余裕が出てきて、今までと違う分野に関心が出たり、新たな趣味を見つけたりする変化の時期です。

女性では真面目な結婚、落ち着いた家庭を持つことが期待できます。

身強の人か正印が忌神となる人にとっては、自分の主張を通そうとして通らなかったり、考え違いをしていて失敗したり、何かと順調さに欠ける時となります。とかく自分勝手な面が目立って、友人や周囲と対立しやすい時期です。

あてにしていたお金が入って来なかったり、金額が少なくなったりと金銭面でも苦労しやすい時です。仕事のことや転職で悩むかもしれません。また、親が病気になったり、年長者から迷惑を被りやすいという暗示もあります。子供の病気や学校での問題、子供のお金の問題などにも注意が必要です。

ただし、身強・身弱を問わず本命・大運・流年との間で干支の合・冲剋等がある場合は、この限りではありません。

四、実際に鑑定する

それでは例を挙げて実際に鑑定してみましょう。

◇事例㈠「エステを新規に開きたい」

図表26の命式表をご覧ください。まずはこの方の性格判断から行います。

日主は辛です。

貴金属の辛金ですから、プライドの高い方とわかります。人あたりはソフトですが、人一倍強い自尊心を持つ人です。神経質で潔癖症なところもあります。仕事は完璧に仕上げようとします。気が多くて興味の対象がコロコロ変わる飽きっぽい面もあります。しかしいざとなると、何が何でもやり遂げる信念の持ち主で、そのプライドにかけて弱音を吐かず、物事をやり遂げます。

図表26

命式表

1970年5月21日12時30分生

氏名（　E子　）男 ㊛ 命

生地（静岡県・静岡市）

	年柱	月柱	日柱	時柱
天干神殺星	月徳	天徳	天徳	
天干通変星	劫財	比肩	日主	正財
天干	庚	辛	辛	甲
地支	戌	巳	丑	午
蔵干	戊丁辛	丙庚戊	己辛癸	丁　己
地支通変星	正印	正官（死）	偏印	七殺
地支神殺星		空亡	天乙貴人	桃花

喜神…金・水

忌神…木・火・土

歳運	5	15	25	35	45	55	65
天干通変星	劫財	偏印	正印	七殺	正官	偏財	正財
大運	庚辰	己卯	戊寅	丁丑	丙子	乙亥	甲戌
地支通変星	正印	偏財	正財	偏印	食神	傷官	正印

さらに日主は、夏月生まれです。

日主が辛金の人で、夏月生まれの場合、本命に壬・癸・申・亥・子・丑の干支があるかないかで大きな差が出てきます。身強か身弱かにかかわらず、喜神は金・水、忌神は木・火・土となります。貴金属の辛金が夏の暑い時に外に放って置かれると、形が変わってしまいます。

もし、水の干支があれば、辛の良い面ばかりが表れ、聡明でアイデア豊富、話し上手でいつも人の輪の中心にいるような華やかさがあり、人を惹きつけます。中には音楽や芸術の才能に恵まれる人もいます。

さて、この方の本命では壬・癸・申・亥・子・丑の干支のうち、丑があるだけです。夏の暑い時ですから冷やすことが大事で、これらの干支があると熱い本命を冷やすことができます。したがって喜神は金・水。忌神は木・火・土となりました。

この命式の喜神となる金・水は、年干の庚、月干の辛です。そしてこれらは、日支の丑の蔵干の辛に通根しています。

また、日主は辛ですが夏月生まれなので、丑が日主を助けます。土の丑は忌神の方に入っていますが、丑の蔵干には癸・辛・己と金・水の干支が入っているので、熱すぎる時に日主を助けることができるのです。もっと厳密にいうと、土の辰と丑の蔵干には水が入っているので金の五行を潤すことができ、土の未と戌の蔵干には水の五行が入っていない上に火の五行を助ける木・火の蔵干があるので、性質が違います。

この方は１９７０年生まれの女性です。相談にみえたのは２０１１年でした。

「エステサロンを開きたいのですが、景気もあまりよくない時期でしたし、時期的にどうでしょうか」との相談内容でした。

当時、彼女は数えで42歳なので丁丑の大運の中でした。日主を助ける丑土が支配する大運に入っています。続いて45歳からの大運、丙子も地支が喜神となりますから順調です。相談にみえた時の大運に入って少しずつ上昇運になっています。本人もなんとなくそれを感じて、新規開業を目指しているのでしょう。

大運に併せて流年をみます。

２０１１年の流年は辛卯です。流年の年干に喜神の辛がありますが、流年の卯と本命の年支の戌が合して、火になります（図表20を参照）。火は彼女の忌神ですから、まだ時期が来ていないと判断します。続いて流年の壬辰では、年干に喜神の壬が来ていますし、辰は大運干支の子と合して水になります（図表19を参照）。

２０１１年辛卯年に開業するよりも、もう少し準備に時間をかけて翌年の２０１２年壬辰年に開業した方が良いと看ることができます。

◇事例㈡「芸能界で成功したいのですが、どうでしょうか」

相談者の命式表は図表27の通りです。

気質、性格は日主から判断し、加えて月支と神殺星をみます。

次に判断の要となる喜神と忌神を出しましょう。

日主壬が申月に生まれて、「旺相休囚死」の「相」となっています。日主はほぼ強い状態です。

続いて細かく看ていきます。

年支、月支、日支にある三つの申は年干の壬に透干して力を持っています。

そのため、年支は15％、月支は40％、日支は20％、合計75％の力を日支に貸しています。加えて、日主は三つの地支に根を持ちますから、身強となります。

喜神は水・木・火、忌神は土・金となります（第二章三節図表17を参照）。

本命に金・水が多い人には、美人が多いものです。特に日主が壬か癸で、申月か酉月生まれの人、日主が庚か辛で、亥月か子月生まれだと、色白で肌のきれいな女性となります。

次に運勢判断に移ります。相談を受けた２０１３年は癸巳の年です。当時数えの22歳で17歳丙午の大運にあ

図表27

命式表

氏名（　F子　）㊛男命

1992年8月24日13時15分生

生地（　東京　）

	年柱	月柱	日柱	時柱
天干神殺星			月徳	
天干通変星	比肩	七殺	日主	正財
天干	壬	戊	壬	丁
地支	申	申	申	未
蔵干	庚壬戊	庚壬戊	庚壬戊	己乙丁
地支通変星	偏印	偏印（長生）	偏印	正官
地支神殺星				

歳運	6	16	26	36	46	56	66
天干通変星	正財	偏財	傷官	食神	劫財	比肩	正印
大運	丁未	丙午	乙巳	甲辰	癸卯	壬寅	辛丑
地支通変星	正官	正財	偏財	七殺	傷官	食神	正官

喜神…水・木・火

忌神…土・金

り、喜神の運になっています。流年の天干は癸水となります。大運では天干地支ともに火の運で喜神となっていますが、流年はこの方にとって水の忌神の時です。しかし、２０１４年は甲午で流年の天干は甲木ですから、この方にとって喜神となります。日主壬から甲をみると傷官になります。先述のように大きな成功を摑むというよりも今までに努力してきたことが報われるとか、名声を得ることができるというような時となります。翌年は乙未で、やはり喜神の年です。大運が喜神で流年も喜神だと、思っていることや計画していることがスムーズに行くものです。甲午年に芽が出て、才能を発揮し、続けて運に乗っていくと判断することができます。

◇事例㈢「夫のＤＶで別れたいが、なかなか別れてくれない」

図表28の命式表をご覧ください。気質・性格判断の要領はもうお分かりだと思いますので、それは略して喜神と忌神を出していきます。

日主乙が秋月に生まれて「旺相休囚死」の「死」でほぼ身弱の状態です。また、生まれ月の季節の五行を「月《げつ》令《れい》」といい、その五行は影響が強まりますが、日支にも月令の金と同じ五行の酉金があるので月令の気を受け、日主を剋すのに加え、時支の午火は日主からの気を洩らしています。「月令の気を受けた」というのは、月支と同じ天干地支ということです。なお、本命に日主を剋す五行の干支と日主の気を洩らす五行の干支が多いのを「剋洩交集《こくえいこうしゅう》」と言います。

その他の干支では年干に大きな木があり日主を助けています。注目したいのは年支の子水が二つの壬水に透っていることです。年支が日主を助ける力はプラス15%の力です。ただ、遠くて力が少し足りません。一番助けになっているのは月干の壬と時干の壬です。この本命では水が入ることによって、月令の金の気を転じ、金から水へと循環し、さらに日主乙木ですので日主を助けてくれます。これは良い意味になります。

よって、喜神は水・木で木よりも水の方がより助けになるとわかりました。忌神は火・土・金です。特に大運や流年で土に遭うと土は金を生じてきますし、先の喜神の水を剋すので、本人にとっては辛い時期となりま

図表28

命式表

1984年8月19日11時30分生

氏名（　G子　）㊛男命

生地（　千葉県・柏市　）

	年柱	月柱	日柱	時柱
天干神殺星				
天干通変星	劫財	正印	日主	正印
天干	甲	壬	乙	壬
地支	子	申	酉	午
蔵干	癸	庚壬戊	辛	丁　己
地支通変星	偏印	正官（胎）	七殺	食神
地支神殺星				紅艶桃花

喜神…水・木

忌神…火・土・金

歳運	4	14	24	34	44	54	64
天干通変星	七殺	正官	偏財	正財	食神	傷官	比肩
大運	辛未	庚午	己巳	戊辰	丁卯	丙寅	乙丑
地支通変星	偏財	食神	傷官	正財	比肩	劫財	偏財

す。また同じ忌神の中でも特に嫌な作用をするものがあります。

さて、この方は夫との関係に問題を抱えていますので、まず配偶者を示す日支をみます。夫妻宮です。日支は忌神の酉金です。しかも、月令の気を受けた強い忌神です。この方にとっての配偶者は足を引っ張るとか、お金にルーズであるといった悪い意味が強く出ます。

また、日主乙から酉金をみると七殺星がつきます。暴力、暴行という意味があります（巻末資料XIIIを参照）。特に、24歳己巳の大運では大運地支の巳が本命の日支の酉と三合して金となり、本命の金を強めた忌神になってしまいました。

この方は２０１２年に結婚して、その年の秋からＤＶに悩まされ始め、２０１３年の癸巳年になって、より激しくなったので離婚の申し立てをしているのですが、夫が受け付けないということでした。

大運でも巳が配偶者を示す酉金と合し、流年でも巳が配偶者を示す酉金と合しているので、暫くは様子を見ていく他はないでしょう。

ここで、解決策として私がアドバイスしたのは、今すぐは難しいですが２０１４年の後半から２０１５年にかけて別れることのできるチャンスが来るので、もう少し様子を見るようにと伝えました。

２０１５年は乙未です。大運の地支の巳と本命の時支の午、それに流年の地支である未が三方局となって巳酉の三合より離れるからです。巳午未は合して火になるので忌神の時ですから、すんなりとはいかないようですが、希望はあります。流年の天干は乙なので比肩が巡ってきます。先述のように身弱の人か比肩が喜神となる人にとっては順調に物事が進展する年となります。今までのことをまとめる時期でもあり、積極的に独立できる時です。

なお、この女性は月支の中に正官がつき日支の酉には七殺がついています。女命の身弱の命式では七殺と正官が同時にあるのを「官殺混雑《かんさつこんざつ》」とよび、二回の結婚を暗示しています。

このように、大運や流年でどんなことが起きてくるかは、巡ってくる通変星が喜神となるか忌神となるかを見極めてその象意を読んでください。

日主の四季による変化をよく見極め、身強か身弱かを定めて、日主を助ける五行を見つけ出していく。そして通変星の象意からどんなことが起きてくるのかを読み取っていく。これが四柱推命の基本です。

第五章　五行の変化の例外、特別格について

一、五行のエネルギーが特別な変化をする特別格

これまでに学んだ喜神と忌神の取り方は、日主に対する五行のバランスを考えました。日主対月支の力関係、同様に日主対年支、日支、時支を比べて、日主が弱いなら助ける五行をみつけ、五行が強すぎたなら、それを抑える五行を探しました。

しかし、これらには例外があります。

本命で、日主を助けたり生んだりする五行が極端に多い時は、その力に従って多勢の五行を喜神と取ります。これから本章で説明する「日干専旺格《にっかんせんおうかく》」や「従旺格《じゅうおうかく》」がこの場合です。日主を剋したり抑える五行が極端に多い時は、その力に従って多勢の五行を喜神と取ります。これから説明する「弱日棄命格《じゃくじつきめいかく》」がこの場合です。極端に強い力には逆らわず、その力を強める五行を喜神と取るのです。その他、日主が他の天干と合して、日干自身が全く違う五行に変化してしまう「化気格《かきかく》」があります。

格局には、本書で紹介する以外にも両神成象格《りょうじんせいしょうかく》や壬騎龍背格《じんきりゅうはいかく》、魅罡格《かいごうかく》などがありますが、これから述べる五つの日干専旺格と二つの従旺格、四つの弱日棄命格、それに五つの化気格の変化について理解しておけば、十分実践に足ることと思います。

二、日干専旺格——日主が身強となり過ぎる場合

これは四柱干支の中で日主と同じ五行が他の干支にもあって、日主が生扶《せいふ》され（生じられ）て強まり過ぎる場合です。四柱推命においては五行の調和をもって良しとするのですが、この場合には四柱干支中の全部の干と支が日主に味方するので、その勢いをもっと強めてしまうと考えるのです。

また、日干専旺格は、日干の強い五行別に以下のように分類されます。

〈曲直格《きよくちよくかく》（日主が木で本命の強い五行も木）〉

日主が甲か乙の人で春月に生まれた場合に、地支が寅・卯・辰と三方局を成していたり亥・卯・未と三合している場合、あるいは四柱の干支が甲・乙・寅・卯・辰・亥・子によって占められていて、水か木の五行しかなく本命全体に木の気勢が強い場合にこの格を成します。他に火の五行があっても構いません。

この格の人は、自分の考えや意見をしっかりと持っているのですが、他人の考えや意見を取り入れる柔軟さも持っています。性情が温厚で寛大、進んで他人や困っている人の面倒をみる、優しい人と言われています。意志が強く、初志貫徹して決して諦めないところがあります。また、理想主義的で曲がったことが嫌いな人なので、財運は少々弱くなります。結婚運にも浮き沈みがあります。そういう意味で、正統派の政治家、教育者、宗教者に向きます。

本命に金の五行が加わると破格となり、特別格になりません。

たとえば、以下の本命のような場合が曲直格です。

	年柱	月柱	日柱	時柱
天干	甲	丁	甲	丁
地支	寅	卯	辰	卯

喜神…水・木・火
忌神…土・金

日主甲木は春の卯月に生まれ、そのエネルギーは最も高まっています。しかも地支に寅・卯・辰が揃って三方局によって結合し、木のエネルギーが非常に強くなり、まるで何百年も生きている巨木のようになっています。

〈炎上格《えんじょうかく》（日主が火で本命の強い五行も火）〉

日主が丙か丁の人で夏月に生まれた場合に、地支が巳・午・未と三方局をしていたり寅・午・戌と三合している場合、あるいは四柱の干支が丙・丁・巳・午・寅・卯等によって占められていて、木か火の五行しかなく本命全体に火の気勢が強い場合にこの格を成します。他に土の五行があっても構いません。

この格の人は、少々せっかちで何事もすぐに結果を出そうと急ぐところがあります。豪放な性格で、社交性にも溢れています。また、礼儀を重んじ面倒見も良いのですが、好き嫌いの激しいところがあります。頭の回転が早く、豊富なアイデアでチャンスを摑むのが上手く、大きな財運を得ます。海外事業、貿易、エネルギー事業、宇宙産業、ＩＴ産業に適します。

本命に水の五行が加わると破格となり、特別格になりません。

たとえば、以下の本命のような場合が炎上格です。

	天干	地支
年柱	丙	戌
月柱	甲	午
日柱	丙	寅
時柱	甲	午

日主丙火は夏の午月に生まれて、最高にエネルギーを得ています。しかも、地支の寅・午・戌がそれぞれ結合し、火のエネルギーが非常に強くなって豪壮な火炎となっています。

喜神…木・火・土

忌神…金・水

〈稼穡格《かしよくかく》（日主が土で本命の強い五行も土）〉

日主が戊か己の人で四季の終りの土の月に生まれた場合に、地支が辰・戌・丑・未と揃っているか、あるいは四柱の干支が戊・己・丙・丁・巳・午・未等によって土の気勢が強い場合にこの格を成します。

この格の人は、他人に合わせていく温厚な性格です。自分からは目立とうとしない方で、静かに様子をみて、チャンスが来たらぱっと動き出します。また、信用を重んじ、礼儀正しく、言ったことは必ず実行します。目的を達成する粘り強さをもち合わせていますので、芸術、芸能、演劇などの分野で名をあげるとか、特殊な業種、金融界で成功できます。

本命に木の五行が加わると破格となり、特別格になりません。

たとえば、以下の本命のような場合が稼穡格です。

	天干	地支
年柱	己	丑
月柱	戊	辰
日柱	戊	戌
時柱	己	未

喜神…火・土・金
忌神…水・木

日主戊土は春の終りの辰土の月に生まれ、地支が全部日主を助けているので、身強の極みとなっています。地支丑・辰・戌・未はそれぞれが冲の関係にあるのですが、この場合には天干と地支が通根することによって、冲とは関係なく土のエネルギーが増幅されます。

〈従革格《じゅうかくかく》（日主が金で本命の強い五行も金）〉

日主が庚か辛の人で秋月に生まれた場合に、地支が申・酉・戌と三方局になっているか巳・酉・丑と三合している場合、あるいは四柱の干支が庚・辛・申・酉・戌・丑のように金の五行を強める干支で形成されている場合にこの格を成します。他に水の五行があっても構いません。

この格の人は、話をすると少し固い印象がありますが、公明正大で、信用やルールを大切にし、考え方のスケールが大きくはるか先を見据えています。自ずと人を導いていくような仕事をします。文才、芸術的才能にも恵まれています。また自分にも他人にも厳しいところがありますが、交際上手で友情を大事にし、多くの人の援助を得て大業を成すことができます。
本命に火の五行が加わると破格となり、特別格になりません。
たとえば、以下の本命のような場合が従革格です。

	天干	地支
年柱	戊	申
月柱	辛	酉
日柱	庚	戌
時柱	庚	辰

喜神…土・金・水
忌神…木・火

日主庚金は秋の酉月に生まれ、そのエネルギーは最も高まっています。しかも年支の申と月支の酉、日支の戌は金の三方局となって、日主にさらなるエネルギーを与えています。日主庚は旺の極みとなって、鋼金の塊となり、何をもっても打ち砕けません。

〈潤下格《じゅんかかく》（日主が水で本命の強い五行も水）〉

日主が壬か癸の人で冬月に生まれた場合に、地支が亥・子・丑と三会局を成しているか申・子・辰と三合している場合、あるいは四柱の干支が壬・癸・亥・子・丑・申・酉等に占められていて、本命全体に水の気勢が強い場合にこの格を成します。他に木の五行があっても構いません。
この格の人は、円満な性格で人当たりが良く、男性・女性ともに顔立ちの整った方が多いのが特徴です。しかも一を聞いて十を知る聡明さを備えています。前人未踏の新しい分野を拓く智恵に優れた秀才となります。学門、教育、法曹界でも名をあげます。

本命に土の五行が加わると破格となり、特別格となりません。ただ、火の五行とは敵対しますが、破格とはなりません。

たとえば、以下の本命のような場合が潤下格です。

	天干	地支
年柱	癸	亥
月柱	癸	亥
日柱	壬	子
時柱	庚	子

日主壬は冬の亥月に生まれ、身強となっています。しかも年支の亥、日支の子、時支の子が三方局をつくり、海の水のように大きな水となりました。時干の庚金は水を生みますから、本命の全てが金・水となり、典型的な潤下格となります。

喜神…金・水・木
忌神…火・土

以上の五つの格、曲直格、炎上格、稼穡格、従革格、潤下格を総称して「一行得気《いっこうとっき》格《かく》」と呼ぶことがあります。そのどれもが貴命（出身に恵まれ、才能に溢れた本命）であり、福分に恵まれています。

ここで注意すべきことがあります。それは、この一行得気格に限らずこれから順次に説明していく特別格局にもあてはまることですが、特別格局というのは五行の気勢が一つか二つに片寄っているので、長所とひきかえに短所も多いのです。

往々にして特別格局の人は何事も人の数倍は努力し（もしかしたら努力する才能も持っている）自信に溢れて弱音を吐かない性格です。しかし、これらのことを裏返すと、プライドが高く、自分の主義主張を曲げない面があり、頑固な人であるということです。そのため、他人からみた場合に「あいつのすることは何かと鼻もちならない」と敵を作ることも時々あるようです。

また、特に親や兄弟、配偶者とも意見の食い違いから争うことがありますし、あるいは肉親とも縁が薄いことがあります（特に破格の場合）。

それにつけても、特別格の人の福分は厚く、多くの人の上に立ったり、事業を始めて大きな成功を得たり、時には倒産しかかった企業の再建で腕を振るうことがある、というのも事実です。

初心者の方は、特別格局と聞くと貴命と早合点し、何かといいことしか考えませんが、チャンスを得られるか否かは後天に巡ってくる大運の喜忌をよく看なければなりません。どんなにいい本命でも、大運の助けが必ず必要なのです。

特別格局に限らず一般の本命においても、一つの面から看るのではなく、必ず様々な面を総合的に判断して、長所も短所も見い出しておくことが肝心です。

三、従旺格・従強格――日主が通変星によって身強となり過ぎる場合

日干専旺格が五行別に分類されたのに対し、従旺格・従強格は通変星別に分類されます。

〈従旺格《じゅうおうかく》（比肩・劫財星が強い時）〉

四柱八字の全部の干支が日主と同じ五行となって比肩・劫財が強い時、あるいは印星が加わって日主を助けている身強の極みの時にこの格を成します。

当然、本命のほとんどが比肩か劫財によって占められますので、比肩・劫財のもつ性格が強調されて剛情さを増して頑固ですが、気前がよくて、聡明で広い考え方を持つ人です。

普通格局とは違い、ある強い五行をさらに強めるという考え方に基づき、従旺格の場合は日主を生じ助ける五行および日主と比和同類の五行が喜神となります。

本命に偏印か正印（日主を助ける五行）がないかを看て、一つしかない場合には、日主から洩気の対象となる食神・傷官の五行も喜神として作用します。

比肩・劫財の気を抑える七殺や正官とは剋し合うので、これらが加わると本命のバランスが崩れます。

たとえば、以下の本命のような場合が従旺格です。

	天干通変星	天干地支	地支通変星
年柱	比肩	庚申	比肩
月柱	比肩	庚辰	偏印
日柱	日主	庚寅	偏財
時柱	比肩	庚辰	偏印

喜神…土・金・水

忌神…木・火

日主庚が辰月に生まれて「旺相休囚死」の「相」となるうえ、天干には日主以外に三つの庚があり完全に身強です。日支が寅木なので一見すると普通の身強のようです。しかし天干に比肩が累々と重なり、時支も辰土ですから、日主は旺の極みとなり、特別格とみて、日主がもっと強くなるように喜神を取ります。

ことに全ての天干は、月支からエネルギーを得ていることに注意して下さい。

日支に寅木がありますが、これは強い庚金に剋されて力をもたないので、従旺格と取ります。この本命の場合は比肩が強過ぎるので、頑固の見本のような人です。運に乗れば、多くの人の上に立つリーダー、企業創業者会社経営者となりますが、男女ともに、結婚に問題が出やすいものです。

〈従強格《じゅうきようかく》（偏印・正印星が強い時）〉

日主を強める印星に従うという意味です。この格の場合も、前述の従旺格と考え方はほとんど同じです。違う点は、従旺格では本命に比肩や劫財が多かったのに対し、この従強格の場合は偏印や正印などの印星が多く重なって日主を強めていることです。本命の調和を計らず、多勢に従って日主を強めるよう喜神を取っていくのです。

性格的には従旺格の人と似ていて聡明で考え方の広い人ですが、従旺格の人のような頑固さはなく、むしろ外柔内剛型で、人当たりが穏やかでいろいろな人の意見を取り入れる融通をもちます。

日主を生じる五行と比和同類の五行が喜神となります。従旺格と違うのは日主を生み出す偏印・正印と相剋の関係となる五行の偏財・正財が忌神として作用することです。

たとえば、以下の本命のような場合が従強格です。

	天干通変星	天干地支	地支通変星
年柱	劫財	癸酉	正印
月柱	偏印	庚申	偏印
日柱	日主	壬申	偏印
時柱	劫財	癸卯	傷官

喜神…金・水・木
忌神…火・土

日主の壬は秋の申月に生まれて日支も申なので身強です。年支も金の五行で日主にエネルギーを与えています。さらによくみると月干の庚は月支に通根して力をもち、そのエネルギーを隣の日主に与えています。時支に卯木がありますが、時干に水があって金生水、水生木となるので、金である印星と木の傷官は対立しません。また少しの木も使えます。年干、時干も日主と同じ五行なので日主を助けて身強の極みとなり、これを従強格とします。

喜神は日主を生み出す五行の金と、日主と同じ五行の水です。

四、弱日棄命格——日主が身弱となり過ぎる場合

弱日棄命格は、先の日干専旺格と全く正反対の考え方をします。

専旺格は、本命全体の干支の五行が強くてバランスを崩しそうにもかかわらず、さらに身強の日主を強めるように喜神を取る場合でした。一方この棄命格は、四柱八字の干支が日主に敵対したり、気を洩らしているにもかかわらず、さらに日主を弱めている本命です。

別の言い方をしますと、本命で日主に味方する干支がないために、仕方なく日主は敵対する五行の多勢に従うということです。日主は自分の五行を棄てて全く別の五行に従うので、弱日棄命格とも呼びます。

ここで弱日棄命となる特別格であるか、普通格局なのかを見分ける大きなポイントは、日主が地支に通根しているか否かということです。

日主が、月支を始め、年支にも日支にも時支にも根をもっていない場合にのみ弱日棄命格になるとみます。

なお、これら弱日棄命格は、日干専旺格の五つのパターンのように日主の五行別に分類されていないことに注意して下さい。強い通変星によって分けられています。

ここでは、次の四つの格があります。

〈従児格《じゅうじかく》（日主が本命の食神・傷官星の気に従う）〉

日主対月支の関係で月支本気に食神か傷官がある時、さらに本命に他にも食神か傷官が多くあれば、従児格となる可能性があります。日主を助ける印星がなく、日主がどの地支にも根をもたないで身弱の極みとなって孤立している場合です。この時に日主が生み出す食傷星が本命で一番勢いをもつので、やむなく日主はそれらに従います。

従児格の人の性格は、食神・傷官に準じますから、両方の長所を併せた性格判断をします。

従児格の喜神は、日主から洩気となって勢いをもつ食傷星の五行、それと財星となる五行となります。また、日主と比和となる比劫星の五行があっても、食傷星にエネルギーを与えるので吉となります。

たとえば、以下のような場合が従児格です。

	天干通変星	天干地支	地支通変星
年柱	偏財	戊午	傷官
月柱	傷官	丁巳	食神
日柱	日主	甲戌	偏財
時柱	七殺	庚午	傷官

喜神…木・火・土
忌神…金・水

日主甲が月支の巳からエネルギーを得られず、逆に洩気の関係であることに注目して下さい。地支は月支巳と年支午が三方局、日支戌と時支午が三合して、地支の全部が火の五行となり、月干にも丁火があってその勢いを増しています。ここで日主は印星による助けがなく孤立してしまい、勢いの盛んな火の五行、つまり食傷星に従うのです。

〈従財格《じゅうざいかく》（日主が本命の偏財・正財星の気に従う）〉

日主対月支の関係で月支本気に偏財か正財がある時、さらに本命に他にも偏財や正財が多くあれば、従財格となる可能性があります。日主を助ける印星がなく、日主がどの地支にも根をもたないで身弱の極みとなって孤立している場合です。日主は本命で一番勢いの盛んな財星に従うのです。

従財格の人の性格は、偏財・正財に準じますから、両方を併せた性格判断をします。

従財格の喜神は、本命で一番勢いをもつ財星である五行、それと財星を生み出す食傷星である五行となります。官殺星の五行もまた吉となります。

たとえば、以下のような場合が従財格です。

	天干通変星	天干地支	地支通変星
年柱	偏財	壬子	偏財
月柱	偏財	壬子	偏財
日柱	日主	戊寅	七殺
時柱	偏財	壬子	偏財

喜神…金・水・木
忌神…火・土

日主対月支の関係で、日主は「囚」であり、月支を剋す関係なのでエネルギーを得ていません。日主の戊土からみると、天干の壬は偏財星となり、年支を始め三つの子も財星となります。日支には七殺があります。四柱の全てが敵対する星によって占められ、日主は孤立無援の状態となっています。やむなく日主は財星に従って従財格となるのです。

なお、この本命は、四柱全部が財星であって、ただ一つ日支に官殺星がつき、漂う壬水からの気を変化させています。日主戊土からみると、壬も子も財星ですが、寅が入ると七殺となります。七殺は仕事や地位を意味します。財が入って後に高い地位を得ることになります。

〈従官殺格《じゅうかんさつかく》（日主が本命の七殺・正官星の気に従う）〉

日主対月支の関係で月支本気に七殺か正官がある時、さらに本命に他にも七殺や正官が多くあれば、従官殺格となる可能性があります。日主を助ける印星がなく、日主がどの地支にも根をもたないので、やむなく日主は本命で一番勢いの盛んな官殺星に従うわけです。

従官殺格の人の性格は、七殺・正官に準じますから七殺・正官の両方を併せた性格判断をします。

従官殺格の喜神は、一番勢力をもっている官殺星の五行とそれらを生扶する財星の五行となります。
たとえば、以下のような場合が従官殺格です。

	天干通変星	天干地支	地支通変星
年柱	比肩	乙酉	七殺
月柱	比肩	乙酉	七殺
日柱	日主	乙酉	七殺
時柱	比肩	乙酉	七殺

喜神…土・金
忌神…水・木・火

日主は乙木で他の天干も全て日主と同じものが並んでいます。ところが月支を始め、地支は全て酉金で七殺となっています。秋月に甲木や乙木の草木は葉を落とし始め冬に備えます。天干の乙木は根をもたないうえ、すべて金に剋され日主を助けることができません。日主は孤立してしまい、酉金の七殺星の勢いに従うのです。

〈従勢格《じゅうせいかく》（日主が本命の食神・傷官・偏財・正財・七殺・正官星の気に従う）〉

日主対月支の関係で月支本気に食神・傷官・偏財・正財・七殺・正官のいずれかがある時、日主は月支からエネルギーを得ることができません。印星による助けもなく、日主がどの地支にも根をもたない場合です。
ある一つの五行（通変星）が特に勢いを持つのではなく、日主と剋洩敵対しているそれぞれが勢力をもつ時に従勢格となります。日主は剋洩敵対している食神・傷官・偏財・正財・七殺・正官の勢力が強大なので、その五行（通変星）に従うのです。

この従勢格の場合には、日主と剋洩敵対している五行（通変星）を喜神とし、日主を助ける五行（印星）や比和の五行（比劫）が忌神となります。

たとえば、以下のような場合が従勢格です。

	天干通変星	天干地支	地支通変星
年柱	傷官	己卯	正印
月柱	正官	癸酉	正財
日柱	日主	丙子	正官
時柱	食神	戊子	正官

喜神…土・金・水
忌神…木・火

日主は月支と相剋の関係にあり、日支からも剋されて身弱となっています。年支には卯木があるので、一見すると木生火と日主を助けているようにみえますが、酉月は金の五行が勢い盛んで木の五行は弱くなっています。さらに酉金から剋冲を受けているので、卯木は枯れてしまい、日主を助けられません。その他にも日主と剋洩敵対する五行が多いので、やむなく日主はそれらに従って従勢格となります。

五、化気格――日主の五行が変化する場合

月支の力を得て、日主と時干か日主と月干が干合する（化気《かき》する）場合にのみ化気格が成立します。十干の干合については第二章を参照してください。

なお、化気格には、真の化気格となる場合と「仮格《かかく》」と呼び仮の化気格となる場合があります。また、月支からエネルギーを得て、日干が干合できるにもかかわらず化気格とならない場合もあります。真に化気格となる場合も、仮格の場合も貴命となります。ただ、仮格の場合では、家柄や肉親との関係などバックボーンが前者と比べてやや劣ることになります。

化気格にとって喜神となるのは化する五行と同じもの、化する五行を生じ助けるものです。化気した五行が旺じ過ぎている場合には、その五行が洩気することで五行が循環しますので、洩気する五行と化する五行を喜神と取ります。

〈化土格《かどかく》（日主が変化して土の五行になる）〉

日干が甲で月干か時干が己の時、または日主が己で月干か時干が甲の時、月支が辰・未・戌・丑・巳・午の時、本命に火・土の干支が多くて木の干支がない時に化土格となります。

この格となる人は、土の五行の性質がそのまま表れた気質・性格となります。

誠実でお人よし、頼まれたら断れない、頼りがいのある寛い心をもった人です。実行力もあり、他人をうまくまとめるので、多くの人のトップとなります。また、神仏に対して敬虔な信仰心をもつ人が多いのも特徴です。不動産、建築、観光、伝統文化、政治、宗教などの分野で特に才能を発揮します。

化土格の喜神は化気する土の五行とその勢いを助ける火の五行となります。金の五行もまた喜神として作用します。

たとえば、以下のような場合が化土格です。

	天干	地支
年柱	己	丑
月柱	甲	戌
日柱	甲	午
時柱	己	巳

喜神…火・土・金
忌神…水・木

日主と時干、それに年干と月干が秋の戌月の土の力を得ています。それぞれが干合して土に化けました。さらに年支も土の五行ですので、時支の巳火も土の五行にエネルギーを送っており、日主と時干が干合して土となるのを助けています。日支にある午火は、土の五行を火生土として助けています。この午火は秋の寒い時に土が固くなりそうなのを暖め、柔らかい土にする大事な働きをします。よって化土格となります。

〈化《か》金《きん》格《かく》（日主が変化して金の五行になる）〉

日主が乙で月干か時干が庚の時、または日主が庚で月干か時干が乙の時、月支が申・酉・戌・辰・丑の時、本命に土・金の干支が多くて火の干支がない時に、化金格となります。

この格となる人は、金の五行の性質がそのまま表れた気質・性格となります。

まじめで約束を守り、礼儀正しい人です。情に厚く、「強きを挫き、弱きを助ける」を地でいくタイプです。また、名誉心が強く、周囲の評判を気にするところがあります。群を抜く集中力と実行力で、宇宙産業、警察、自衛隊、官公庁、法曹界、金融界、芸能界などで地位を得ます。

化金格の喜神は化気する金の五行とその勢いを助ける土の五行となります。水の五行もまた喜神として作用します。

たとえば、以下のような場合が化金格です。

	天干	地支
年柱	戊	戌
月柱	辛	酉
日柱	乙	酉
時柱	庚	辰

喜神…土・金・水
忌神…木・火

日主乙と時干庚は月支の酉金より金の力を得て干合できる条件にあります。しかも、月干と日支も金の五行で、日支の酉は時支の辰と合して金になり、月支の酉も年支の戌と三方局の金となって、全体に金の気がとても強くなっています。火の五行はなく、他の干支は土の五行で、日主と時干の干合を助けていることから、真の化金格となります。この本命では金の気がかなり強いので、水の五行も喜神となります。

〈化水格《かすいかく》（日主が変化して水の五行になる）〉


日主が丙で月干か時干が辛の時、または日主が辛で月干か時干が丙の時、月支が亥・子・丑・申・酉の時、本命に金・水の干支が多くて土の干支がない時に、化水格となります。

この格となる人は、水の五行の性質がそのまま表れた気質・性格となります。

おとなしい性格ですが、大きな海のように内に秘めたパワーは底知れぬものがあり、知恵と感性に富んでいます。計画性があり、努力家で、研究心に富んでいて、たゆまぬ努力で進んでいき、教育界、文学、芸術、古典、伝統文化などで成功を手に入れます。

化水格の喜神は化気する水の五行とその勢いを助ける金の五行となります。木の五行もまた喜神として作用します。

たとえば、以下のような場合が化水格です。

	天干	地支
年柱	壬	辰
月柱	壬	子
日柱	辛	亥
時柱	丙	申

喜神…金・水・木
忌神…火・土

日主辛は水の五行が一番力をもつ冬の子月に生まれているので、時干丙と干合の条件が揃っています。さらに日支には亥水が、時支には申金があって、申・子・辰の三合で金水の勢いが強くなり、化水格となっています。この場合、年支には辰土がありますが三合するので、水の勢いに従います。きれいな水の中に少し泥が混じってしまったような状態です。よって化気格となります。

なお、以下のような場合には化気格となりません。

	年柱	月柱	日柱	時柱
天干	戊	戊	辛	丙
地支	戌	午	亥	申

日主辛と時干の丙が相並んで、干合しているかのようにみえます。時支には亥水があり、時支の申金も水を生みます。

しかし、午月に生まれているために火気が盛んで、日支の亥と時支申の蔵干戊・壬・庚以外に水の五行はありません。しかも月支の午と年支の戌は三合して、火の勢いを強めながら土の五行を生み、年干、月干がともに戊土であるため土剋水となって水の気を抑えています。よって干合が成り立たず、化気格とはなりません。

〈化木格《かもくかく》（日主が変化して木の五行になる）〉

日主が丁で月干か時干が壬の時、または日主が壬で月干か時干が丁の時、月支が寅・卯・辰・亥・子の時、本命に水・木の干支が多くて金の干支がない時に、化木格となります。

この格となる人は、木の五行の性質がそのまま表れた気質・性格となります。

何事にも積極的、正直で向上心に富み、面倒見がよく困っている人には力を借す、心優しい人です。ベンチャー企業、ＩＴ産業、自動車産業、運輸、宗教、教育などの分野で業績をあげます。

化木格の喜神は化気する木の五行とその勢いを助ける水の五行となります。火の五行もまた喜神として作用します。

たとえば、以下のような場合が化木格です。

	天干	地支
年柱	甲	辰
月柱	丁	卯
日柱	壬	寅
時柱	甲	辰

喜神…水・木・火
忌神…土・金

月支が卯木で、春の木気が一番盛んな時です。しかも、地支は寅・卯・辰と揃い三方局を成しています。年干も甲木ですから、日主壬と月干丁は干合して化木格となります。典型的な化気格の例です。喜神は水・木・火です。巨木となり過ぎていますので、火の運に入って木の気を洩らす時、世に力を認められます。

〈化《か》火《か》格《かく》（日主が変化して火の五行になる）〉

日主が戊で月干か時干が癸の時、または日主が癸で月干か時干が戊の時、月支が巳・午・未・寅・卯の時、本命に木・火の干支が多くて水の干支がない時に化火格となります。

この格となる人は、火の五行の性質がそのまま表れた気質・性格となります。

頭の回転が早く、臨機応変に動く明朗快活な人です。楽天的で陽気な人ですが、喜怒哀楽がはっきりしていて、熱しやすく冷めやすいところがあります。多くの友人、知人の助けを得て成功します。舞踊、芸能、音楽、ファッション、化粧品、相場（トレーダー）、航空、宇宙産業などの分野で活躍します。

化火格の喜神は化気する火の五行とその勢いを助ける木の五行、土の五行もまた喜神として作用します。

たとえば、以下のような場合が化火格です。

	天干	地支
年柱	癸	巳
月柱	丁	巳
日柱	癸	未
時柱	戊	午

喜神…木・火・土
忌神…金・水

夏月に生まれて火気の盛んな時です。しかも、年支、月支、日支、時支ともに火の五行で、巳・午・未の三方局となって、日主癸と時干戊が干合するのを手伝っています。

年干の癸が時干の戊と合しようとしても遠いため、日主癸と時干戊の合を邪魔できません。従って化火格となります。

なお、以下の場合には化気格となりません。

	天干	地支
年柱	乙	卯
月柱	癸	未
日柱	戊	子
時柱	癸	丑

年支の卯は月支の未と三合して木となり、火の勢いを助けますが、まだ火気に乏しい時です。さらには、日

主戊と月干の癸、時干の癸が妬合します。妬合は、いわば三角関係みたいなもので不安定なのです。決定的には日支の子水が戊と癸の干合を邪魔するので、本命全体の火勢を抑え、化気格とはなりません。

六、実際に鑑定する

これまでの内容をふまえて、実例を看てみましょう。

【例題23】 バラク・オバマ（アメリカ合衆国大統領）
１９６１年８月４日19時24分生まれ

年柱	食神	辛丑	比肩
月柱	七殺	乙未	比肩
日柱	日主	己巳	正印
時柱	正官	甲戌	劫財

9	甲午
19	癸巳
29	壬辰
39	辛卯
49	庚寅
59	己丑

日主己が未月に生まれて、季節の力（月令）を得ています。日主は季節と同じ土の五行です。「旺相休囚死」でいうと「旺」になります。

日主と他の地支の関係もみていきます。

日主己に対して日支は巳火で日主を生じ助けており、年支の丑も時支の戌も季節と同じ五行ですから、日主は100％の身強となります。このように、100％の身強となる時は特別格を疑ってください。

よくみると、日主の己と時干の甲は干合の関係です。この時に、干合する五行が月支から助けられているかどうかを判断しなければなりません。

季節は夏の終りで土が「旺」の時なので、甲と己は干合して土となります。月干に乙木があって甲と己の合を邪魔しそうですが、この乙は年干の辛金から剋されていて力がありません。

以上により、この本命は化土格になると判断します。喜神は火・土・金で忌神は水・木です。オバマ氏が大統領選挙で勝利したのは２００９年、この年の干支は己丑の土の五行の年でした。これは喜神の年であり、経歴と一致するので確かに化土格とみます。

【例題24】　井深大（ソニー創業者）

１９０８年4月11日8時00分生まれ

年柱	食神	戊申	偏財
月柱	比肩	丙辰	食神
日柱	日主	丙申	偏財
時柱	七殺	壬辰	食神

8	丁巳
18	戊午
28	己未
38	庚申
48	辛酉
58	壬戌

日主丙が春の辰月に生まれて「旺相休囚死」でいうと「休」の身弱、他の地支をみても日主からエネルギーを洩らしたり、敵対する五行ばかりで日主は孤立しています。

月干の丙のみが日主を助けられそうですが、地支に通根せず根がないので日主を助けるほどの力は出ません。日主を助ける地支がなく、100％の身弱です。このように100％身弱となる時は、特別格を疑ってください。100％の身強か100％の身弱の時には、そのほとんどが特別格になります。

日主から洩気する月支と時支の辰土は食神となり、日主が剋している年支と日支の申金は偏財となります。時干の壬は申の蔵干に根を持つ七殺です。あまりにも日主と敵対する五行が多すぎます。日主を助ける干も支もないので、特別格です。

本命に、食傷星、財星、官殺星が等しくあるのは従勢格でした。

喜神は土・金・水、忌神はその勢いを妨げる木・火です。

この本命は月令が辰土の時なので、戊土と辰土に力がありますから、その通変星である食神星に着目します。食神星は自分の気が洩れて発露することから、アイデアや企画・発明という意味がありました。

井深大氏の本命では、日主丙が辰月に生まれて、辰土＝食神、年干の戊土＝食神、日支の辰土＝食神となって、土＝食神の力が強いのですが、年支と日支の申金に戊土＝食神の気が流れているので、限りないアイデアとかアイデアが広がるという意味になります。強すぎる戊土の力を洩らす金が特に良いようです。日支は金で、申金＝偏財です。アイデアが転じて財になったり、内助の功を得るという意味もあります。金の五行の大運が良いという意味も見逃せません。

井深氏が東京通信工業（後のソニー）を創業したのは、１９４５年の乙酉年、つまり金の五行の年でした。井深氏にとっては酉金＝正財です。流年の酉は本命の申と三方局で申酉の金、辰とも合して辰酉の金となり、食神のアイデアが現実的なお金となる年であったとも言えましょう。多くの日本初、世界初という革新的な商品を創り出し、世界的な会社に発展する礎を築いたのです。

【例題25】　宇多田ヒカル（シンガーソングライター）

1983年1月19日1時17分生まれ

年柱	月柱	日柱	時柱
正官	七殺	日主	偏財
壬戌	癸丑	丁未	辛丑
傷官	食神	食神	食神

4	14	24	34	44	54
壬子	辛亥	庚戌	己酉	戊申	丁未

日主の五行は丁火で月支はもとより、年支、月支、日支、時支が全部土なのでエネルギーが洩れていく関係です。天干では、日主を剋す壬水や癸水があり、一つとして日主を助ける五行がありません。

「旺相休囚死」の「休」の状態です。日主はどの地支からもエネルギーを貰えず０％の状態です。日主が極端に身弱過ぎる状態です。日主は完全に孤立しているので特別格となります。

地支につく通変星は食神・傷官のみです。よって従児格と判断します。

この命式では、日主が冬の寒い時に生まれています。また、年干に壬水、月干に癸水があって本命をより冷たいものにしていますので、火によって命式全体を暖めながら、本命の地支の土の五行を助けていくのが理想です。従児格は日主と比和の五行があっても、食神星にエネルギーを与えるので吉となることを先に述べました。火が入ると従児格である食神や傷官に力が加わります。

以上により、喜神は火・土・金、忌神は水・木となりました。

第七章で詳しく説明していきますが、食神と傷官は芸能関係、歌手、アーティスト、タレント、アナウンサー、芸術家の星です。その食神・傷官が集まっているのが従児格ですから、まさに宇多田ヒカルさんの職業は天職といえるでしょう。

【例題26】　豊田英二（トヨタ自動車第五代目社長）

1913年9月12日11時30分生まれ

年柱	月柱	日柱	時柱
正官	正財	日主	偏印
癸丑	辛酉	丙申	甲午
傷官	正財	偏財	劫財

1	11	21	31	41	51	61	71	81	91
庚申	己未	戊午	丁巳	丙辰	乙卯	甲寅	癸丑	壬子	辛亥

日主の五行は丙火で酉月に生まれて「囚」ですから、身弱かと推測します。

月干は月支に根を持つ強い金であり、日主は月干、月支を剋して抑えなければならないので、エネルギーを消耗します。しかも、日支の申は月支酉と三方金局になり、年支丑は酉と三合して金に変化し、年干の癸水は日主を抑えに来ます。

ここまで日主の敵が多いと、日主は辛と合して化けそうに思うのですが、よくみると時支に午火があり、天干には甲木が燃える木となって午火に力を与えています。同時に日主の丙火は時支に根を持ちますから、化水格にはならず、実は普通格となっています。

喜神は木・火で、忌神は土・金・水です。

結局、喜神の木・火は日主を助けながら申と酉の金を抑えてくれるので、火が「用神《ようじん》」となります。用神とは喜神の中でもキーポイントとなるもの、忌神を剋しながら日主を助けるもの、喜神と忌神の敵対する五行の中にあって、敵の力を転化させ日主を助けてくれるもののことです。

この用神と敵対する五行で、日主の勢いを抑えにくる五行が忌神で、その忌神に力を貸すのが「仇神《きゅうしん》」となります。喜神ではないが忌神ほど悪さもしない五行は「閑神《かんしん》」となります。

豊田英二氏は、トヨタ中興の祖と呼ばれるほど、トヨタの発展に尽力した人です。

11歳の大運では土の五行ですが、蔵干に丁を持った未が本命の時支午と六合して火に変わっています。その後も21歳の大運、31歳の大運、41歳の大運と火の運が続きます。51歳では乙卯の五行で火がない大運ですから、この時期は少々苦労をしたことでしょう。しかし、ここまで用神の運が続いていたのですから、急に下降するということはありません。乙卯の大運は喜神であって忌神ではないし、すぐに次の甲寅の大運に入ると、寅と本命の時支の午が三合して火に変わり、再び強い力を出していきます。

したがって、豊田英二氏は特別格にはならず、身弱の普通格とみました。

もしも特別格ならば、喜神は土・金・水で忌神は木・火となります。すると大運の青年期から壮年期にかけて、人生の最も大事な時がすべて忌神の時となります。ここまで忌神運の続く人では、「トヨタの中興の祖」にはなれなかったでしょう。トップの運が悪いと、その会社は倒産の憂き目にあうものです。

地支の五行から日主がエネルギーを貰っていない時は、特別格だとみて下さい。地支が三方局や三合で、その五行が化けてしまい、日主と敵対するものとなった時も同様にみてください。最後まで確信が持てない時には、本章のオバマ氏や宇多田ヒカルさんの項で判断したように、大運や流年で大きな出来事があった年の五行と併せて判断して、特別格か普通格かを判断します。少し練習していけば、必ずコツが摑めるはずです。

第六章　通変星と用神から気質・性格を看る

一、用神はどう決めるか

ここまでの内容をふまえ、通変星と用神から性格を判断してみましょう。

日主にとって最もうまく作用し、かつ他の干支の五行とのバランスを取ってくれる喜神を特に用神と呼びました。喜神のうちで特に大事な作用を担うものを用神と取るのです。その用神を通変星にあてはめて気質・性格を読みとっていきます（各通変星別の性格については本章二節で詳述）。ではどうやって用神を取ればいいのか、例題に即してみてみましょう。

【例題27】　ＩＴ会社社長（男性）
1948年2月10日3時20分生まれ

年柱	正財	戊子	偏印
月柱	劫財	甲寅	劫財
日柱	日主	乙丑	偏財
時柱	正財	戊寅	劫財

8	乙卯
18	丙辰
28	丁巳
38	戊午
48	己未
58	庚申
68	辛酉

喜神	火・土・金
忌神	水・木

この方は、日主乙木が寅月に生まれて「旺」の時です。しかも、年支の子水からも力を貰い、さらに時支の寅からも助けられている状況です。月干の甲も月支、時支ともに通じて日主を助けています。これで日主は、90％も力を得ている身強となります。

よって、強い日主をさらに助ける五行の水・木は忌神となり、喜神は強い日主の乙木の気を洩らす火、乙木が剋して力を取られる土、乙木を剋して弱める金の三つとなります。

この本命では、木が多いので金を使って木の気を抑えたいのですが、残念ながら本命にはありません（丑の中の蔵干に辛金があるが力が弱い）。

土が入るとどうでしょうか。土は日支の丑と年干および時干の戊にあって根を持ち、力はありますが、強い甲木や寅木と対峙しているのであまり適切ではありません。

次に火が入るとどうでしょう。強い木の気を洩らしながら土の五行を助けていきます。よって、この本命では火が用神となり、喜神の火・土・金の中でも火が巡ってくる大運と流年では、他の喜神の時よりも良いことが起きると看ることができます。

逆に、この火と相対する水の大運、流年の時期は要注意となるわけです。

実際にこの方は、18歳丙辰から38歳戊午まで大運で火の運が続き、大学を卒業してから会社勤めの後、満38歳の丙寅年に独立し、ＩＴ分野に進出して成功しています。

この方の大運は用神である火の運が続き、独立した年も用神となる火の年だったのです。

本命全体の五行のバランスを取りながら日主を効率よく助ける用神を見つけるのが、四柱推命の重要な鍵です。

さらに実例を看ていきましょう。

【例題28】　上戸彩
1985年9月14日10時43分生まれ

年柱	月柱	日柱	時柱
正印	正印	日主	偏印
乙丑	乙酉	丙辰	甲午
傷官	正財	食神	劫財

8	18	28	38	48	58
丙戌	丁亥	戊子	己丑	庚寅	辛卯

喜神	忌神
木・火	土・金・水

※10時43分生まれだが東京出身なので午時となる。巻末資料Ⅲ参照。

上戸彩さんは１９９９年に四人組アイドルユニットの一員としてデビューしました。

彼女にとっての転機となったのは２００２年2月にゴールデン・アロー賞の最優秀新人賞を受賞した時です。壬午年で、午火が巡った時でした。この年の8月にはアイドルユニットの活動を中止してソロでデビューシングルを出し歌手としても活動を広げていきます。２００３年には映画『あずみ』の主演となりました。癸未年で、未は時支の午と合して火になった時です。２００６年には『名探偵コナン』のスペシャルサポーターに就任したり、トリノ冬季オリンピック特番のキャスターに選ばれたりと様々な形で活動を広げていきます。２００６年は丙戌年ですが、本命の天干に丙火があることに注目してください。

この命式は身弱となりますから、喜神が木・火で本命には二つの乙木と一つの甲木で合計三つの木があって日主を助けそうですが、秋月の木なので「旺相休囚死」では「死」となって、ほとんど力がありません。

時支にある午火は月令の酉金を剋す力があり、午火によって酉金は抑えられ乙木と甲木も力を盛り返して日主丙を助けることができます。

もしこの本命で午火がなければ、乙木と甲木だけでは日主を助けるほどの力を出せず、喜神・用神の大運が巡ってきた時でも、これほどの人気を得るまでにはならなかったでしょう。

用神は火で喜神は木、そして最も嫌な忌神は金となります。

土はこの嫌な忌神の金を助けているので、特に仇神となります。

水は喜神の木を助けるし、忌神の金からは五行の力を洩らす働きをするけれども、用神の火と敵対するのでどっち付かずですから閒神となります。

ここから次のステップです。上戸さんの本命では午火が用神でした。

厳密には午火の蔵干の丁が用神となります。用神は十干に置き換え、日主からみて何の通変星になるかを調べます。日主丙の人にとって丁は劫財です（巻末資料Ⅺ参照）。つまり、劫財星の性格がいろんな面で作用してきます。職業も劫財に関連することで成功しやすいものです。

用神である通変星がわかったら、そこから性格判断をします。一つのことを最後までやりぬくので、芸を極めるという意味が現れます。また劫財が良い面に出ると、社交性に富み機転が利くので有力者から引き立てを受けます。劫財には、タレントとか俳優が適しているようです。

なお、この例のように、本命の中で強い五行を抑えながら、日主を助ける用神を特に「扶抑《ふよく》用神」といいます。

続いて、本命のある五行と別の五行が敵対している時に、その間に入って調和させる働きをする「通関《つうかん》用神」の例をみてみましょう。

【例題29】　飲食店経営者（男性）
１９７４年９月21日17時30分生まれ

年柱	劫財	甲寅	劫財
月柱	偏印	癸酉	七殺
日柱	日主	乙丑	偏財
時柱	比肩	乙酉	七殺

この本命では、日主乙が酉月に生まれて、二つの地支にも酉金があって、日主はひどく責められているような状態です。身弱なので喜神は水・木、忌神は火・土・金となります。

年干の甲と年支の寅、さらに時干の乙木がグループとなって日主を助けようとしますが、酉金のグループと対立し、日主乙木を助けるほどには力が及ばず、日主はとても弱くなっている状態です。

ここで月干にある癸水が金の気を転じて木のグループに力を渡しながら、日主を助けています。もしもこの癸水がなければ、甲木や乙木がいくつあっても、秋月には枯れてしまう力のない木となります。

つまり、喜神の癸水が用神であり、忌神との間に入って気を転化し、日主に力を貸して調和する働きをしています。これが通関用神です。

もう一例みてみましょう。

【例題30】　二宮和也
１９８３年６月17日11時27分生まれ

年柱	月柱	日柱	時柱
正官	食神	日主	偏印
癸亥	戊午	丙子	甲午
七殺	劫財	正官	劫財

4	14	24	34	44	54	64
丁巳	丙辰	乙卯	甲寅	癸丑	壬子	辛亥

二宮さんは、夏月に生まれて身強です。また、暑い時なので水を使って冷やそうと思いますが、水の五行が本命に三つもあるので、これ以上、水は必要ないでしょう。ここで本命をよくみると、午火と子水、亥水が対立しています。

もしも木が入れば、癸亥の水→木→午火→戊土と五行の気が流れていきます。木の五行が入れば、その五行一つの力で対立している五行が循環していくのです。

この本命の良いところは、時干の甲木が五行の循環を手伝っていることです。この甲木がなければ、水と火が互いに争い合う関係となって、バランスの悪い本命でした。よって、甲木が通関用神となります。

日主丙火が夏月に生まれて身強なので、火はもう必要ありません。土も水を剋すので必要ありません。

喜神は水・木で、用神は木と取りました。忌神は火・土で閒神は金です。

彼の気質・性格は日主丙からみた甲が偏印星となるので、巻末資料XIIIの偏印星の性格であり、音楽に関する職業や俳優、同時に二つの仕事を持つことにも適しています（第七章二節で詳述）。実際に、二宮さんはアイドルであり、俳優としても成功しています。

用神の考え方は難しく、習得には時間がかかります。しかし用神が取れるようにならないと、推命の醍醐味はわかりません。本書では、この奥伝より用神に主眼を置いて話を進めていきます。ここまでの話が難しい時は、前に遡って、もう一度読み返してみてください。

二、用神の通変星が表す性格

用神が取れたら、そこから性格判断を行います。それぞれの通変星によって次のような性格となります。

〈比肩星が喜神・用神となる人〉

比肩が喜神・用神となる人は、非常に我が強くて頑固、単純なのでわかりやすい性格です。面倒見が良い親分肌の人でもあります。独立心も強く、自分の目的を達成しようと一生懸命に努力します。ただ自分の感情を抑えて他人と協調しながら仕事をやっていくことはあまり得意ではありません。また、他人から指示されたり命令されるのも嫌いで、自分のペースで物事を運ぼうとします。プライドも高く、自分が正しいと思ったことには最後まで固執します。それに、一つのことをじっくりとやるタイプなので、トラブルに対処する応用力に欠けているようです。言動はズバズバとはっきり口にする方で、ちょっと短気な所があります。これは本人にとっては遠回しの表現ができず、素直に自分の感情を出しすぎるからなのです。しかし、この強烈な個性は、逆にある種の人間的魅力として映り、一部の人からは非常に好かれます。また、ぶっきらぼうな見かけに反して情にもろい人情家です。それに対人関係では、約束をきちんと守り固いつき合いをすることから、信用も高いものです。本命に食神が三つ以上あると、喜怒哀楽を素直に顔に出しますし、考えていることも正直に口に出してしまう隠しごとのできない人となります。実直で真面目、物事の善悪をよく見極め、何か新しいことを始めるときには細心の注意を払いながら進めていきます。忍耐力は強いので、どんな逆境にあっても目的を最後まで遂げようと努力します。

なお、比肩が忌神となる人では、比肩の短所が目立ってきます。何事も自分中心に進めないと気がすまないし、上司や年長者に問うことなく独断で判断、行動してしまいます。また、自分の考えに固執してなかなか妥協しません。やや人情の機知に欠けることが原因で、周囲から孤立することが度々ありそうです。本命に偏印・正印があって他にも比肩か劫財が併せて三つ以上あり、しかも食神か傷官が全くないか一つしかない場合には、孤立の傾向が強まりますし、無口な人となります。本命に劫財を併せ持っていると、投資や投機、それに独立開業する場合には要注意です。必ず周囲の人の意見を良く聞いて、できるだけ独断は避けることです。女性の場合では、本命に三つ以上の比肩があると、その強い性格から結婚が遅くなるか、家庭に波風が起こりやすくなります。それから本命に偏財や正財が全くないか一つしかない場合で、さらに食神や傷官もない場合には、金銭のことで苦労の多い人生となります。このことは、後に大運や流年で食神・傷官・偏財・正財が巡ってくれば、その凶意は転じて発展の時となります。比肩が忌神となる人で比肩が二つ以上あり、食神か傷官が一つか二つある場合は、比肩の長所と食神・傷官の長所が発現し、頭を使う仕事、企画、大学教授、トレーダーとして才能を発揮します。本命に正官か七殺がある場合には、比肩の持つ頑固、独断独行という性格がいい方に転じられ、威厳や権威となり、管理職か特殊な分野でのプロフェッショナルとして活躍が期待できます。

〈劫財星が喜神・用神となる人〉

劫財が喜神・用神となる人は、見かけは人当りが良く柔和なようですが、その内面には非常に強い個性を持っている外柔内剛の人です。女性では優しくよく気がつく人ですが、わがままで意地っ張りな所が少々目立ちます。自己主張が強く独立心が旺盛です。プライドも高い方ですが、社交性に富んでいて人づきあいを大切にしますから、他人にはソフトな人という印象を与えます。見かけは少し頼りなくみえますが、行動を起こすときの果断さはなかなか大したものです。パワーがあって実行力もあることから、人に何かを説明するときに口で説明するよりも行動で示して相手の心を魅了する能力をもっています。集中力に富み、熱しやすく冷めやすい点もあります。先に、比肩が喜神・用神となる人は単純でわかりやすい人だと述べましたが、それに対して劫財が喜神・用神の人は、物事の裏まで考えてから行動するのが特徴です。そのため、本命に偏印・正印の組み合わせがある場合は、策士となり雄大な計画を立てて実行していくことができます。本命に劫財が忌神となって、これを抑える七殺・正官か劫財の気を洩らす食神・傷官の組み合わせがない場合は、ずるがしこくて要領だけが良い人となります。総じてこのタイプの人は、家にずっと居ることがあまり好きでなく、刺激を好み、外に出て体を動かすとか、場合によっては生家親元を離れて気楽に生活することを好みます。また、話し上手なうえに、率直で温和な人柄と豪快なスケールを兼ね備えていますので周囲からは頼りにされる存在となります。さらに頭の回転が早く機転が効き、忙しければ忙しいほどテキパキとした正確な判断を下せる能力を持ちますので、株式相場の世界とか情報産業においてその手腕を振るうやり手となります。劫財は集中力と徹底的にものごとを追究していく力が強いので研究の分野で未知の発見をしたり、転じて役になりきり、役者として名を揚げることもあります。

　なお、劫財が忌神となる人では、浮き沈みが激しく運勢上の安定に欠けます。そのため、良きにつけ悪しきにつけ何事も極端な人生を歩むことになります。他人に対しては全くといっていいほど遠慮せず、自分の感情をストレートに出します。そしてよく気が変わる気分屋です。また、その言動からは想像できない程に神経質なところがあり、何かとお金や物事に執着します。一獲千金を夢みて投機等に手を出しますが、衝動的な性格のために損をすることの方が多いようです。ですから劫財が忌神となる人の場合には、ギャンブルや投機には手を出さない方が無難です。劫財の「劫」には奪いとるという意味があります。「財を奪う」ですから、本命に劫財が二つ以上ある人は理財の観念が薄く、入ったら入った分だけ使ってしまいます。時に入った分以上も使い、カード破産など経済的な問題を起こしがちです。特に、本命に正印か偏印が二つ以上あって比肩・劫財の力が強められていて、しかも食神・傷官・七殺・正官が少ない場合は衝動的性格が強調されます。加えてなかなか他人の意見を聞き入れない頑固な性格となり、考え方や言動が周囲の人とはちょっと違うクセのある人となります。これは大運か流年で七殺か正官が巡って来ると、頑固さが幸いし新規事業で成功のチャンスを摑みます。劫財が忌神でも、本命に食神か傷官が二つ以上あるか、七殺か正官があれば、その独特の発想を生かしてデザイン、企画、設計、新規事業、ベンチャービジネスなどで能力を発揮できます。

〈食神星が喜神・用神となる人〉

食神が喜神・用神となる人は、柔和な性格で、度量も広く明朗活達、そしてよく喋る話し好きな社交家で、他人からの相談ごとにもよくのるため信望も厚いものです。ただ利己主義の面が強く他人の気持を推し測れないという点がなきにしもあらずです。それにより思いがけないところで人に迷惑をかけて敵を作ることがあるので、周囲（特に部下、後輩）の人にも気を遣うと良いでしょう。頭の切り換えが早く、要領も良いので仕事をすればそつなくこなしていくうえに、口も達者ですから、セールスや営業方面ではかなりの成績をあげられるでしょう。一つ残念なことには、ここ一番というときの粘りに欠けること。それに元来が遊び好きですから、兎と亀の兎よろしく、始めは悠々と進んでいても最後にはチャンスをみすみす逃がしてしまうことになりかねませんので注意が必要です。どっしりと落ちついた風格を備えていて、人と争うことを嫌います。物質面の充実ばかりを追求するのではなく、宗教、芸術、文学にも親しみ、精神的な分野での潤いも求めます。特に本命に偏財か正財が一つか二つある時は、記憶力に優れ頭の回転も早く、アイデアや独特の見方を持ちビジネスチャンスを摑みます。家庭環境にも恵まれています。食神星は十個の通変星の中では福星と呼ばれ、衣食住で不自由することは決してありません。したがって、一生を通じて大きな苦労もせずのんびりした人柄となり、女性なら大らかで温順、世話好きな人となります。本命に偏印や正印が二つ以上あって偏財か正財が全くないか一つしかなく、しかも月支の食神星以外に食神も傷官もない場合は、食神のもつ福力が減少します。神経質で考えていることをあまり外に出さず、またとかく自分の世界に籠りがちです。当然、対人関係も仕事もあまりうまくいかないので、経済面でも貧窮するようになります。

なお、食神が忌神となる人では、食神の欠点が目立つ性格となります。口は達者ですが行動がそれに伴わず、その上忍耐力に欠け何か嫌なことがあるとすぐに逃げ出そうとします。また、夢や高い理想を掲げるのですが、依頼心が強いためにうやむやに終りがちです。ここで本命に偏印か正印があれば、やはり感情のムラは目立ちますが、それでも、自分なりの境地を極めて成功することができます。偏印か正印が巡って来た時も同様です。本命に偏印か正印が少ない（全然ないか一つしかない）場合で食神または傷官が二つ以上あると、神経質なくらいの感性の鋭さが表れてきます。そして喜怒哀楽が激しく心に隠しごとのできない人となります。時に他人に対して思ったことを口に出して、禍根を招くことがあります。劫財と偏財が加わると音楽、美術、舞踏等の方面で才能を伸ばせる人となります。美容師、デザイナーといった分野に進んでも成功できます。

〈傷官星が喜神・用神となる人〉

傷官が喜神・用神の人は、繊細な神経をもち、鋭い感受性に恵まれたロマンチストです、温かいハートの持主で涙もろい面があります。しかし現実に対してはシビアで合理主義的な考え方をもち、人間関係をも損得で計算する傾向があります。男性・女性ともに顔立ちの整った人が多く、しかも器用で何事も要領よくこなしてしまいます。そういったことから自信家でプライドも高く、他人から敬遠されることもあります。物事に対する好みがはっきりしていますし、ムラ気が多く気分によって仕事に対する態度や他人への接し方が全然違ってきます。食神星の人と同様に話題を広く提供できる人です。口が達者で外見は明るく振るまいます。しかし嫉妬心が強く、他者を批判することが難点です。また、人からの指図や束縛されることを極端に嫌い、自分の世界に他人が入ってくることを拒みます。これは自分の心の中に高い夢や理想を描いていることが原因です。非常に頭がよく、じっくり考えるよりもひらめきによって正確な判断をします。一を聞いて十を知る能力は素晴らしいものです。博学多才で多芸ですから、自分の本当にやりたいことを見極めてじっくりと取り組んでいけば、かなりの成果と満足を得られます。創造力に富み、精神世界、心の世界を追求していきます。傷官は理想を追い求める星です。財星は現実のこと、お金、生活の星です。ですから傷官が喜神となる人には偏財か正財が本命にあると、アイデアと実行力を備える人となり経済的な成功を摑んでいきます。また、鋭敏な感性をもつ傷官星の人は、音楽、スポーツ、芸能、工芸、デザイン、企画、話す仕事など特殊な分野で能力を発揮していきます。傷官が喜神か用神となっても、本命に財星が一つもなく七殺や正官が二つ以上あると、協調性がなく、周囲をかき乱すアウトローとなってしまいます。傷官は古典に、「平和な時代にあっては公正な政治を行う臣となり、乱世においては奸雄となって国家に反逆する」と記されています。これは傷官という星の特徴をよく言い表わしており、傷官のもつエネルギーが善悪極端に発揮されやすいことを意味しています。傷官の性格が良く出れば経済的な発展をもたらして世を治め、悪く出ればアウトローとなります。

なお、傷官が忌神となる人では、かなりその短所が目立ってきます。自惚れが強く、傲慢で我儘な性格となり、世間体を気にせず自分のしたいことをします。言葉も鋭く、思ったことをすぐ口に出して相手を傷つけたり、その言葉が自分に返ってきて、災難に遭うことがあります。多才多芸なことに変わりはありませんが、一つのことにじっくりと取り組むことができず、しかも元来が遊び好きで根気に欠けますので、物事を最後までやり遂げにくいようです。傷官が本命に二つ以上あって、偏印か正印がない場合（一つ以下の場合）は、見かけは明るく振るまっていても、個性が強すぎて我儘なためなかなか自分の欲求が満たされず、心の中には空虚感があります。もしも偏印か正印が一つか二つあれば、傷官の長所を引き出すことができ、普通の人とは全く違う発想で新しい分野を切り拓いていきます。

〈偏財星が喜神・用神となる人〉

偏財が喜神・用神になる人は、義俠心をもち人情にも厚い人です。義を見てせざるは勇なきなり、という言葉はこの人のためにあるようなものです。金銭にもあまり執着せず、お金をもっていると気前よく他人に御馳走します。そのような性格ですから、誰からも好かれ幅広い交友関係をもてます。楽天的でユーモアに富んでいて、あまり格好や体裁を気にしない素朴な人柄です。女性の場合は、社交家ですが少々シャイなところがあります。気分やその時の感情に左右されやすいので、何か物事を進めていくのに計画倒れに終ったり、お金もパッパッと全部使ってしまうきらいがあります。このような点に気をつければ、度量が広く話上手で行動力があり、駆け引き上手なうえ機知に富んでいますから、何かアクシデントが起きてもその場その場をうまく切り抜けていき、最後は大きな成功を勝ち取れます。機敏でどんな話題にもパッと対応できる、頭の回転の良さが特徴です。しかし、単純なので他人からうまくおだてられるとすぐに乗ってしまい、利用されやすい点がありますから注意してください。偏財星には流動的なお金と桃花の意味がありますから、男性にとっては愛人を持つとか、恋愛が多くなります。その他に交通という意味もあり、親元や故郷を早くから離れたり、一人で遠くに赴いて住むことも暗示しています。本命に正官をもっていて七殺がなければ、財運に恵まれ社会的にもそこそこの地位につける人となります。女性ならば、夫が社会的に成功することによって、経済的に恵まれた豊かな家庭が持てます。喜神・用神の偏財星の近くに食神か傷官がある場合は、「食神生財《しょくじんせいざい》」または「傷官生財《しょうかんせいざい》」といって多才多芸で、アイデアと才能で成功する人となります。この場合には一度上昇運に乗ると非常に大きな成功を収めることができます。十個の通変星の中で偏財・食神・傷官・七殺は機転がききアイデアも豊富なのでチャンスをうまく摑んで財を得やすい星です。また、スポーツが好きで、反射神経に恵まれます。そして明朗快活でじっと静かにしているのを嫌い、よく働きます。物質的な快楽や生活の充実を追求する方ですが、同時に精神的なことや芸術、写真、演劇といった方面にあこがれや興味をもつロマンチストでもあります。

なお、偏財が忌神となる人は、偏財のもつ短所がやや目立ってきます。特に本命に偏財が二つ以上あれば享楽主義的傾向が強く人生を安易に生きようとします。そのために飲食、酒色等のために金銭を浪費しがちで、お金を節約したり計画的に使うことができません。女性の場合には、恋愛に対して恋のために恋する傾向が出てきますから要注意です。というのは、心の伴わない恋愛となり肉体関係だけに終ったり、妻子のある人と恋仲に陥ったりすることになり、恋愛と失恋を繰り返すことになりやすいからです。もしも本命に比肩か劫財が一つでもあると節約を心がける人となり、天干地支に一つずつ比肩か劫財があれば、やはり財運に恵まれる人となります。

〈正財星が喜神・用神となる人〉

正財が喜神・用神となる人は、おとなしくて地味な性格、そして少々の苦労には負けない我慢強い人です。勤勉で努力家、与えられた仕事は確実にこなしていきます。倹約家で無駄使いをせず、自分の分をわきまえていて、身の丈を越えるような無理をしません。礼儀や形式を重んじ、社会的な規則や上司からの指示によく従います。しかし、形式や儀礼を重んじすぎて融通がきかず、物事を推進していく際の決断力に欠けがちです。他人に対しても親切で優しいのですが、時折みせるしつこすぎる程の用心深さや神経質さは、他人に嫌味と映ることもあります。正財星の人はその名の通り財運に恵まれていて、コツコツと着実にお金を増やしていきますが、本命に偏財が一つか二つあると、たとえばたまたま買った土地が不動産の高騰により相当な値段になるなど思わぬ財を得たりします。偏財星の持つアイデアや閃きによる知恵とは対照的に、正財星には努力による知恵、知識という意味がありますから、学校で習うようなオーソドックスな分野での勉強には優秀な成績を修めることができます。何気ない普通の会話から相手の心を摑む話上手で、つき合いのよさが出て来ます。また、偏財が喜神・用神となる人は精神的なことや哲学、宗教に深い興味を示しますが、正財の人はそういった世界にはなかなか興味を示しません。非常に頭が良く物事を正確に判断、推進して、新しいことにもしっかりと計画をたててから、注意深く実行していきます。責任感が強く何事も丁寧に取り組んで一歩一歩確実に前進していく、信頼できる真面目な人となります。本命に七殺か正官が一つだけ加わるのが最もよく、努力が認められて地位を得ます。食神か傷官が本命に一つか二つ加わると話題が豊富で話上手な人となります。

なお、正財が忌神となる人では、前述の正財の特徴に加えて短所が加わります。金銭に対しては人一倍執着し、所有欲や独占欲が強い人です。性格は頑固な上に忍耐力にも乏しく、できるだけ楽をして収入を得ようという安易な考えをもちます。ただし、本命に比肩・劫財が二つ以上あればこれらの凶意は押さえられ、正財のもつ長所が発現して、努力に応じて財運に恵まれます。他に偏印か正印が一つ加わると、企業家、創業者として発展していきます。

〈七殺星が喜神・用神となる人〉

七殺が喜神・用神となる人は、気性が激しく、じっと我慢することが苦手です。物事の善悪を問わず、自分の思ったことをズバリと口に出しますし、一度自分が口にしたことはなかなか曲げようとしない頑固さもあります。しかも、オープンな性格なので喜怒哀楽がすぐに顔に出てしまうのです。剛気で性急であるけれども、頭が切れ実直な人です。女性では強気で情熱的、感情の激しい人となります。いい意味で姉御肌の人です。気の強いところが目立つ負けず嫌いな性格ですが、小さなことにこだわらず行動的で、しかも義侠心に富んでいて情にも厚いので、いざという時に本当に頼りになる人です。事に当たって臨機応変に対処できる機知に富んでおり、思い込んだら一直線に進むパワーを秘めていますからうまく運に乗れば大器となります。権力に対する欲望が強く、組織や会社ではドンドン昇進していきます。仕事を一生懸命にやりますが、時として独断的になり過ぎ、目上の人や上司に反抗することもあります。七殺の持つ激しいエネルギーを制御して吉作用を引き出すためには、天干に食神をもつか偏印・正印を必要とします。身強となる人は、本命に食神があればこれを「食神制殺《しょくじんせいさつ》」と呼び、食神のおっとりとした面が加わって七殺が暴走し過ぎないようにうまくセーブしつつ長所が発現します。一度人に言ったことは必ず実行しますし、決断力も併せ持ちますから、ここ一番という時にチャンスをうまくものにしていけます。また、競争心・闘争心は非常に旺盛ですが、正義感も強いので、それらは良い方向に現れて、弱きを助け強きを挫く人となります。特に冒険性に富んだ仕事や未知の分野を開拓する仕事、特殊な状況のもとでは、最高の実力を発揮することができます。七殺星は非常にパワフルな星ですから、本命に一つか二つあるのを良しとします。もし、それ以上あって、食神や偏印、正印の制御を受けていない場合、人一倍起伏の多い人生となります。

なお、七殺星が忌神となる人は、偏印か正印が本命にあるならば七殺の持つエネルギーを洩らす作用をしますので安定した運気となり、将来は人を引っぱっていくリーダー的な立場につくことでしょう。もし偏印か正印の補助がなければ、先に述べた七殺の特徴のうち短所が目立ってきます。短気で喧嘩早い性格となり、我儘です。人との衝突やトラブルが絶えず、しかも何か事があればそれをいつまでも根に持つ陰険さが伴ってきます。また、本命に正官があればこれを官殺混雑と呼び、流浪変転の人生が暗示されます。特に女性は、若い時に異性から注目されますが、一度の結婚では収まらないようです。もしも本命に七殺が三つ以上あれば、「殺」という字からは程遠い、依頼心の強い優柔不断な性格となります。

〈正官星が喜神・用神となる人〉

正官が喜神・用神となる人は、誠実で温和な人柄とともに信用や体面を重んじる自尊心の強い人です。女性では、優しく献身的な性格となりますが、ちょっと気の強い点が目立つようです。一度引き受けたことや約束したことは必ず守り、地位や体裁を重んじますので、「君子の交わりは、淡きこと水の如し」といった人間関係を築いていくことになります。忍耐強くて目的達成のためにはひたすら我慢し、頭の回転が早く、物事をよくわきまえた人となります。円満な性格で争いごとをあまり好みません。約束もきちんと守り、几帳面で正義感に溢れた人です。また、仕事でも私生活でも何か事を始める時は、計画的に注意深く行動します。しかしながら、仕事面においては責任の所在が特にはっきりしない時や名指しで任された時以外は却ってなおざりにする傾向があるようです。金銭に対しては倹約を心掛け、経営的手腕も優れていますが、規則や組織を重視し過ぎて融通性に欠け、大きな魚を釣りそこなうこともしばしばあります。目標に向かって自分を制しながら努力していきますので、周囲の人達から信望を得ることができるとともに、運にも恵まれてきます。ただし、正官の隣に傷官がある場合、これらの福分は減じられます。身強で正官が喜神となる人では、他に財星が加わると温厚で誠実な性格となり、一歩一歩計画を進めていきます。生まれや育ちの家庭環境にも恵まれているものです。女性の場合に正官が喜神・用神として作用すれば、理想の男性との結婚ができます。あるいは、本命の日支に正官があって、天干と地支のそれぞれに偏財星か正財星がある場合には、配偶者となる人は社会的地位も高く他人からの信望も厚い男性です。そして、自身も夫を助けてより良い家庭を築く努力をしますので、まさに夫唱婦随の他人も羨む仲睦まじい夫婦となることでしょう。

なお、正官が忌神となる人では、本命に偏印・正印の助けがなければ、短所が目立ってきます。頑固で融通がきかないうえに、優柔不断なところがあり、いざというときにはなかなか決断を下せず、ついチャンスを逃してしまう人です。神経質で細かい性格なのに、ものごとを細心、緻密に行うことができない大ざっぱな人となります。もしも本命の地支に正官があって、天干にも七殺か正官が透り、その他にも食神や傷官があれば、剋洩交集と呼び、職業を転々としたり、会社の経営者なら不渡手形を受けて倒産の憂き目に遭ったりするなど何かと浮沈変転の多い人生を送りそうです。大運か流年で偏印・正印の助けが巡れば別です。女性にとっては異性とのトラブル、結婚の問題が起こりがちです。感情のままに動かず、よく考えて慎重に行動することが必要です。

〈偏印星が喜神・用神となる人〉

偏印が喜神・用神となる人は、非常に豊かな個性に富み、企画や発想の方向が他人とは異なるため、時に他人をあっと言わせるような抜群の閃きをみせる人です。新しいこと、珍しいこと、自由、冒険が好きな人です。頭が良く、一を聞いて十を知る聡明さがあります。さらに、集中力からくる突進力を備えていて、危険なことでもものおじせずに進み、少々の逆境には負けないふてぶてしい程の闘志を秘めています。努力家ですが、熱しやすく冷めやすいところがあり、また自分が嫌いなことやあまり興味のないことは長続きせずすぐに投げ出してしまう点があります。そのため、何をやってもそこそこまでは行くのですが、器用貧乏に終ってしまうことがあるようです。人一倍自由を愛し、時間的拘束や人からの指図をとても嫌います。そのため、組織や集団に迎合せずに、自分一人で行動します。他人とは行動のパターンが違いながらも、得意の分野で成功を収めていくことでしょう。また、精神的世界、スピリチュアルな世界、神秘的世界との関わりが深く、たとえば、友人が夢の中に出てきて連絡をしたら問題があったとか、霊感に似たカンの鋭さを時折みせるはずです。このように独特の個性に富む偏印星ですから、本命に三つ以上重なるような場合は、他人から何かと変わっているとか頑固な人と言われているはずです。また、女性の場合には、本命に偏印がいくつも重なると、子供との縁が薄くなるという暗示が出てきます。偏印の長所は、努力家で忍耐力に富み、計画に基づいて注意深く行動する所です。己には厳しく、他人に対しては寛容です。一度自分がこうと決めたならば、その目的を達成するために、じっと時が来るのを待つ忍耐強さも併せ持ちます。加えて年長者、目上の人、祖先との縁が深く、時には神仏の加護を得て、成功できるという運をもっています。本命に食神や傷官が二つ以上あると、食神・傷官の知恵と偏印の洞察力が融合しますので、特殊な分野、たとえば宗教、芸術、科学、中医学、文学、漫画、アニメ等に興味をもつようになりますし、実際にその方面で成功を収めることができます。月支に七殺がつき月干か時干、もしくは日支に偏印があればこれを「殺印相生《さついんそうしょう》」と呼び、偏印と七殺のもつ長所が最大に発揮される組み合わせになります。どうしても運勢の浮き沈みは激しくなりますが、人のできない仕事を成し遂げることができます。周囲の人からその実力を認められ、多くの人の上に立つ人物となります。

　なお、偏印が忌神となる人では、偏印のもつ長所よりも欠点の方が目立ってくることになります。総じて利己主義で、人見知りをしたり、他人に対しては疑い深い性格となります。好奇心が旺盛で、色々なことに興味をもち一通りはやってみるのですが、続けることがなかなかできないので、一つのことをマスターしないうちに他のことに興味を示して、結局は器用貧乏となってしまいます。また、他人とは全く考え方が違うところがあるうえに周囲にあわせようとしませんから、自然と一人でいることが多くなります。女性で本命に偏印が二つ以上あると結婚の縁が遠くなりがちです。偏財か正財が本命にあるか、大運か流年で巡って来ると、偏印の孤独癖が抑えられて明るく友人が多い人となります。

〈正印星が喜神・用神となる人〉

　正印が喜神・用神となる人は、賢実な考えに基づき行動し、落ちつきのあるおとなしい人です。女性では、他人に対する思いやりの心が豊かで礼儀正しい人となります。偏印とは対照的で、変化の激しいことや冒険的なことはあまり好まず、安全で安定したことを好む保守的な人です。他人の悪口や批判話はあまりしませんし、話し方にも風格があります。頼まれたことや約束は必ず守る律儀さがあり、温和な性格で要領も良く対人関係でうまく立ち回っていきますから、交友関係は広く豊かなものとなります。また、何か事を行うときには慎重で決して無理をせず、コツコツとマイペースで自分の道を進んでいきます。短所としては、少々金銭的に細かいところがあって奢ってもらっても奢り返すことが少ないようです。見栄や体裁にこだわるところがあります。というのは、正印星の人は寂しがり屋が多く、その心の中を他人に知られまいとする反動のためなのです。正印星には、学問、芸術という象意があるので、学芸や芸能、芸術面で優れ、学校の先生や教師、教授に向きます。普段はあまり勉強しないのにいざ試験となるといつも上位にいる人は大抵正印星の人です。また、宗教心・道徳心が厚く、何らかの形で宗教と縁があるのも、この正印星の人の特徴です。正印と正官が並んでいればこれを「官印相生《かんいんそうしょう》」と呼び、大吉格となります。あるいは、日支に正印がある場合も官印相生となり、吉格となります。正印星の人は、総じて豊かな教育を受け、聡明で論理的な思考をします。また、正印には年長者、上司、親という意味がありますから、これらの人の援助を受けたり引立てによって成功のきっかけを摑んだりするという福分を備えているものです。正印が喜神・用神となる女性は、和服の似合う控えめな色気が漂っています。母性本能が豊かで一人の異性に尽くす、昔の日本女性の典型のようなタイプでしょう。

　なお、正印が忌神となる人では、正印の短所がちょっと目立ってきます。依頼心が強く、何事も自分でやるという自主性に欠けます。考え方は現実性に欠け、何かと計画倒れです。そのため、実行の段階になってもなかなか物事がうまく運びません。特に、本命に偏印も正印もある場合は、利己主義が目立つ上に自尊心も強いので、孤独となりがちで、自分の世界を作る人となるでしょう。本命の天干・地支ともに偏印か正印が重なっていたり、偏印・正印が三つ以上あって食神もしくは傷官が一つしかなければ、自主性に欠ける依頼心の強い人となるうえに今ひとつ要領の悪い所があるので商売や営業にはあまり向いていないと言えます。この場合には、身体を使うとか技術を生かせる道を選択すると良いでしょう。

奥伝

第七章　通変星から職業を看る

一、福・禄・寿と職業

四柱推命の概念と、喜神・忌神の意味はすでに理解できたことでしょう。本章からはさらに本格的な推命の秘訣を解説します。

まずは用神について読みを深めていきましょう。

用神と喜神には、人がこの世に持って生まれた福・禄・寿が入っています。それは用神の五行を通変星に置き換え、その意味を良く知ることでわかります。

福はその人がどんな親の元に生まれてくるのか、どんな家庭環境に育つのか、どんな才能を持っているのか、あるいはどんな配偶者とめぐり会うのかということです。

禄は文字通り財のことであり、金運であり仕事運ともいえます。喜神と大運を照らし合わせていくと、いつお金の運に恵まれるかを知ることができます。本書の冒頭で紹介した【例題１】がまさにこの例です。しかし、大運の中で喜神が巡ってこなければ、福にも禄にも恵まれません。本人に元々その能力があったとしても、それを発揮する環境に恵まれず、金運にも恵まれません。

寿はそのまま健康と寿命を表します。本命の中の用神か喜神が大運の干支や流年の干支と冲に遭うと、健康に関する問題に注意が必要です。冲はぶつかるとか、衝撃という意味もあるので、事故や怪我にも注意を要します。

喜神に表れる福と禄を最大限に生かすには、本人に適した仕事を選ぶことが大切です。

もしも、自分に適していない仕事を選んでしまったら、それは喜神の助けを得ていない、喜神を使いこなしていない、ということになります。通変星の示す職業を選ぶことは、その人の幸福と財運アップにつながります。あくまでも、財というのは仕事をした結果として得るものだからです。

　実例に即して看てみましょう。

【例題31】　安室奈美恵

　1977年9月20日18時30分生まれ

年柱	月柱	日柱	時柱
正官	正印	日主	正財
丁巳	己酉	庚辰	乙酉
七殺	劫財	偏印	劫財

6	16	26	36	46	56
庚戌	辛亥	壬子	癸丑	甲寅	乙卯
偏印	食神	傷官	正印	偏財	正財

日主庚が酉月に生まれています。

日主庚は乙と干合しています。また、日支は土ですから、土生金で乙と庚が金に化けるのを手伝います。

問題は、年干年支が丁巳の火で火剋金となり、本命全体が金に化けようとするのを邪魔していることです。

しかし年支の巳は酉と合して、結局火である巳自身は金の一部となりました。年干の丁火は根を失って、消えてしまいます。したがって、この本命は化金格となります。これは身強でも身弱でもない特殊格の仮化金格です。

喜神は乙と庚が金になるのを手伝う土と金、それに水です。全体に金の気が少し弱いので、金の運と火を抑える水の運で特にチャンスを得ます。用神は水と取ります。

忌神は金の勢いを邪魔する火と、火を助ける木です。

年干年支の火は何かの折に出てきて邪魔をします。また、年干年支が忌神ということは、先祖や父母との関係を示す年柱が忌神ですから、生まれた環境に問題があるとわかります。

経歴に照らすと、安室さんの幼少期は決して裕福な環境ではなく、苦労したそうです。１９９５年の乙亥年からブレイクしていますが、これは数え19歳の時です。大運は辛亥で、やはり金・水の喜神の運でした。化金格ですから金の大運で運に乗り、福と禄を手にすることができたようです。

しかし、大運の辛亥では年干の丁火を大運の辛金が剋し、年支の巳火と大運の亥水が冲し合っています。天剋地冲です。これは、大きな変動、転覆、事故、怪我、病気を意味します。この特殊格の場合では、冲によって本命の月支酉と年支巳の合が解けてしまい、大運と本命の冲のため福・禄・寿にも問題が出てきます。

大運で、福と禄と寿を手に入れるのとは裏腹に、親を示す年柱には健康と寿命の問題があると出ているのです。彼女の実母は不幸な事件に巻き込まれて亡くなりましたがこれも忌神のなす業であり、その人の命式の中に暗示されていた、いわば因縁のようなものなのかもしれません。

さて、彼女の福と禄は月支の酉金であり、巡ってくる大運は喜神でした。ここからが、大事な部分です。16歳からの大運は辛亥、26歳からの大運は壬子であり、用神の通変星となります。その地支にはそれぞれ食神と傷官がついています。後述のように食神と傷官の適職は、歌手とかシンガーソングライターです。彼女にとって用神となる大運だったので、その象意に福禄が入り、成功したわけです。同時にこの大運の中で、年干支と天剋地冲が生じたために、母親の不幸に見舞われたと看ることができます。

二、通変星に照らして職業を選ぶ

最近では昔にはない職業が増えていますので、古典や古い理論ばかりを参考にせず、時代にあった職業を看ていくことが大切です。仕事を選び、天職を知るには、その人の性格、個性をよくみることが重要となってきます。

たとえば、官僚や役人には、偏印が用神となる人や、偏財が多い人は不適格です。「偏」の星がつく人や劫財のつく人はおおむね縛られることが嫌いで自由を好むからです。

昔の政治家は正印がつくか正官に力のある人が多かったのですが、今の時代では、ある意味「我が道を行く」比肩を用神とする政治家が求められる傾向にあります。比肩には、他人とあわせながら自分の主張を通していくという性格がありますし、現実のことを一歩ずつ努力して実行していく面があります。しかし、自尊心が強く、肩書に固執して議員のバッジを大事に思うかもしれません。

偏印はアイデア、企画、情報、霊感、空想の世界という意味があります。ですから、偏印が用神となる人は発想が少々現実離れしていますから、まず政治家、議員は無理でしょう。やはり実情に即した話をしていかないと、大衆の信用が得られないし、有力者からの引き立ても得られないでしょう。

一方で、最近人気のある漫画家の命式を調べてみますと、偏印が用神の人だとか、何らかの形で偏印に力のある人が多いのです。かつては漫画が軽視されていた時期もありましたが、今では日本を代表する文化です。超売れっ子の漫画家の年収は数億から数十億円とも聞きます。

このように、適材適所となる性格に合った職業を選ぶことが大切なのです。

◇政治家、議員は独立心が強く現実的な比肩の星が鍵

日主と同じ五行でその陰陽も同じ時に比肩がつきます。

もし、比肩が用神となると、その人は現実的で一歩一歩計画を進めていきます。他人に頭を下げたり、頼るのは嫌いですが、友人や周囲の人を大事にします。

実例を看てみましょう。

【例題32】　小泉純一郎

1942年1月8日19時30分生まれ

年柱	月柱	日柱	時柱
比肩	比肩	日主	正印
辛巳	辛丑	辛酉	戊戌
正官	偏印	比肩	正印

1	11	21	31	41	51	61	71
庚子	己亥	戊戌	丁酉	丙申	乙未	甲午	癸巳
食神	傷官	正印	比肩	劫財	偏印	七殺	正官

日主の辛金は丑月に生まれて身強となります。ここで、丑は酉金を核に年支の巳と併せて巳・酉・丑の三合ですから、金となって日主辛金と同じ比肩になります。年干・月干にも辛金がつきます。これらは全て日主からみると、比肩となります。

比肩がこれだけあれば、頑固で偏屈、一度言い出したことは絶対に曲げない意地っ張りな人となります。小泉氏は福田赳夫氏に「こいつは意地の強いやっちゃ。なかなかしっかりしとる。だから、大物になったら、とんでもない大物になるけど、はぐれたら処置ない奴ぜぇ」と言わしめたそうです（梅田功『変革者 小泉家の3人の男たち』角川書店）。小泉氏にとって比肩が喜神であればとんでもない大物になるけれども、忌神であれば「処置ない奴」になるともいえそうです。

彼の本命は年支の巳と月支の丑、それに日支の酉が三合して金となり、天干に三つの辛金が力をもっています。出生時の干支が戊でやはり日主を助けます。また、この戊は酉と三方局となり金を強めます。ここまで金が重なり塊となるので従旺格と取りました。喜神は土・金・水で忌神は木・火となります。用神は金です。日主辛からみて金は比肩と劫財になります。この場合は、年と月に辛金がついて比肩となり、劫財はありません。しかも比肩が地支全体から助けられて、比肩の力が二倍、三倍となりました。福田氏をして「大物になる」と言わしめたのがこの比肩なのです。

小泉氏は、２００１年４月に内閣総理大臣に就任しました。この年は干支でいうと辛巳年です。まさしく、小泉氏にとっての用神の年に念願を果たすことができたのです。

【例題33】　与謝野馨

１９３８年８月22日（時間不詳）生まれ

年柱	月柱	日柱	時柱
食神	偏財	日主	—
戊寅	庚申	丙戌	—
偏印	偏財	食神	—

5	15	25	35	45	55	65	75
辛酉	壬戌	癸亥	甲子	乙丑	丙寅	丁卯	戊辰
正財	食神	七殺	正官	傷官	偏印	正印	食神

日主丙が申月に生まれているうえに、日支が戌土ですから、日主から五行の気が剋出したり、洩れたりして、身弱になります。よって喜神は木・火で忌神は土・金・水となります。

用神は火です。本命で一番強い五行の気は金ですから、これを抑えながら日主を助ける火が用神となります。火は与謝野氏にとって、比肩か劫財です。『政官要覧』には出生時間が記載されていないため確定できませんが、年支寅の蔵干にある丙の比肩をもって用神としました。与謝野氏の大運をみると、数え35歳から喜神の木の運に入ります。ここからが運の伸びる時です。１９７６年の丙辰年に初当選しました。数え39歳の時です。やはり丙火がつき、比肩が巡ってきた年です。65歳丁卯の大運は木・火の時です。この運の中で内閣官房長官になっています。

なお、２０００年の第四十二回衆議院議員総選挙では、民主党の海江田万里氏に敗れました。この年の干支は庚辰です。ちょうど与謝野氏の日柱と天剋地冲となる年です（本命の丙と年の庚、本命の戊と年の辰が冲）。

一般的には、喜神の運を過ぎてから引退する政治家が多いようです。

【例題34】　石原伸晃
1957年4月19日（時間不詳）生まれ

年柱	七殺	丁酉	比肩
月柱	正財	甲辰	正印
日柱	日主	辛酉	比肩
時柱	ー	ー	ー

5	癸卯	偏財
15	壬寅	正財
25	辛丑	偏印
35	庚子	食神
45	己亥	傷官
55	戊戌	正印
65	丁酉	比肩

日主辛金が辰月に生まれて「旺相休囚死」の「相」で身強となります。年支と日支で二つの酉をみると、日主と同じ五行の金が日主を助けているため、身強と確定しました。

出生時間は不明ですが、年干の丁火が通根していないので、五行の力はほとんど無視できます。丁火が本命全体の金の勢いを阻むほどではなく、しかも月支の辰土と年支、日支の酉金は合して金になるので、比肩・劫財の力が強くなるため、従強格と判断しました。

喜神は土・金・水で、用神は金。酉金を用神と取りますので、やはり比肩が用神です。忌神は木・火です。

従強格なので、先の小泉氏に似た命式です。ただ小泉氏の本命では、天干にも比肩が透っていたため、より信念が強く頑固な性格でひたすら自分の道を進んでいく気性が強調されますが、この本命では異なります。

石原氏の本命では、月干の甲木が年干の丁火を生むので、丁火は日主の辛金を抑えます。つまり、自分の信念を頑固に貫くことに対してブレーキがかかる、もしくは年長者の誰かが（年干は年長者の場所）彼の道を邪魔する、とも読み取れます。

いずれにせよ、石原氏の運は２０２１年の辛丑年まで順調です。55歳からの大運が戊戌で、戊土と戊土が本命の比肩を強めるように力を貸しているからです。

特に２０１６年の干支は丙申となり、流年の申と大運の戊それに本命の酉が合して、三方局の金となるので好機となります。ただし、出生時間によって、時干か時支に食神がついている場合には、その欠点が出やすくなりますから、２０１４年甲午年と２０１５年の乙未年は注意が必要な年となります。

【例題35】　安倍晋三

１９５４年9月21日2時35分生まれ

年柱	月柱	日柱	時柱
偏財	傷官	日主	正官
甲午	癸酉	庚辰	丁丑
正官	劫財	偏印	正印

6	16	26	36	46	56	66	76
甲戌	乙亥	丙子	丁丑	戊寅	己卯	庚辰	辛巳
偏印	食神	傷官	正印	偏財	正財	偏印	七殺

日主庚が酉月に生まれて「旺」となり、さらに日支の辰土からも力をもらって身強です。

身強ですから、喜神は水・木・火、忌神は土・金となります。

日主は強すぎます。そこで、日主が根を持つ月令の酉を剋して抑える火が用神となります。日主庚からみると火は七殺・正官です。ここでは年支にある午火の正官が用神であり、安倍氏に力を貸しています。さらに時干に丁があって、年支に通根しています。これで正官が根を持ち、とても強くなります。用神である正官の力が強いのです。正官は政治、法律、官僚の意を示す星です。

年干年支が喜神と用神になりますから、生まれのよさが示されています。正官が用神ですから、組織に順応していく、長いものに巻かれながらも自分の主張を通していく、企業人さながらのやり方で成功します。

続いて時柱にも力のある正官があるので、よい部下に恵まれることを意味します。

安倍氏は祖父達の郷土の力を借りながら、各政治家の主張を聞き、ヤジロベーのようにバランスを取って今の地位を築いたのでしょう。

56歳からの大運では、喜神の卯木が本命の偏財に透干することにより、財星が力を持ちます。一般的には、経済政策に手腕を揮う政治家は財星に特徴が出るものです。

〈比肩が喜神・用神となる人の適職〉

比肩が喜神・用神となる人は、見かけは穏やかでも、強いプライドと仕事への意地、剛情さがあります。そのため、自由業に就くか独立開業するのが良いでしょう。また、気心の知れた友人・知人と共同事業をしても良いでしょう。

比肩の示す適職は、学者、教育者、議員、政治家、弁護士、会計士、農業関係、庭師、フラワーショップ経営などです。

身弱の人で、比肩に加えて印星に力があると、書道家、着付け講師、セラピスト、心理カウンセラーに向きます。理容師、美容師、トリマーなど専門技術をもつ仕事も良いでしょう。

身強の人の場合は、比肩が忌神となります。本命で食神か傷官が天干地支に透っていると、比肩の力を借りて成功できます。食神・傷官がよく効いていると、作家、カメラマン、映画監督、芸術家、歌手、エンジニア、医師等としても成功できます。本命にない時は、食神か傷官の大運に入っても成功できます。

身強の人で本命に偏財が一つか二つあると、スポーツ選手、武道家として名を成します。

その他に、喜神となる五行が示す職業から選択すると良いでしょう。

〈劫財が喜神・用神となる人の適職〉

劫財が喜神・用神となる人は、何事もとことんまで取り組み、追求していきますから、良きにつけ悪しきにつけ極端となり、孤立しやすい傾向があります。その点から会社勤めよりも、自営業や自由業に向いています。特徴としては、他人がやらない分野に苦労をいとわず挑んだり、新分野を開発したりとパイオニア的な面があります。職業も単調なものだと転職しがちなため、刺激や変化のある職業を選択することを勧めます。投資、投機性のある仕事、知人や友人との合同事業、電気や通信関係、商社、運輸や交通関係、政治家、庭師、ヨガ講師などです。

用神が劫財で他に偏印星が一つか二つあると、演劇、芝居、脚本家、漫画家、書道家、音楽家、指揮者、アーティスト、メイクアップアーティスト、トリマー、美容師、セラピスト、整体、獣医師、作家、医師（特に外科医）、アドバイザー、物理学者、宗教家、冒険家などで成功できます。

女性の場合は、聡明で仕事を良くこなすので、男性をしのぐ優秀なスタッフとなります。他に、ブティック、デパート等に勤めても、経営しても良いでしょう。

身強の人は劫財が忌神となります。本命で食神か傷官が天干地支に透っていると劫財の力を借りて成功できます。本命にない時は、食神か傷官の大運に入っても成功できます。

◇ニュースキャスターやアナウンサーは話す仕事なので食傷の星が鍵

食神・傷官は面白い星です。自分から生み出す、洩らすことから、考えを出す、声を出す、作品を作るという意味が出ます。考えを伝えることから情報という意味もあります。そういう意味で、今の時代によく力を発揮している星なのかもしれません。

先の安室さんの例のように、歌手やシンガーソングライターの方達の命式を調べていると、食神・傷官がつくパターンが多いのに驚きます。また、ニュースキャスターやアナウンサーなど、マスコミ関係で話す仕事の人も食神・傷官が強く関係しています。アナウンサーの方々の命式を調べると、食神・傷官が作用していたり、大運に巡ってきている例が多くみられます。

【例題36】　安藤優子

1958年11月9日（時間不詳）生まれ

年柱	偏印	戊戌	偏印
月柱	傷官	癸亥	食神
日柱	日主	庚寅	偏財
時柱	—	—	—

1	壬戌	偏印
11	辛酉	劫財
21	庚申	比肩
31	己未	正印
41	戊午	正官
51	丁巳	七殺
61	丙辰	偏印

本命では食神と傷官が二つあって、日主の気を強く洩らしています。なるほど、話す仕事に向いているわけ

です。

喜神は木・火・土と取ります。用神の火は、本命で最も嫌な水の五行を抑える土を生みつつ、日主を緩めてくれます。よって火が調候用神となります。土も必要です。

忌神は金・水です。

数えの31歳以後は土と火の大運に入り、より広い活動で世に認められました。大運31歳己未では地支の未の蔵干に丁火があるので、水を抑えながら本命を暖める土となり、41歳戊午でも土と火が巡ってきます。後述のように、用神の火自身にも、マスコミ、テレビという意味があります。

【例題37】　滝川クリステル

1977年10月1日（時間不詳）生まれ

年柱	七殺	丁巳	正官
月柱	偏印	己酉	比肩
日柱	日主	辛卯	偏財
時柱	―	―	―

2	庚戌	正印
12	辛亥	傷官
22	壬子	食神
32	癸丑	偏印
42	甲寅	正財
52	乙卯	偏財

出生時間が不明のため身強か身弱か判断しにくいのですが、金が強くなる酉月に生まれて、年支の巳も酉と合して金となるので、身強と取りました。

喜神は水・木・火となります。用神は強い辛金から気を洩らす水と取りました。忌神は土・金となります。

滝川さんは２０００年にフジテレビの入社試験を受けましたが最終選考で不合格となり、共同テレビに入社しました。数え年24歳の時です。そして、結局フジテレビに出向することになり、多数の番組に出演しました。ちょうどこの頃、滝川さんの大運は壬子となっていますが、用神の運であり、日主からみて大運地支の子には食神がつく時です。通変星の象意、話す仕事とぴったり一致した時とわかります。大運の通変星が用神とか喜神だとその象意の仕事によって福・禄・寿を得られるということです。

【例題38】　小林麻耶
１９７９年7月12日（時間不詳）生まれ

年柱	月柱	日柱	時柱
正印	劫財	日主	―
己未	辛未	庚辰	―
正印	正印	偏印	―

9	19	29	39	49	59
壬申	癸酉	甲戌	乙亥	丙子	丁丑
比肩	劫財	偏印	食神	傷官	正印

この例題は少々難解ですが、参考として取り上げておきます。

日主庚金を助ける己や未が三つもあって正印が強く、日支に辰土の偏印もあるので、強すぎる本命となります。したがって従旺格と取りました。

喜神は土・金・水となり、忌神は木・火となります。

土が多くて金が埋まってしまいそうなので、金が喜神となり、さらに金からの気を洩らして流通させるために水が必要です。そして、この水こそが、日主庚金から洩らす気となる食神・傷官で用神となります。

本命全体に食神か傷官がついている人はよく喋りにぎやかですが、小林さんはバラエティー番組などでもよく喋る明るいイメージがあります。

さて大運は、アナウンサーとなった19歳癸酉で大運干干の癸水は日主からをみると傷官です。アナウンサーやマスコミを意味します。しかも、彼女がＴＢＳに入社したのは、２００３年癸未の年で再び癸水の傷官が重なった時でした。

【例題39】　草野満代

１９６７年２月４日（時間不詳）生まれ

年柱	正印	丙午	偏印
月柱	食神	辛丑	比肩
日柱	日主	己亥	正財
時柱	—	—	—

10	庚子	偏財
20	己亥	正財
30	戊戌	劫財
40	丁酉	食神
50	丙申	傷官
60	乙未	比肩

日主己が丑月の寒い時に生まれて、日支にも亥水があり、寒々とした本命です。そのため、身強か身弱かを問わず本命全体を暖める火が必要になります。喜神は木・火・土で忌神は金・水です。特に火の大運で順調となりますから、これが調候用神です。この本命では、月干の辛が丑に根を持っています。つまり、食神の力が強いということです。食神の金は忌神ですから、それを抑える火の運に入って食神の長所が発揮されるのです。

大運は30歳戊戌からが吉運の時となっています。

草野さんは１９９７年にＮＨＫを退職してフリーとなり、同年にＴＢＳの『筑紫哲也ＮＥＷＳ23』のサブキャスターとして活躍しました。30歳戊戌の大運でのことです。大運の戌は本命年支午と三合して火となっています。40歳丁酉でも丁火によって月干の辛＝食神はその短所を抑えられます。

なお、三十名以上のアナウンサーやニュースキャスターの命式を調べたところ、85％ほどが、本命で食神・傷官が効いているか、大運で喜神の食神・傷官の運に入っていました。

〈食神が喜神・用神となる人の適職〉

食神が喜神・用神となる人は、会話のコミュニケーションが上手く、多芸多才で何をやってもこなすことができます。身強・身弱に関係なく会社勤めで実力を発揮できるでしょう。

ただし、毎日同じことを繰り返す仕事には向きませんので、変化があり活気に満ちた職場を選ぶことが大切です。また、自分の目標を追求してゆく場合は、金銭に関係なく精神的な満足を得るまで進むと良い結果がでるでしょう。

食神の示す職業は、お笑い芸人、タレント、マスコミ関係、ニュースキャスター、アナウンサー、通訳、弁護士、放送作家、カメラマン、小説家、絵本作家、映画業界、広告代理店、ファッション業界、美術関係、フラワーショップ、シェフ、板前、ソムリエ、飲食経営、レストラン経営、警察官、外交官、証券業などです。

本命に正官と七殺の両方がある場合は、医師、針灸師、占星術師など特殊な分野で活躍できるでしょう。

その他に身強の人で、食神が一つか二つあって、財星が天干地支に透っていると、アイデアを生かした商法、ベンチャー企業の創立者として成功できます。

身弱の人の場合は、食神が忌神となります。本命で偏印か正印が天干地支に透っていると、食神の力を借りて成功できます。本命にない時は、偏印か正印の大運に入っても成功できます。

〈傷官が喜神・用神となる人の適職〉

傷官が喜神・用神となる人は、学習能力が高く、適合性に優れている上に、芸術的な感性を兼ね備えています。話す仕事でも才能を発揮します。総じて平凡な会社員に向かず、自由業、独立自営に適しています。毎日同じことを繰り返す仕事には向かず、変化があり収入もある程度得られることが本人の満足度をあげます。芸術界、スポーツ界などの分野や技芸を生かせて自分の思いが通せる仕事に適しています。

傷官の示す職業は、シンガーソングライター、俳優、ニュースキャスター、アナウンサー、お笑い芸人、タレント、舞踊家、語学を生かした職業、翻訳家、医師（産婦人科）、教師、学者、作家、小説家、評論家、カメラマン、トリマー、美容師、理容師、占術家、風水師、宗教関係、デザイナー、画家、出版業、古物商、骨董品鑑定師、探検家などです。

その他に、身強の人で傷官が一つか二つあって、財星が天干地支に透っているとアイデア商品の開発など、ベンチャー企業の創立者として成功できます。

身弱の人の場合は、傷官が忌神となります。本命で偏印か正印が天干地支に透っていると、傷官の力を借りて成功できます。本命にない時は、偏印か正印の大運に入っても成功できます。

◇スポーツ選手には反射神経をみる偏財の星が鍵

先のニュースキャスターやアナウンサーのように、喜神から用神までを見つけ出すことが出来れば、その人の福と禄を授ける仕事が見つかります。

さらに特徴的な例として、スポーツ選手、特に野球選手や監督の命式を看てみましょう。

【例題40】 田中将大

1988年11月1日（推時）生まれ

年柱	偏印	戊辰	偏印
月柱	食神	壬戌	偏印
日柱	日主	庚申	比肩
時柱	偏印	戊寅	偏財

2	癸亥	食神
12	甲子	傷官
22	乙丑	正印
32	丙寅	偏財
42	丁卯	正財
52	戊辰	偏印

2014年にニューヨーク・ヤンキースに移籍した田中将大選手は、日主庚金が秋の戌月に生まれて「旺相休囚死」の「相」にあたり、月令の力を得ています。

また戌は戊に透干し、年支も辰で透干しています。日支も日主に力を貸して、身強の極みです。したがって、日主から気を洩らすか、月の気を抑える必要があります。もしも、日主の気を洩らそうと月干の壬を取るならば、戌月の五行は土ですから、土剋水となり弱くて使えず用神になりません。したがって、月令の気を抑えるためには木を使います。乙木は柔らかすぎて土を剋す前に金の気に負けてしまいますが、甲の陽木ならば金に剋されつつも土を抑えることができます。火を使って強すぎる金を抑えようとすると、火は土を生んでしまい、結果的に金が強くなります。

ここでは時支に寅がくる戊寅時を田中選手の出生時と推定していますが、時支にある寅木だけでは弱いものの、12歳甲子の大運では甲木が時柱に通根します。ここが四柱推命の妙なるところで、成功する人の宿命と運命は必ず連動しているのです。

喜神は水・木・火で特に木を用神と取りました。忌神は土・金です。

水は用神の木を助けますが、火は用神から気を洩らすうえに、土を生じて壬水を剋しにくるので、火に遭うと甲木の力が弱くなりますので閒神とします。

日主庚からみて甲木は偏財です。この星に力があると、臨機応変で反射神経に優れるので、スポーツ関係で大成できます。

本命をみますと、時支の寅木は申金に剋されてはいますが、申に子を持つ月干の壬が申金→壬水→寅木と申金の力を転化して、寅木を助けています。

田中選手は、最多勝利や最優秀防御率など数々のタイトルを獲得している他、ＭＶＰや沢村賞など、日本の野球界で優れた選手に与えられる主要な賞のほとんどを受賞しました。こうした成績をひっさげて、ＭＬＢに移籍した選手です。

しかし、流年が甲午だった２０１４年は、前半は絶好調だったにもかかわらず、7月に肘の故障で休まざるを得なくなりました。この年は流年地支が午なので、本命の月支と時支と三合して火になります。火は彼にとって閒神となり、あまり良い働きをしませんでした。さらに7月の月干支は辛未です。本命の辰戌、大運の丑、流月の未が揃い冲となります。

そういう意味では、２０１５年の乙未年も体調に注意が必要な年と言えましょう。

【例題41】 イチロー
1973年10月22日8時43分生まれ

年柱	食神	癸丑	偏印
月柱	傷官	壬戌	正印
日柱	日主	辛卯	偏財
時柱	傷官	壬辰	正印

5	辛酉	比肩
15	庚申	劫財
25	己未	偏印
35	戊午	七殺
45	丁巳	正官
55	丙辰	正印

続いて、2012年にニューヨーク・ヤンキースに移籍したイチロー選手です。

日主の辛金が戌月に生まれて、「旺相休囚死」の「相」です。しかも、年支の丑土、時支の辰土からも生じられて日主は身強の状態です。日主の五行が金で戌月生まれ、他にも土の地支が多いのは、先の田中将大選手と少々似ています。ここで、強い土を剋して抑えないと、辛金はエネルギー過剰となってしまいます。強い土を抑えるのに、日支の卯木を使います。喜神は水・木・火で、特に木を用神と取ります。忌神は土・金です。

この本命の大きな特徴は、日支に用神があり、月干と時干に壬水が来て、日支を護っていることです。この壬水があるために、辛酉の大運、庚申の大運で金の五行にあっても戊土→申金→壬水→卯木と五行の気がスムーズに流れて、用神が傷つけられません。用神にはその人の持って生まれた福禄寿が入っているわけですから、それが傷つけられるのは、日主が傷つくことよりも恐いことなのです。卯木は日主から見て偏財となっています。

彼がMLBのシーズン最多安打記録や十年連続二百本安打などを記録し、高額の年俸を得て活躍し続けているのは、本人の努力もさることながら、妙なる五行の変化のもとに生まれ、福禄寿に恵まれたからともいえましょう。

【例題42】　澤村拓一

1988年4月3日（推時）生まれ

年柱	月柱	日柱	時柱
比肩	正官	日主	比肩
戊辰	乙卯	戊子	戊午
比肩	正官	正財	正印

1	丙辰	比肩
11	丁巳	偏印
21	戊午	正印
31	己未	劫財
41	庚申	食神
51	辛酉	傷官

次は読売ジャイアンツからドラフト一位指名を受けて入団した澤村拓一選手です。

出生時間が不明でしたが、結婚してから一年五ヵ月で離婚したという経歴から、戊午時と予測しました。結婚宮である日支子と時支の午が冲になることをもって離婚と看ます。

日主戊土が卯月に生まれて、「旺相休囚死」の「死」となり、月干にも乙が透って木の気が強い本命です。日支の子水も乙木の成長を助けています。強い木に剋されて戊土は身弱です。年柱に戊辰がありますが、卯月には戊にも辰にも日主を助ける力が足りません。しかし、火が入ると、強い木の気を洩らしながら戊土に力を貸してくれます。喜神は火・土で特に火が用神となります、忌神は金・水・木です。火の働きは木→火→土というように、木と土の気の流れがつながるので、通関用神となります。

さて、大運を看ると、この命式に最も重要な火の運がずっと続いています。なるほど、ドラフトで一位指名されるのも頷けます。本命では、偏財や正財よりも正官という星に力があって、忌神となっています。正官は自分自身である日主を剋すので殺気が強く、身弱の人にはあまりいい働きをしません。ここでは大運の火の五行が入って偏印・正印として殺気の力を転化させています。澤村選手はこれにより力を得たのでしょう。これはスポーツ選手や武道家に時々見られるパターンです。身弱であっても、七殺か正官の殺気を借りると、運動能力に秀でるのです。およそスポーツ選手には、身強の場合は偏財に力がある人が多く、身弱の場合は七殺・正官およびその気を転化させる偏印・正印の組み合わせの人が多いという特徴があります。

なお、澤村選手は２０１２年と２０１３年は不調でしたが、彼の忌神は壬水です。２０１２年の流年は壬辰で、彼にとっての忌神であり、２０１３年も癸巳となって癸水が入っていました。水は澤村選手の用神である火を抑えてしまうので、不調となってしまったと看られます。

〈偏財が喜神・用神となる人の適職〉

偏財が喜神・用神となる人は駆け引きがうまく、口も達者なので、商売・営業関係に適しています。勤めても良し、独立しても良しです。ゼロからスタートしても周囲の援助によって発展することができます。行動力があり機敏ですので、机上の仕事よりも外に出ていろいろな人と接する方がいいでしょう。

この星に力があると反射神経に優れ運動能力も高いので、スポーツ関係、武道、角力界などで大成できます。偏財の示す職業は、金融関係（特にトレーダー）、証券マン、建設業、運輸、貿易、不動産、ブローカー、実業家、漢方医、医師、看護師、スポーツ選手、武道関係などです。

本命に食神か傷官があると、新商売、新規企画など、新しい発想を生かしたビジネス界で成功できます。

身弱の人の場合は、本命の比肩が天干地支に透っていると、ビジネス界、経済界で成功できます。本命にない時は、比肩か劫財の大運に入っても成功できます。

〈正財が喜神・用神となる人の適職〉

正財が喜神・用神となる人は、少々の苦労には耐えられる粘り強さをもち、正直で、また理財能力に優れている点など見かけによらず器用に何でもこなせますので、独立自営を考えてもいいし、官公庁・企業等へ就職しても実力を発揮し、管理職へと昇進してゆけます。薬の製造、販売関係、漢方アドバイザー、薬剤師でも才能を発揮します。

しかし、浮き沈みがある業種とか、交渉事や煩雑な人間関係には向かないようです。自分の働く環境に敏感なところがありますから、静かなオフィス、静かな店舗での勤務で力を発揮します。

本命に食神か傷官があると、もともと財運をもっているので実業の方へ進んでも成功するでしょう。

正財の示す職業は、大衆を相手にする仕事、たとえば理容師、マッサージ師、簡易整体師、コンビニ経営、あるいは、官公庁、公務員、大企業勤務、金融業、経理、会計士、不動産、農業、牧畜、事務職などです。文化的な職業としては、教師、評論家、司会者などにも向いています。

身弱で本命に財星が一つか二つだけある時、他に偏印か正印があると、何か特殊な技術を身につけることに向いているでしょう。

◇巨富を得る人、巨商の命は新しいことを開拓、創造する七殺の星が鍵

命式には職種によって特徴が表れますが、業界のパイオニアとして巨富を得る人にもそれは顕著です。特徴的な命式の例として、ビジネスで大きな成功を収めた著名人を看てみましょう。

【例題43】ビル・ゲイツ
１９５５年10月28日21時00分生まれ

※21時は戌時と亥時の境目です。ここでは戌時としました。

年柱	月柱	日柱	時柱
傷官	偏財	日主	偏印
乙未	丙戌	壬戌	庚戌
正官	七殺	七殺	七殺

6	16	26	36	46	56	66
乙酉	甲申	癸未	壬午	辛巳	庚辰	己卯
正印	偏印	正官	正財	偏財	七殺	傷官

日主壬が戌月に生まれて「旺相休囚死」の「死」です。他の地支をみると、全部が土の五行で日主を剋しています。日主はどの地支にも根を持たず、ひたすら剋されるだけです。時干に庚がありますが、日主が「死」となって弱すぎるので、日主を助ける力とはなりません。日主は全体の勢いに従います。火・土の勢いが強いので、日主を剋す土の七殺に従って従殺格と取りました。喜神は木・火・土です。従殺格ですから用神は土となりますが、できれば火と土、両方あるのが望ましいといえましょう。なぜなら、秋月の土は寒くて固くなっているので少し暖めてやって土をほぐした方が良いからです。

日主の壬を中心にみると、月支を始め地支に戊土が三つも並んで七殺となっています。七殺には改革、革命といった意味があり、直情型であるため考えて行動を起こすより行動しながら考えるタイプと看ることができます。ゲイツは世界初の個人向けコンピューター、アルテア８８００についての記事を科学雑誌で読み、その販売元に電話をかけて、実際にはまだ何も着手していないプログラミング言語ソフトを「開発に成功したから購入しないか」と持ちかけ、相手が話に乗ってきてから開発を開始したというエピソードが知られています。この辺りの性格は七殺星の人のパターンです。

さて、マイクロソフト社とビル・ゲイツの名前が世界中に知られるようになったのは、１９９０年代に入ってから、ちょうど彼が36歳の大運に入った頃になります。これは先述の固い土を暖める火の運に入った時で、通変星でいうと正財の時にあたります。従殺格の本命で固い土となった七殺を、大運に入って財星の火がほぐしてくれたということです。

また財星が七殺を生む時は、大衆の人気を得るとも言います。まさに、１９９５年がそうで、ウインドウズ95の開発により世界的な成功を得て、巨富が生まれています。

【例題44】　フェルッチオ・ランボルギーニ

１９１６年４月28日17時00分生まれ

年柱	傷官	丙辰	正財
月柱	正印	壬辰	正財
日柱	日主	乙未	偏財
時柱	比肩	乙酉	七殺

2	癸巳	傷官
12	甲午	食神
22	乙未	偏財
32	丙申	正官
42	丁酉	七殺
52	戊戌	正財
62	己亥	正印

スーパーカーで知られるランボルギーニ社の創設者の命式です。

日主乙が辰月に生まれて「囚」となっているうえに、年支にも辰があります。日支は未で時支は酉です。日主は地支を剋しすぎて気が洩れ、弱っているところに時支の酉金から剋されて身弱の極みです。日主を助ける地支はなく、時干にある乙も辰月生まれのため「囚」となって力がありません。月支の壬は辰に少し根を持つとはいえ、日主を助けるほどの力はありません。日主が陰干の時は本命全体の強い五行になびきやすいという性質があります。したがって、日主乙は本命全体の力が丙土→辰土・未土となって火土の気勢に従い、従勢格となります。年干の丙が戊土か、時支の酉が未ならば従財格となります。この本命では丙の傷官、辰および未の財星、酉の七殺が混ざっているので、それぞれ食傷星、財星、官殺星の勢いがあり、従勢格です。喜神は火・土・金、用神は五行の気勢が流れて、強い土気から発露された金となります。忌神は水・木です。

経歴に照らしてみましょう。１９４９年、己丑年にランボルギーニトラットリーチ社を設立して、農業用トラクターの製造販売を始めます。高価なガソリンの使用は最低限で済み、軽油を主な動力源とするシステムを開発し、大ヒットしました。１９４９年は彼が数え年令で34歳ですから、丙申の大運に入っています。彼にとって喜神であり、用神の大運の時です。設立年は己丑年ですが、この流年の丑は、本命の時支酉と三合して金になっています。やはり、彼の用神となります。この時に得た大きな財を元に、１９６３年にアウトモビリ・ランボルギーニＳＰＡを設立し、高級自動車の製造販売に乗り出します。

そして１９６４年、甲辰年から市販第一号の３５０ＧＴを売り出し、この年からスーパーカー・ランボルギーニの歴史が幕を開けます。この時に彼は数え49歳で42歳丁酉の大運の中にあります。やはり、用神である酉金の時です。しかもここで七殺が重なり、力を発揮します。七殺は改革・革命の星であり、反骨精神に溢れ、行動しながら考えるタイプの人物であることを示します。また、七殺は他人が手をつけていない仕事、新規事業の開拓で能力を発揮します。彼がスーパーカーを造ろうと思ったきっかけも、彼の乗っていたフェラーリがよく故障したのをメーカーに問い合わせたところ取り合ってくれなかったことや、高級自動車界は有望なビジネスだとみていたことだったそうです。彼の資料を調べてみると、とても七殺の性格が強く出ている人だとわかります。同時にこの大運には七殺がつきますが、大運の七殺の象意がよく表れています。彼は１９７１年、辛亥年にボリビアのクーデターにからむ売買契約のキャンセルから資金難に陥り、ここから段々と自動車業界から離れていきますが、１９７１年に彼は56歳となり、用神であった大運が過ぎます。

この大運での一番の問題は、大運地支の戌と本命の年支辰、月支辰との冲です。財星同士が冲し合ってお金の問題を暗示しています。１９７１年辛亥年は、用神の辛金がありますが、辛は本命の丙と合してなくなります。結果、彼にとって忌神の亥水が強く出てきたということです。四柱推命の判断で一番大事なのは、用神の運なのか否か、そして、このように用神がなくなってしまわないか、冲されていないかを看ることです。

また、業界のパイオニアや創始者には、活動的で失敗を恐れず粘り強いという、七殺に特徴的な性格が共通してみられました。また、大成功するには大運で七殺が力を貸していることも重要なポイントとなることがわかります。

〈七殺が喜神・用神となる人の適職〉

七殺が喜神・用神となる人は、判断力、決断力に富んでいる人です。活動的で失敗を恐れず、我慢強さ、粘り強さも併せもっています。仕事自体に刺激や変化があり成績を競争する仕事や、人が手をつけていない新規事業の開拓などで能力を発揮します。

七殺の示す適職は、実業家、警察官、自衛隊、軍需産業、外科医、スポーツ選手、武道家、土木、建設、機械、運輸関係。その他に舞踊、舞台関係、女優などの方面にも適しています。

とりわけ、身強で本命に羊刃をもつ人は警察、自衛隊関係に進むか、あるいは管理職や重要なポストを目指して就職すれば大成功できます。

身強で本命に食神をもつ人は、実業の方面に進むと良く、あるいは外科の名医になる場合もあります。また、官殺混雑（本命に七殺も正官も両方ある）で女性の場合は、技芸や特殊な技術を習得すると良いでしょう。

身弱の人の場合は、七殺が忌神となります。本命に偏印か正印が天干地支に透っていると七殺の力を借りて成功できます。ことに管理、総務、経理、会計などの仕事か、文筆業、宗教などの方面へ進むと才能を発揮できるでしょう。

〈正官が喜神・用神となる人の適職〉

正官が喜神・用神となる人は、まさに企業人という言葉がぴったりです。組織に順応し、その中で力を発揮できる人です。

正官の示す適職は、官公庁、大企業勤務、政治家、法律関係、宗教家、宝石貴金属業、金融業、記者、語学関係、スポーツ関係、教職、管理職、組織の中で働く仕事、組織をまとめる仕事などです。

特に身強の人で地支に正財があり、天干に正印がある場合は、文化関係・芸術関係に適しています。あるいは技芸、お茶や活け花などの方面にも適しています。

身弱の人の場合は、正官が忌神となります。本命で偏印か正印が天干地支に透っていると正官の力を借りて成功できます。ことに政治関係、法律関係、宗教関係の方面へ進むとよいでしょう。

◇漫画家、アニメーターは空想の世界と異次元を意味する偏印の星が鍵

最近では、日本の漫画やアニメーションが世界中で評価されています。日本でヒットしている漫画はストーリー性が高く、読者に勇気や希望、夢を与えるもの、いろいろと考えさせられるものなど様々です。売れっ子漫画家は日本に留まらず、世界に読者を持ち、中には五十億円の年商を得る人もいるそうです。

こうした方々を四柱推命で看ますと、共通して出て来るのは感性、観察力、想像力、独特の発想、特殊な技術を示す偏印星です。一流の漫画家にはそのどれもが必要不可欠です。

実例を看てみましょう。

【例題45】　奥浩哉

１９６７年9月16日（時間不詳）生まれ

年柱	月柱	日柱	時柱
偏財	七殺	日主	―
丁未	己酉	癸未	―
七殺	偏印	七殺	―

3	戊申	正印
13	丁未	七殺
23	丙午	偏財
33	乙巳	正財
43	甲辰	正官
53	癸卯	食神

彼の作品『ＧＡＮＴＳ』は『週刊ヤングジャンプ』に掲載され、２０１３年に完結しました。単行本は累計で二千万部以上発行されているそうです。実写映画化もされ、かなりの注目を集めました。

さて、奥氏の本命は日主癸が酉月に生まれて、「相」となり、身強にみえます。しかし、年支と日支に未土があって、月干の己土に通っています。しかも、年干の丁火は土の勢いを強めているので、とても強い土の力に日主が剋され、身弱となります。したがって喜神は金・水です。日主を助ける酉金は、土→金→癸水と強い土の力を転じて日主を助けるので、用神となります。忌神は多すぎる土と、それを助ける火です。

奥氏の命式で用神となる酉は月支にあり、本命全体に影響します。月支が用神となる場合、一つの地支だけでも全体の30～40％影響するのです。なお年支に用神がある場合は、日主からは遠いうえ、月支ほどの力を持てないので、その力は10～20％くらいです。

『ＧＡＮＴＺ』が『週刊ヤングジャンプ』に掲載されたのは２０００年からで、奥氏が数えの34歳からです。大運では、乙巳の時でした。33歳乙巳では、忌神となる巳火が地支にあります。ここで、注目したいのは大運の巳と本命の酉が三合して、巳酉の金（巳酉丑の三合）となっていることです。これで忌神である巳火は転化して金となります。

『ＧＡＮＴＺ』は２００４年にテレビアニメ化されたのですが、２００４年は甲申年で、やはり金の年です。しかも、大運の巳と流年の申は合して水になりますし、流年の申は本命の酉とも合して金の力を強めています。つまり、喜神と用神である金水の力が強くなった時に『ＧＡＮＴＺ』の人気が上がり、奥氏は仕事で成功しているのです。

ここでの要点は、いずれも金に化けた大運の通変星が本命の用神と同じ偏印星になるということです。超売れっ子の漫画家になるかどうかは、この偏印星に注目してください。

【例題46】　山下和美

1959年8月15日（時間不詳）生まれ

年柱	比肩	己亥	正財
月柱	正財	壬申	傷官
日柱	日主	己巳	正印
時柱	—	—	—

8	癸酉	食神
18	甲戌	劫財
28	乙亥	正財
38	丙子	偏財
48	丁丑	比肩
58	戊寅	正官

彼女は１９８０年に『週刊マーガレット』でデビュー。後に講談社の『モーニング』に活動の場を移して『天才柳沢教授の生活』で人気を博し、２００２年には同作がドラマ化されました。

日主己が申月に生まれて「休」となり、年支の亥は月干壬水に通じて日主に敵対していますので身弱となります。喜神は火・土となります。用神は強い申金を剋しながら日主を助ける火です。ここで、火によって金を抑えると、金が生む水の力も弱くなって本命の金水が弱くなることに注目してください。忌神は金・水・木となります。この本命では、用神は日支の巳火であり、その蔵干の丙火が用神です。通変星に直すと、正印です。『週刊マーガレット』でデビューした時は、彼女が数え22歳の時です。大運は18歳甲戌です。戊土の喜神の時でしたが、用神ではないので特筆するほどいい時ではなかったようです。２００２年に彼女の作品がドラマ化した時は、数え44歳で、大運は38歳丙子の時です。大運地支は子ですから、本命に申と合して申子（申子辰の三合）の化水があることから、忌神の時ではあります。しかし大運の丙が本命の巳に子を持ち用神が有力となりました。大運地支が忌神に化けたので、初めから全てが順調というわけではなかったようですが、38歳丙子の大運に入って、徐々に作品が注目され始めたのです。

　注目したいのは、２００２年の干支は壬午であり、壬水もありますが、地支に午火が入って、本命、大運、流年と用神が揃っていることです。

　名声が上がった、地位が上がった、大きな収入を得たという時には、必ず本命の用神と、大運干支の中の用神、それに流年干支の中の用神が揃っています。その五行の用神は通変星に直すと、その人の職業を示す星であり、その通変星がしっかりと力を出しているのです。

【例題47】 藤子・F・不二雄

１９３３年12月1日（時間不詳）生まれ

年柱	食神	癸酉	比肩
月柱	食神	癸亥	傷官
日柱	日主	辛丑	偏印
時柱	―	―	―

8	壬戌	正印
18	辛酉	比肩
28	庚申	劫財
38	己未	偏印
48	戊午	七殺
58	丁巳	正官

『ドラえもん』で知られる藤子・F・不二雄氏の命式です。

『ドラえもん』の連載が始まったのは、１９６９年です。その後、１９７３年に同作がテレビアニメ化されて国民的人気作となりました。

日主辛金が冬の亥月に生まれていますので、身強か身弱かをみる前に調候用神を考えます。本命全体に金・水が多いので、とても寒くて冷たい本命です。本命全体を暖める火が必要ですが、全体に水が強すぎて冬の海の荒波が逆巻くような感じです。ここに火だけを入れても、すぐにかき消されてしまいます。出来れば土を使って堤防を造り、水を抑えながら火で暖めると調和が取れます。たとえば戌とか未の土を使うと、戌の中には蔵干丁火が入っていますので、水を抑えつつ、火の力が出てきます。未も蔵干に丁火が入っているので、本命の調和を取ることが出来ます。したがって、喜神は火・土、用神は土と取りました。厳密には、未か戌を用神としますが、出生時が不明ですので、用神は単に土とします。忌神は金・水です。

『ドラえもん』の連載が始まった１９６９年は己酉年、藤子・F・不二雄氏が数え37歳の時であり、天干に偏印星が現れた時です。続いて大運の38歳己未から用神の運に入り、この時、大運地支の未には創造と空想を意味する偏印の星がついています。47歳戊午の大運でも同様です。戊土が強い水を抑えながら、年月の癸と干合して、忌神である水の力がなくなり、さらに午火が本命全体を暖めて、五行の調和が取れています。

この命式では、食神と傷官が強いのですが、食神の星はクリエイターやデザイナー、作家の星でもあるので、それらを印星によって抑えながら、いい面だけが出てきたと考えてもいいでしょう。大運38歳己未の中で喜神と用神の流年があり、漫画家の星である偏印がつく時に『ドラえもん』が世に出されたのです。

〈偏印が喜神・用神となる人の適職〉

偏印が喜神・用神となる人は、想像力に富み、非常に変わった才能をもっています。研究、創造、発明に関わる仕事に適します。

具体的には、教師、学者、通訳、語学関係、医師、画家、漫画家、音楽家、俳優、芸術家、占術家、風水師、ヨガ講師、宗教家、宇宙関連、宇宙事業、コンピューター関連、ネット関連、水商売、キャバクラ経営、食のデザイン、企画、アートデザイン、設計士、パイロット、キャビンアテンダント、冒険家、相場師などです。

なお、本命に正印を併せ持つと、同時に二つの仕事を持つことを暗示します。

また、身強・身弱を問わず、年干か月干もしくは時干に正官がある人は、会社や官公庁に勤めて成功します。

身強の人の場合は偏印が忌神となります。本命で偏財か正財が天干地支に透っていると、偏印を抑えながらその力を借りて成功できます。本命にない時は、偏財か正財の大運に入っても成功できます。

〈正印が喜神・用神となる人の適職〉

正印が喜神・用神となる人は、おとなしく、あまり競争を好まず、変化の少ない安定した業種か、営業成績等に無関係な会社を選択すると良いでしょう。特に、人に何かを教え、伝えていくような仕事、伝統を伝える仕事は最適です。

正印の示す仕事は事務職、公務員、教師、教育関係、語学関係、通訳、翻訳、作家、文学、出版、技術、芸能、芸術、演劇、ソムリエ、調理師、板前、伝統芸能、華道、茶道、フラワーショップ、神社寺院関係、介護、福祉関係などです。

なお、正印と空亡が同じ柱にある場合は、特に学術、文化、宗教の方面に進み成功するでしょう。また、身強・身弱を問わず、本命に七殺か正官があって月支か日支に正印がある人の場合は、特に官公庁の方面に進んで発展、成功するでしょう。

身強の人の場合は偏印が忌神となります。本命で偏財か正財が天干地支に透っていると、偏印を抑えながらその力を借りて成功できます。本命にない時は、偏財か正財の大運に入っても成功できます。

三、用神の五行が示す職業

前節では通変星と職業の関係をみてきましたが、五行の暗示する意味には職業も含まれています。それぞれの五行が示す職業は以下の通りです。

〈木の示す職業〉

保育・教育関係、文芸・文学関係、文筆家、作家、コピーライター、歌手、音楽家、ピアニスト、評論家、アナウンサー、出版社、書店、広告関係、司法関係、政治家、裁判官、弁護士、医師（内科）、スピリチュアル関係、セラピスト、神仏具販売、宗教家、神道、神社関連、宮司、禰宜、高級品を扱う仕事、百貨店、ブライダルコーディネーター、エンジニア、木材関係、大工、インテリアデザイナー、呉服関係、着物アドバイザー、紙・パルプ業、大工、フラワーショップ、漢方アドバイザー、薬剤師、マッサージ、整体、ヨガ講師、通信、放送局など。

〈火の示す職業〉

ファッション関係、アクセサリー製造、トリマー、理・美容師、放送作家、ＤＪ、ニュースキャスター、アナウンサー、歌手、歌謡、舞踊、ダンサー、コメディアン、漫才師、テレフォンオペレーター、デザイナー、手工芸、ネイルアーティスト、金属・機械加工、書道家、画家、カメラマン、映画・映像関係、報道・マスコミ、ＩＴ関連、コンピューター関係、ＷＥＢデザイン、彫刻家、心理学者、放射線技師、演説家、お笑い芸人、占星術師、密教僧（火を使うので）、パン職人、パティシエ、フラワーアレンジメント、医師（眼科）、宇宙事業、サービス業、レーサー、パイロット、大型小売店、書籍・文具販売、学校関係、学者、文筆家、法律関係、証券業、相場師、外為ディーラーなど。

〈土の示す職業〉

医療関係、医師、看護師、商品・証券関係、簿記、会計士、設計士、技術・技芸職、秘書、仲介業、管理・管理職、教師、教育・学校関係、道教・道士関係、建築・土木業、道路公団、とび職（火の示す職業に入れる場合もある）、左官、不動産業、不動産営業、土地再開発コンサルタント、ビル管理、ガーデンデザイン、庭師、農業、牧畜業、ブリーダー、古物商、古物鑑定士、陶器関係、不動産鑑定士、風水師、パワーストーン販売、墓地管理、葬祭業、靴の製造、靴の販売など。

〈金の示す職業〉

金融業、貴金属・宝石商、銀行、保険会社、科学者、金属・鉄工関係、鉱業、精密部品製造・販売、貴金属デザイナー、調金師、声優、サウンドプログラマー、通信電話業、電気関係、自動車産業、整備士、自動車営業、航空機産業、航空整備士、スポーツ・武道関係、スポーツインストラクター、警察・自衛隊、入国審査官、国家公務員、高級官僚、議員、医師（外科）、仏教僧（鐘を使うので）など。

〈「水」の示す職業〉

芸能関係、モデル、シンガーソングライター、音楽関係、漫画家、アニメーター、ゲームディレクター、占い師、飲食業、水商売、ウエイター・ウエイトレス、コンシェルジェ、タクシー運転手、コンビニ経営、ソムリエ、医師（産婦人科）、水産業、漁師、水産養殖、航海士、船員、ギャンブラー、港湾関係、卸売市場勤務、製氷業、冷凍・冷蔵関係、石油関係、塗装業、クリーニング関係、消火器関係、消防士、お茶、活け花、探偵、記者、キャビンアテンダント（火の示す職業に入れる場合もある）、観光業、トラベル会社、旅行プランナー、ツアーコンダクター、キリスト教・宣教師（聖水を使うので）など。

第八章　五行から健康・病気を看る

一、十干・十二支・五行と病気の関係

『滴天髄』には「五行和者、一世無災（命式中で五行が循環していれば、一生に病災なし）。忌神入五臓而病凶、客神遊六経災小（命式中で忌神が強い時にその五行の病気になる、喜神が五臓六腑に順々に巡っていると大病はしない）。」と記されています。

命式を調べて、喜神・忌神を問わず、それぞれの五行がバランスよくあると、生涯に大きな病気はしません。もし五行に偏りがあれば、忌神となるその五行が示す病気、もしくは忌神が剋す五行の病気に罹りやすいものです。

十干および十二支と五臓六腑の関係、五行と疾病の関係は以下のようになります。

◇十干と五臓六腑の関係

甲［陽木］—胆	乙［陰木］—肝
丙［陽火］—小腸	丁［陰火］—心臓
戊［陽土］—胃	己［陰土］—脾
庚［陽金］—大腸	辛［陰金］—肺
壬［陽水］—膀胱	癸［陰水］—腎

◇十二支と五臓六腑の関係

寅〔陽木〕・卯〔陰木〕―胆、肝

巳〔陰火〕・午〔陽火〕―小腸、心臓

申〔陽金〕・酉〔陰金〕―大腸、肺

亥〔陰水〕・子〔陽水〕―膀胱、腎

辰〔陽土〕・未〔陰土〕・戌〔陽土〕・丑〔陰土〕―胃、脾

◇五行と疾病の関係

〈木（甲・乙および寅・卯）〉

眼、筋膜、リュウマチ、関節炎、手足の痺れ、神経、脳、筋脈、頭、偏頭痛、立ちくらみ、うなじ、両手、両腿、頭痛

〈火（丙・丁および巳・午）〉

頭、精神、知恵、意識、血脈、扁桃腺、小腸、心臓、喉、眼、肩、胸、歯、舌

〈土（戊・己および辰・未・戌・丑）〉

唇、肌、肉、腸、消化器系、胃病、皮膚病、腸病、歯痛、吹き出もの、瘀血

〈金（庚・辛および申・酉）〉

皮膚、皮膚過敏、アレルギー、肋膜、肺結核、へそ、股、呼吸器系統の病、肺病、鼻、鼻水、風邪、痔

〈水（壬・癸および亥・子）〉

泌尿器系、婦人病、耳、骨髄、膀胱系、子宮系、脚、脛、尿道、陰部、眼、痰、近視、失明、下部出血の病

二、実例に看る健康・病気

それでは、実例で健康や病気を看る際のポイントを紹介しましょう。

◇喜神・用神が忌神と対峙する時、その五行が示す病気に注意。

【例題48】　A　女命

	天干	地支
年柱	壬	戌
月柱	己	酉
日柱	壬	戌
時柱	甲	辰

用神	火	喜神	木		
忌神	金	仇神	土	閒神	水

日主壬が金の気の一番強い秋月に生まれて、戌土も辰土も酉金と合して地支はすべて金の塊になっています。

この時、戌土の気はほとんど金ですので、金の五行が示す病気に注意します。

Aさんは金剋木で神経症の病気になり、緊張しやすく、ときには息ができなくなるとのことでした。呼吸の

困難は金の五行が示す病気ですが、原因は強い金に剋されて木の神経が弱っていることにあると看られます。

【例題49】　B　女命

	天干	地支
年柱	庚	戌
月柱	乙	酉
日柱	丁	丑
時柱	壬	寅

用神	火	喜神	木		
忌神	金	仇神	土	閑神	水

秋月生まれの丁火は、「旺相休囚死」の「囚」で身弱です。天干の乙と庚は月令を得て化金となり、さらに月支の酉は戌と三方局で金となるうえ、丑と合して金となります。つまり、本命の三分の二が金の塊となってしまいました。唯一の喜神・用神は寅ですが、寅は強く剋されていて、ほとんど役に立ちません。

Bさんの症状は両手足がだるく痺れる、腹痛、頭痛、立ちくらみがするとのことでした。

手や足が痺れるのは、金剋木で木の筋が剋されることです。この場合の頭痛は肩から首にかけての筋が張ることで引き起こされていました。これは、忌神の五行に対峙する喜神・用神の五行の病気が現れた典型的な例です。

◇本命か大運で用神が剋冲を受ける時、その五行が示す病気に注意。

【例題50】　C　女命

	天干	地支
年柱	庚	午
月柱	己	丑
日柱	己	亥
時柱	乙	亥

用神	火
喜神	木
忌神	水
仇神	金
閒神	土

生まれ月が冬のもっとも寒い時で、しかも月支の蔵干に水を含んでいます。そのうえ日支と時支に二つの亥が並んでおり、水の五行が結束した寒く冷たい本命となっています。あまりにも冷たいので、絶対に火を入れて暖めてやることが必要です。同時に木が火を助けないと、すぐに火が消えてしまい持続できません。

Cさんは、数え6歳の乙亥年に三つの亥が揃ってしまい、用神の午火がひどく剋されてしまいました。火は頭であり、血管を意味しますが、高熱が原因で脳神経に後遺症が残ってしまいました。

【例題51】 D 男命

	天干	地支
年柱	辛	酉
月柱	己	亥
日柱	己	亥
時柱	己	巳

用神	火
喜神	木
忌神	水
仇神	金
閒神	土

先天性心臓病のDさんの命式です。

日主の己土が寒い冬月に生まれ、周りには辛金と酉金が並び、水の力が強くなっています。寒い時には必ず火の助けが必要です。火を生じながら忌神の水を転化させる木が喜神となります。

しかし、月柱と日柱が互いの力を消し合ってしまう「伏吟《ふくぎん》」の関係となっているうえに、用神の巳火と月支および日支の亥水が冲してぶつかり合っていることから、福禄寿ともに薄くなっています。なお、巳火と亥水の冲では冬月の亥水の方が強くなります。

Dさんの用神は火でしたが、火の示す心臓の病気が現れた結果、幼い頃に亡くなりました。数え年の3歳、満2歳の癸亥年です。流年も亥年で三つの亥と用神の巳が冲する時でした。

◇ある五行の勢いが強い時、その相生の五行が示す病気に注意。

【例題52】　E　男命

	天干	地支
年柱	癸	巳
月柱	丙	辰
日柱	丁	未
時柱	庚	戌

用神	木	喜神	火		
忌神	土	仇神	金	閑神	水

木の力が強い春月の生まれとはいえ、地支に土が三つも揃うと日主の力は洩れていくばかりで、身弱の極みです。木で土を抑えていかなければなりません。よって木が用神となります。忌神は土です。さらに、時干にある庚金が忌神に生じられて力があります。金は仇神となります。金は勢いのある土から生み育てられて強くなっています。

Eさんの病気の症状は、よく風邪をひき咳が出る、鼻が詰まりやすいと、金の五行に代表されるものでした。

◇天干地支に三つ以上ある五行が示す病気に注意。

【例題53】 F 女命

	天干	地支
年柱	辛	丑
月柱	己	亥
日柱	甲	戌
時柱	甲	子

1	庚子
11	辛丑
21	壬寅
31	癸卯

用神	火	喜神	木		
忌神	水	仇神	金	閒神	土

日主甲木が冬の寒い時に生まれたので調候用神となります。用神は火、用神を助ける木が喜神、忌神は水で、仇神が金となります。

地支は、亥と子と丑が揃い三方局で、冬の寒い中で川が氾濫しているような水の勢いです。

水の五行が示すのは、腎臓、膀胱、耳の病気です。Fさんは、21歳壬寅の大運に入ってから耳鳴りがするようになり、人の話し声が聞こえなくなってきました。

◇忌神が大運で根を持った時、その五行が示す病気に注意。

【例題54】　G　男命

	年柱	月柱	日柱	時柱
天干	乙	辛	辛	癸
地支	未	巳	卯	巳

8	18	28	38	48	58
庚辰	己卯	戊寅	丁丑	丙子	乙亥

用神	火	喜神	木		
忌神	水	仇神	金	閒神	土

この命式では、日主の辛が根を持たず、従勢格となります。年支にある未土が日主を生じそうですが、日支の卯と合して木となっています。加えて、年干にも乙の木があり、強い木となって、月支と時支の巳を助けて火を大きくしています。したがって、日主は孤立無援となって木と火の勢いに従い、従勢格となりました。

この方は、２０１２年に肺疾患で亡くなりましたが、ちょうど乙亥の大運に入ったところでした。この大運では、本命の癸が大運地支の亥に根を持ちます。実際には48歳丙子の大運となる53歳頃から、既に病気の徴候があったのかもしれません。

亡くなったのは壬辰年の忌神の年で、辛亥月の庚子日でした。これは忌神の金・水の時です。肺水腫で、肺に水が溜まったとのことでしたが、忌神の悪い象意そのものです。

◇天剋地冲の時、病気に注意。

【例題55】　H　男命

	天干	地支
年柱	丙	申
月柱	辛	丑
日柱	丁	未
時柱	辛	丑

1	11	21	31
壬寅	癸卯	甲辰	乙巳

用神	火	喜神	木		
忌神	水	仇神	金	閒神	土

日柱と月柱が天剋地冲となっています。Gさんは31歳乙巳の大運に入ってから口がよく乾くようになり、疲れやすく、トイレが近くなったとのこと。病院に行ったところB型肝炎と診断されました。

【例題56】　I　女命

	天干	地支
年柱	庚	戌
月柱	丙	戌
日柱	丁	丑
時柱	壬	寅

5	15	25	35	45
乙酉	甲申	癸未	壬午	辛巳

用神	火	喜神	木		
忌神	水	仇神	金	閒神	土

Hさんは25歳癸未の大運で日柱の丁丑と天剋地冲となりました。28歳の頃より脚がだるく、力が入らない、手が痺れる、頭痛、めまい、腹痛もあるとのことでした。

◇喜神・用神が合した時、病気に注意。

【例題57】　J　女命

	天干	地支
年柱	丙	戌
月柱	辛	丑
日柱	癸	卯
時柱	癸	丑

6	庚子
16	己亥
26	戊戌
36	丁酉
46	丙申

用神	火	喜神	木	
忌神	水	仇神	金	閑神　土

生まれ月の丑月は冬の終りで、寒さが凝縮されたような冷たい時です。時干には冷たい癸水が月支と時支に通根して、この命式をより冷たいものにしています。

用神は年干にある丙火ですが、月干の辛と合して火の働きができません。したがって、日支の卯木によって土を剋し、火が生じるのを助けるしかありません。全体的に用神と喜神に力がなく、バランスの悪い命式です。

Jさんは26歳戊戌の大運に入って統合失調症になってしまいました。これは、二つの丑と本命の年支、大運干支の戌の刑にも注目しましょう。用神の丙火は精神、知恵、意識を示す五行ですが、それが合してなくなり、精神の病気になってしまったと看ることができます。

【例題58】 K　男命

	天干	地支
年柱	壬	戌
月柱	壬	寅
日柱	丙	戌
時柱	甲	午

用神	金	喜神	水		
忌神	火	仇神	木	閑神	土

日主は丙、初春の寅月に生まれて身強です。また、時支には午火があって日主の身強を助けています。気になるのは、地支が寅・午・戌と揃って三合により火になっていることですが、寒さが残る初春ですので、三合しても、木に火がついてくすぶり始めた程度です。

このため、年支と日支の戌は半分が火、半分が土の状態です。加えて火をもった戊土ですから金を生めません。

本命全体では、忌神の木・火の気が強く、対峙する喜神の金・水が枯れる状態です。中医学の言葉では、「肝火旺而腎水不足」と言い、木・火の働きが強くて、腎水のエネルギーが取られてしまった状態を意味します。したがって、Kさんは肝臓・腎臓の病気に注意を要します。

【例題59】　L　男命

	天干	地支
年柱	甲	辰
月柱	甲	戌
日柱	己	未
時柱	壬	申

1	11	21	31
乙亥	丙子	丁丑	戊寅

用神	金
喜神	水
閒神	木
忌神	火
仇神	土

日主の己土は戊月生まれで身強です。年に辰土、日に未土と土の地支が揃っており、年干・月干が日主と干合して全部が土の固まりとなってしまいました。ここでは、甲は妬合で合しないとみるのが一般的ですが、戊月の土気のために二つとも己と合するとみることもできます。あまりにも土の力が強すぎて、抑え切れませんので、時支の申を使って土気を洩らしていきます。

したがって、用神は金、そこからさらに洩気して、順々に五行の転化を計るため、水が喜神となります。しかし、大運が21歳丁丑に入ると再び土気が強くなり、大運の天干の丁が本命の喜神である壬と合してしまいます。それにより喜神の力がなくなってしまい、用神は孤立します。

Kさんの症状は、頭痛、慢性の鼻炎、風邪を引きやすい、乾いた咳が出る、喉がかゆい、膀胱炎、尿が近い、疲れやすいということでした。この症状のうち、慢性鼻炎から喉がかゆいまでは金の症状。膀胱炎と尿が近いのは、土剋水となる水の症状です。

【例題60】 M 男命

	天干	地支
年柱	丙	寅
月柱	癸	巳
日柱	辛	未
時柱	丁	酉

用神	水	喜神	金		
忌神	火	仇神	木	閒神	土

日主辛は夏の暑い時に生まれ、年干には丙火、時干には丁火があるので、冷たい水を用神に、水を助ける金を喜神とします。しかし、時支にある酉金は時干の丁火から剋され、隣の未土からも力を得ていないので（未土は蔵干に火があるので、金を生まない）月干の癸水ともに力がありません。

Mさんは肺に力がなく、腎臓も弱いため疲れやすく、頻尿の人でした。

三、健康・病気の看方

以上のように、命式中で五行がうまく循環しているか、多すぎる五行がないか、剋し合い気の流れが塞がっていないか、用神や喜神が孤立していないかなどをよく看て健康と病気を判断していきます。

ポイントは、特定の五行が強くなっている場合や偏りがある場合に、その五行が示す意味を考えることです。

図表29に各意味をまとめましたので、体質と病気を判断する際にはこれを参照してください。

図表29　五行のバランスと健康・病気

病気・症状／五臓・五腑・五竅《きょう》	五気が強い時：母の五行が子に影響	五気が強い時：子の五行が母に影響	五気が弱い時：母の五行が子を生まない	五気が弱い時：子の五行が母の気を洩らす
木 肝臓・胆・目	木が旺じると火を生む。肝火旺腎水不足で、肝臓腎臓の病気に注意。怒ると肝臓の火が盛んになる。	水が木を助けると、木が盛んになり、肝の病気から腎水が蒸発して肝腎ともに弱る。	木の気が火を生まないと、胆の気は動かず、精神が落ち着かない。	多過ぎる木の五行では木に連れて、水の気も弱くなる。肝臓・腎臓の働きの低下。
火 心臓・小腸・舌	火が旺じると土を生む。熱で胃府が強くなる。	火の気は強くなると風を生み、木の病気となる（＊1）。	火の気が土を生まないと、胃腸の働きが弱くなる（＊2）。	弱すぎる火の五行は、木の気が火に引張られて木火の力が弱くなる。火は血、木は筋・発育不良・手足の病気となる。
土 脾臓・胃・口	土が旺じると肺金を生む。脾が湿ると肺の病気になる（＊3）。	土は火と関係しているので、火土が盛んな時は脾土が熱をもつ。脾土の機能が弱くなる。	火の気が強いか乾いた土が多いと金を生まない。脾臓は虚であり肺が乾く。	弱すぎる土で火の気も衰え、金の助けとならず寒い。小腸が虚寒となり消化不良・下痢・免疫障害となる。
金 肺臓・大腸・鼻	金の五行が強い時は金・水に影響。肺の風は水の腫れを作る（尿や汗などの水分代謝が悪い）。	金と土が混ざり強くなると濁った金となり肺痰の病気になる。	金の気が水を生まない時、肺に力がなく腎臓も弱い（＊4）。	弱すぎる金で土の気も取られ、脾臓の働きが衰えて栄養が蓄えられない。肺の力も弱いので、身体は細く体力が無い。
水 腎臓・膀胱・耳	水の五行が旺じると木に影響。寒くて肝気の流れが滞る。	金の気が転じて水を生むと、水気は肺の力を落とす。喉、肺の病気。	水の気が木を養わない時、肝臓の働きは虚となる（＊5）。	弱すぎる水の五行では金の気も削られ、呼吸、肺の力が衰える。

＊1　火が風を起こすというのは、大火事の時に突風が起こるのを想像されたい。

＊2　土を生むには木の作用が必要。木がない火は灰を出さないので、土が生まれない。

＊3　脾の五行は土だが、脾臓は食べた物の水穀の気を蓄えるところ。そのため水穀の気が盛んになることを脾が湿るという。

＊4　夏月生まれの金は他にも金水の干支がなければ溶けてしまって使えない。

＊5　冬月の木は寒くて縮まっているので、いくら水が多くても木の働きを成さない。

第九章　まとめと総合判断

以上、初伝では、宿命と運命を読み解くための基礎となる四柱推命の概念、運命式の並べ方について説明しました。

中伝では、通変星と五行の変化について説明をしました。

奥伝では、通変星についてさらに深く説明し、人生を幸福にする鍵の見い出し方を探りました。

本章では、これまでの内容をもとに、誰もが知っている著名人を例に挙げながら、実際に鑑定する際の手順と判断するための秘訣を説明していきます。これまでに学んだ内容を振り返れるよう、要所では該当項目を指示していますので、参照しながら会得してください。

一、気質・個性の看方

命式表を作成していよいよ鑑定を行っていく際、以下の手順で看ていくと、その人の気質・個性の特徴が判ります。

①日主を看る

日主から読みとれる性格は、他人から見たときの第一印象、外見に表れる性格です。

②月支を看る

月支から読みとれる性格は、その人の行動パターンとその人自身が感じている自分の性格です。

③用神からなる通変星を看る

本命に用神があれば、その用神の通変星をもって、気質・性格を読み取っていきます。もし、大運の中で、この用神の通変星に遭えば、その時以降、その通変星の影響があると看てください。年を取ると性格が変わっていくことがあるのは、推命的にこれで説明できます。

用神から看る性格はいわばその人の本質であり、内面的な気質を表します。

④本命で天干と地支に透っている通変星を看る

天地に透っている通変星が喜神であれば、その通変星の長所を七割、短所を三割くらいと読みとってください。もし、通変星が忌神であれば、その通変星の短所を七割、長所を三割くらいと読みとってください。

⑤神殺星からの意味を加える

神殺星にはいくつかありますから、羊刃、桃花、駅馬、魁罡、華蓋の順に看ていきます。それ以外の星は、性格的特徴があまり強くありませんので性格判断には使いません。

気質・個性の看方の総合的な実例として【例題61】、永遠のアイドルともいわれる松田聖子さんの命式を看てみましょう。

彼女の生まれた季節は、春の真ん中の卯月、木の気が一番強い時です。さらに年支には寅木があって、年干の壬と月干の癸が天から水を注いでいる状態です。まさに雨後の筍のように草木が一斉に生い茂っている様です。

その中で、日主丁火は勢いの強い木からエネルギーを貰って、身強の状態です。木の気が強い時には金を使って木を切っていきます。土はその金を助ける働きです。

よって用神は金、喜神は土と水となります。

用神を取ったら、次に性格判断に移りましょう。

【例題61】

命式表

1962年3月10日17時30分生

氏名（松田聖子）女男命

生地（福岡県・久留米市）

	年柱	月柱	日柱	時柱
天干神殺星				
天干通変星	正官	七殺	日主	食神
天干	壬	癸	丁	己
地支	寅	卯	未	酉
蔵干	甲丙戊	乙	己乙丁	辛
地支通変星	正印	偏印（病）	食神	偏財
地支神殺星			羊刃、血刃、紅艶、華蓋	

歳運	1	11	21	31	41	51	61
天干通変星	正官	偏財	正財	食神	傷官	比肩	劫財
大運	壬寅	辛丑	庚子	己亥	戊戌	丁酉	丙申
地支通変星	正印	食神	七殺	正官	傷官	偏財	正財

喜神…土・金（用神）・水

忌神…木・火

①日主を看る

日主は丁。第三章「一、日主に表れる気質・性格」の該当項を参照します。

繊細な神経と豊かな感受性を持つ人です。また強いカンと豊かな想像力を持ち、人一倍神経質です。そのため、自分の世界と現実とのギャップに悩むことが多く、それが原因で仕事をよく変えたり、恋人とトラブルを起こしたりします。

束縛されるのが嫌いで好き嫌いもはっきりしていますから、一人でいるほうが気楽だという面もあります。先の丙の人と同様に熱しやすく冷めやすいので、よほど好きなことでない限り長続きしません。しかし、集中力とカンの鋭さ、理解力に優れている点は十干中で一番です。

以上は日主から看た判断です。四柱推命では、二割くらいを性格判断の材料とします。

②月支を看る

月支は卯月。第三章「二、生まれ月から看る性格判断」を参照します。

完璧主義者で手をつけたことは最後までやり遂げようとします。潔癖症のところがあります。それは対人面に出ると人の好き嫌いが激しいということになります。衝動的でじっとしていることが苦手です。いろいろなことに注意し、考えをめぐらせています。一旦仕事に集中すると、口を挟まれたり邪魔されるのを嫌います。少々周りの空気が読めないところがあります。

蔵干の乙が時干に通っていると、仕事に対して完全主義です。女性ではモデルや服飾デザイン、美容師に向いています。

およそこの月生まれの人は少し怠け者のところがあるので、仕事の中に成功報酬を加えると、よく頑張れるようになります。もし時支が戌の人ならば責任感に欠け、年支や他の地支と合わせて亥・卯・未が揃うと少々怠け者の意味が出てきます。

大腸、脇（肋骨のあたり）の違和感に注意です。

次に、用神からの性格判断をします。

③用神からなる通変星を看る

彼女の命式では金が用神でしたから、時支の酉金が用神となります。酉金には偏財の星がついていますので第四章「二、通変星の意味」を参照します。用神ですから良い意味が強く出てきます。

善良で気持ちの広い人です。弱きを助け、困っている人や他人の面倒をよくみます。おだてに弱い面、周りから一目おかれたいと思っている点もあります。判断力を備え、瞬間瞬間における判断力は早くて的確です。冒険や新しいことが好きで忙しければ忙しいほどパッパッと閃めくのです。

④本命で天干と地支に透っている通変星を看る

彼女の本命で天干と地支に通っている通変星を看ます。すると、食神星が時干の己と日支の未にあります。先の偏財星の判断にこの食神の星の性格判断を加えていきます。

第六章「二、用神の通変星が表す性格」を参照してください。

柔和な性格で、度量も広く明朗活達、そしてよく喋る話し好きな社交家で、他人からの相談ごとにもよくのるため信望も厚いものです。ただ利己主義の面が強く他人の気持ちを推し測れないという点がなきにしもあらずです。それにより思いがけないところで人に迷惑をかけて、敵を作ることがあるので、周囲（特に部下、後輩など）の人にも気を遣うと良いでしょう。頭の切り換えが早く、要領も良いので仕事をすればそつなくこなしていくうえに、口も達者ですから、セールスや営業方面ではかなりの成績をあげられるでしょう。

⑤神殺星からの意味を加える

最後に、神殺星を調べます。第二章「六、神殺星と運命への影響」を参照してください。

彼女には、日支に羊刃、血刃、華蓋、紅艶がつきます。

羊刃は長所に出れば剛気で集中力があり、決めたことは必ずやり遂げます。

華蓋は芸術、才華、知恵の星でもあります。

紅艶は愛嬌があって誰からも好かれる人ですが、恋多き人ともなります。

二、大運と流年の看方

四柱推命の特徴は、命式を並べて喜神・忌神を出せば、ものの五分もかからずに、その人の一生の運命が大まかに読み取れる点です。

人の運というものをよく観察してみると、その人の性格や考え方から織り成される糸の上に今後の運勢が見えて来ます。運の良し悪しの時期やリズムというのは、その人の性格の裏返しなのです。

本章では、用神と忌神に照らした運勢の看方を復習、整理していきますが、大運の中の用神となる通変星、忌神となる通変星をチェックすることがポイントです。

基本的には、命（本命のこと）、運（大運のこと）、歳（流年のこと）の三つの関わりによって、大きな出来事が起こってきます。これはいわば、因縁の「因」が命であり、「縁」が大運にあたるわけです。そして、因縁の結果として生じる因果の「果」は、流年にあたります。ですからもとの命式に大きなマイナスの「因」を持っていたとしても、大運の時間という「縁」がなければ、マイナスの因果は生じてこないのです。

反対に、天賦の才が溢れている非常に良い本命であっても、その本命を助ける「縁」の大運が巡ってこなければ因縁が生じないので、成功や出世、幸せという良い結果も生じてこないのです。

三、総合判断

それでは、本書でこれまでに学んだことを全て応用しながら、実例を看ていきましょう。

【例題62】はホイットニー・ヒューストンさんの命式です。世界的に有名な歌手として知られ、２０１２年に亡くなった彼女は１９６３年8月9日生まれでした。

本命は日主甲が秋の申月に生まれて、身弱となっています。さらに月支にも申があって、月干の庚に月支、日支ともに透干して強い金の固まりとなっています。まさに身弱の極みともいえましょう。

彼女にとって日支は忌神となっているので、結婚は試練と忍耐の連続だったとわかります。結果、ボビー・ブラウンさんと結婚したことが、彼女の人生をゆがめるほどの大きな苦難となりました。彼女の結婚があまり良くないことは、夫妻宮が申の忌神となっていることからも分かります。

この本命では、金の殺気を転じて日主を助ける水が用神となりますが、幸いに年干と時支に水が透って、秋の強い殺気を転じて日主を助けています。

本当は、用神がもう少し日主の近くにあれば用神としての力が強く働いたので、もっと平穏な人生を歩めたことでしょう。

彼女は10代の時に両親が離婚し、母親に育てられましたが、この頃は決して明るくはない人生だったかもしれません。なぜなら彼女の10代の大運は、忌神である金の辛酉に入っているからです。

しかしチャカ・カーンのバックボーカルなどの仕事をしているうちに、１９８３年にクライブ・デイヴィスの目に止まり、アリスタ・レコードと契約しました。この年、彼女は数えで21歳。大運では壬戌の時です。

壬は彼女にとって用神の運であり、偏印の力が強く現れる時です。何よりも１９８３年の流年干支は癸亥であり水の年となっています。この流年でも用神の助けに遭い、命式の中の強い殺気が転化されたのです。

【例題62】

命式表

氏名（ホイットニー・ヒューストン）女男命

1963年8月9日21時00分生　生地（アメリカ・ニュージャージー州）

	年柱	月柱	日柱	時柱
天干神殺星				
天干通変星	正印	七殺	日主	劫財
天干	癸	庚	甲	乙
地支	卯	申	申	亥
蔵干	乙	庚壬戊	庚壬戊	壬　甲
地支通変星	劫財	七殺（絶）	七殺	偏印
地支神殺星	羊刃			

歳運	10	20	30	40	50	60	70
天干通変星	正官	偏印	正印	比肩	劫財	食神	傷官
大運	辛酉	壬戌	癸亥	甲子	乙丑	丙寅	丁卯
地支通変星	正官	偏財	偏印	正印	正財	比肩	劫財

喜神…水（用神）・木

忌神…火・土・金

彼女が本来もっていた良い因子は、壬戌の大運で「縁」がついて、癸亥の流年で歌手になるという「果」を結んだといえましょう。

この大運と流年が揃って、本命の足りないところを補い、彼女の運はここから急上昇を始めました。

本命の中には七殺という殺気があります。これは彼女の性格の一部であり、我儘で無鉄砲、自分で行動を起こしてから考える、依頼心が強く何かと親や友人の力を当てにする、という性格が読み取れます。とりわけ恋愛面で波風が立ちそうです。同じ通変星でも、用神の運に入ると転化されてプラスの面で作用してきますが、再び忌神の運に入ると、そのマイナス面が強調されてくるのです。

彼女は２０１２年2月11日に亡くなりました。この年は彼女がちょうど数えの50歳になった時です。大運では乙丑に入った時でした。大運の中の喜神である乙は、本命の月干庚と合して金となります。さらに大運の丑土が本命の月干庚と月支の申、それに日支の申を生じて力を貸します。結果、忌神である金の殺気が強くなって、この大運の中では日主がとても弱い状態になってしまいます。

加えて流年は壬辰年であり、用神の壬よりも、流年の辰土のエネルギーが表れます。再び辰土によって金気が助長されてしまいました。なお、地支の戌と未には蔵干で火が入っていますので、金を助けるエネルギーは弱いのです。辰と丑には蔵干に火がないので、金を助けるエネルギーが強いという差があります。

彼女の好ましくない方の因縁が、一つの結果を結んでしまいました。ただ、流年の天干が壬なので、この年は彼女にとって本当の死期ではなかったはずです。もう少し周りの人が注意していれば助かったはずの惜しい死であったと言えます。

人にとって死期といわれるようなリズムは一回ではなく二回から三回ほどあって、このタイミングを知って養生すると、最後の一線までつつがなく人生を送ることができるものです。

【例題63】は福山雅治さんの命式です。

日主壬が寅月に生まれて「旺相休囚死」の「休」で日主は少し弱い状態です。

基本通りに、日主対各地支をみると、日主と時干にエネルギーを与えているのは年支の酉で、そのエネルギーは15%。日支の子は時干に透干してエネルギーが強いので、20%。二つ合わせても35%のエネルギーでしかないので、身弱となります（第二章図表16参照）。

よって日主を生み助ける金と比和の水が喜神となり、それ以外は忌神となります。

さらに詳しく看てみましょう。

月支は寅木で木の月となり、時支にも寅木があります。この時に水は寅に力を吸い取られますが、金が入ると木のエネルギーを抑えながら日主を助けるので、金を用神とします。

忌神は月支と時支の寅の木です。寅に根を持つ丙火は仇神となります。

よって用神は金、喜神は水、忌神は木、仇神は火、閑神は土となります。

さて、性格判断に入りますが、これはまず日主の気質から看ます。

日主壬の性格は第三章「一、日主に表れる気質・性格」を参照してください。

続いて月支が寅なので第三章「二、生まれ月から看る性格判断」を参照してください。

彼の月支につく十二運からも性格判断が出来ます。彼の日主は壬で、月支の十二運は「病」がついています。

第二章「七、十二運星と運命への影響」を参照してください。「病」が意味する、人あたりが良く明るい性格や芸術の方面に適した性格は、音楽だけでなく、多方面で活躍している彼の性格に当てはまっています。

さらに用神となる通変星を看ます。ここは少々難しいかもしれません。

この本命中、八つの干支の中から用神の金を探します。年支に酉金がありました。よって酉金につく通変星である正印をもって彼の気質・性格判断をしていきます。もしも本命の干支の中になければ、地支蔵干の中から探していきます。

なお本書では用神をもって性格を判断する方法を説明してきましたが、古典的な四柱推命では、月支につく

【例題63】

命式表

1969年2月6日4時00分生

氏名（福山雅治）女男命

生地（長崎県・長崎市）

	年柱	月柱	日柱	時柱
天干神殺星		月徳貴人		
天干通変星	正官	偏財	日主	比肩
天干	己	丙	壬	壬
地支	酉	寅	子	寅
蔵干	辛	甲丙戊	癸	甲丙戊
地支通変星	正印	食神（病）	劫財	食神
地支神殺星	桃花	駅馬 空亡	羊刃 紅艶	駅馬 空亡

歳運	1	11	21	31	41	51	61
天干通変星	傷官	食神	劫財	比肩	正印	偏印	正官
大運	乙丑	甲子	癸亥	壬戌	辛酉	庚申	己未
地支通変星	正官	劫財	比肩	七殺	正印	偏印	正官

喜神…金（用神）・水

忌神…木・火・土

蔵干が天干に透る通変星を使って性格判断や職業判断を行います。この方法は四柱推命の基本ですが、出生時間が不明で、用神がきちんと取れない時以外は使いません。

第七章で述べたように、喜神・用神と気質や性格、そして成功する職業は密接に関係しています。用神をもって性格判断をするとその人のことがはっきりとわかるのです。

続いて神殺星の意味を加えていきます。

適職判断の参考として、まず、喜神と用神の五行をみます。

福山さんの喜神は水です。第七章「三、用神の五行が示す職業」を参照してください。水の適職にはシンガーソングライターとあります。

福山さんの用神は酉金で正印です。ここで、正印に桃花がついているのは、正印格の彼が芸能・芸術という仕事で大衆からの人気を得る、多くの人から好かれるという意味です。事実、彼の職業はシンガーソングライターを始め、俳優、タレント、ラジオのＤＪ、写真家など芸能、芸術方面で幅広く活動をしています。歌手、俳優、芸能人を調べてみますと、かなりの割合でこの桃花がついていることがわかります。

続いて、体質・健康を看てみましょう。

出生時間の寅は第三章「三、出生時間から看る体質」を参照してください。寅時生まれは呼吸器系、鼻、喉のことで医者にかかりやすいため、この部分は気をつけた方がよいでしょう。

それ以外で大きな病気をするかどうかは命式全体を看ます。

福山さんの命式では、年干の己土↓年支の酉金↓日支の子水↓月支の寅木↓月干の丙火と全部の五行が揃っていてバランスよく循環しているので、健康で長寿、取り立てて大きな病気はしないと判断します。

あえて言えば、木の気が強く、二つの寅があって丙火を生んでいるので、眼、筋、神経、頭、喉に注意といったところでしょうか。ことに、午の流年は午火が酉金を剋しますし、この時は午と本命の寅が合して火のエネルギーが強くなる時ですから、注意が必要でしょう。

午の年には合した火が用神の酉金を剋すので、先のことと併せて喉の病気に注意が必要です。

さらに大運を調べましょう。

彼の用神は金、喜神は水なので金・水のつく大運を調べます。

11歳甲子から水の運に入り、21歳癸亥では天干地支ともに水の運です。１９８８年に「アミューズ・10ムービーズオーディション」に合格して映画『ほんの５ｇ』で俳優デビューしています。この年は戊辰で大運の子と流年地支の辰が三合して水になった年で、彼にとって喜神の時です。１９９１年には連続テレビドラマ『あしたがあるから』に初ドラマ出演しました。この年の流年干支は辛未です。大運は水の運で、流年は辛金の用神の時でした。本当に良い運です。もちろん本人の実力や才能もありますが、芸能人の場合は特にこの運をつかめるか否かが大事で、その鍵は用神が握っているといっても過言ではないでしょう。

さて、彼はデビューしてから二十数年経つにもかかわらず、その人気は衰えず、年々新たに活動の場を広げています。最近でもＣＭで見かけないことはないですし、ＴＶや映画の世界でもますます活躍しています。

２０１３年は数え45歳ですから、41歳辛酉の大運です。なるほど用神の運ですから、以前にも増して人気が上がるのは納得できます。

続いての大運51歳庚申でも金の運ですが、大運地支の申が月支の二つの寅と冲すので、健康面では注意が必要です。再び寅の流年に遭うと、体調面、精神面、仕事面など活動のすべてに注意が必要となります。それでも喜神の運ですから、大きな問題とはならないでしょう。こんな時は活動を抑えたり休止したくなる時でもありますから、この運の時期は少し仕事をセーブして、自分の時間を持つのもよいかもしれません。

このように福山さんは、人生全体が用神と喜神に恵まれた、大変に運の良い人だといえます。

もう一つ実例として、沢尻エリカさんを看てみましょう。

沢尻さんの生年、生月、生日を並べてみますと、丙寅年、壬辰月、壬午日となります。出生時間は不明です。

日主壬は辰月に生まれて身弱です。しかも日支の午と年干の丙が透干して、火の力が強いので、完全な身弱と判断できます。

身弱なので日主を助けるために喜神は金・水、忌神は木・火・土となります。

しかし、本命には喜神となる金・水のうち、金の干支はありません。

芸能界で仕事をし、これほど頻繁にメディアに出て多くの人の注目を集めているのですから、本命に喜神が突出しているはずです。そこで、金・水が強く出る時間帯を探しますと、壬の日で庚子という時干支がありました。経歴と照らしますと、沢尻さんはやはり水の年に良い変化があって、火の年に問題が起きていますので庚子時と推測して命式表を作成すると【例題64】のようになります。

この本命では年支の寅と日支の午が三合して火となり、年支に丙が通根して火の力が強くなっています。その火が月支の辰土を生み出して、日主の壬を剋しています。ここに金の五行が入れば寅木↓丙火↓辰土↓金↓壬水となって五行が循環します。したがって金が用神となります。

経歴と照らしてみましょう。

沢尻エリカさんは、２００５年にテレビドラマ『一リットルの涙』での演技力が認められ大人気を博しました。２００５年の流年干支は乙酉で、五行の金が強い年でした。時支は庚子と推測しましたが、この時干庚が流年の酉に通根して、喜神が強くなります。しかも庚には音楽家、俳優という意味のある偏印星が現れます。この時女優として世に認められたのです。

しかし２００７年の丁亥年に「別に……」と発言して大不評を買ってしまい、結果的に仕事がかなり減ってしまいました。これは流年干支の丁が本命の喜神の壬水と合した年でした。しかも流年の亥は水の五行ですが、本命の年支の寅と合して木に変化してしまったため、本命から喜神である水がなくなる上に、丁と壬は合して木となります。この時、日主壬から見ると、木は食神・傷官です。食神・傷官が忌神となると、口の災いという意味が出てきます。

【例題64】

命式表

1986年4月8日推時推分生

氏名（沢尻エリカ）㊛男命

生地（東京）

	年柱	月柱	日柱	時柱
天干神殺星			天徳月徳	
天干通変星	偏財	比肩	日主	偏印
天干	丙	壬	壬	庚
地支	寅	辰	午	子
蔵干	甲丙戊	戊癸乙	丁　己	癸
地支通変星	食神	七殺（墓）	正財	劫財
地支神殺星	血刃	華蓋空亡	飛刃	羊刃紅艶

歳運	1	11	21	31	41	51	61
天干通変星	正印	偏印	正官	七殺	正財	偏財	傷官
大運	辛卯	庚寅	己丑	戊子	丁亥	丙戌	乙酉
地支通変星	傷官	食神	正官	劫財	比肩	七殺	正印

喜神…金（用神）・水

忌神…木・火・土

続いて２００９年1月7日に高城剛氏と入籍しました。２００９年1月7日は2月4日の節気の前ですから、まだ年が明けていない前年とみなし、流年干支は戊子です。

戊子と本命の壬午は天剋地冲の関係です。これは芸能人の結婚によくあります。本命の流年が合する時ではなく流年と冲する時に結婚して、二、三年で別れてしまうパターンです。

結婚は本命と大運、または流年と合する時が縁の生じる時で、冲の時に起きる恋愛は、その時は楽しく刺激的な恋愛となるのです。その一過性の楽しい恋愛で周囲のアドバイスが耳に入らず、ゴールまで行って失敗となりやすいものです。

結果、沢尻さんは２０１０年の4月の庚寅年に離婚協議を始めましたが、この年の寅と本命の日支午を中心に三合して火になりました。沢尻さんにとって忌神の時ですから、離婚協議もうまく進みません。

翌２０１１年は辛卯年でもっと大変な年です。流年干支の卯と本命の寅と辰が合して三方火局となり、やはり忌神の時です。年柱は不動産・田宅を意味する宮で、田宅は家庭という意味もあります。月支はその人の気質・個性・結婚を意味する宮です。三方木局によって、それらの宮の悪い事象が出てきました。この期間の沢尻さんは大変だったろうと、十分に察しがつきます。

２０１２年の壬辰年は壬水があるので喜神の時です。思い通りにいきそうですが、流年と月干支は同じ干支が並んでおり、これも良くないパターンです。本命の干支と大運や流年の干支に同じものが並ぶと伏吟となって互いの力を消し合ってしまうのです。まして、沢尻さんにとっては結婚の宮です。

続いて２０１３年の癸巳年は、スペシャルドラマ『時計屋の娘』で主役を演じ、高視聴率を記録しています。この年は流年の癸が本命の時支である子の蔵干癸に通根して力を持っています。第一に沢尻さんにとっての喜神の時であり、第二にその喜神が通根して力を持ったので、実力を発揮できたのでしょう。

では具体的にどのような力が働いたのでしょうか。

まず流年干支の癸につく通変星を調べます。沢尻さんの日主壬から癸をみると劫財星が現れます。劫財には演劇、芝居という意味がありました。そういう面で力を発揮出来る時と判断します。また喜神の時なので、この年の12月にようやく長い離婚問題から脱出しています。

２０１４年にはテレビドラマ『ファースト・クラス』の主役を演じて好評を博し、その後続編も制作されました。

この読み取りは少々難しいところです。

この頃の沢尻さんはインタビューなどでご自身も話していたように、以前とは心境的な変化があり、女優としてさらなる成長を遂げたようです。

先に推測した沢尻さんの時干支は庚子でしたが、２０１４年の流年干支の甲午とは天剋地冲です。これまでに冲は病気や交通事故に注意と説明してきましたが、冲の本義から転換、人生観の変化という意味もあります。特に２０１４年甲午年は沢尻さんにとって大きな方向転換の時で、どう指針を定めるかによって以後の運勢に大きく影響します。

なお特殊な事例では、やることなすことがすべて裏目に出る時の打開策として、あえて天剋地冲の時を選んで転宅するなど、心機一転を図ることがあります。古い習慣や悪い流れを冲してはじき飛ばし、新しいチャンスを摑むために選定していくのです。その時は必ず用神を加えて力のある干支を使うことです。

沢尻さんの場合では、力がある時干支の庚子が２０１４年の甲午を冲して、これまでのやり方を変えていくと見なします。ただ、この天剋地冲の時は本人にとって脱皮の時期ですから、試練の時には変わりありません。

２０１４年は流年の甲午と本命の日支午が揃います。これも恋愛を意味しますが、忌神なので交際には慎重さが必要です。

続いて２０１５年は、日干支の壬午と流年の乙未、午と未の合する時ですから、これも縁が生じ恋愛運が上がるときです。しかしこれも忌神の時です。

２０１６年の丙申年、２０１７年の丁酉は天干の五行が火の流年に入ります。日主壬からみると丙と丁は財星になるので、ちょっとしたお金の問題、それから恋愛の噂が気になる時かもしれません。しかし大運では戊子の運に入った時です。この時、大運地支が水の運に入っているので、運気はまだまだ上昇します。

結婚に良い時期としては、大運地支の子と流年の申、そして本命の月支辰が揃って三合し、喜神となる２０１６年がまさしく良縁の生じるときです。その流れが続く２０１７年に結婚式を挙げるのも、喜神の年ですから幸せが続くことでしょう。

以上、これまでに説明したことを復習しながら、著名人の命式を看てみました。本書では、基礎から入って、決して他所では教えないような秘訣も公開しています。しかし、その使い方は独特な変化球でもあるので、初心者ばかりでなく、心得のある人にとっても少々難しいかもしれません。しかし、じっくり読み直してみれば必ずやご理解いただけるはずです。

あとがき

四柱推命は日主を中心に木・火・土・金・水の五行エネルギーの循環と相剋を考えながら、そのバランスの取り方を看ていく占学です。

四柱推命の面白いところは、本命のたった八つの漢字を基本として、そこに流れる目に見えない気を読み取り、どんな気が流れているのか、どうしたらバランスが良くなるのかを看ていくところです。

そしてそれだけでなく、大きな運の中でその気質を持つ人がどのような人生を歩んでいくかもわかってしまうのが大きな特徴です。

さてそれでは、そうしてわかる運命とは絶対的なものなのでしょうか。

総理大臣や世界の偉人になる命《めい》は誰にでもあるものではないし、今世では非常に苦労の多い命《めい》の方もいます。

私は四柱推命の他にも数々の占学を学んで来ましたが、どの占学も深く学べば学ぶほど「因果因縁」という考え方にいきつきます。

一体、何が因縁で何が因果なのでしょうか。

私は因縁を作り出すのはその人の考え方であり、その行動であると思います。

たとえば２０１４年の今年（甲午の火の年）、私が会社勤めしようと職探しをします。どんな会社を選ぶのかは、やはり私の性格に左右されます。これは因縁の「因」でしょう。ではいい会社が見つかるかどうか、それは私の時運（タイミング）と世間の時運が合っているか否かです。時運は「縁」とも言い換えられます。

その因と縁が揃って、入社したA社で働き、そこに結実する顚末が結果であり「因果」であるといえます。

結果というのは時間のかかることですが、その初動はたとえば「会社勤めをしよう」という、その人の考え方が原因です。原因がいくつかの縁を経て最後の結果を生み、さらにそれをどう考え行動するかというように、新しい因が次々と生じて、因縁と因果の糸が複雑に絡み合い、ぐるぐると廻っていくのです。

人生のターニングポイントや、重大な選択を迫られたとき、自分の性格の癖やパターンを知っておくことは、問題解決の糸口となるはずです。

本書では気質・性格の判断、通変星による性格判断と職業判断に重きを置いて説明していますが、運というものはその人の性格の影みたいなものです。この点を修得すれば、推命の腕は格段に上がります。

冒頭でも述べたように、四柱推命は大自然の変化を五行エネルギーの変化に当てはめたものです。つまり大自然の大きな流れです。

最近の中国では吉日吉時を選んで帝王切開で赤ちゃんを取り出すという、信じがたい出産を行うことが一部で流行っているそうです。良い時間に取り出せば、確かに命式は素晴らしいでしょう。しかし、命式さえ良ければその後の人生が幸運に恵まれるとは限りません。因縁因果、運命を作るのは結局自分自身なのです。

「道法自然」私はこの言葉が好きです。

四柱推命で自分自身を知ったなら、できる限り人生に生かして、後は無理せず大自然の流れに任せる。なかなか難しいですが、無理をせず我を出さずに、一緒にゆっくりと進んでいきましょう。

著者しるす

２０１４年　秋

巻末資料

命式表

年　月　日　時　分生

氏名（　　　　）男命・女命

生地（　　　　）

	年柱	月柱	日柱	時柱
天干神殺星				
天干通変星			日主	
天干				
地支				
蔵干				
地支通変星		（　）		
地支神殺星				

歳運							
天干通変星							
大運							
地支通変星							

喜神…

忌神…

巻末資料Ⅱ　時刻干支表

戊・癸	丁・壬	丙・辛	乙・庚	甲・己	日主／時刻
壬子	庚子	戊子	丙子	甲子	午前0時1秒 ～午前1時
癸丑	辛丑	己丑	丁丑	乙丑	午前1時1秒 ～午前3時
甲寅	壬寅	庚寅	戊寅	丙寅	午前3時1秒 ～午前5時
乙卯	癸卯	辛卯	己卯	丁卯	午前5時1秒 ～午前7時
丙辰	甲辰	壬辰	庚辰	戊辰	午前7時1秒 ～午前9時
丁巳	乙巳	癸巳	辛巳	己巳	午前9時1秒 ～午前11時
戊午	丙午	甲午	壬午	庚午	午前11時1秒 ～午後1時
己未	丁未	乙未	癸未	辛未	午後1時1秒 ～午後3時
庚申	戊申	丙申	甲申	壬申	午後3時1秒 ～午後5時
辛酉	己酉	丁酉	乙酉	癸酉	午後5時1秒 ～午後7時
壬戌	庚戌	戊戌	丙戌	甲戌	午後7時1秒 ～午後9時
癸亥	辛亥	己亥	丁亥	乙亥	午後9時1秒 ～午後11時
甲子	壬子	庚子	戊子	丙子	午後11時1秒 ～午前0時

巻末資料Ⅲ　地方時差表

東京都		酒田	+19分	**北海道**	
23区	+19分	**福島県**		根室	+42分
府中	+18分	いわき	+24分	釧路	+38分
立川	+18分	福島	+22分	網走	+37分
八王寺	+17分	郡山	+22分	帯広	+33分
青梅	+17分	会津若松	+20分	旭川	+29分
神奈川県		**茨城県**		稚内	+27分
川崎	+19分	日立	+23分	札幌	+25分
横浜	+19分	水戸	+22分	函館	+23分
鎌倉	+19分	土浦	+21分	**青森県**	
横須賀	+19分	下館	+20分	八戸	+26分
平塚	+18分	**栃木県**		三沢	+26分
小田原	+17分	黒磯	+20分	青森	+23分
新潟県		宇都宮	+20分	弘前	+22分
新潟	+16分	日光	+19分	**岩手県**	
長岡	+16分	足利	+18分	釜石	+28分
柏崎	+15分	**群馬県**		陸前高田	+27分
長野県		館林	+18分	盛岡	+25分
長野	+13分	足利	+18分	花巻	+25分
諏訪	+13分	桐生	+18分	**秋田県**	
塩尻	+12分	前橋	+17分	横手	+22分
松本	+12分	高崎	+16分	大館	+22分
飯田	+11分	**千葉県**		秋田	+21分
山梨県		銚子	+23分	本荘	+20分
大月	+16分	勝浦	+21分	能代	+20分
山梨	+15分	千葉	+21分	**宮城県**	
甲府	+14分	船橋	+20分	気仙沼	+26分
韮埼	+13分	館山	+20分	石巻	+25分
静岡県		**埼玉県**		仙台	+24分
熱海	+16分	春日部	+19分	**山形県**	
伊東	+16分	大宮	+19分	山形	+21分
清水	+14分	浦和	+19分	新庄	+21分
静岡	+14分	所沢	+18分	米沢	+21分
浜松	+11分	秩父	+17分	鶴岡	+19分

松山	－9分	益田	－12分	宇治	＋3分	愛知県	
八幡浜	－10分	岡山県		京都	＋3分	豊橋	＋10分
福岡県		備前	－3分	亀岡	＋2分	岡崎	＋9分
豊前	－15分	津山	－4分	舞鶴	＋1分	豊田	＋9分
北九州	－17分	岡山	－4分	宮津	＋1分	名古屋	＋8分
福岡	－19分	倉敷	－5分	福知山	＋1分	岐阜県	
大分県		広島県		大阪府		高山	＋9分
佐伯	－12分	福山	－6分	東大阪	＋3分	岐阜	＋7分
大分	－13分	尾道	－7分	枚方	＋3分	大垣	＋6分
別府	－14分	三原	－7分	大阪	＋2分	富山県	
宇佐	－15分	竹原	－8分	泉南	＋1分	黒部	＋10分
宮崎県		広島	－10分	奈良県		富山	＋9分
延岡	－13分	山口県		奈良	＋3分	高岡	＋8分
宮崎	－14分	岩国	－11分	大和高田	＋3分	石川県	
都城	－15分	徳山	－13分	生駒	＋3分	輪島	＋8分
熊本県		防府	－14分	和歌山県		金沢	＋6分
阿蘇	－16分	山口	－14分	新宮	＋4分	小松	＋6分
熊本	－17分	宇部	－15分	田辺	＋3分	加賀	＋5分
本渡	－19分	下関	－16分	有田	＋1分	福井県	
佐賀県		香川県		和歌山	＋1分	福井	＋5分
佐賀	－19分	高松	－4分	兵庫県		敦賀	＋4分
唐津	－20分	坂出	－5分	尼崎	＋2分	小浜	＋3分
長崎県		丸亀	－5分	西宮	＋2分	滋賀県	
島原	－19分	徳島県		神戸	＋1分	長浜	＋7分
長崎	－20分	徳島	－2分	明石	±0分	彦根	＋7分
佐世保	－21分	鳴門	－2分	姫路	－1分	大津	＋4分
鹿児島県		阿南	－2分	鳥取県		三重県	
鹿屋	－16分	高知県		鳥取	－3分	桑名	＋7分
鹿児島	－18分	室戸	－4分	倉吉	－4分	四日市	＋7分
阿久根	－19分	高知	－6分	米子	－6分	伊勢	＋7分
沖縄県		中村	－8分	島根県		津	＋6分
那覇	－29分	愛媛県		松江	－8分	亀山	＋5分
石垣	－43分	伊予三島	－6分	出雲	－9分	熊野	＋4分
		今治	－8分	浜田	－12分	京都府	

巻末資料Ⅳ　歳運計算法

男性
- 年干が甲・丙・戊・庚・壬→「順」
- 年干が乙・丁・己・辛・癸→「逆」

女性
- 年干が甲・丙・戊・庚・壬→「逆」
- 年干が乙・丁・己・辛・癸→「順」

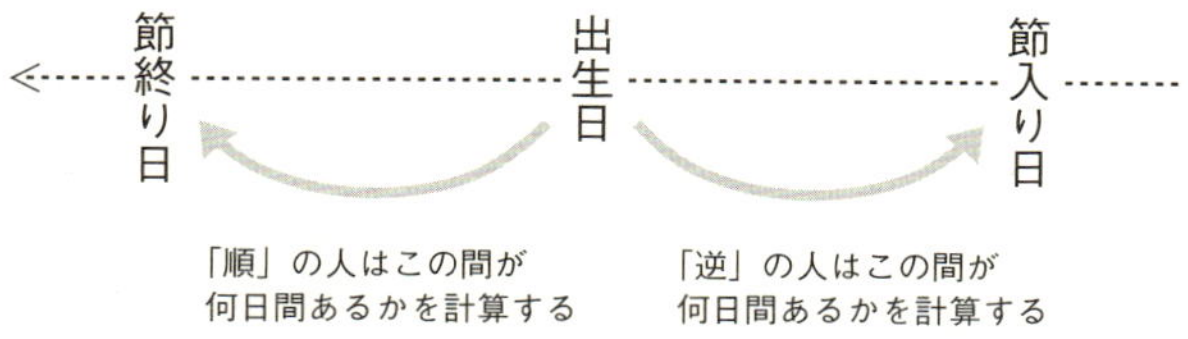
節終り日
出生日
節入り日
「順」の人はこの間が
何日間あるかを計算する
「逆」の人はこの間が
何日間あるかを計算する

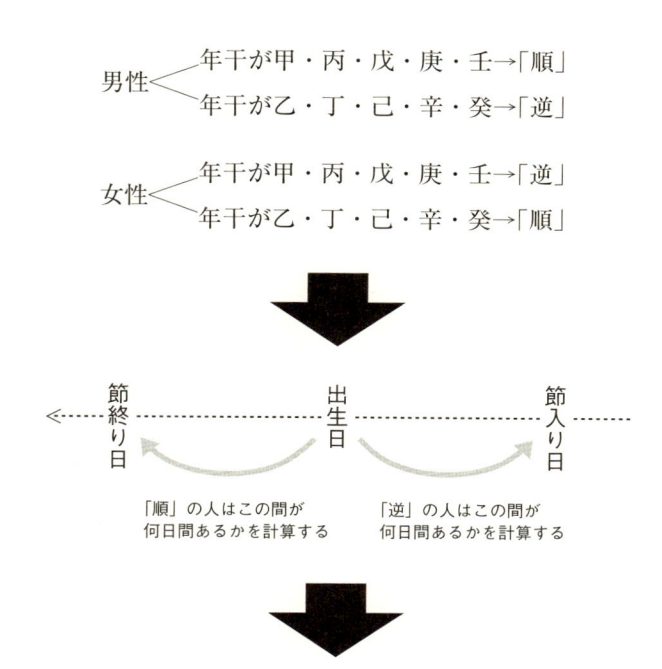

出生日から節入り日、あるいは節終り日までの日数を計算できたら、その日数を３で割り、余りがあれば四捨五入します。最後に出てきた数が歳運（運気の変わり日）となります。

※

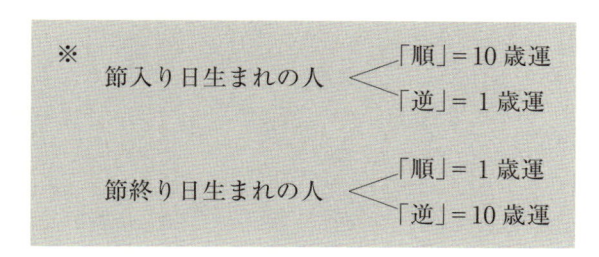

節入り日生まれの人
- 「順」＝10 歳運
- 「逆」＝ 1 歳運

節終り日生まれの人
- 「順」＝ 1 歳運
- 「逆」＝10 歳運

巻末資料Ⅴ　六十干支表

51 甲寅	41 甲辰	31 甲午	21 甲申	11 甲戌	1 甲子
52 乙卯	42 乙巳	32 乙未	22 乙酉	12 乙亥	2 乙丑
53 丙辰	43 丙午	33 丙申	23 丙戌	13 丙子	3 丙寅
54 丁巳	44 丁未	34 丁酉	24 丁亥	14 丁丑	4 丁卯
55 戊午	45 戊申	35 戊戌	25 戊子	15 戊寅	5 戊辰
56 己未	46 己酉	36 己亥	26 己丑	16 己卯	6 己巳
57 庚申	47 庚戌	37 庚子	27 庚寅	17 庚辰	7 庚午
58 辛酉	48 辛亥	38 辛丑	28 辛卯	18 辛巳	8 辛未
59 壬戌	49 壬子	39 壬寅	29 壬辰	19 壬午	9 壬申
60 癸亥	50 癸丑	40 癸卯	30 癸巳	20 癸未	10 癸酉

巻末資料Ⅵ　地支蔵干表

本気	中気	初気	蔵干／地支
癸（本気のみ）			子
己	辛	癸	丑
甲	丙	戊	寅
乙（本気のみ）			卯
戊	癸	乙	辰
丙	庚	戊	巳
丁		己	午
己	乙	丁	未
庚	壬	戊	申
辛（本気のみ）			酉
戊	丁	辛	戌
壬		甲	亥

巻末資料Ⅶ　十干十二支の透干・通根一覧表

十干は十二支の中の蔵干を通して天干と地支に五行の気がつながります。天干から地支をみて気がつながるのを通根と言い、地支の気が天干につながるのを透干と言います。

甲

地支	蔵干	強弱	通根の力量
亥	甲	◎	通根の力は強い
寅	甲　丙　戊	☆	通根の力は最強
卯	乙	◎	通根の力は強い
辰	戊　癸　乙	○	甲木は辰土を剋す関係だが辰が春月の土のために木の気が通じ、通根の力はある
未	己　乙　丁	△	蔵干に乙木があるが甲木の気はほとんど通じない

乙

地支	蔵干	強弱	通根の力量
亥	甲	○	通根の力がある
寅	甲　丙　戊	◎	通根の力は強い
卯	乙	☆	通根の力は最強
辰	戊　癸　乙	○	通根の力がある
未	己　乙　丁	○	乙木は未土を剋す関係だが乙が未の蔵干と気を通じ、通根の力はある

丙

戌	未	午	巳	寅	地支
戊 丁 辛	己 乙 丁	丁 己	丙 庚 戊	甲 丙 戊	蔵干
△	○	☆	◎	◎	強弱
戌は秋の土だが、寅午戌と三合して火になる土なので、気が少し通じて力がある	通根の力がある	通根の力は最強	通根の力は強い	通根の力は強い	通根の力量

丁

戌	未	午	巳	寅	地支
戊 丁 辛	己 乙 丁	丁 己	丙 庚 戊	甲 丙 戊	蔵干
○	◎	◎	☆	○	強弱
戌は秋の土だが蔵干の丁火と気が通じて力はある	丁火は未土を洩らす関係だが夏月の土のため丁火とは火の気が通じ通根の力が強い	通根の力は強い	通根の力は最強	通根の力がある	通根の力量

戊

丑	戌	未	午	巳	辰	地支
己 辛 癸	戊 丁 辛	己 乙 丁	丁 己	丙 庚 戊	戊 癸 乙	蔵干
○	☆	○	◎	◎	◎	強弱
通根の力がある	通根の力は最強	通根の力がある	通根の力は強い	通根の力は強い	通根の力は強い	通根の力量

己

丑	戌	未	午	巳	辰	地支
己 辛 癸	戊 丁 辛	己 乙 丁	丁 己	丙 庚 戊	戊 癸 乙	蔵干
◎	○	☆	◎	◎	○	強弱
通根の力は強い	通根の力がある	通根の力は最強	通根の力は強い	通根の力は強い	通根の力がある	通根の力量

庚

	辰	丑	戌	酉	申	未
蔵干	**戊** 癸 乙	**己** 辛 癸	**戊** 丁 辛	**辛**	**庚** 壬 戊	**己** 乙 丁
強弱	○	○	◎	◎	☆	△
通根の力量	蔵干の戊土が金を生むので、通根していないが力はある	通根の力がある	通根の力は強い。丁火があるため最強にはならない	通根の力は強い	通根の力は最強	火をもった土なので庚金の力はほとんど通じない

辛

	辰	丑	戌	酉	申	未
蔵干	**戊** 癸 乙	己 **辛** 癸	戊 丁 **辛**	**辛**	**庚** 壬 戊	**己** 乙 丁
強弱	○	◎	◎	☆	◎	○
通根の力量	蔵干の戊土が金を生むので、通根していないが力はある	通根の力は強い	通根の力は強い	通根の力は最強	通根の力は強い	蔵干に土があるが、火もあるので金を生む力は弱い

壬

地支	申	亥	子	丑	辰
蔵干	庚 壬 戊	壬 甲	癸	己 辛 癸	戊 癸 乙
強弱	◎	◎	☆	△	○
通根の力量	通根の力は強い	通根の力は強い	通根の力は最強	丑は土の五行だが、冬月の水を含んだ土のため、壬と気が通じる	辰は春の土だが、申子辰と三合して水になるので、癸と気が通じて力がある

癸

地支	申	亥	子	丑	辰
蔵干	庚 壬 戊	壬 甲	癸	己 辛 癸	戊 癸 乙
強弱	◎	☆	◎	○	△
通根の力量	通根の力は強い	通根の力は最強	通根の力は強い	蔵干は己土→辛金→癸水と水を生むので癸の力は強い	蔵干の癸と気が通じて力があるが、本気の戊土に剋されて癸の気は弱い

巻末資料Ⅷ　神殺星表

天徳貴人

（月支から日主と日支をみる）

月支	天徳貴人
寅	丁
卯	申
辰	壬
巳	辛
午	亥
未	甲
申	癸
酉	寅
戌	丙
亥	乙
子	巳
丑	庚

月徳貴人

（月支から日主をみる）

月支	月徳貴人
寅・午・戌	丙
亥・卯・未	甲
申・子・辰	壬
巳・酉・丑	庚

天乙貴人

（年干から地支をみる
朝5時01秒から夕方の5時生まれの人は卯時に属し、陽貴人の方をみる
夕方5時01秒から朝の5時生まれの人は酉時に属し、陰貴人の方をみる）

年干	陽貴人	陰貴人
甲	未	丑
乙	申	子
丙	酉	亥
丁	亥	酉
戊	丑	未
己	子	申
庚	丑	未
辛	寅	午
壬	卯	巳
癸	巳	卯

禄神

（日主から月支をみて月支につくと建禄、日支につくと専禄、時支につくと帰禄、年支につくと蔵禄）

日主	禄神
甲	寅
乙	卯
丙	巳
丁	午
戊	巳
己	午
庚	申
辛	酉
壬	亥
癸	子

羊刃

（日主から月支をみる）

日主	羊刃
甲	卯
乙	辰
丙	午
丁	未
戊	午
己	未
庚	酉
辛	戌
壬	子
癸	丑

飛刃

（日主から地支をみる）

日主	飛刃
甲	酉
乙	戌
丙	子
丁	丑
戊	子
己	丑
庚	卯
辛	辰
壬	午
癸	未

血刃
（月支から他の地支をみる）

月支	血刃
子	午
丑	子
寅	丑
卯	未
辰	寅
巳	申
午	卯
未	酉
申	辰
酉	戌
戌	巳
亥	亥

駅馬・桃花・華蓋
（日支から地支をみる）

日支	駅馬	桃花	華蓋
寅・午・戌	申	卯	戌
亥・卯・未	巳	子	未
申・子・辰	寅	酉	辰
巳・酉・丑	亥	午	丑

紅艶（日主から地支をみる）

日主	紅艶
甲	午
乙	午
丙	寅
丁	未
戊	辰
己	辰
庚	戌
辛	酉
壬	子
癸	申

魁罡

日柱が下記の干支となる時
壬辰
戊戌
庚辰
庚戌

巻末資料Ⅸ　空亡表

51 甲寅	41 甲辰	31 甲午	21 甲申	11 甲戌	1 甲子	日柱干支と年柱干支
52 乙卯	42 乙巳	32 乙未	22 乙酉	12 乙亥	2 乙丑	
53 丙辰	43 丙午	33 丙申	23 丙戌	13 丙子	3 丙寅	
54 丁巳	44 丁未	34 丁酉	24 丁亥	14 丁丑	4 丁卯	
55 戊午	45 戊申	35 戊戌	25 戊子	15 戊寅	5 戊辰	
56 己未	46 己酉	36 己亥	26 己丑	16 己卯	6 己巳	
57 庚申	47 庚戌	37 庚子	27 庚寅	17 庚辰	7 庚午	
58 辛酉	48 辛亥	38 辛丑	28 辛卯	18 辛巳	8 辛未	
59 壬戌	49 壬子	39 壬寅	29 壬辰	19 壬午	9 壬申	
60 癸亥	50 癸丑	40 癸卯	30 癸巳	20 癸未	10 癸酉	
子・丑	寅・卯	辰・巳	午・未	申・酉	戌・亥	空亡

巻末資料X　十二運星表

癸	壬	辛	庚	己	戊	丁	丙	乙	甲	日主 / 十二運星
卯	申	子	巳	酉	寅	酉	寅	午	亥	長生
寅	酉	亥	午	申	卯	申	卯	巳	子	沐浴
丑	戌	戌	未	未	辰	未	辰	辰	丑	冠帯
子	亥	酉	申	午	巳	午	巳	卯	寅	臨官
亥	子	申	酉	巳	午	巳	午	寅	卯	帝旺
戌	丑	未	戌	辰	未	辰	未	丑	辰	衰
酉	寅	午	亥	卯	申	卯	申	子	巳	病
申	卯	巳	子	寅	酉	寅	酉	亥	午	死
未	辰	辰	丑	丑	戌	丑	戌	戌	未	墓
午	巳	卯	寅	子	亥	子	亥	酉	申	絶
巳	午	寅	卯	亥	子	亥	子	申	酉	胎
辰	未	丑	辰	戌	丑	戌	丑	未	戌	養

巻末資料XI　天干通変星表

日主／天干	甲	乙	丙	丁	戊	己	庚	辛	壬	癸
甲	比肩	劫財	偏印	正印	七殺	正官	偏財	正財	食神	傷官
乙	劫財	比肩	正印	偏印	正官	七殺	正財	偏財	傷官	食神
丙	食神	傷官	比肩	劫財	偏印	正印	七殺	正官	偏財	正財
丁	傷官	食神	劫財	比肩	正印	偏印	正官	七殺	正財	偏財
戊	偏財	正財	食神	傷官	比肩	劫財	偏印	正印	七殺	正官
己	正財	偏財	傷官	食神	劫財	比肩	正印	偏印	正官	七殺
庚	七殺	正官	偏財	正財	食神	傷官	比肩	劫財	偏印	正印
辛	正官	七殺	正財	偏財	傷官	食神	劫財	比肩	正印	偏印
壬	偏印	正印	七殺	正官	偏財	正財	食神	傷官	比肩	劫財
癸	正印	偏印	正官	七殺	正財	偏財	傷官	食神	劫財	比肩

巻末資料XII　地支通変星表

日主／地支	甲	乙	丙	丁	戊	己	庚	辛	壬	癸
寅	比肩	劫財	偏印	正印	七殺	正官	偏財	正財	食神	傷官
卯	劫財	比肩	正印	偏印	正官	七殺	正財	偏財	傷官	食神
巳	食神	傷官	比肩	劫財	偏印	正印	七殺	正官	偏財	正財
午	傷官	食神	劫財	比肩	正印	偏印	正官	七殺	正財	偏財
辰・戌	偏財	正財	食神	傷官	比肩	劫財	偏印	正印	七殺	正官
丑・未	正財	偏財	傷官	食神	劫財	比肩	正印	偏印	正官	七殺
申	七殺	正官	偏財	正財	食神	傷官	比肩	劫財	偏印	正印
酉	正官	七殺	正財	偏財	傷官	食神	劫財	比肩	正印	偏印
亥	偏印	正印	七殺	正官	偏財	正財	食神	傷官	比肩	劫財
子	正印	偏印	正官	七殺	正財	偏財	傷官	食神	劫財	比肩

巻末資料XIII　通変星象意表

〈比肩〉

強い意志・自尊心・忍耐心・独立心・独立自営・自己主張・積極的・社交的・堅実・実直・一面性・分相応・倹約・人情家。

頑固・我儘・他人のことを考えない・ケチ・浪費・内虚外飾。

兄弟姉妹・同僚・ライバル。

〈劫財〉

野心・自営業・フリーランス・独立自営・話し上手・社交性・最後までやりぬく・幅広い判断力・臨機応変。

変なところで強情・気分屋・短気・我儘・二面性・浪費・遊び好き・固執・傍若無人。

兄弟（女性の場合）または夫の父親・姉妹（男性の場合）・同僚・友人。

☆比肩・劫財に共通する事象

事業の拡大・投資・独立開業・合同事業。夫婦間のトラブルあるいは別離・父親との縁が薄い・兄弟姉妹喧嘩・仲間割れ・損失・盗難・浪費・破産。

〈食神〉

知恵・知識・技術・芸術・感性・芸能・タレント・先生・アイデア・思いつき・明朗・寛大・温厚・人情に通じている・話好き・人縁・社交家。

非現実的・利己主義・話が長い・卑猥。

後輩・学生・子供（女性の場合）。

〈傷官〉

追求・表現・理解力・話上手・ロマンス・ロマンチスト・理想が高い・感情的・作詞作曲・シンガーソングライター・技芸・美術・工芸・芸術・同情的・博学・多芸。

虚栄心・我儘・反抗的・感情的・繊細・好き嫌いがはっきりしている・自由奔放。

後輩・学生・子供（女性の場合）・男性にとっては祖母または妻の母親。

☆食神・傷官に共通する事象

発表の機会・企画・プレゼンテーション・増収・妊娠・出産・仕事上のトラブル・法律問題・夫とのトラブルあるいは悩み・子供についての心配。

〈偏財〉

活動的・豪快・楽観的・話上手・臨機応変・反射神経・瞬発力・運動選手・スポーツ・義侠心・世話好き・交渉力・臨時収入・流動性のお金・ワークライフバランスの充実。

遊び好き・浪費・異性との交際・好色・多情・朴訥。

父親・妾・愛人（男性の場合）・夫の母親。

〈正財〉

責任・信用・誠実・努力家・家族的・分相応・給与・不動産・固定収入・堅実な発展・銀行マン・経理・名誉。

物質主義・頑固・ケチ・融通に欠ける・打算的・執着心・初めあって終わりなし。

妻・父親（女性の場合）。

☆偏財・正財に共通する事象

婚約・結婚・妻・収入・増収・予想外の喜び・お金のトラブル・破産・家庭内争議・親の問題・異性問題でのいざこざ。

〈七殺〉


豪気・強情・義勇・権威・決断力・行動力・臨機応変・弱きを助け強きを挫く・仕事・冒険・開拓。

浮気・性急・衝動的・反抗・暴行・自分勝手・無計画。

子供（男性の場合）・恋人（女性の場合）。


〈正官〉


温厚・正直・責任感・規則的・計画的・保守的・真面目な努力家・管理者・倹約家・地位・約束・ルールを守る・信用を大切にする・政治家・官僚・法律。

優柔不断・空威張り・融通がきかない・頑固・ケチ・横暴・無責任。

上司・目上の人。子供（男性の場合）・夫。

☆七殺・正官に共通する事象

創業・昇格・昇級・競争・結婚（女性の場合）・突然の災難・大病・仕事上のトラブル・失業・訴訟問題・暴力事件・恋愛・愛情面での問題・兄弟・友人とのトラブル。

〈偏印〉

感性・企画力・観察力・創造力・独特の発想・聡明・臨機応変・機知・アイデア・異才・異次元・超俗の世界・飄然・宗教・占い・特殊な技術・サイドビジネス。

熱しやすく冷めやすい・器用貧乏・ナルシスト・感情的・怠け者・口達者・放浪・自分勝手。

祖父（男性の場合）または妻の父親・母親（女性の場合）または親戚の年長者。

〈正印〉

社交性・親切・寛容・人情家・堅実な考えと生活・養育・教育・文化・伝統・古典・技術・教師・信用・名誉・聡明・確実・オーソドックス。

独立の気持ちに欠く・依頼心・ケチ・無器用・表現力に欠ける・自尊心・利己主義。

上司・目上の人・母親（男性の場合）または伯母・祖父（女性の場合）。

☆偏印・正印に共通する事象

思わぬ援助・名声・精神的な喜び・順調な学業・判断ミス・騙される・貧乏・上司や年長者からのトラブル・母親の病気あるいはトラブル・子供の事故や病気（女性の場合）。

万年暦

※本暦の節気・節入り時間は国立天文台の暦要項を参考資料としました。

1951 年（昭和 26 年）　辛卯年

4 月　清明 4/5　23 時 33 分　壬辰月

日	月	火	水	木	金	土
1 辛未	2 壬申	3 癸酉	4 甲戌	5 清明 乙亥	6 丙子	7 丁丑
8 戊寅	9 己卯	10 庚辰	11 辛巳	12 壬午	13 癸未	14 甲申
15 乙酉	16 丙戌	17 丁亥	18 戊子	19 己丑	20 庚寅	21 辛卯
22 壬辰	23 癸巳	24 甲午	25 乙未	26 丙申	27 丁酉	28 戊戌
29 己亥	30 庚子					

5 月　立夏 5/6　17 時 10 分　癸巳月

日	月	火	水	木	金	土
		1 辛丑	2 壬寅	3 癸卯	4 甲辰	5 乙巳
6 立夏 丙午	7 丁未	8 戊申	9 己酉	10 庚戌	11 辛亥	12 壬子
13 癸丑	14 甲寅	15 乙卯	16 丙辰	17 丁巳	18 戊午	19 己未
20 庚申	21 辛酉	22 壬戌	23 癸亥	24 甲子	25 乙丑	26 丙寅
27 丁卯	28 戊辰	29 己巳	30 庚午	31 辛未		

6 月　芒種 6/6　21 時 33 分　甲午月

日	月	火	水	木	金	土
					1 壬申	2 癸酉
3 甲戌	4 乙亥	5 丙子	6 芒種 丁丑	7 戊寅	8 己卯	9 庚辰
10 辛巳	11 壬午	12 癸未	13 甲申	14 乙酉	15 丙戌	16 丁亥
17 戊子	18 己丑	19 庚寅	20 辛卯	21 壬辰	22 癸巳	23 甲午
24 乙未	25 丙申	26 丁酉	27 戊戌	28 己亥	29 庚子	30 辛丑

1 月　小寒 1/6　12 時 31 分　己丑月

日	月	火	水	木	金	土
	1 辛丑	2 壬寅	3 癸卯	4 甲辰	5 乙巳	6 小寒 丙午
7 丁未	8 戊申	9 己酉	10 庚戌	11 辛亥	12 壬子	13 癸丑
14 甲寅	15 乙卯	16 丙辰	17 丁巳	18 戊午	19 己未	20 庚申
21 辛酉	22 壬戌	23 癸亥	24 甲子	25 乙丑	26 丙寅	27 丁卯
28 戊辰	29 己巳	30 庚午	31 辛未			

2 月　立春 2/5　00 時 14 分　庚寅月

日	月	火	水	木	金	土
				1 壬申	2 癸酉	3 甲戌
4 乙亥	5 立春 丙子	6 丁丑	7 戊寅	8 己卯	9 庚辰	10 辛巳
11 壬午	12 癸未	13 甲申	14 乙酉	15 丙戌	16 丁亥	17 戊子
18 己丑	19 庚寅	20 辛卯	21 壬辰	22 癸巳	23 甲午	24 乙未
25 丙申	26 丁酉	27 戊戌	28 己亥			

3 月　啓蟄 3/6　18 時 27 分　辛卯月

日	月	火	水	木	金	土
				1 庚子	2 辛丑	3 壬寅
4 癸卯	5 甲辰	6 啓蟄 乙巳	7 丙午	8 丁未	9 戊申	10 己酉
11 庚戌	12 辛亥	13 壬子	14 癸丑	15 甲寅	16 乙卯	17 丙辰
18 丁巳	19 戊午	20 己未	21 庚申	22 辛酉	23 壬戌	24 癸亥
25 甲子	26 乙丑	27 丙寅	28 丁卯	29 戊辰	30 己巳	31 庚午

10月　寒露 10/9　11 時 37 分 戊戌月

日	月	火	水	木	金	土
	1 甲戌	2 乙亥	3 丙子	4 丁丑	5 戊寅	6 己卯
7 庚辰	8 辛巳	9 寒露 壬午	10 癸未	11 甲申	12 乙酉	13 丙戌
14 丁亥	15 戊子	16 己丑	17 庚寅	18 辛卯	19 壬辰	20 癸巳
21 甲午	22 乙未	23 丙申	24 丁酉	25 戊戌	26 己亥	27 庚子
28 辛丑	29 壬寅	30 癸卯	31 甲辰			

11月　立冬 11/8　14 時 27 分 己亥月

日	月	火	水	木	金	土
				1 乙巳	2 丙午	3 丁未
4 戊申	5 己酉	6 庚戌	7 辛亥	8 立冬 壬子	9 癸丑	10 甲寅
11 乙卯	12 丙辰	13 丁巳	14 戊午	15 己未	16 庚申	17 辛酉
18 壬戌	19 癸亥	20 甲子	21 乙丑	22 丙寅	23 丁卯	24 戊辰
25 己巳	26 庚午	27 辛未	28 壬申	29 癸酉	30 甲戌	

12月　大雪 12/8　07 時 03 分 庚子月

日	月	火	水	木	金	土
						1 乙亥
2 丙子	3 丁丑	4 戊寅	5 己卯	6 庚辰	7 辛巳	8 大雪 壬午
9 癸未	10 甲申	11 乙酉	12 丙戌	13 丁亥	14 戊子	15 己丑
16 庚寅	17 辛卯	18 壬辰	19 癸巳	20 甲午	21 乙未	22 丙申
23 丁酉	24 戊戌	25 己亥	26 庚子	27 辛丑	28 壬寅	29 癸卯
30 甲辰	31 乙巳					

7 月　小暑 7/8　07 時 54 分　乙未月

日	月	火	水	木	金	土
1 壬寅	2 癸卯	3 甲辰	4 乙巳	5 丙午	6 丁未	7 戊申
8 小暑 己酉	9 庚戌	10 辛亥	11 壬子	12 癸丑	13 甲寅	14 乙卯
15 丙辰	16 丁巳	17 戊午	18 己未	19 庚申	20 辛酉	21 壬戌
22 癸亥	23 甲子	24 乙丑	25 丙寅	26 丁卯	27 戊辰	28 己巳
29 庚午	30 辛未	31 壬申				

8 月　立秋 8/8　17 時 38 分　丙申月

日	月	火	水	木	金	土
			1 癸酉	2 甲戌	3 乙亥	4 丙子
5 丁丑	6 戊寅	7 己卯	8 立秋 庚辰	9 辛巳	10 壬午	11 癸未
12 甲申	13 乙酉	14 丙戌	15 丁亥	16 戊子	17 己丑	18 庚寅
19 辛卯	20 壬辰	21 癸巳	22 甲午	23 乙未	24 丙申	25 丁酉
26 戊戌	27 己亥	28 庚子	29 辛丑	30 壬寅	31 癸卯	

9 月　白露 9/8　20 時 19 分　丁酉月

日	月	火	水	木	金	土
						1 甲辰
2 乙巳	3 丙午	4 丁未	5 戊申	6 己酉	7 庚戌	8 白露 辛亥
9 壬子	10 癸丑	11 甲寅	12 乙卯	13 丙辰	14 丁巳	15 戊午
16 己未	17 庚申	18 辛酉	19 壬戌	20 癸亥	21 甲子	22 乙丑
23 丙寅	24 丁卯	25 戊辰	26 己巳	27 庚午	28 辛未	29 壬申
30 癸酉						

1952年（昭和27年）　壬辰年

1月　小寒 1/6　18時10分　辛丑月

日	月	火	水	木	金	土
		1 丙午	2 丁未	3 戊申	4 己酉	5 庚戌
6 小寒 辛亥	7 壬子	8 癸丑	9 甲寅	10 乙卯	11 丙辰	12 丁巳
13 戊午	14 己未	15 庚申	16 辛酉	17 壬戌	18 癸亥	19 甲子
20 乙丑	21 丙寅	22 丁卯	23 戊辰	24 己巳	25 庚午	26 辛未
27 壬申	28 癸酉	29 甲戌	30 乙亥	31 丙子		

2月　立春 2/5　05時54分　壬寅月

日	月	火	水	木	金	土
					1 丁丑	2 戊寅
3 己卯	4 庚辰	5 立春 辛巳	6 壬午	7 癸未	8 甲申	9 乙酉
10 丙戌	11 丁亥	12 戊子	13 己丑	14 庚寅	15 辛卯	16 壬辰
17 癸巳	18 甲午	19 乙未	20 丙申	21 丁酉	22 戊戌	23 己亥
24 庚子	25 辛丑	26 壬寅	27 癸卯	28 甲辰	29 乙巳	

3月　啓蟄 3/6　00時08分　癸卯月

日	月	火	水	木	金	土
						1 丙午
2 丁未	3 戊申	4 己酉	5 庚戌	6 啓蟄 辛亥	7 壬子	8 癸丑
9 甲寅	10 乙卯	11 丙辰	12 丁巳	13 戊午	14 己未	15 庚申
16 辛酉	17 壬戌	18 癸亥	19 甲子	20 乙丑	21 丙寅	22 丁卯
23 戊辰	24 己巳	25 庚午	26 辛未	27 壬申	28 癸酉	29 甲戌
30 乙亥	31 丙子					

4月　清明 4/5　05時16分　甲辰月

日	月	火	水	木	金	土
		1 丁丑	2 戊寅	3 己卯	4 庚辰	5 清明 辛巳
6 壬午	7 癸未	8 甲申	9 乙酉	10 丙戌	11 丁亥	12 戊子
13 己丑	14 庚寅	15 辛卯	16 壬辰	17 癸巳	18 甲午	19 乙未
20 丙申	21 丁酉	22 戊戌	23 己亥	24 庚子	25 辛丑	26 壬寅
27 癸卯	28 甲辰	29 乙巳	30 丙午			

5月　立夏 5/5　22時54分　乙巳月

日	月	火	水	木	金	土
				1 丁未	2 戊申	3 己酉
4 庚戌	5 立夏 辛亥	6 壬子	7 癸丑	8 甲寅	9 乙卯	10 丙辰
11 丁巳	12 戊午	13 己未	14 庚申	15 辛酉	16 壬戌	17 癸亥
18 甲子	19 乙丑	20 丙寅	21 丁卯	22 戊辰	23 己巳	24 庚午
25 辛未	26 壬申	27 癸酉	28 甲戌	29 乙亥	30 丙子	31 丁丑

6月　芒種 6/6　03時21分　丙午月

日	月	火	水	木	金	土
1 戊寅	2 己卯	3 庚辰	4 辛巳	5 壬午	6 芒種 癸未	7 甲申
8 乙酉	9 丙戌	10 丁亥	11 戊子	12 己丑	13 庚寅	14 辛卯
15 壬辰	16 癸巳	17 甲午	18 乙未	19 丙申	20 丁酉	21 戊戌
22 己亥	23 庚子	24 辛丑	25 壬寅	26 癸卯	27 甲辰	28 乙巳
29 丙午	30 丁未					

10月　寒露 10/8　17時33分 庚戌月

日	月	火	水	木	金	土
			1 庚辰	2 辛巳	3 壬午	4 癸未
5 甲申	6 乙酉	7 丙戌	8 寒露 丁亥	9 戊子	10 己丑	11 庚寅
12 辛卯	13 壬辰	14 癸巳	15 甲午	16 乙未	17 丙申	18 丁酉
19 戊戌	20 己亥	21 庚子	22 辛丑	23 壬寅	24 癸卯	25 甲辰
26 乙巳	27 丙午	28 丁未	29 戊申	30 己酉	31 庚戌	

11月　立冬 11/7　20時22分 辛亥月

日	月	火	水	木	金	土
						1 辛亥
2 壬子	3 癸丑	4 甲寅	5 乙卯	6 丙辰	7 立冬 丁巳	8 戊午
9 己未	10 庚申	11 辛酉	12 壬戌	13 癸亥	14 甲子	15 乙丑
16 丙寅	17 丁卯	18 戊辰	19 己巳	20 庚午	21 辛未	22 壬申
23 癸酉	24 甲戌	25 乙亥	26 丙子	27 丁丑	28 戊寅	29 己卯
30 庚辰						

12月　大雪 12/7　12時56分 壬子月

日	月	火	水	木	金	土
	1 辛巳	2 壬午	3 癸未	4 甲申	5 乙酉	6 丙戌
7 大雪 丁亥	8 戊子	9 己丑	10 庚寅	11 辛卯	12 壬辰	13 癸巳
14 甲午	15 乙未	16 丙申	17 丁酉	18 戊戌	19 己亥	20 庚子
21 辛丑	22 壬寅	23 癸卯	24 甲辰	25 乙巳	26 丙午	27 丁未
28 戊申	29 己酉	30 庚戌	31 辛亥			

7月　小暑 7/7　13時45分　丁未月

日	月	火	水	木	金	土
		1 戊申	2 己酉	3 庚戌	4 辛亥	5 壬子
6 癸丑	7 小暑 甲寅	8 乙卯	9 丙辰	10 丁巳	11 戊午	12 己未
13 庚申	14 辛酉	15 壬戌	16 癸亥	17 甲子	18 乙丑	19 丙寅
20 丁卯	21 戊辰	22 己巳	23 庚午	24 辛未	25 壬申	26 癸酉
27 甲戌	28 乙亥	29 丙子	30 丁丑	31 戊寅		

8月　立秋 8/7　23時32分　戊申月

日	月	火	水	木	金	土
					1 己卯	2 庚辰
3 辛巳	4 壬午	5 癸未	6 甲申	7 立秋 乙酉	8 丙戌	9 丁亥
10 戊子	11 己丑	12 庚寅	13 辛卯	14 壬辰	15 癸巳	16 甲午
17 乙未	18 丙申	19 丁酉	20 戊戌	21 己亥	22 庚子	23 辛丑
24 壬寅	25 癸卯	26 甲辰	27 乙巳	28 丙午	29 丁未	30 戊申
31 己酉						

9月　白露 9/8　02時14分　己酉月

日	月	火	水	木	金	土
	1 庚戌	2 辛亥	3 壬子	4 癸丑	5 甲寅	6 乙卯
7 丙辰	8 白露 丁巳	9 戊午	10 己未	11 庚申	12 辛酉	13 壬戌
14 癸亥	15 甲子	16 乙丑	17 丙寅	18 丁卯	19 戊辰	20 己巳
21 庚午	22 辛未	23 壬申	24 癸酉	25 甲戌	26 乙亥	27 丙子
28 丁丑	29 戊寅	30 己卯				

1953年（昭和28年）　癸巳年

4月　清明4/5　11時13分　丙辰月

日	月	火	水	木	金	土
			1 壬午	2 癸未	3 甲申	4 乙酉
5 清明 丙戌	6 丁亥	7 戊子	8 己丑	9 庚寅	10 辛卯	11 壬辰
12 癸巳	13 甲午	14 乙未	15 丙申	16 丁酉	17 戊戌	18 己亥
19 庚子	20 辛丑	21 壬寅	22 癸卯	23 甲辰	24 乙巳	25 丙午
26 丁未	27 戊申	28 己酉	29 庚戌	30 辛亥		

5月　立夏5/6　04時53分　丁巳月

日	月	火	水	木	金	土
					1 壬子	2 癸丑
3 甲寅	4 乙卯	5 丙辰	6 立夏 丁巳	7 戊午	8 己未	9 庚申
10 辛酉	11 壬戌	12 癸亥	13 甲子	14 乙丑	15 丙寅	16 丁卯
17 戊辰	18 己巳	19 庚午	20 辛未	21 壬申	22 癸酉	23 甲戌
24 乙亥	25 丙子	26 丁丑	27 戊寅	28 己卯	29 庚辰	30 辛巳
31 壬午						

6月　芒種6/6　09時17分　戊午月

日	月	火	水	木	金	土
	1 癸未	2 甲申	3 乙酉	4 丙戌	5 丁亥	6 芒種 戊子
7 己丑	8 庚寅	9 辛卯	10 壬辰	11 癸巳	12 甲午	13 乙未
14 丙申	15 丁酉	16 戊戌	17 己亥	18 庚子	19 辛丑	20 壬寅
21 癸卯	22 甲辰	23 乙巳	24 丙午	25 丁未	26 戊申	27 己酉
28 庚戌	29 辛亥	30 壬子				

1月　小寒1/6　00時03分　癸丑月

日	月	火	水	木	金	土
				1 壬子	2 癸丑	3 甲寅
4 乙卯	5 丙辰	6 小寒 丁巳	7 戊午	8 己未	9 庚申	10 辛酉
11 壬戌	12 癸亥	13 甲子	14 乙丑	15 丙寅	16 丁卯	17 戊辰
18 己巳	19 庚午	20 辛未	21 壬申	22 癸酉	23 甲戌	24 乙亥
25 丙子	26 丁丑	27 戊寅	28 己卯	29 庚辰	30 辛巳	31 壬午

2月　立春2/4　11時47分　甲寅月

日	月	火	水	木	金	土
1 癸未	2 甲申	3 乙酉	4 立春 丙戌	5 丁亥	6 戊子	7 己丑
8 庚寅	9 辛卯	10 壬辰	11 癸巳	12 甲午	13 乙未	14 丙申
15 丁酉	16 戊戌	17 己亥	18 庚子	19 辛丑	20 壬寅	21 癸卯
22 甲辰	23 乙巳	24 丙午	25 丁未	26 戊申	27 己酉	28 庚戌

3月　啓蟄3/6　06時03分　乙卯月

日	月	火	水	木	金	土
1 辛亥	2 壬子	3 癸丑	4 甲寅	5 乙卯	6 啓蟄 丙辰	7 丁巳
8 戊午	9 己未	10 庚申	11 辛酉	12 壬戌	13 癸亥	14 甲子
15 乙丑	16 丙寅	17 丁卯	18 戊辰	19 己巳	20 庚午	21 辛未
22 壬申	23 癸酉	24 甲戌	25 乙亥	26 丙子	27 丁丑	28 戊寅
29 己卯	30 庚辰	31 辛巳				

10月　寒露 10/8　23時11分 壬戌月

日	月	火	水	木	金	土
				1 乙酉	2 丙戌	3 丁亥
4 戊子	5 己丑	6 庚寅	7 辛卯	8 寒露 壬辰	9 癸巳	10 甲午
11 乙未	12 丙申	13 丁酉	14 戊戌	15 己亥	16 庚子	17 辛丑
18 壬寅	19 癸卯	20 甲辰	21 乙巳	22 丙午	23 丁未	24 戊申
25 己酉	26 庚戌	27 辛亥	28 壬子	29 癸丑	30 甲寅	31 乙卯

11月　立冬 11/8　02時02分 癸亥月

日	月	火	水	木	金	土
1 丙辰	2 丁巳	3 戊午	4 己未	5 庚申	6 辛酉	7 壬戌
8 立冬 癸亥	9 甲子	10 乙丑	11 丙寅	12 丁卯	13 戊辰	14 己巳
15 庚午	16 辛未	17 壬申	18 癸酉	19 甲戌	20 乙亥	21 丙子
22 丁丑	23 戊寅	24 己卯	25 庚辰	26 辛巳	27 壬午	28 癸未
29 甲申	30 乙酉					

12月　大雪 12/7　18時38分 甲子月

日	月	火	水	木	金	土
		1 丙戌	2 丁亥	3 戊子	4 己丑	5 庚寅
6 辛卯	7 大雪 壬辰	8 癸巳	9 甲午	10 乙未	11 丙申	12 丁酉
13 戊戌	14 己亥	15 庚子	16 辛丑	17 壬寅	18 癸卯	19 甲辰
20 乙巳	21 丙午	22 丁未	23 戊申	24 己酉	25 庚戌	26 辛亥
27 壬子	28 癸丑	29 甲寅	30 乙卯	31 丙辰		

7月　小暑 7/7　19時35分 己未月

日	月	火	水	木	金	土
			1 癸丑	2 甲寅	3 乙卯	4 丙辰
5 丁巳	6 戊午	7 小暑 己未	8 庚申	9 辛酉	10 壬戌	11 癸亥
12 甲子	13 乙丑	14 丙寅	15 丁卯	16 戊辰	17 己巳	18 庚午
19 辛未	20 壬申	21 癸酉	22 甲戌	23 乙亥	24 丙子	25 丁丑
26 戊寅	27 己卯	28 庚辰	29 辛巳	30 壬午	31 癸未	

8月　立秋 8/8　05時15分 庚申月

日	月	火	水	木	金	土
						1 甲申
2 乙酉	3 丙戌	4 丁亥	5 戊子	6 己丑	7 庚寅	8 立秋 辛卯
9 壬辰	10 癸巳	11 甲午	12 乙未	13 丙申	14 丁酉	15 戊戌
16 己亥	17 庚子	18 辛丑	19 壬寅	20 癸卯	21 甲辰	22 乙巳
23 丙午	24 丁未	25 戊申	26 己酉	27 庚戌	28 辛亥	29 壬子
30 癸丑	31 甲寅					

9月　白露 9/8　07時53分 辛酉月

日	月	火	水	木	金	土
		1 乙卯	2 丙辰	3 丁巳	4 戊午	5 己未
6 庚申	7 辛酉	8 白露 壬戌	9 癸亥	10 甲子	11 乙丑	12 丙寅
13 丁卯	14 戊辰	15 己巳	16 庚午	17 辛未	18 壬申	19 癸酉
20 甲戌	21 乙亥	22 丙子	23 丁丑	24 戊寅	25 己卯	26 庚辰
27 辛巳	28 壬午	29 癸未	30 甲申			

1954 年（昭和 29 年）　甲午年

1 月　小寒 1/6　05 時 46 分　乙丑月

日	月	火	水	木	金	土
					1 丁巳	2 戊午
3 己未	4 庚申	5 辛酉	6 小寒 壬戌	7 癸亥	8 甲子	9 乙丑
10 丙寅	11 丁卯	12 戊辰	13 己巳	14 庚午	15 辛未	16 壬申
17 癸酉	18 甲戌	19 乙亥	20 丙子	21 丁丑	22 戊寅	23 己卯
24 庚辰	25 辛巳	26 壬午	27 癸未	28 甲申	29 乙酉	30 丙戌
31 丁亥						

2 月　立春 2/4　17 時 31 分　丙寅月

日	月	火	水	木	金	土
	1 戊子	2 己丑	3 庚寅	4 立春 辛卯	5 壬辰	6 癸巳
7 甲午	8 乙未	9 丙申	10 丁酉	11 戊戌	12 己亥	13 庚子
14 辛丑	15 壬寅	16 癸卯	17 甲辰	18 乙巳	19 丙午	20 丁未
21 戊申	22 己酉	23 庚戌	24 辛亥	25 壬子	26 癸丑	27 甲寅
28 乙卯						

3 月　啓蟄 3/6　11 時 49 分　丁卯月

日	月	火	水	木	金	土
	1 丙辰	2 丁巳	3 戊午	4 己未	5 庚申	6 啓蟄 辛酉
7 壬戌	8 癸亥	9 甲子	10 乙丑	11 丙寅	12 丁卯	13 戊辰
14 己巳	15 庚午	16 辛未	17 壬申	18 癸酉	19 甲戌	20 乙亥
21 丙子	22 丁丑	23 戊寅	24 己卯	25 庚辰	26 辛巳	27 壬午
28 癸未	29 甲申	30 乙酉	31 丙戌			

4 月　清明 4/5　17 時 00 分　戊辰月

日	月	火	水	木	金	土
				1 丁亥	2 戊子	3 己丑
4 庚寅	5 清明 辛卯	6 壬辰	7 癸巳	8 甲午	9 乙未	10 丙申
11 丁酉	12 戊戌	13 己亥	14 庚子	15 辛丑	16 壬寅	17 癸卯
18 甲辰	19 乙巳	20 丙午	21 丁未	22 戊申	23 己酉	24 庚戌
25 辛亥	26 壬子	27 癸丑	28 甲寅	29 乙卯	30 丙辰	

5 月　立夏 5/6　10 時 39 分　己巳月

日	月	火	水	木	金	土
						1 丁巳
2 戊午	3 己未	4 庚申	5 辛酉	6 立夏 壬戌	7 癸亥	8 甲子
9 乙丑	10 丙寅	11 丁卯	12 戊辰	13 己巳	14 庚午	15 辛未
16 壬申	17 癸酉	18 甲戌	19 乙亥	20 丙子	21 丁丑	22 戊寅
23 己卯	24 庚辰	25 辛巳	26 壬午	27 癸未	28 甲申	29 乙酉
30 丙戌	31 丁亥					

6 月　芒種 6/6　15 時 01 分　庚午月

日	月	火	水	木	金	土
		1 戊子	2 己丑	3 庚寅	4 辛卯	5 壬辰
6 芒種 癸巳	7 甲午	8 乙未	9 丙申	10 丁酉	11 戊戌	12 己亥
13 庚子	14 辛丑	15 壬寅	16 癸卯	17 甲辰	18 乙巳	19 丙午
20 丁未	21 戊申	22 己酉	23 庚戌	24 辛亥	25 壬子	26 癸丑
27 甲寅	28 乙卯	29 丙辰	30 丁巳			

10月　寒露 10/9　04時58分 甲戌月

日	月	火	水	木	金	土
					1 庚寅	2 辛卯
3 壬辰	4 癸巳	5 甲午	6 乙未	7 丙申	8 丁酉	9 寒露 戊戌
10 己亥	11 庚子	12 辛丑	13 壬寅	14 癸卯	15 甲辰	16 乙巳
17 丙午	18 丁未	19 戊申	20 己酉	21 庚戌	22 辛亥	23 壬子
24 癸丑	25 甲寅	26 乙卯	27 丙辰	28 丁巳	29 戊午	30 己未
31 庚申						

11月　立冬 11/8　07時51分 乙亥月

日	月	火	水	木	金	土
	1 辛酉	2 壬戌	3 癸亥	4 甲子	5 乙丑	6 丙寅
7 丁卯	8 立冬 戊辰	9 己巳	10 庚午	11 辛未	12 壬申	13 癸酉
14 甲戌	15 乙亥	16 丙子	17 丁丑	18 戊寅	19 己卯	20 庚辰
21 辛巳	22 壬午	23 癸未	24 甲申	25 乙酉	26 丙戌	27 丁亥
28 戊子	29 己丑	30 庚寅				

12月　大雪 12/8　00時29分 丙子月

日	月	火	水	木	金	土
			1 辛卯	2 壬辰	3 癸巳	4 甲午
5 乙未	6 丙申	7 丁酉	8 大雪 戊戌	9 己亥	10 庚子	11 辛丑
12 壬寅	13 癸卯	14 甲辰	15 乙巳	16 丙午	17 丁未	18 戊申
19 己酉	20 庚戌	21 辛亥	22 壬子	23 癸丑	24 甲寅	25 乙卯
26 丙辰	27 丁巳	28 戊午	29 己未	30 庚申	31 辛酉	

7月　小暑 7/8　01時20分　辛未月

日	月	火	水	木	金	土
				1 戊午	2 己未	3 庚申
4 辛酉	5 壬戌	6 癸亥	7 甲子	8 小暑 乙丑	9 丙寅	10 丁卯
11 戊辰	12 己巳	13 庚午	14 辛未	15 壬申	16 癸酉	17 甲戌
18 乙亥	19 丙子	20 丁丑	21 戊寅	22 己卯	23 庚辰	24 辛巳
25 壬午	26 癸未	27 甲申	28 乙酉	29 丙戌	30 丁亥	31 戊子

8月　立秋 8/8　11時00分　壬申月

日	月	火	水	木	金	土
1 己丑	2 庚寅	3 辛卯	4 壬辰	5 癸巳	6 甲午	7 乙未
8 立秋 丙申	9 丁酉	10 戊戌	11 己亥	12 庚子	13 辛丑	14 壬寅
15 癸卯	16 甲辰	17 乙巳	18 丙午	19 丁未	20 戊申	21 己酉
22 庚戌	23 辛亥	24 壬子	25 癸丑	26 甲寅	27 乙卯	28 丙辰
29 丁巳	30 戊午	31 己未				

9月　白露 9/8　13時38分　癸酉月

日	月	火	水	木	金	土
			1 庚申	2 辛酉	3 壬戌	4 癸亥
5 甲子	6 乙丑	7 丙寅	8 白露 丁卯	9 戊辰	10 己巳	11 庚午
12 辛未	13 壬申	14 癸酉	15 甲戌	16 乙亥	17 丙子	18 丁丑
19 戊寅	20 己卯	21 庚辰	22 辛巳	23 壬午	24 癸未	25 甲申
26 乙酉	27 丙戌	28 丁亥	29 戊子	30 己丑		

1955年（昭和30年）　乙未年

1月　小寒 1/6　11時37分　丁丑月

日	月	火	水	木	金	土
						1 壬戌
2 癸亥	3 甲子	4 乙丑	5 丙寅	6 小寒 丁卯	7 戊辰	8 己巳
9 庚午	10 辛未	11 壬申	12 癸酉	13 甲戌	14 乙亥	15 丙子
16 丁丑	17 戊寅	18 己卯	19 庚辰	20 辛巳	21 壬午	22 癸未
23 甲申	24 乙酉	25 丙戌	26 丁亥	27 戊子	28 己丑	29 庚寅
30 辛卯	31 壬辰					

2月　立春 2/4　23時18分　戊寅月

日	月	火	水	木	金	土
		1 癸巳	2 甲午	3 乙未	4 立春 丙申	5 丁酉
6 戊戌	7 己亥	8 庚子	9 辛丑	10 壬寅	11 癸卯	12 甲辰
13 乙巳	14 丙午	15 丁未	16 戊申	17 己酉	18 庚戌	19 辛亥
20 壬子	21 癸丑	22 甲寅	23 乙卯	24 丙辰	25 丁巳	26 戊午
27 己未	28 庚申					

3月　啓蟄 3/6　17時32分　己卯月

日	月	火	水	木	金	土
		1 辛酉	2 壬戌	3 癸亥	4 甲子	5 乙丑
6 啓蟄 丙寅	7 丁卯	8 戊辰	9 己巳	10 庚午	11 辛未	12 壬申
13 癸酉	14 甲戌	15 乙亥	16 丙子	17 丁丑	18 戊寅	19 己卯
20 庚辰	21 辛巳	22 壬午	23 癸未	24 甲申	25 乙酉	26 丙戌
27 丁亥	28 戊子	29 己丑	30 庚寅	31 辛卯		

4月　清明 4/5　22時39分　庚辰月

日	月	火	水	木	金	土
					1 壬辰	2 癸巳
3 甲午	4 乙未	5 清明 丙申	6 丁酉	7 戊戌	8 己亥	9 庚子
10 辛丑	11 壬寅	12 癸卯	13 甲辰	14 乙巳	15 丙午	16 丁未
17 戊申	18 己酉	19 庚戌	20 辛亥	21 壬子	22 癸丑	23 甲寅
24 乙卯	25 丙辰	26 丁巳	27 戊午	28 己未	29 庚申	30 辛酉

5月　立夏 5/6　16時18分　辛巳月

日	月	火	水	木	金	土
1 壬戌	2 癸亥	3 甲子	4 乙丑	5 丙寅	6 立夏 丁卯	7 戊辰
8 己巳	9 庚午	10 辛未	11 壬申	12 癸酉	13 甲戌	14 乙亥
15 丙子	16 丁丑	17 戊寅	18 己卯	19 庚辰	20 辛巳	21 壬午
22 癸未	23 甲申	24 乙酉	25 丙戌	26 丁亥	27 戊子	28 己丑
29 庚寅	30 辛卯	31 壬辰				

6月　芒種 6/6　20時44分　壬午月

日	月	火	水	木	金	土
			1 癸巳	2 甲午	3 乙未	4 丙申
5 丁酉	6 芒種 戊戌	7 己亥	8 庚子	9 辛丑	10 壬寅	11 癸卯
12 甲辰	13 乙巳	14 丙午	15 丁未	16 戊申	17 己酉	18 庚戌
19 辛亥	20 壬子	21 癸丑	22 甲寅	23 乙卯	24 丙辰	25 丁巳
26 戊午	27 己未	28 庚申	29 辛酉	30 壬戌		

10月　寒露 10/9　10時53分 丙戌月

日	月	火	水	木	金	土
						1 乙未
2 丙申	3 丁酉	4 戊戌	5 己亥	6 庚子	7 辛丑	8 壬寅
9 寒露 癸卯	10 甲辰	11 乙巳	12 丙午	13 丁未	14 戊申	15 己酉
16 庚戌	17 辛亥	18 壬子	19 癸丑	20 甲寅	21 乙卯	22 丙辰
23 丁巳	24 戊午	25 己未	26 庚申	27 辛酉	28 壬戌	29 癸亥
30 甲子	31 乙丑					

11月　立冬 11/8　13時46分 丁亥月

日	月	火	水	木	金	土
		1 丙寅	2 丁卯	3 戊辰	4 己巳	5 庚午
6 辛未	7 壬申	8 立冬 癸酉	9 甲戌	10 乙亥	11 丙子	12 丁丑
13 戊寅	14 己卯	15 庚辰	16 辛巳	17 壬午	18 癸未	19 甲申
20 乙酉	21 丙戌	22 丁亥	23 戊子	24 己丑	25 庚寅	26 辛卯
27 壬辰	28 癸巳	29 甲午	30 乙未			

12月　大雪 12/8　06時24分 戊子月

日	月	火	水	木	金	土
				1 丙申	2 丁酉	3 戊戌
4 己亥	5 庚子	6 辛丑	7 壬寅	8 大雪 癸卯	9 甲辰	10 乙巳
11 丙午	12 丁未	13 戊申	14 己酉	15 庚戌	16 辛亥	17 壬子
18 癸丑	19 甲寅	20 乙卯	21 丙辰	22 丁巳	23 戊午	24 己未
25 庚申	26 辛酉	27 壬戌	28 癸亥	29 甲子	30 乙丑	31 丙寅

7月　小暑 7/8　07時06分　癸未月

日	月	火	水	木	金	土
					1 癸亥	2 甲子
3 乙丑	4 丙寅	5 丁卯	6 戊辰	7 己巳	8 小暑 庚午	9 辛未
10 壬申	11 癸酉	12 甲戌	13 乙亥	14 丙子	15 丁丑	16 戊寅
17 己卯	18 庚辰	19 辛巳	20 壬午	21 癸未	22 甲申	23 乙酉
24 丙戌	25 丁亥	26 戊子	27 己丑	28 庚寅	29 辛卯	30 壬辰
31 癸巳						

8月　立秋 8/8　16時51分　甲申月

日	月	火	水	木	金	土
	1 甲午	2 乙未	3 丙申	4 丁酉	5 戊戌	6 己亥
7 庚子	8 立秋 辛丑	9 壬寅	10 癸卯	11 甲辰	12 乙巳	13 丙午
14 丁未	15 戊申	16 己酉	17 庚戌	18 辛亥	19 壬子	20 癸丑
21 甲寅	22 乙卯	23 丙辰	24 丁巳	25 戊午	26 己未	27 庚申
28 辛酉	29 壬戌	30 癸亥	31 甲子			

9月　白露 9/8　19時32分　乙酉月

日	月	火	水	木	金	土
				1 乙丑	2 丙寅	3 丁卯
4 戊辰	5 己巳	6 庚午	7 辛未	8 白露 壬申	9 癸酉	10 甲戌
11 乙亥	12 丙子	13 丁丑	14 戊寅	15 己卯	16 庚辰	17 辛巳
18 壬午	19 癸未	20 甲申	21 乙酉	22 丙戌	23 丁亥	24 戊子
25 己丑	26 庚寅	27 辛卯	28 壬辰	29 癸巳	30 甲午	

1956年（昭和31年）　丙申年

1月　小寒 1/6　17時31分　己丑月

日	月	火	水	木	金	土
1 丁卯	2 戊辰	3 己巳	4 庚午	5 辛未	6 小寒 壬申	7 癸酉
8 甲戌	9 乙亥	10 丙子	11 丁丑	12 戊寅	13 己卯	14 庚辰
15 辛巳	16 壬午	17 癸未	18 甲申	19 乙酉	20 丙戌	21 丁亥
22 戊子	23 己丑	24 庚寅	25 辛卯	26 壬辰	27 癸巳	28 甲午
29 乙未	30 丙申	31 丁酉				

2月　立春 2/5　05時13分　庚寅月

日	月	火	水	木	金	土
			1 戊戌	2 己亥	3 庚子	4 辛丑
5 立春 壬寅	6 癸卯	7 甲辰	8 乙巳	9 丙午	10 丁未	11 戊申
12 己酉	13 庚戌	14 辛亥	15 壬子	16 癸丑	17 甲寅	18 乙卯
19 丙辰	20 丁巳	21 戊午	22 己未	23 庚申	24 辛酉	25 壬戌
26 癸亥	27 甲子	28 乙丑	29 丙寅			

3月　啓蟄 3/5　23時25分　辛卯月

日	月	火	水	木	金	土
				1 丁卯	2 戊辰	3 己巳
4 庚午	5 啓蟄 辛未	6 壬申	7 癸酉	8 甲戌	9 乙亥	10 丙子
11 丁丑	12 戊寅	13 己卯	14 庚辰	15 辛巳	16 壬午	17 癸未
18 甲申	19 乙酉	20 丙戌	21 丁亥	22 戊子	23 己丑	24 庚寅
25 辛卯	26 壬辰	27 癸巳	28 甲午	29 乙未	30 丙申	31 丁酉

4月　清明 4/5　04時32分　壬辰月

日	月	火	水	木	金	土
1 戊戌	2 己亥	3 庚子	4 辛丑	5 清明 壬寅	6 癸卯	7 甲辰
8 乙巳	9 丙午	10 丁未	11 戊申	12 己酉	13 庚戌	14 辛亥
15 壬子	16 癸丑	17 甲寅	18 乙卯	19 丙辰	20 丁巳	21 戊午
22 己未	23 庚申	24 辛酉	25 壬戌	26 癸亥	27 甲子	28 乙丑
29 丙寅	30 丁卯					

5月　立夏 5/5　22時10分　癸巳月

日	月	火	水	木	金	土
		1 戊辰	2 己巳	3 庚午	4 辛未	5 立夏 壬申
6 癸酉	7 甲戌	8 乙亥	9 丙子	10 丁丑	11 戊寅	12 己卯
13 庚辰	14 辛巳	15 壬午	16 癸未	17 甲申	18 乙酉	19 丙戌
20 丁亥	21 戊子	22 己丑	23 庚寅	24 辛卯	25 壬辰	26 癸巳
27 甲午	28 乙未	29 丙申	30 丁酉	31 戊戌		

6月　芒種 6/6　02時36分　甲午月

日	月	火	水	木	金	土
					1 己亥	2 庚子
3 辛丑	4 壬寅	5 癸卯	6 芒種 甲辰	7 乙巳	8 丙午	9 丁未
10 戊申	11 己酉	12 庚戌	13 辛亥	14 壬子	15 癸丑	16 甲寅
17 乙卯	18 丙辰	19 丁巳	20 戊午	21 己未	22 庚申	23 辛酉
24 壬戌	25 癸亥	26 甲子	27 乙丑	28 丙寅	29 丁卯	30 戊辰

10月　寒露 10/8　16時37分 戊戌月

日	月	火	水	木	金	土
	1 辛丑	2 壬寅	3 癸卯	4 甲辰	5 乙巳	6 丙午
7 丁未	8 寒露 戊申	9 己酉	10 庚戌	11 辛亥	12 壬子	13 癸丑
14 甲寅	15 乙卯	16 丙辰	17 丁巳	18 戊午	19 己未	20 庚申
21 辛酉	22 壬戌	23 癸亥	24 甲子	25 乙丑	26 丙寅	27 丁卯
28 戊辰	29 己巳	30 庚午	31 辛未			

11月　立冬 11/7　19時27分 己亥月

日	月	火	水	木	金	土
				1 壬申	2 癸酉	3 甲戌
4 乙亥	5 丙子	6 丁丑	7 立冬 戊寅	8 己卯	9 庚辰	10 辛巳
11 壬午	12 癸未	13 甲申	14 乙酉	15 丙戌	16 丁亥	17 戊子
18 己丑	19 庚寅	20 辛卯	21 壬辰	22 癸巳	23 甲午	24 乙未
25 丙申	26 丁酉	27 戊戌	28 己亥	29 庚子	30 辛丑	

12月　大雪 12/7　12時03分 庚子月

日	月	火	水	木	金	土
						1 壬寅
2 癸卯	3 甲辰	4 乙巳	5 丙午	6 丁未	7 大雪 戊申	8 己酉
9 庚戌	10 辛亥	11 壬子	12 癸丑	13 甲寅	14 乙卯	15 丙辰
16 丁巳	17 戊午	18 己未	19 庚申	20 辛酉	21 壬戌	22 癸亥
23 甲子	24 乙丑	25 丙寅	26 丁卯	27 戊辰	28 己巳	29 庚午
30 辛未	31 壬申					

7月　小暑 7/7　12時59分　乙未月

日	月	火	水	木	金	土
1 己巳	2 庚午	3 辛未	4 壬申	5 癸酉	6 甲戌	7 小暑 乙亥
8 丙子	9 丁丑	10 戊寅	11 己卯	12 庚辰	13 辛巳	14 壬午
15 癸未	16 甲申	17 乙酉	18 丙戌	19 丁亥	20 戊子	21 己丑
22 庚寅	23 辛卯	24 壬辰	25 癸巳	26 甲午	27 乙未	28 丙申
29 丁酉	30 戊戌	31 己亥				

8月　立秋 8/7　22時41分　丙申月

日	月	火	水	木	金	土
			1 庚子	2 辛丑	3 壬寅	4 癸卯
5 甲辰	6 乙巳	7 立秋 丙午	8 丁未	9 戊申	10 己酉	11 庚戌
12 辛亥	13 壬子	14 癸丑	15 甲寅	16 乙卯	17 丙辰	18 丁巳
19 戊午	20 己未	21 庚申	22 辛酉	23 壬戌	24 癸亥	25 甲子
26 乙丑	27 丙寅	28 丁卯	29 戊辰	30 己巳	31 庚午	

9月　白露 9/8　01時20分　丁酉月

日	月	火	水	木	金	土
						1 辛未
2 壬申	3 癸酉	4 甲戌	5 乙亥	6 丙子	7 丁丑	8 白露 戊寅
9 己卯	10 庚辰	11 辛巳	12 壬午	13 癸未	14 甲申	15 乙酉
16 丙戌	17 丁亥	18 戊子	19 己丑	20 庚寅	21 辛卯	22 壬辰
23 癸巳	24 甲午	25 乙未	26 丙申	27 丁酉	28 戊戌	29 己亥
30 庚子						

1957 年（昭和 32 年）　丁酉年

1 月　小寒 1/5　23 時 11 分　辛丑月

日	月	火	水	木	金	土
		1 癸酉	2 甲戌	3 乙亥	4 丙子	5 小寒 丁丑
6 戊寅	7 己卯	8 庚辰	9 辛巳	10 壬午	11 癸未	12 甲申
13 乙酉	14 丙戌	15 丁亥	16 戊子	17 己丑	18 庚寅	19 辛卯
20 壬辰	21 癸巳	22 甲午	23 乙未	24 丙申	25 丁酉	26 戊戌
27 己亥	28 庚子	29 辛丑	30 壬寅	31 癸卯		

2 月　立春 2/4　10 時 55 分　壬寅月

日	月	火	水	木	金	土
					1 甲辰	2 乙巳
3 丙午	4 立春 丁未	5 戊申	6 己酉	7 庚戌	8 辛亥	9 壬子
10 癸丑	11 甲寅	12 乙卯	13 丙辰	14 丁巳	15 戊午	16 己未
17 庚申	18 辛酉	19 壬戌	20 癸亥	21 甲子	22 乙丑	23 丙寅
24 丁卯	25 戊辰	26 己巳	27 庚午	28 辛未		

3 月　啓蟄 3/6　05 時 11 分　癸卯月

日	月	火	水	木	金	土
					1 壬申	2 癸酉
3 甲戌	4 乙亥	5 丙子	6 啓蟄 丁丑	7 戊寅	8 己卯	9 庚辰
10 辛巳	11 壬午	12 癸未	13 甲申	14 乙酉	15 丙戌	16 丁亥
17 戊子	18 己丑	19 庚寅	20 辛卯	21 壬辰	22 癸巳	23 甲午
24 乙未	25 丙申	26 丁酉	27 戊戌	28 己亥	29 庚子	30 辛丑
31 壬寅						

4 月　清明 4/5　10 時 19 分　甲辰月

日	月	火	水	木	金	土
	1 癸卯	2 甲辰	3 乙巳	4 丙午	5 清明 丁未	6 戊申
7 己酉	8 庚戌	9 辛亥	10 壬子	11 癸丑	12 甲寅	13 乙卯
14 丙辰	15 丁巳	16 戊午	17 己未	18 庚申	19 辛酉	20 壬戌
21 癸亥	22 甲子	23 乙丑	24 丙寅	25 丁卯	26 戊辰	27 己巳
28 庚午	29 辛未	30 壬申				

5 月　立夏 5/6　03 時 59 分　乙巳月

日	月	火	水	木	金	土
			1 癸酉	2 甲戌	3 乙亥	4 丙子
5 丁丑	6 立夏 戊寅	7 己卯	8 庚辰	9 辛巳	10 壬午	11 癸未
12 甲申	13 乙酉	14 丙戌	15 丁亥	16 戊子	17 己丑	18 庚寅
19 辛卯	20 壬辰	21 癸巳	22 甲午	23 乙未	24 丙申	25 丁酉
26 戊戌	27 己亥	28 庚子	29 辛丑	30 壬寅	31 癸卯	

6 月　芒種 6/6　08 時 25 分　丙午月

日	月	火	水	木	金	土
						1 甲辰
2 乙巳	3 丙午	4 丁未	5 戊申	6 芒種 己酉	7 庚戌	8 辛亥
9 壬子	10 癸丑	11 甲寅	12 乙卯	13 丙辰	14 丁巳	15 戊午
16 己未	17 庚申	18 辛酉	19 壬戌	20 癸亥	21 甲子	22 乙丑
23 丙寅	24 丁卯	25 戊辰	26 己巳	27 庚午	28 辛未	29 壬申
30 癸酉						

10月　寒露 10/8　22時31分 庚戌月

日	月	火	水	木	金	土
		1 丙午	2 丁未	3 戊申	4 己酉	5 庚戌
6 辛亥	7 壬子	8 寒露 癸丑	9 甲寅	10 乙卯	11 丙辰	12 丁巳
13 戊午	14 己未	15 庚申	16 辛酉	17 壬戌	18 癸亥	19 甲子
20 乙丑	21 丙寅	22 丁卯	23 戊辰	24 己巳	25 庚午	26 辛未
27 壬申	28 癸酉	29 甲戌	30 乙亥	31 丙子		

11月　立冬 11/8　01時21分 辛亥月

日	月	火	水	木	金	土
					1 丁丑	2 戊寅
3 己卯	4 庚辰	5 辛巳	6 壬午	7 癸未	8 立冬 甲申	9 乙酉
10 丙戌	11 丁亥	12 戊子	13 己丑	14 庚寅	15 辛卯	16 壬辰
17 癸巳	18 甲午	19 乙未	20 丙申	21 丁酉	22 戊戌	23 己亥
24 庚子	25 辛丑	26 壬寅	27 癸卯	28 甲辰	29 乙巳	30 丙午

12月　大雪 12/7　17時57分 壬子月

日	月	火	水	木	金	土
1 丁未	2 戊申	3 己酉	4 庚戌	5 辛亥	6 壬子	7 大雪 癸丑
8 甲寅	9 乙卯	10 丙辰	11 丁巳	12 戊午	13 己未	14 庚申
15 辛酉	16 壬戌	17 癸亥	18 甲子	19 乙丑	20 丙寅	21 丁卯
22 戊辰	23 己巳	24 庚午	25 辛未	26 壬申	27 癸酉	28 甲戌
29 乙亥	30 丙子	31 丁丑				

7月　小暑 7/7　18時49分　丁未月

日	月	火	水	木	金	土
	1 甲戌	2 乙亥	3 丙子	4 丁丑	5 戊寅	6 己卯
7 小暑 庚辰	8 辛巳	9 壬午	10 癸未	11 甲申	12 乙酉	13 丙戌
14 丁亥	15 戊子	16 己丑	17 庚寅	18 辛卯	19 壬辰	20 癸巳
21 甲午	22 乙未	23 丙申	24 丁酉	25 戊戌	26 己亥	27 庚子
28 辛丑	29 壬寅	30 癸卯	31 甲辰			

8月　立秋 8/8　04時33分　戊申月

日	月	火	水	木	金	土
				1 乙巳	2 丙午	3 丁未
4 戊申	5 己酉	6 庚戌	7 辛亥	8 立秋 壬子	9 癸丑	10 甲寅
11 乙卯	12 丙辰	13 丁巳	14 戊午	15 己未	16 庚申	17 辛酉
18 壬戌	19 癸亥	20 甲子	21 乙丑	22 丙寅	23 丁卯	24 戊辰
25 己巳	26 庚午	27 辛未	28 壬申	29 癸酉	30 甲戌	31 乙亥

9月　白露 9/8　07時13分　己酉月

日	月	火	水	木	金	土
1 丙子	2 丁丑	3 戊寅	4 己卯	5 庚辰	6 辛巳	7 壬午
8 白露 癸未	9 甲申	10 乙酉	11 丙戌	12 丁亥	13 戊子	14 己丑
15 庚寅	16 辛卯	17 壬辰	18 癸巳	19 甲午	20 乙未	21 丙申
22 丁酉	23 戊戌	24 己亥	25 庚子	26 辛丑	27 壬寅	28 癸卯
29 甲辰	30 乙巳					

1958 年（昭和 33 年） 戊戌年

1 月　小寒 1/6　05 時 05 分　癸丑月

日	月	火	水	木	金	土
			1 戊寅	2 己卯	3 庚辰	4 辛巳
5 壬午	6 小寒 癸未	7 甲申	8 乙酉	9 丙戌	10 丁亥	11 戊子
12 己丑	13 庚寅	14 辛卯	15 壬辰	16 癸巳	17 甲午	18 乙未
19 丙申	20 丁酉	21 戊戌	22 己亥	23 庚子	24 辛丑	25 壬寅
26 癸卯	27 甲辰	28 乙巳	29 丙午	30 丁未	31 戊申	

2 月　立春 2/4　16 時 50 分　甲寅月

日	月	火	水	木	金	土
						1 己酉
2 庚戌	3 辛亥	4 立春 壬子	5 癸丑	6 甲寅	7 乙卯	8 丙辰
9 丁巳	10 戊午	11 己未	12 庚申	13 辛酉	14 壬戌	15 癸亥
16 甲子	17 乙丑	18 丙寅	19 丁卯	20 戊辰	21 己巳	22 庚午
23 辛未	24 壬申	25 癸酉	26 甲戌	27 乙亥	28 丙子	

3 月　啓蟄 3/6　11 時 06 分　乙卯月

日	月	火	水	木	金	土
						1 丁丑
2 戊寅	3 己卯	4 庚辰	5 辛巳	6 啓蟄 壬午	7 癸未	8 甲申
9 乙酉	10 丙戌	11 丁亥	12 戊子	13 己丑	14 庚寅	15 辛卯
16 壬辰	17 癸巳	18 甲午	19 乙未	20 丙申	21 丁酉	22 戊戌
23 己亥	24 庚子	25 辛丑	26 壬寅	27 癸卯	28 甲辰	29 乙巳
30 丙午	31 丁未					

4 月　清明 4/5　16 時 13 分　丙辰月

日	月	火	水	木	金	土
		1 戊申	2 己酉	3 庚戌	4 辛亥	5 清明 壬子
6 癸丑	7 甲寅	8 乙卯	9 丙辰	10 丁巳	11 戊午	12 己未
13 庚申	14 辛酉	15 壬戌	16 癸亥	17 甲子	18 乙丑	19 丙寅
20 丁卯	21 戊辰	22 己巳	23 庚午	24 辛未	25 壬申	26 癸酉
27 甲戌	28 乙亥	29 丙子	30 丁丑			

5 月　立夏 5/6　09 時 50 分　丁巳月

日	月	火	水	木	金	土
				1 戊寅	2 己卯	3 庚辰
4 辛巳	5 壬午	6 立夏 癸未	7 甲申	8 乙酉	9 丙戌	10 丁亥
11 戊子	12 己丑	13 庚寅	14 辛卯	15 壬辰	16 癸巳	17 甲午
18 乙未	19 丙申	20 丁酉	21 戊戌	22 己亥	23 庚子	24 辛丑
25 壬寅	26 癸卯	27 甲辰	28 乙巳	29 丙午	30 丁未	31 戊申

6 月　芒種 6/6　14 時 13 分　戊午月

日	月	火	水	木	金	土
1 己酉	2 庚戌	3 辛亥	4 壬子	5 癸丑	6 芒種 甲寅	7 乙卯
8 丙辰	9 丁巳	10 戊午	11 己未	12 庚申	13 辛酉	14 壬戌
15 癸亥	16 甲子	17 乙丑	18 丙寅	19 丁卯	20 戊辰	21 己巳
22 庚午	23 辛未	24 壬申	25 癸酉	26 甲戌	27 乙亥	28 丙子
29 丁丑	30 戊寅					

10月　寒露 10/9　04時20分 壬戌月

日	月	火	水	木	金	土
			1 辛亥	2 壬子	3 癸丑	4 甲寅
5 乙卯	6 丙辰	7 丁巳	8 戊午	9 寒露 己未	10 庚申	11 辛酉
12 壬戌	13 癸亥	14 甲子	15 乙丑	16 丙寅	17 丁卯	18 戊辰
19 己巳	20 庚午	21 辛未	22 壬申	23 癸酉	24 甲戌	25 乙亥
26 丙子	27 丁丑	28 戊寅	29 己卯	30 庚辰	31 辛巳	

11月　立冬 11/8　07時13分 癸亥月

日	月	火	水	木	金	土
						1 壬午
2 癸未	3 甲申	4 乙酉	5 丙戌	6 丁亥	7 戊子	8 立冬 己丑
9 庚寅	10 辛卯	11 壬辰	12 癸巳	13 甲午	14 乙未	15 丙申
16 丁酉	17 戊戌	18 己亥	19 庚子	20 辛丑	21 壬寅	22 癸卯
23 甲辰	24 乙巳	25 丙午	26 丁未	27 戊申	28 己酉	29 庚戌
30 辛亥						

12月　大雪 12/7　23時50分 甲子月

日	月	火	水	木	金	土
	1 壬子	2 癸丑	3 甲寅	4 乙卯	5 丙辰	6 丁巳
7 大雪 戊午	8 己未	9 庚申	10 辛酉	11 壬戌	12 癸亥	13 甲子
14 乙丑	15 丙寅	16 丁卯	17 戊辰	18 己巳	19 庚午	20 辛未
21 壬申	22 癸酉	23 甲戌	24 乙亥	25 丙子	26 丁丑	27 戊寅
28 己卯	29 庚辰	30 辛巳	31 壬午			

7月　小暑 7/8　00時34分　己未月

日	月	火	水	木	金	土
		1 己卯	2 庚辰	3 辛巳	4 壬午	5 癸未
6 甲申	7 乙酉	8 小暑 丙戌	9 丁亥	10 戊子	11 己丑	12 庚寅
13 辛卯	14 壬辰	15 癸巳	16 甲午	17 乙未	18 丙申	19 丁酉
20 戊戌	21 己亥	22 庚子	23 辛丑	24 壬寅	25 癸卯	26 甲辰
27 乙巳	28 丙午	29 丁未	30 戊申	31 己酉		

8月　立秋 8/8　10時18分　庚申月

日	月	火	水	木	金	土
					1 庚戌	2 辛亥
3 壬子	4 癸丑	5 甲寅	6 乙卯	7 丙辰	8 立秋 丁巳	9 戊午
10 己未	11 庚申	12 辛酉	13 壬戌	14 癸亥	15 甲子	16 乙丑
17 丙寅	18 丁卯	19 戊辰	20 己巳	21 庚午	22 辛未	23 壬申
24 癸酉	25 甲戌	26 乙亥	27 丙子	28 丁丑	29 戊寅	30 己卯
31 庚辰						

9月　白露 9/8　13時00分　辛酉月

日	月	火	水	木	金	土
	1 辛巳	2 壬午	3 癸未	4 甲申	5 乙酉	6 丙戌
7 丁亥	8 白露 戊子	9 己丑	10 庚寅	11 辛卯	12 壬辰	13 癸巳
14 甲午	15 乙未	16 丙申	17 丁酉	18 戊戌	19 己亥	20 庚子
21 辛丑	22 壬寅	23 癸卯	24 甲辰	25 乙巳	26 丙午	27 丁未
28 戊申	29 己酉	30 庚戌				

1959 年（昭和 34 年）　己亥年

1 月　小寒 1/6　10 時 59 分　乙丑月

日	月	火	水	木	金	土
				1 癸未	2 甲申	3 乙酉
4 丙戌	5 丁亥	6 小寒 戊子	7 己丑	8 庚寅	9 辛卯	10 壬辰
11 癸巳	12 甲午	13 乙未	14 丙申	15 丁酉	16 戊戌	17 己亥
18 庚子	19 辛丑	20 壬寅	21 癸卯	22 甲辰	23 乙巳	24 丙午
25 丁未	26 戊申	27 己酉	28 庚戌	29 辛亥	30 壬子	31 癸丑

2 月　立春 2/4　22 時 43 分　丙寅月

日	月	火	水	木	金	土
1 甲寅	2 乙卯	3 丙辰	4 立春 丁巳	5 戊午	6 己未	7 庚申
8 辛酉	9 壬戌	10 癸亥	11 甲子	12 乙丑	13 丙寅	14 丁卯
15 戊辰	16 己巳	17 庚午	18 辛未	19 壬申	20 癸酉	21 甲戌
22 乙亥	23 丙子	24 丁丑	25 戊寅	26 己卯	27 庚辰	28 辛巳

3 月　啓蟄 3/6　16 時 57 分　丁卯月

日	月	火	水	木	金	土
1 壬午	2 癸未	3 甲申	4 乙酉	5 丙戌	6 啓蟄 丁亥	7 戊子
8 己丑	9 庚寅	10 辛卯	11 壬辰	12 癸巳	13 甲午	14 乙未
15 丙申	16 丁酉	17 戊戌	18 己亥	19 庚子	20 辛丑	21 壬寅
22 癸卯	23 甲辰	24 乙巳	25 丙午	26 丁未	27 戊申	28 己酉
29 庚戌	30 辛亥	31 壬子				

4 月　清明 4/5　22 時 04 分　戊辰月

日	月	火	水	木	金	土
			1 癸丑	2 甲寅	3 乙卯	4 丙辰
5 清明 丁巳	6 戊午	7 己未	8 庚申	9 辛酉	10 壬戌	11 癸亥
12 甲子	13 乙丑	14 丙寅	15 丁卯	16 戊辰	17 己巳	18 庚午
19 辛未	20 壬申	21 癸酉	22 甲戌	23 乙亥	24 丙子	25 丁丑
26 戊寅	27 己卯	28 庚辰	29 辛巳	30 壬午		

5 月　立夏 5/6　15 時 39 分　己巳月

日	月	火	水	木	金	土
					1 癸未	2 甲申
3 乙酉	4 丙戌	5 丁亥	6 立夏 戊子	7 己丑	8 庚寅	9 辛卯
10 壬辰	11 癸巳	12 甲午	13 乙未	14 丙申	15 丁酉	16 戊戌
17 己亥	18 庚子	19 辛丑	20 壬寅	21 癸卯	22 甲辰	23 乙巳
24 丙午	25 丁未	26 戊申	27 己酉	28 庚戌	29 辛亥	30 壬子
31 癸丑						

6 月　芒種 6/6　20 時 01 分　庚午月

日	月	火	水	木	金	土
	1 甲寅	2 乙卯	3 丙辰	4 丁巳	5 戊午	6 芒種 己未
7 庚申	8 辛酉	9 壬戌	10 癸亥	11 甲子	12 乙丑	13 丙寅
14 丁卯	15 戊辰	16 己巳	17 庚午	18 辛未	19 壬申	20 癸酉
21 甲戌	22 乙亥	23 丙子	24 丁丑	25 戊寅	26 己卯	27 庚辰
28 辛巳	29 壬午	30 癸未				

10月　寒露 10/9　10時11分　甲戌月

日	月	火	水	木	金	土
				1 丙辰	2 丁巳	3 戊午
4 己未	5 庚申	6 辛酉	7 壬戌	8 癸亥	9 寒露 甲子	10 乙丑
11 丙寅	12 丁卯	13 戊辰	14 己巳	15 庚午	16 辛未	17 壬申
18 癸酉	19 甲戌	20 乙亥	21 丙子	22 丁丑	23 戊寅	24 己卯
25 庚辰	26 辛巳	27 壬午	28 癸未	29 甲申	30 乙酉	31 丙戌

11月　立冬 11/8　13時03分　乙亥月

日	月	火	水	木	金	土
1 丁亥	2 戊子	3 己丑	4 庚寅	5 辛卯	6 壬辰	7 癸巳
8 立冬 甲午	9 乙未	10 丙申	11 丁酉	12 戊戌	13 己亥	14 庚子
15 辛丑	16 壬寅	17 癸卯	18 甲辰	19 乙巳	20 丙午	21 丁未
22 戊申	23 己酉	24 庚戌	25 辛亥	26 壬子	27 癸丑	28 甲寅
29 乙卯	30 丙辰					

12月　大雪 12/8　05時38分　丙子月

日	月	火	水	木	金	土
		1 丁巳	2 戊午	3 己未	4 庚申	5 辛酉
6 壬戌	7 癸亥	8 大雪 甲子	9 乙丑	10 丙寅	11 丁卯	12 戊辰
13 己巳	14 庚午	15 辛未	16 壬申	17 癸酉	18 甲戌	19 乙亥
20 丙子	21 丁丑	22 戊寅	23 己卯	24 庚辰	25 辛巳	26 壬午
27 癸未	28 甲申	29 乙酉	30 丙戌	31 丁亥		

7月　小暑 7/8　06時20分　辛未月

日	月	火	水	木	金	土
			1 甲申	2 乙酉	3 丙戌	4 丁亥
5 戊子	6 己丑	7 庚寅	8 小暑 辛卯	9 壬辰	10 癸巳	11 甲午
12 乙未	13 丙申	14 丁酉	15 戊戌	16 己亥	17 庚子	18 辛丑
19 壬寅	20 癸卯	21 甲辰	22 乙巳	23 丙午	24 丁未	25 戊申
26 己酉	27 庚戌	28 辛亥	29 壬子	30 癸丑	31 甲寅	

8月　立秋 8/8　16時05分　壬申月

日	月	火	水	木	金	土
						1 乙卯
2 丙辰	3 丁巳	4 戊午	5 己未	6 庚申	7 辛酉	8 立秋 壬戌
9 癸亥	10 甲子	11 乙丑	12 丙寅	13 丁卯	14 戊辰	15 己巳
16 庚午	17 辛未	18 壬申	19 癸酉	20 甲戌	21 乙亥	22 丙子
23 丁丑	24 戊寅	25 己卯	26 庚辰	27 辛巳	28 壬午	29 癸未
30 甲申	31 乙酉					

9月　白露 9/8　18時49分　癸酉月

日	月	火	水	木	金	土
		1 丙戌	2 丁亥	3 戊子	4 己丑	5 庚寅
6 辛卯	7 壬辰	8 白露 癸巳	9 甲午	10 乙未	11 丙申	12 丁酉
13 戊戌	14 己亥	15 庚子	16 辛丑	17 壬寅	18 癸卯	19 甲辰
20 乙巳	21 丙午	22 丁未	23 戊申	24 己酉	25 庚戌	26 辛亥
27 壬子	28 癸丑	29 甲寅	30 乙卯			

1960年（昭和35年）　庚子年

1月　小寒 1/6　16時43分　丁丑月

日	月	火	水	木	金	土
					1 戊子	2 己丑
3 庚寅	4 辛卯	5 壬辰	6 小寒 癸巳	7 甲午	8 乙未	9 丙申
10 丁酉	11 戊戌	12 己亥	13 庚子	14 辛丑	15 壬寅	16 癸卯
17 甲辰	18 乙巳	19 丙午	20 丁未	21 戊申	22 己酉	23 庚戌
24 辛亥	25 壬子	26 癸丑	27 甲寅	28 乙卯	29 丙辰	30 丁巳
31 戊午						

2月　立春 2/5　04時23分　戊寅月

日	月	火	水	木	金	土
	1 己未	2 庚申	3 辛酉	4 壬戌	5 立春 癸亥	6 甲子
7 乙丑	8 丙寅	9 丁卯	10 戊辰	11 己巳	12 庚午	13 辛未
14 壬申	15 癸酉	16 甲戌	17 乙亥	18 丙子	19 丁丑	20 戊寅
21 己卯	22 庚辰	23 辛巳	24 壬午	25 癸未	26 甲申	27 乙酉
28 丙戌	29 丁亥					

3月　啓蟄 3/5　22時36分　己卯月

日	月	火	水	木	金	土
		1 戊子	2 己丑	3 庚寅	4 辛卯	5 啓蟄 壬辰
6 癸巳	7 甲午	8 乙未	9 丙申	10 丁酉	11 戊戌	12 己亥
13 庚子	14 辛丑	15 壬寅	16 癸卯	17 甲辰	18 乙巳	19 丙午
20 丁未	21 戊申	22 己酉	23 庚戌	24 辛亥	25 壬子	26 癸丑
27 甲寅	28 乙卯	29 丙辰	30 丁巳	31 戊午		

4月　清明 4/5　03時44分　庚辰月

日	月	火	水	木	金	土
					1 己未	2 庚申
3 辛酉	4 壬戌	5 清明 癸亥	6 甲子	7 乙丑	8 丙寅	9 丁卯
10 戊辰	11 己巳	12 庚午	13 辛未	14 壬申	15 癸酉	16 甲戌
17 乙亥	18 丙子	19 丁丑	20 戊寅	21 己卯	22 庚辰	23 辛巳
24 壬午	25 癸未	26 甲申	27 乙酉	28 丙戌	29 丁亥	30 戊子

5月　立夏 5/5　21時23分　辛巳月

日	月	火	水	木	金	土
1 己丑	2 庚寅	3 辛卯	4 壬辰	5 立夏 癸巳	6 甲午	7 乙未
8 丙申	9 丁酉	10 戊戌	11 己亥	12 庚子	13 辛丑	14 壬寅
15 癸卯	16 甲辰	17 乙巳	18 丙午	19 丁未	20 戊申	21 己酉
22 庚戌	23 辛亥	24 壬子	25 癸丑	26 甲寅	27 乙卯	28 丙辰
29 丁巳	30 戊午	31 己未				

6月　芒種 6/6　01時48分　壬午月

日	月	火	水	木	金	土
			1 庚申	2 辛酉	3 壬戌	4 癸亥
5 甲子	6 芒種 乙丑	7 丙寅	8 丁卯	9 戊辰	10 己巳	11 庚午
12 辛未	13 壬申	14 癸酉	15 甲戌	16 乙亥	17 丙子	18 丁丑
19 戊寅	20 己卯	21 庚辰	22 辛巳	23 壬午	24 癸未	25 甲申
26 乙酉	27 丙戌	28 丁亥	29 戊子	30 己丑		

7月　小暑 7/7　12時13分　癸未月

日	月	火	水	木	金	土
					1 庚寅	2 辛卯
3 壬辰	4 癸巳	5 甲午	6 乙未	7 小暑 丙申	8 丁酉	9 戊戌
10 己亥	11 庚子	12 辛丑	13 壬寅	14 癸卯	15 甲辰	16 乙巳
17 丙午	18 丁未	19 戊申	20 己酉	21 庚戌	22 辛亥	23 壬子
24 癸丑	25 甲寅	26 乙卯	27 丙辰	28 丁巳	29 戊午	30 己未
31 庚申						

8月　立秋 8/7　22時00分　甲申月

日	月	火	水	木	金	土
	1 辛酉	2 壬戌	3 癸亥	4 甲子	5 乙丑	6 丙寅
7 立秋 丁卯	8 戊辰	9 己巳	10 庚午	11 辛未	12 壬申	13 癸酉
14 甲戌	15 乙亥	16 丙子	17 丁丑	18 戊寅	19 己卯	20 庚辰
21 辛巳	22 壬午	23 癸未	24 甲申	25 乙酉	26 丙戌	27 丁亥
28 戊子	29 己丑	30 庚寅	31 辛卯			

9月　白露 9/8　00時46分　乙酉月

日	月	火	水	木	金	土
				1 壬辰	2 癸巳	3 甲午
4 乙未	5 丙申	6 丁酉	7 戊戌	8 白露 己亥	9 庚子	10 辛丑
11 壬寅	12 癸卯	13 甲辰	14 乙巳	15 丙午	16 丁未	17 戊申
18 己酉	19 庚戌	20 辛亥	21 壬子	22 癸丑	23 甲寅	24 乙卯
25 丙辰	26 丁巳	27 戊午	28 己未	29 庚申	30 辛酉	

10月　寒露 10/8　16時09分　丙戌月

日	月	火	水	木	金	土
						1 壬戌
2 癸亥	3 甲子	4 乙丑	5 丙寅	6 丁卯	7 戊辰	8 寒露 己巳
9 庚午	10 辛未	11 壬申	12 癸酉	13 甲戌	14 乙亥	15 丙子
16 丁丑	17 戊寅	18 己卯	19 庚辰	20 辛巳	21 壬午	22 癸未
23 甲申	24 乙酉	25 丙戌	26 丁亥	27 戊子	28 己丑	29 庚寅
30 辛卯	31 壬辰					

11月　立冬 11/7　19時02分　丁亥月

日	月	火	水	木	金	土
		1 癸巳	2 甲午	3 乙未	4 丙申	5 丁酉
6 戊戌	7 立冬 己亥	8 庚子	9 辛丑	10 壬寅	11 癸卯	12 甲辰
13 乙巳	14 丙午	15 丁未	16 戊申	17 己酉	18 庚戌	19 辛亥
20 壬子	21 癸丑	22 甲寅	23 乙卯	24 丙辰	25 丁巳	26 戊午
27 己未	28 庚申	29 辛酉	30 壬戌			

12月　大雪 12/7　11時38分　戊子月

日	月	火	水	木	金	土
				1 癸亥	2 甲子	3 乙丑
4 丙寅	5 丁卯	6 戊辰	7 大雪 己巳	8 庚午	9 辛未	10 壬申
11 癸酉	12 甲戌	13 乙亥	14 丙子	15 丁丑	16 戊寅	17 己卯
18 庚辰	19 辛巳	20 壬午	21 癸未	22 甲申	23 乙酉	24 丙戌
25 丁亥	26 戊子	27 己丑	28 庚寅	29 辛卯	30 壬辰	31 癸巳

1961年（昭和36年）　辛丑年

1月　小寒 1/5　22時43分　己丑月

日	月	火	水	木	金	土
1 甲午	2 乙未	3 丙申	4 丁酉	5 小寒 戊戌	6 己亥	7 庚子
8 辛丑	9 壬寅	10 癸卯	11 甲辰	12 乙巳	13 丙午	14 丁未
15 戊申	16 己酉	17 庚戌	18 辛亥	19 壬子	20 癸丑	21 甲寅
22 乙卯	23 丙辰	24 丁巳	25 戊午	26 己未	27 庚申	28 辛酉
29 壬戌	30 癸亥	31 甲子				

2月　立春 2/4　10時23分　庚寅月

日	月	火	水	木	金	土
			1 乙丑	2 丙寅	3 丁卯	4 立春 戊辰
5 己巳	6 庚午	7 辛未	8 壬申	9 癸酉	10 甲戌	11 乙亥
12 丙子	13 丁丑	14 戊寅	15 己卯	16 庚辰	17 辛巳	18 壬午
19 癸未	20 甲申	21 乙酉	22 丙戌	23 丁亥	24 戊子	25 己丑
26 庚寅	27 辛卯	28 壬辰				

3月　啓蟄 3/6　04時35分　辛卯月

日	月	火	水	木	金	土
			1 癸巳	2 甲午	3 乙未	4 丙申
5 丁酉	6 啓蟄 戊戌	7 己亥	8 庚子	9 辛丑	10 壬寅	11 癸卯
12 甲辰	13 乙巳	14 丙午	15 丁未	16 戊申	17 己酉	18 庚戌
19 辛亥	20 壬子	21 癸丑	22 甲寅	23 乙卯	24 丙辰	25 丁巳
26 戊午	27 己未	28 庚申	29 辛酉	30 壬戌	31 癸亥	

4月　清明 4/5　09時42分　壬辰月

日	月	火	水	木	金	土
						1 甲子
2 乙丑	3 丙寅	4 丁卯	5 清明 戊辰	6 己巳	7 庚午	8 辛未
9 壬申	10 癸酉	11 甲戌	12 乙亥	13 丙子	14 丁丑	15 戊寅
16 己卯	17 庚辰	18 辛巳	19 壬午	20 癸未	21 甲申	22 乙酉
23 丙戌	24 丁亥	25 戊子	26 己丑	27 庚寅	28 辛卯	29 壬辰
30 癸巳						

5月　立夏 5/6　03時21分　癸巳月

日	月	火	水	木	金	土
	1 甲午	2 乙未	3 丙申	4 丁酉	5 戊戌	6 立夏 己亥
7 庚子	8 辛丑	9 壬寅	10 癸卯	11 甲辰	12 乙巳	13 丙午
14 丁未	15 戊申	16 己酉	17 庚戌	18 辛亥	19 壬子	20 癸丑
21 甲寅	22 乙卯	23 丙辰	24 丁巳	25 戊午	26 己未	27 庚申
28 辛酉	29 壬戌	30 癸亥	31 甲子			

6月　芒種 6/6　07時46分　甲午月

日	月	火	水	木	金	土
				1 乙丑	2 丙寅	3 丁卯
4 戊辰	5 己巳	6 芒種 庚午	7 辛未	8 壬申	9 癸酉	10 甲戌
11 乙亥	12 丙子	13 丁丑	14 戊寅	15 己卯	16 庚辰	17 辛巳
18 壬午	19 癸未	20 甲申	21 乙酉	22 丙戌	23 丁亥	24 戊子
25 己丑	26 庚寅	27 辛卯	28 壬辰	29 癸巳	30 甲午	

10月　寒露 10/8　21 時 51 分 戊戌月

日	月	火	水	木	金	土
1 丁卯	2 戊辰	3 己巳	4 庚午	5 辛未	6 壬申	7 癸酉
8 寒露 甲戌	9 乙亥	10 丙子	11 丁丑	12 戊寅	13 己卯	14 庚辰
15 辛巳	16 壬午	17 癸未	18 甲申	19 乙酉	20 丙戌	21 丁亥
22 戊子	23 己丑	24 庚寅	25 辛卯	26 壬辰	27 癸巳	28 甲午
29 乙未	30 丙申	31 丁酉				

11月　立冬 11/8 00 時 46 分　己亥月

日	月	火	水	木	金	土
			1 戊戌	2 己亥	3 庚子	4 辛丑
5 壬寅	6 癸卯	7 甲辰	8 立冬 乙巳	9 丙午	10 丁未	11 戊申
12 己酉	13 庚戌	14 辛亥	15 壬子	16 癸丑	17 甲寅	18 乙卯
19 丙辰	20 丁巳	21 戊午	22 己未	23 庚申	24 辛酉	25 壬戌
26 癸亥	27 甲子	28 乙丑	29 丙寅	30 丁卯		

12月　大雪 12/7　17 時 26 分 庚子月

日	月	火	水	木	金	土
					1 戊辰	2 己巳
3 庚午	4 辛未	5 壬申	6 癸酉	7 大雪 甲戌	8 乙亥	9 丙子
10 丁丑	11 戊寅	12 己卯	13 庚辰	14 辛巳	15 壬午	16 癸未
17 甲申	18 乙酉	19 丙戌	20 丁亥	21 戊子	22 己丑	23 庚寅
24 辛卯	25 壬辰	26 癸巳	27 甲午	28 乙未	29 丙申	30 丁酉
31 戊戌						

7 月　小暑 7/7　18 時 07 分　乙未月

日	月	火	水	木	金	土
						1 乙未
2 丙申	3 丁酉	4 戊戌	5 己亥	6 庚子	7 小暑 辛丑	8 壬寅
9 癸卯	10 甲辰	11 乙巳	12 丙午	13 丁未	14 戊申	15 己酉
16 庚戌	17 辛亥	18 壬子	19 癸丑	20 甲寅	21 乙卯	22 丙辰
23 丁巳	24 戊午	25 己未	26 庚申	27 辛酉	28 壬戌	29 癸亥
30 甲子	31 乙丑					

8 月　立秋 8/8　03 時 48 分　丙申月

日	月	火	水	木	金	土
		1 丙寅	2 丁卯	3 戊辰	4 己巳	5 庚午
6 辛未	7 壬申	8 立秋 癸酉	9 甲戌	10 乙亥	11 丙子	12 丁丑
13 戊寅	14 己卯	15 庚辰	16 辛巳	17 壬午	18 癸未	19 甲申
20 乙酉	21 丙戌	22 丁亥	23 戊子	24 己丑	25 庚寅	26 辛卯
27 壬辰	28 癸巳	29 甲午	30 乙未	31 丙申		

9 月　白露 9/8　06 時 29 分　丁酉月

日	月	火	水	木	金	土
					1 丁酉	2 戊戌
3 己亥	4 庚子	5 辛丑	6 壬寅	7 癸卯	8 白露 甲辰	9 乙巳
10 丙午	11 丁未	12 戊申	13 己酉	14 庚戌	15 辛亥	16 壬子
17 癸丑	18 甲寅	19 乙卯	20 丙辰	21 丁巳	22 戊午	23 己未
24 庚申	25 辛酉	26 壬戌	27 癸亥	28 甲子	29 乙丑	30 丙寅

1962年（昭和37年）　壬寅年

1月　小寒 1/6　04時35分　辛丑月

日	月	火	水	木	金	土
	1 己亥	2 庚子	3 辛丑	4 壬寅	5 癸卯	6 小寒 甲辰
7 乙巳	8 丙午	9 丁未	10 戊申	11 己酉	12 庚戌	13 辛亥
14 壬子	15 癸丑	16 甲寅	17 乙卯	18 丙辰	19 丁巳	20 戊午
21 己未	22 庚申	23 辛酉	24 壬戌	25 癸亥	26 甲子	27 乙丑
28 丙寅	29 丁卯	30 戊辰	31 己巳			

2月　立春 2/4　16時18分　壬寅月

日	月	火	水	木	金	土
				1 庚午	2 辛未	3 壬申
4 立春 癸酉	5 甲戌	6 乙亥	7 丙子	8 丁丑	9 戊寅	10 己卯
11 庚辰	12 辛巳	13 壬午	14 癸未	15 甲申	16 乙酉	17 丙戌
18 丁亥	19 戊子	20 己丑	21 庚寅	22 辛卯	23 壬辰	24 癸巳
25 甲午	26 乙未	27 丙申	28 丁酉			

3月　啓蟄 3/6　10時30分　癸卯月

日	月	火	水	木	金	土
				1 戊戌	2 己亥	3 庚子
4 辛丑	5 壬寅	6 啓蟄 癸卯	7 甲辰	8 乙巳	9 丙午	10 丁未
11 戊申	12 己酉	13 庚戌	14 辛亥	15 壬子	16 癸丑	17 甲寅
18 乙卯	19 丙辰	20 丁巳	21 戊午	22 己未	23 庚申	24 辛酉
25 壬戌	26 癸亥	27 甲子	28 乙丑	29 丙寅	30 丁卯	31 戊辰

4月　清明 4/5　15時34分　甲辰月

日	月	火	水	木	金	土
1 己巳	2 庚午	3 辛未	4 壬申	5 清明 癸酉	6 甲戌	7 乙亥
8 丙子	9 丁丑	10 戊寅	11 己卯	12 庚辰	13 辛巳	14 壬午
15 癸未	16 甲申	17 乙酉	18 丙戌	19 丁亥	20 戊子	21 己丑
22 庚寅	23 辛卯	24 壬辰	25 癸巳	26 甲午	27 乙未	28 丙申
29 丁酉	30 戊戌					

5月　立夏 5/6　09時09分　乙巳月

日	月	火	水	木	金	土
		1 己亥	2 庚子	3 辛丑	4 壬寅	5 癸卯
6 立夏 甲辰	7 乙巳	8 丙午	9 丁未	10 戊申	11 己酉	12 庚戌
13 辛亥	14 壬子	15 癸丑	16 甲寅	17 乙卯	18 丙辰	19 丁巳
20 戊午	21 己未	22 庚申	23 辛酉	24 壬戌	25 癸亥	26 甲子
27 乙丑	28 丙寅	29 丁卯	30 戊辰	31 己巳		

6月　芒種 6/6　13時31分　丙午月

日	月	火	水	木	金	土
					1 庚午	2 辛未
3 壬申	4 癸酉	5 甲戌	6 芒種 乙亥	7 丙子	8 丁丑	9 戊寅
10 己卯	11 庚辰	12 辛巳	13 壬午	14 癸未	15 甲申	16 乙酉
17 丙戌	18 丁亥	19 戊子	20 己丑	21 庚寅	22 辛卯	23 壬辰
24 癸巳	25 甲午	26 乙未	27 丙申	28 丁酉	29 戊戌	30 己亥

7月　小暑 7/7　23時51分　丁未月

日	月	火	水	木	金	土
1 庚子	2 辛丑	3 壬寅	4 癸卯	5 甲辰	6 乙巳	7 小暑 丙午
8 丁未	9 戊申	10 己酉	11 庚戌	12 辛亥	13 壬子	14 癸丑
15 甲寅	16 乙卯	17 丙辰	18 丁巳	19 戊午	20 己未	21 庚申
22 辛酉	23 壬戌	24 癸亥	25 甲子	26 乙丑	27 丙寅	28 丁卯
29 戊辰	30 己巳	31 庚午				

8月　立秋 8/8　09時34分　戊申月

日	月	火	水	木	金	土
			1 辛未	2 壬申	3 癸酉	4 甲戌
5 乙亥	6 丙子	7 丁丑	8 立秋 戊寅	9 己卯	10 庚辰	11 辛巳
12 壬午	13 癸未	14 甲申	15 乙酉	16 丙戌	17 丁亥	18 戊子
19 己丑	20 庚寅	21 辛卯	22 壬辰	23 癸巳	24 甲午	25 乙未
26 丙申	27 丁酉	28 戊戌	29 己亥	30 庚子	31 辛丑	

9月　白露 9/8　12時16分　己酉月

日	月	火	水	木	金	土
						1 壬寅
2 癸卯	3 甲辰	4 乙巳	5 丙午	6 丁未	7 戊申	8 白露 己酉
9 庚戌	10 辛亥	11 壬子	12 癸丑	13 甲寅	14 乙卯	15 丙辰
16 丁巳	17 戊午	18 己未	19 庚申	20 辛酉	21 壬戌	22 癸亥
23 甲子	24 乙丑	25 丙寅	26 丁卯	27 戊辰	28 己巳	29 庚午
30 辛未						

10月　寒露 10/9　03時38分　庚戌月

日	月	火	水	木	金	土
	1 壬申	2 癸酉	3 甲戌	4 乙亥	5 丙子	6 丁丑
7 戊寅	8 己卯	9 寒露 庚辰	10 辛巳	11 壬午	12 癸未	13 甲申
14 乙酉	15 丙戌	16 丁亥	17 戊子	18 己丑	19 庚寅	20 辛卯
21 壬辰	22 癸巳	23 甲午	24 乙未	25 丙申	26 丁酉	27 戊戌
28 己亥	29 庚子	30 辛丑	31 壬寅			

11月　立冬 11/8　06時35分　辛亥月

日	月	火	水	木	金	土
				1 癸卯	2 甲辰	3 乙巳
4 丙午	5 丁未	6 戊申	7 己酉	8 立冬 庚戌	9 辛亥	10 壬子
11 癸丑	12 甲寅	13 乙卯	14 丙辰	15 丁巳	16 戊午	17 己未
18 庚申	19 辛酉	20 壬戌	21 癸亥	22 甲子	23 乙丑	24 丙寅
25 丁卯	26 戊辰	27 己巳	28 庚午	29 辛未	30 壬申	

12月　大雪 12/7　23時17分　壬子月

日	月	火	水	木	金	土
						1 癸酉
2 甲戌	3 乙亥	4 丙子	5 丁丑	6 戊寅	7 大雪 己卯	8 庚辰
9 辛巳	10 壬午	11 癸未	12 甲申	13 乙酉	14 丙戌	15 丁亥
16 戊子	17 己丑	18 庚寅	19 辛卯	20 壬辰	21 癸巳	22 甲午
23 乙未	24 丙申	25 丁酉	26 戊戌	27 己亥	28 庚子	29 辛丑
30 壬寅	31 癸卯					

1963年（昭和38年）　癸卯年

1月　小寒 1/6　10時27分　癸丑月

日	月	火	水	木	金	土
		1 甲辰	2 乙巳	3 丙午	4 丁未	5 戊申
6 小寒 己酉	7 庚戌	8 辛亥	9 壬子	10 癸丑	11 甲寅	12 乙卯
13 丙辰	14 丁巳	15 戊午	16 己未	17 庚申	18 辛酉	19 壬戌
20 癸亥	21 甲子	22 乙丑	23 丙寅	24 丁卯	25 戊辰	26 己巳
27 庚午	28 辛未	29 壬申	30 癸酉	31 甲戌		

2月　立春 2/4　22時08分　甲寅月

日	月	火	水	木	金	土
					1 乙亥	2 丙子
3 丁丑	4 立春 戊寅	5 己卯	6 庚辰	7 辛巳	8 壬午	9 癸未
10 甲申	11 乙酉	12 丙戌	13 丁亥	14 戊子	15 己丑	16 庚寅
17 辛卯	18 壬辰	19 癸巳	20 甲午	21 乙未	22 丙申	23 丁酉
24 戊戌	25 己亥	26 庚子	27 辛丑	28 壬寅		

3月　啓蟄 3/6　16時17分　乙卯月

日	月	火	水	木	金	土
					1 癸卯	2 甲辰
3 乙巳	4 丙午	5 丁未	6 啓蟄 戊申	7 己酉	8 庚戌	9 辛亥
10 壬子	11 癸丑	12 甲寅	13 乙卯	14 丙辰	15 丁巳	16 戊午
17 己未	18 庚申	19 辛酉	20 壬戌	21 癸亥	22 甲子	23 乙丑
24 丙寅	25 丁卯	26 戊辰	27 己巳	28 庚午	29 辛未	30 壬申
31 癸酉						

4月　清明 4/5　21時19分　丙辰月

日	月	火	水	木	金	土
	1 甲戌	2 乙亥	3 丙子	4 丁丑	5 清明 戊寅	6 己卯
7 庚辰	8 辛巳	9 壬午	10 癸未	11 甲申	12 乙酉	13 丙戌
14 丁亥	15 戊子	16 己丑	17 庚寅	18 辛卯	19 壬辰	20 癸巳
21 甲午	22 乙未	23 丙申	24 丁酉	25 戊戌	26 己亥	27 庚子
28 辛丑	29 壬寅	30 癸卯				

5月　立夏 5/6　14時52分　丁巳月

日	月	火	水	木	金	土
			1 甲辰	2 乙巳	3 丙午	4 丁未
5 戊申	6 立夏 己酉	7 庚戌	8 辛亥	9 壬子	10 癸丑	11 甲寅
12 乙卯	13 丙辰	14 丁巳	15 戊午	16 己未	17 庚申	18 辛酉
19 壬戌	20 癸亥	21 甲子	22 乙丑	23 丙寅	24 丁卯	25 戊辰
26 己巳	27 庚午	28 辛未	29 壬申	30 癸酉	31 甲戌	

6月　芒種 6/6　19時14分　戊午月

日	月	火	水	木	金	土
						1 乙亥
2 丙子	3 丁丑	4 戊寅	5 己卯	6 芒種 庚辰	7 辛巳	8 壬午
9 癸未	10 甲申	11 乙酉	12 丙戌	13 丁亥	14 戊子	15 己丑
16 庚寅	17 辛卯	18 壬辰	19 癸巳	20 甲午	21 乙未	22 丙申
23 丁酉	24 戊戌	25 己亥	26 庚子	27 辛丑	28 壬寅	29 癸卯
30 甲辰						

10月　寒露 10/9　09 時 36 分 壬戌月

日	月	火	水	木	金	土
		1 丁丑	2 戊寅	3 己卯	4 庚辰	5 辛巳
6 壬午	7 癸未	8 甲申	9 寒露 乙酉	10 丙戌	11 丁亥	12 戊子
13 己丑	14 庚寅	15 辛卯	16 壬辰	17 癸巳	18 甲午	19 乙未
20 丙申	21 丁酉	22 戊戌	23 己亥	24 庚子	25 辛丑	26 壬寅
27 癸卯	28 甲辰	29 乙巳	30 丙午	31 丁未		

11月　立冬 11/8　12 時 33 分 癸亥月

日	月	火	水	木	金	土
					1 戊申	2 己酉
3 庚戌	4 辛亥	5 壬子	6 癸丑	7 甲寅	8 立冬 乙卯	9 丙辰
10 丁巳	11 戊午	12 己未	13 庚申	14 辛酉	15 壬戌	16 癸亥
17 甲子	18 乙丑	19 丙寅	20 丁卯	21 戊辰	22 己巳	23 庚午
24 辛未	25 壬申	26 癸酉	27 甲戌	28 乙亥	29 丙子	30 丁丑

12月　大雪 12/8　05 時 13 分 甲子月

日	月	火	水	木	金	土
1 戊寅	2 己卯	3 庚辰	4 辛巳	5 壬午	6 癸未	7 甲申
8 大雪 乙酉	9 丙戌	10 丁亥	11 戊子	12 己丑	13 庚寅	14 辛卯
15 壬辰	16 癸巳	17 甲午	18 乙未	19 丙申	20 丁酉	21 戊戌
22 己亥	23 庚子	24 辛丑	25 壬寅	26 癸卯	27 甲辰	28 乙巳
29 丙午	30 丁未	31 戊申				

7 月　小暑 7/8　05 時 38 分　己未月

日	月	火	水	木	金	土
	1 乙巳	2 丙午	3 丁未	4 戊申	5 己酉	6 庚戌
7 辛亥	8 小暑 壬子	9 癸丑	10 甲寅	11 乙卯	12 丙辰	13 丁巳
14 戊午	15 己未	16 庚申	17 辛酉	18 壬戌	19 癸亥	20 甲子
21 乙丑	22 丙寅	23 丁卯	24 戊辰	25 己巳	26 庚午	27 辛未
28 壬申	29 癸酉	30 甲戌	31 乙亥			

8 月　立秋 8/8　15 時 26 分　庚申月

日	月	火	水	木	金	土
				1 丙子	2 丁丑	3 戊寅
4 己卯	5 庚辰	6 辛巳	7 壬午	8 立秋 癸未	9 甲申	10 乙酉
11 丙戌	12 丁亥	13 戊子	14 己丑	15 庚寅	16 辛卯	17 壬辰
18 癸巳	19 甲午	20 乙未	21 丙申	22 丁酉	23 戊戌	24 己亥
25 庚子	26 辛丑	27 壬寅	28 癸卯	29 甲辰	30 乙巳	31 丙午

9 月　白露 9/8 18 時 12 分　辛酉月

日	月	火	水	木	金	土
1 丁未	2 戊申	3 己酉	4 庚戌	5 辛亥	6 壬子	7 癸丑
8 白露 甲寅	9 乙卯	10 丙辰	11 丁巳	12 戊午	13 己未	14 庚申
15 辛酉	16 壬戌	17 癸亥	18 甲子	19 乙丑	20 丙寅	21 丁卯
22 戊辰	23 己巳	24 庚午	25 辛未	26 壬申	27 癸酉	28 甲戌
29 乙亥	30 丙子					

1964年（昭和39年）　甲辰年

1月　小寒 1/6　16時23分　乙丑月

日	月	火	水	木	金	土
			1 己酉	2 庚戌	3 辛亥	4 壬子
5 癸丑	6 小寒 甲寅	7 乙卯	8 丙辰	9 丁巳	10 戊午	11 己未
12 庚申	13 辛酉	14 壬戌	15 癸亥	16 甲子	17 乙丑	18 丙寅
19 丁卯	20 戊辰	21 己巳	22 庚午	23 辛未	24 壬申	25 癸酉
26 甲戌	27 乙亥	28 丙子	29 丁丑	30 戊寅	31 己卯	

2月　立春 2/5　04時05分　丙寅月

日	月	火	水	木	金	土
						1 庚辰
2 辛巳	3 壬午	4 癸未	5 立春 甲申	6 乙酉	7 丙戌	8 丁亥
9 戊子	10 己丑	11 庚寅	12 辛卯	13 壬辰	14 癸巳	15 甲午
16 乙未	17 丙申	18 丁酉	19 戊戌	20 己亥	21 庚子	22 辛丑
23 壬寅	24 癸卯	25 甲辰	26 乙巳	27 丙午	28 丁未	29 戊申

3月　啓蟄 3/5　22時16分　丁卯月

日	月	火	水	木	金	土
1 己酉	2 庚戌	3 辛亥	4 壬子	5 啓蟄 癸丑	6 甲寅	7 乙卯
8 丙辰	9 丁巳	10 戊午	11 己未	12 庚申	13 辛酉	14 壬戌
15 癸亥	16 甲子	17 乙丑	18 丙寅	19 丁卯	20 戊辰	21 己巳
22 庚午	23 辛未	24 壬申	25 癸酉	26 甲戌	27 乙亥	28 丙子
29 丁丑	30 戊寅	31 己卯				

4月　清明 4/5　03時18分　戊辰月

日	月	火	水	木	金	土
			1 庚辰	2 辛巳	3 壬午	4 癸未
5 清明 甲申	6 乙酉	7 丙戌	8 丁亥	9 戊子	10 己丑	11 庚寅
12 辛卯	13 壬辰	14 癸巳	15 甲午	16 乙未	17 丙申	18 丁酉
19 戊戌	20 己亥	21 庚子	22 辛丑	23 壬寅	24 癸卯	25 甲辰
26 乙巳	27 丙午	28 丁未	29 戊申	30 己酉		

5月　立夏 5/5　20時51分　己巳月

日	月	火	水	木	金	土
					1 庚戌	2 辛亥
3 壬子	4 癸丑	5 立夏 甲寅	6 乙卯	7 丙辰	8 丁巳	9 戊午
10 己未	11 庚申	12 辛酉	13 壬戌	14 癸亥	15 甲子	16 乙丑
17 丙寅	18 丁卯	19 戊辰	20 己巳	21 庚午	22 辛未	23 壬申
24 癸酉	25 甲戌	26 乙亥	27 丙子	28 丁丑	29 戊寅	30 己卯
31 庚辰						

6月　芒種 6/6　01時12分　庚午月

日	月	火	水	木	金	土
	1 辛巳	2 壬午	3 癸未	4 甲申	5 乙酉	6 芒種 丙戌
7 丁亥	8 戊子	9 己丑	10 庚寅	11 辛卯	12 壬辰	13 癸巳
14 甲午	15 乙未	16 丙申	17 丁酉	18 戊戌	19 己亥	20 庚子
21 辛丑	22 壬寅	23 癸卯	24 甲辰	25 乙巳	26 丙午	27 丁未
28 戊申	29 己酉	30 庚戌				

10月　寒露 10/8　15時22分 甲戌月

日	月	火	水	木	金	土
				1 癸未	2 甲申	3 乙酉
4 丙戌	5 丁亥	6 戊子	7 己丑	8 寒露 庚寅	9 辛卯	10 壬辰
11 癸巳	12 甲午	13 乙未	14 丙申	15 丁酉	16 戊戌	17 己亥
18 庚子	19 辛丑	20 壬寅	21 癸卯	22 甲辰	23 乙巳	24 丙午
25 丁未	26 戊申	27 己酉	28 庚戌	29 辛亥	30 壬子	31 癸丑

11月　立冬 11/7　18時15分 乙亥月

日	月	火	水	木	金	土
1 甲寅	2 乙卯	3 丙辰	4 丁巳	5 戊午	6 己未	7 立冬 庚申
8 辛酉	9 壬戌	10 癸亥	11 甲子	12 乙丑	13 丙寅	14 丁卯
15 戊辰	16 己巳	17 庚午	18 辛未	19 壬申	20 癸酉	21 甲戌
22 乙亥	23 丙子	24 丁丑	25 戊寅	26 己卯	27 庚辰	28 辛巳
29 壬午	30 癸未					

12月　大雪 12/7　10時53分 丙子月

日	月	火	水	木	金	土
		1 甲申	2 乙酉	3 丙戌	4 丁亥	5 戊子
6 己丑	7 大雪 庚寅	8 辛卯	9 壬辰	10 癸巳	11 甲午	12 乙未
13 丙申	14 丁酉	15 戊戌	16 己亥	17 庚子	18 辛丑	19 壬寅
20 癸卯	21 甲辰	22 乙巳	23 丙午	24 丁未	25 戊申	26 己酉
27 庚戌	28 辛亥	29 壬子	30 癸丑	31 甲寅		

7月　小暑 7/7　11時32分　辛未月

日	月	火	水	木	金	土
			1 辛亥	2 壬子	3 癸丑	4 甲寅
5 乙卯	6 丙辰	7 小暑 丁巳	8 戊午	9 己未	10 庚申	11 辛酉
12 壬戌	13 癸亥	14 甲子	15 乙丑	16 丙寅	17 丁卯	18 戊辰
19 己巳	20 庚午	21 辛未	22 壬申	23 癸酉	24 甲戌	25 乙亥
26 丙子	27 丁丑	28 戊寅	29 己卯	30 庚辰	31 辛巳	

8月　立秋 8/7　21時16分　壬申月

日	月	火	水	木	金	土
						1 壬午
2 癸未	3 甲申	4 乙酉	5 丙戌	6 丁亥	7 立秋 戊子	8 己丑
9 庚寅	10 辛卯	11 壬辰	12 癸巳	13 甲午	14 乙未	15 丙申
16 丁酉	17 戊戌	18 己亥	19 庚子	20 辛丑	21 壬寅	22 癸卯
23 甲辰	24 乙巳	25 丙午	26 丁未	27 戊申	28 己酉	29 庚戌
30 辛亥	31 壬子					

9月　白露 9/7　24時00分　癸酉月

日	月	火	水	木	金	土
		1 癸丑	2 甲寅	3 乙卯	4 丙辰	5 丁巳
6 戊午	7 白露 己未	8 庚申	9 辛酉	10 壬戌	11 癸亥	12 甲子
13 乙丑	14 丙寅	15 丁卯	16 戊辰	17 己巳	18 庚午	19 辛未
20 壬申	21 癸酉	22 甲戌	23 乙亥	24 丙子	25 丁丑	26 戊寅
27 己卯	28 庚辰	29 辛巳	30 壬午			

1965年（昭和40年）　乙巳年

1月　小寒 1/5　22時02分　丁丑月

日	月	火	水	木	金	土
					1 乙卯	2 丙辰
3 丁巳	4 戊午	5 小寒 己未	6 庚申	7 辛酉	8 壬戌	9 癸亥
10 甲子	11 乙丑	12 丙寅	13 丁卯	14 戊辰	15 己巳	16 庚午
17 辛未	18 壬申	19 癸酉	20 甲戌	21 乙亥	22 丙子	23 丁丑
24 戊寅	25 己卯	26 庚辰	27 辛巳	28 壬午	29 癸未	30 甲申
31 乙酉						

2月　立春 2/4　09時46分　戊寅月

日	月	火	水	木	金	土
	1 丙戌	2 丁亥	3 戊子	4 立春 己丑	5 庚寅	6 辛卯
7 壬辰	8 癸巳	9 甲午	10 乙未	11 丙申	12 丁酉	13 戊戌
14 己亥	15 庚子	16 辛丑	17 壬寅	18 癸卯	19 甲辰	20 乙巳
21 丙午	22 丁未	23 戊申	24 己酉	25 庚戌	26 辛亥	27 壬子
28 癸丑						

3月　啓蟄 3/6　04時01分　己卯月

日	月	火	水	木	金	土
	1 甲寅	2 乙卯	3 丙辰	4 丁巳	5 戊午	6 啓蟄 己未
7 庚申	8 辛酉	9 壬戌	10 癸亥	11 甲子	12 乙丑	13 丙寅
14 丁卯	15 戊辰	16 己巳	17 庚午	18 辛未	19 壬申	20 癸酉
21 甲戌	22 乙亥	23 丙子	24 丁丑	25 戊寅	26 己卯	27 庚辰
28 辛巳	29 壬午	30 癸未	31 甲申			

4月　清明 4/5　09時07分　庚辰月

日	月	火	水	木	金	土
				1 乙酉	2 丙戌	3 丁亥
4 戊子	5 清明 己丑	6 庚寅	7 辛卯	8 壬辰	9 癸巳	10 甲午
11 乙未	12 丙申	13 丁酉	14 戊戌	15 己亥	16 庚子	17 辛丑
18 壬寅	19 癸卯	20 甲辰	21 乙巳	22 丙午	23 丁未	24 戊申
25 己酉	26 庚戌	27 辛亥	28 壬子	29 癸丑	30 甲寅	

5月　立夏 5/6　02時42分　辛巳月

日	月	火	水	木	金	土
						1 乙卯
2 丙辰	3 丁巳	4 戊午	5 己未	6 立夏 庚申	7 辛酉	8 壬戌
9 癸亥	10 甲子	11 乙丑	12 丙寅	13 丁卯	14 戊辰	15 己巳
16 庚午	17 辛未	18 壬申	19 癸酉	20 甲戌	21 乙亥	22 丙子
23 丁丑	24 戊寅	25 己卯	26 庚辰	27 辛巳	28 壬午	29 癸未
30 甲申	31 乙酉					

6月　芒種 6/6　07時02分　壬午月

日	月	火	水	木	金	土
		1 丙戌	2 丁亥	3 戊子	4 己丑	5 庚寅
6 芒種 辛卯	7 壬辰	8 癸巳	9 甲午	10 乙未	11 丙申	12 丁酉
13 戊戌	14 己亥	15 庚子	16 辛丑	17 壬寅	18 癸卯	19 甲辰
20 乙巳	21 丙午	22 丁未	23 戊申	24 己酉	25 庚戌	26 辛亥
27 壬子	28 癸丑	29 甲寅	30 乙卯			

10月　寒露 10/8　21時11分 丙戌月

日	月	火	水	木	金	土
					1 戊子	2 己丑
3 庚寅	4 辛卯	5 壬辰	6 癸巳	7 甲午	8 寒露 乙未	9 丙申
10 丁酉	11 戊戌	12 己亥	13 庚子	14 辛丑	15 壬寅	16 癸卯
17 甲辰	18 乙巳	19 丙午	20 丁未	21 戊申	22 己酉	23 庚戌
24 辛亥	25 壬子	26 癸丑	27 甲寅	28 乙卯	29 丙辰	30 丁巳
31 戊午						

11月　立冬 11/8　00時07分 丁亥月

日	月	火	水	木	金	土
	1 己未	2 庚申	3 辛酉	4 壬戌	5 癸亥	6 甲子
7 乙丑	8 立冬 丙寅	9 丁卯	10 戊辰	11 己巳	12 庚午	13 辛未
14 壬申	15 癸酉	16 甲戌	17 乙亥	18 丙子	19 丁丑	20 戊寅
21 己卯	22 庚辰	23 辛巳	24 壬午	25 癸未	26 甲申	27 乙酉
28 丙戌	29 丁亥	30 戊子				

12月　大雪 12/7　16時46分 戊子月

日	月	火	水	木	金	土
			1 己丑	2 庚寅	3 辛卯	4 壬辰
5 癸巳	6 甲午	7 大雪 乙未	8 丙申	9 丁酉	10 戊戌	11 己亥
12 庚子	13 辛丑	14 壬寅	15 癸卯	16 甲辰	17 乙巳	18 丙午
19 丁未	20 戊申	21 己酉	22 庚戌	23 辛亥	24 壬子	25 癸丑
26 甲寅	27 乙卯	28 丙辰	29 丁巳	30 戊午	31 己未	

7月　小暑 7/7　17時21分　癸未月

日	月	火	水	木	金	土
				1 丙辰	2 丁巳	3 戊午
4 己未	5 庚申	6 辛酉	7 小暑 壬戌	8 癸亥	9 甲子	10 乙丑
11 丙寅	12 丁卯	13 戊辰	14 己巳	15 庚午	16 辛未	17 壬申
18 癸酉	19 甲戌	20 乙亥	21 丙子	22 丁丑	23 戊寅	24 己卯
25 庚辰	26 辛巳	27 壬午	28 癸未	29 甲申	30 乙酉	31 丙戌

8月　立秋 8/8　03時05分　甲申月

日	月	火	水	木	金	土
1 丁亥	2 戊子	3 己丑	4 庚寅	5 辛卯	6 壬辰	7 癸巳
8 立秋 甲午	9 乙未	10 丙申	11 丁酉	12 戊戌	13 己亥	14 庚子
15 辛丑	16 壬寅	17 癸卯	18 甲辰	19 乙巳	20 丙午	21 丁未
22 戊申	23 己酉	24 庚戌	25 辛亥	26 壬子	27 癸丑	28 甲寅
29 乙卯	30 丙辰	31 丁巳				

9月　白露 9/8　05時48分　乙酉月

日	月	火	水	木	金	土
			1 戊午	2 己未	3 庚申	4 辛酉
5 壬戌	6 癸亥	7 甲子	8 白露 乙丑	9 丙寅	10 丁卯	11 戊辰
12 己巳	13 庚午	14 辛未	15 壬申	16 癸酉	17 甲戌	18 乙亥
19 丙子	20 丁丑	21 戊寅	22 己卯	23 庚辰	24 辛巳	25 壬午
26 癸未	27 甲申	28 乙酉	29 丙戌	30 丁亥		

1966年（昭和41年）　丙午年

1月　小寒 1/6　03時55分　己丑月

日	月	火	水	木	金	土
						1 庚申
2 辛酉	3 壬戌	4 癸亥	5 甲子	6 小寒 乙丑	7 丙寅	8 丁卯
9 戊辰	10 己巳	11 庚午	12 辛未	13 壬申	14 癸酉	15 甲戌
16 乙亥	17 丙子	18 丁丑	19 戊寅	20 己卯	21 庚辰	22 辛巳
23 壬午	24 癸未	25 甲申	26 乙酉	27 丙戌	28 丁亥	29 戊子
30 己丑	31 庚寅					

2月　立春 2/4　15時38分　庚寅月

日	月	火	水	木	金	土
		1 辛卯	2 壬辰	3 癸巳	4 立春 甲午	5 乙未
6 丙申	7 丁酉	8 戊戌	9 己亥	10 庚子	11 辛丑	12 壬寅
13 癸卯	14 甲辰	15 乙巳	16 丙午	17 丁未	18 戊申	19 己酉
20 庚戌	21 辛亥	22 壬子	23 癸丑	24 甲寅	25 乙卯	26 丙辰
27 丁巳	28 戊午					

3月　啓蟄 3/6　09時52分　辛卯月

日	月	火	水	木	金	土
		1 己未	2 庚申	3 辛酉	4 壬戌	5 癸亥
6 啓蟄 甲子	7 乙丑	8 丙寅	9 丁卯	10 戊辰	11 己巳	12 庚午
13 辛未	14 壬申	15 癸酉	16 甲戌	17 乙亥	18 丙子	19 丁丑
20 戊寅	21 己卯	22 庚辰	23 辛巳	24 壬午	25 癸未	26 甲申
27 乙酉	28 丙戌	29 丁亥	30 戊子	31 己丑		

4月　清明 4/5　14時57分　壬辰月

日	月	火	水	木	金	土
					1 庚寅	2 辛卯
3 壬辰	4 癸巳	5 清明 甲午	6 乙未	7 丙申	8 丁酉	9 戊戌
10 己亥	11 庚子	12 辛丑	13 壬寅	14 癸卯	15 甲辰	16 乙巳
17 丙午	18 丁未	19 戊申	20 己酉	21 庚戌	22 辛亥	23 壬子
24 癸丑	25 甲寅	26 乙卯	27 丙辰	28 丁巳	29 戊午	30 己未

5月　立夏 5/6　08時30分　癸巳月

日	月	火	水	木	金	土
1 庚申	2 辛酉	3 壬戌	4 癸亥	5 甲子	6 立夏 乙丑	7 丙寅
8 丁卯	9 戊辰	10 己巳	11 庚午	12 辛未	13 壬申	14 癸酉
15 甲戌	16 乙亥	17 丙子	18 丁丑	19 戊寅	20 己卯	21 庚辰
22 辛巳	23 壬午	24 癸未	25 甲申	26 乙酉	27 丙戌	28 丁亥
29 戊子	30 己丑	31 庚寅				

6月　芒種 6/6　12時50分　甲午月

日	月	火	水	木	金	土
			1 辛卯	2 壬辰	3 癸巳	4 甲午
5 乙未	6 芒種 丙申	7 丁酉	8 戊戌	9 己亥	10 庚子	11 辛丑
12 壬寅	13 癸卯	14 甲辰	15 乙巳	16 丙午	17 丁未	18 戊申
19 己酉	20 庚戌	21 辛亥	22 壬子	23 癸丑	24 甲寅	25 乙卯
26 丙辰	27 丁巳	28 戊午	29 己未	30 庚申		

10月　寒露 10/9　02時57分 戊戌月

日	月	火	水	木	金	土
						1 癸巳
2 甲午	3 乙未	4 丙申	5 丁酉	6 戊戌	7 己亥	8 庚子
9 寒露 辛丑	10 壬寅	11 癸卯	12 甲辰	13 乙巳	14 丙午	15 丁未
16 戊申	17 己酉	18 庚戌	19 辛亥	20 壬子	21 癸丑	22 甲寅
23 乙卯	24 丙辰	25 丁巳	26 戊午	27 己未	28 庚申	29 辛酉
30 壬戌	31 癸亥					

11月　立冬 11/8　05時56分 己亥月

日	月	火	水	木	金	土
		1 甲子	2 乙丑	3 丙寅	4 丁卯	5 戊辰
6 己巳	7 庚午	8 立冬 辛未	9 壬申	10 癸酉	11 甲戌	12 乙亥
13 丙子	14 丁丑	15 戊寅	16 己卯	17 庚辰	18 辛巳	19 壬午
20 癸未	21 甲申	22 乙酉	23 丙戌	24 丁亥	25 戊子	26 己丑
27 庚寅	28 辛卯	29 壬辰	30 癸巳			

12月　大雪 12/7　22時38分 庚子月

日	月	火	水	木	金	土
				1 甲午	2 乙未	3 丙申
4 丁酉	5 戊戌	6 己亥	7 大雪 庚子	8 辛丑	9 壬寅	10 癸卯
11 甲辰	12 乙巳	13 丙午	14 丁未	15 戊申	16 己酉	17 庚戌
18 辛亥	19 壬子	20 癸丑	21 甲寅	22 乙卯	23 丙辰	24 丁巳
25 戊午	26 己未	27 庚申	28 辛酉	29 壬戌	30 癸亥	31 甲子

7月　小暑 7/7　23時07分　乙未月

日	月	火	水	木	金	土
					1 辛酉	2 壬戌
3 癸亥	4 甲子	5 乙丑	6 丙寅	7 小暑 丁卯	8 戊辰	9 己巳
10 庚午	11 辛未	12 壬申	13 癸酉	14 甲戌	15 乙亥	16 丙子
17 丁丑	18 戊寅	19 己卯	20 庚辰	21 辛巳	22 壬午	23 癸未
24 甲申	25 乙酉	26 丙戌	27 丁亥	28 戊子	29 己丑	30 庚寅
31 辛卯						

8月　立秋 8/8　08時49分　丙申月

日	月	火	水	木	金	土
	1 壬辰	2 癸巳	3 甲午	4 乙未	5 丙申	6 丁酉
7 戊戌	8 立秋 己亥	9 庚子	10 辛丑	11 壬寅	12 癸卯	13 甲辰
14 乙巳	15 丙午	16 丁未	17 戊申	18 己酉	19 庚戌	20 辛亥
21 壬子	22 癸丑	23 甲寅	24 乙卯	25 丙辰	26 丁巳	27 戊午
28 己未	29 庚申	30 辛酉	31 壬戌			

9月　白露 9/8　11時32分　丁酉月

日	月	火	水	木	金	土
				1 癸亥	2 甲子	3 乙丑
4 丙寅	5 丁卯	6 戊辰	7 己巳	8 白露 庚午	9 辛未	10 壬申
11 癸酉	12 甲戌	13 乙亥	14 丙子	15 丁丑	16 戊寅	17 己卯
18 庚辰	19 辛巳	20 壬午	21 癸未	22 甲申	23 乙酉	24 丙戌
25 丁亥	26 戊子	27 己丑	28 庚寅	29 辛卯	30 壬辰	

1967年（昭和42年）　丁未年

1月　小寒 1/6　09時49分　辛丑月

日	月	火	水	木	金	土
1 乙丑	2 丙寅	3 丁卯	4 戊辰	5 己巳	6 小寒 庚午	7 辛未
8 壬申	9 癸酉	10 甲戌	11 乙亥	12 丙子	13 丁丑	14 戊寅
15 己卯	16 庚辰	17 辛巳	18 壬午	19 癸未	20 甲申	21 乙酉
22 丙戌	23 丁亥	24 戊子	25 己丑	26 庚寅	27 辛卯	28 壬辰
29 癸巳	30 甲午	31 乙未				

2月　立春 2/4　21時31分　壬寅月

日	月	火	水	木	金	土
			1 丙申	2 丁酉	3 戊戌	4 立春 己亥
5 庚子	6 辛丑	7 壬寅	8 癸卯	9 甲辰	10 乙巳	11 丙午
12 丁未	13 戊申	14 己酉	15 庚戌	16 辛亥	17 壬子	18 癸丑
19 甲寅	20 乙卯	21 丙辰	22 丁巳	23 戊午	24 己未	25 庚申
26 辛酉	27 壬戌	28 癸亥				

3月　啓蟄 3/6　15時42分　癸卯月

日	月	火	水	木	金	土
			1 甲子	2 乙丑	3 丙寅	4 丁卯
5 戊辰	6 啓蟄 己巳	7 庚午	8 辛未	9 壬申	10 癸酉	11 甲戌
12 乙亥	13 丙子	14 丁丑	15 戊寅	16 己卯	17 庚辰	18 辛巳
19 壬午	20 癸未	21 甲申	22 乙酉	23 丙戌	24 丁亥	25 戊子
26 己丑	27 庚寅	28 辛卯	29 壬辰	30 癸巳	31 甲午	

4月　清明 4/5　20時45分　甲辰月

日	月	火	水	木	金	土
						1 乙未
2 丙申	3 丁酉	4 戊戌	5 清明 己亥	6 庚子	7 辛丑	8 壬寅
9 癸卯	10 甲辰	11 乙巳	12 丙午	13 丁未	14 戊申	15 己酉
16 庚戌	17 辛亥	18 壬子	19 癸丑	20 甲寅	21 乙卯	22 丙辰
23 丁巳	24 戊午	25 己未	26 庚申	27 辛酉	28 壬戌	29 癸亥
30 甲子						

5月　立夏 5/6　14時17分　乙巳月

日	月	火	水	木	金	土
	1 乙丑	2 丙寅	3 丁卯	4 戊辰	5 己巳	6 立夏 庚午
7 辛未	8 壬申	9 癸酉	10 甲戌	11 乙亥	12 丙子	13 丁丑
14 戊寅	15 己卯	16 庚辰	17 辛巳	18 壬午	19 癸未	20 甲申
21 乙酉	22 丙戌	23 丁亥	24 戊子	25 己丑	26 庚寅	27 辛卯
28 壬辰	29 癸巳	30 甲午	31 乙未			

6月　芒種 6/6　18時36分　丙午月

日	月	火	水	木	金	土
				1 丙申	2 丁酉	3 戊戌
4 己亥	5 庚子	6 芒種 辛丑	7 壬寅	8 癸卯	9 甲辰	10 乙巳
11 丙午	12 丁未	13 戊申	14 己酉	15 庚戌	16 辛亥	17 壬子
18 癸丑	19 甲寅	20 乙卯	21 丙辰	22 丁巳	23 戊午	24 己未
25 庚申	26 辛酉	27 壬戌	28 癸亥	29 甲子	30 乙丑	

10月　寒露 10/9　08時41分 庚戌月

日	月	火	水	木	金	土
1 戊戌	2 己亥	3 庚子	4 辛丑	5 壬寅	6 癸卯	7 甲辰
8 乙巳	9 寒露 丙午	10 丁未	11 戊申	12 己酉	13 庚戌	14 辛亥
15 壬子	16 癸丑	17 甲寅	18 乙卯	19 丙辰	20 丁巳	21 戊午
22 己未	23 庚申	24 辛酉	25 壬戌	26 癸亥	27 甲子	28 乙丑
29 丙寅	30 丁卯	31 戊辰				

11月　立冬 11/8　11時38分 辛亥月

日	月	火	水	木	金	土
			1 己巳	2 庚午	3 辛未	4 壬申
5 癸酉	6 甲戌	7 乙亥	8 立冬 丙子	9 丁丑	10 戊寅	11 己卯
12 庚辰	13 辛巳	14 壬午	15 癸未	16 甲申	17 乙酉	18 丙戌
19 丁亥	20 戊子	21 己丑	22 庚寅	23 辛卯	24 壬辰	25 癸巳
26 甲午	27 乙未	28 丙申	29 丁酉	30 戊戌		

12月　大雪 12/8　04時18分 壬子月

日	月	火	水	木	金	土
					1 己亥	2 庚子
3 辛丑	4 壬寅	5 癸卯	6 甲辰	7 乙巳	8 大雪 丙午	9 丁未
10 戊申	11 己酉	12 庚戌	13 辛亥	14 壬子	15 癸丑	16 甲寅
17 乙卯	18 丙辰	19 丁巳	20 戊午	21 己未	22 庚申	23 辛酉
24 壬戌	25 癸亥	26 甲子	27 乙丑	28 丙寅	29 丁卯	30 戊辰
31 己巳						

7月　小暑 7/8　04時53分　丁未月

日	月	火	水	木	金	土
						1 丙寅
2 丁卯	3 戊辰	4 己巳	5 庚午	6 辛未	7 壬申	8 小暑 癸酉
9 甲戌	10 乙亥	11 丙子	12 丁丑	13 戊寅	14 己卯	15 庚辰
16 辛巳	17 壬午	18 癸未	19 甲申	20 乙酉	21 丙戌	22 丁亥
23 戊子	24 己丑	25 庚寅	26 辛卯	27 壬辰	28 癸巳	29 甲午
30 乙未	31 丙申					

8月　立秋 8/8　14時35分　戊申月

日	月	火	水	木	金	土
		1 丁酉	2 戊戌	3 己亥	4 庚子	5 辛丑
6 壬寅	7 癸卯	8 立秋 甲辰	9 乙巳	10 丙午	11 丁未	12 戊申
13 己酉	14 庚戌	15 辛亥	16 壬子	17 癸丑	18 甲寅	19 乙卯
20 丙辰	21 丁巳	22 戊午	23 己未	24 庚申	25 辛酉	26 壬戌
27 癸亥	28 甲子	29 乙丑	30 丙寅	31 丁卯		

9月　白露 9/8　17時18分　己酉月

日	月	火	水	木	金	土
					1 戊辰	2 己巳
3 庚午	4 辛未	5 壬申	6 癸酉	7 甲戌	8 白露 乙亥	9 丙子
10 丁丑	11 戊寅	12 己卯	13 庚辰	14 辛巳	15 壬午	16 癸未
17 甲申	18 乙酉	19 丙戌	20 丁亥	21 戊子	22 己丑	23 庚寅
24 辛卯	25 壬辰	26 癸巳	27 甲午	28 乙未	29 丙申	30 丁酉

1968年（昭和43年）　戊申年

1月　小寒1/6　15時27分　癸丑月

日	月	火	水	木	金	土
	1 庚午	2 辛未	3 壬申	4 癸酉	5 甲戌	6 小寒 乙亥
7 丙子	8 丁丑	9 戊寅	10 己卯	11 庚辰	12 辛巳	13 壬午
14 癸未	15 甲申	16 乙酉	17 丙戌	18 丁亥	19 戊子	20 己丑
21 庚寅	22 辛卯	23 壬辰	24 癸巳	25 甲午	26 乙未	27 丙申
28 丁酉	29 戊戌	30 己亥	31 庚子			

2月　立春2/5　03時08分　甲寅月

日	月	火	水	木	金	土
				1 辛丑	2 壬寅	3 癸卯
4 甲辰	5 立春 乙巳	6 丙午	7 丁未	8 戊申	9 己酉	10 庚戌
11 辛亥	12 壬子	13 癸丑	14 甲寅	15 乙卯	16 丙辰	17 丁巳
18 戊午	19 己未	20 庚申	21 辛酉	22 壬戌	23 癸亥	24 甲子
25 乙丑	26 丙寅	27 丁卯	28 戊辰	29 己巳		

3月　啓蟄3/5　21時18分　乙卯月

日	月	火	水	木	金	土
					1 庚午	2 辛未
3 壬申	4 癸酉	5 啓蟄 甲戌	6 乙亥	7 丙子	8 丁丑	9 戊寅
10 己卯	11 庚辰	12 辛巳	13 壬午	14 癸未	15 甲申	16 乙酉
17 丙戌	18 丁亥	19 戊子	20 己丑	21 庚寅	22 辛卯	23 壬辰
24 癸巳	25 甲午	26 乙未	27 丙申	28 丁酉	29 戊戌	30 己亥
31 庚子						

4月　清明4/5　02時21分　丙辰月

日	月	火	水	木	金	土
	1 辛丑	2 壬寅	3 癸卯	4 甲辰	5 清明 乙巳	6 丙午
7 丁未	8 戊申	9 己酉	10 庚戌	11 辛亥	12 壬子	13 癸丑
14 甲寅	15 乙卯	16 丙辰	17 丁巳	18 戊午	19 己未	20 庚申
21 辛酉	22 壬戌	23 癸亥	24 甲子	25 乙丑	26 丙寅	27 丁卯
28 戊辰	29 己巳	30 庚午				

5月　立夏5/5　19時56分　丁巳月

日	月	火	水	木	金	土
			1 辛未	2 壬申	3 癸酉	4 甲戌
5 立夏 乙亥	6 丙子	7 丁丑	8 戊寅	9 己卯	10 庚辰	11 辛巳
12 壬午	13 癸未	14 甲申	15 乙酉	16 丙戌	17 丁亥	18 戊子
19 己丑	20 庚寅	21 辛卯	22 壬辰	23 癸巳	24 甲午	25 乙未
26 丙申	27 丁酉	28 戊戌	29 己亥	30 庚子	31 辛丑	

6月　芒種6/5　00時19分　戊午月

日	月	火	水	木	金	土
						1 壬寅
2 癸卯	3 甲辰	4 乙巳	5 芒種 丙午	6 丁未	7 戊申	8 己酉
9 庚戌	10 辛亥	11 壬子	12 癸丑	13 甲寅	14 乙卯	15 丙辰
16 丁巳	17 戊午	18 己未	19 庚申	20 辛酉	21 壬戌	22 癸亥
23 甲子	24 乙丑	25 丙寅	26 丁卯	27 戊辰	28 己巳	29 庚午
30 辛未						

10月　寒露 10/8　14時35分　壬戌月

日	月	火	水	木	金	土
		1 甲辰	2 乙巳	3 丙午	4 丁未	5 戊申
6 己酉	7 庚戌	8 寒露 辛亥	9 壬子	10 癸丑	11 甲寅	12 乙卯
13 丙辰	14 丁巳	15 戊午	16 己未	17 庚申	18 辛酉	19 壬戌
20 癸亥	21 甲子	22 乙丑	23 丙寅	24 丁卯	25 戊辰	26 己巳
27 庚午	28 辛未	29 壬申	30 癸酉	31 甲戌		

11月　立冬 11/7　17時30分　癸亥月

日	月	火	水	木	金	土
					1 乙亥	2 丙子
3 丁丑	4 戊寅	5 己卯	6 庚辰	7 立冬 辛巳	8 壬午	9 癸未
10 甲申	11 乙酉	12 丙戌	13 丁亥	14 戊子	15 己丑	16 庚寅
17 辛卯	18 壬辰	19 癸巳	20 甲午	21 乙未	22 丙申	23 丁酉
24 戊戌	25 己亥	26 庚子	27 辛丑	28 壬寅	29 癸卯	30 甲辰

12月　大雪 12/7　10時09分　甲子月

日	月	火	水	木	金	土
1 乙巳	2 丙午	3 丁未	4 戊申	5 己酉	6 庚戌	7 大雪 辛亥
8 壬子	9 癸丑	10 甲寅	11 乙卯	12 丙辰	13 丁巳	14 戊午
15 己未	16 庚申	17 辛酉	18 壬戌	19 癸亥	20 甲子	21 乙丑
22 丙寅	23 丁卯	24 戊辰	25 己巳	26 庚午	27 辛未	28 壬申
29 癸酉	30 甲戌	31 乙亥				

7月　小暑 7/7　10時42分　己未月

日	月	火	水	木	金	土
	1 壬申	2 癸酉	3 甲戌	4 乙亥	5 丙子	6 丁丑
7 小暑 戊寅	8 己卯	9 庚辰	10 辛巳	11 壬午	12 癸未	13 甲申
14 乙酉	15 丙戌	16 丁亥	17 戊子	18 己丑	19 庚寅	20 辛卯
21 壬辰	22 癸巳	23 甲午	24 乙未	25 丙申	26 丁酉	27 戊戌
28 己亥	29 庚子	30 辛丑	31 壬寅			

8月　立秋 8/7　20時27分　庚申月

日	月	火	水	木	金	土
				1 癸卯	2 甲辰	3 乙巳
4 丙午	5 丁未	6 戊申	7 立秋 己酉	8 庚戌	9 辛亥	10 壬子
11 癸丑	12 甲寅	13 乙卯	14 丙辰	15 丁巳	16 戊午	17 己未
18 庚申	19 辛酉	20 壬戌	21 癸亥	22 甲子	23 乙丑	24 丙寅
25 丁卯	26 戊辰	27 己巳	28 庚午	29 辛未	30 壬申	31 癸酉

9月　白露 9/7　23時12分　辛酉月

日	月	火	水	木	金	土
1 甲戌	2 乙亥	3 丙子	4 丁丑	5 戊寅	6 己卯	7 白露 庚辰
8 辛巳	9 壬午	10 癸未	11 甲申	12 乙酉	13 丙戌	14 丁亥
15 戊子	16 己丑	17 庚寅	18 辛卯	19 壬辰	20 癸巳	21 甲午
22 乙未	23 丙申	24 丁酉	25 戊戌	26 己亥	27 庚子	28 辛丑
29 壬寅	30 癸卯					

1969 年（昭和 44 年）　己酉年

1 月　小寒 1/5　21 時 17 分　乙丑月

日	月	火	水	木	金	土
			1 丙子	2 丁丑	3 戊寅	4 己卯
5 小寒 庚辰	6 辛巳	7 壬午	8 癸未	9 甲申	10 乙酉	11 丙戌
12 丁亥	13 戊子	14 己丑	15 庚寅	16 辛卯	17 壬辰	18 癸巳
19 甲午	20 乙未	21 丙申	22 丁酉	23 戊戌	24 己亥	25 庚子
26 辛丑	27 壬寅	28 癸卯	29 甲辰	30 乙巳	31 丙午	

2 月　立春 2/4　08 時 59 分　丙寅月

日	月	火	水	木	金	土
						1 丁未
2 戊申	3 己酉	4 立春 庚戌	5 辛亥	6 壬子	7 癸丑	8 甲寅
9 乙卯	10 丙辰	11 丁巳	12 戊午	13 己未	14 庚申	15 辛酉
16 壬戌	17 癸亥	18 甲子	19 乙丑	20 丙寅	21 丁卯	22 戊辰
23 己巳	24 庚午	25 辛未	26 壬申	27 癸酉	28 甲戌	

3 月　啓蟄 3/6　03 時 11 分　丁卯月

日	月	火	水	木	金	土
						1 乙亥
2 丙子	3 丁丑	4 戊寅	5 己卯	6 啓蟄 庚辰	7 辛巳	8 壬午
9 癸未	10 甲申	11 乙酉	12 丙戌	13 丁亥	14 戊子	15 己丑
16 庚寅	17 辛卯	18 壬辰	19 癸巳	20 甲午	21 乙未	22 丙申
23 丁酉	24 戊戌	25 己亥	26 庚子	27 辛丑	28 壬寅	29 癸卯
30 甲辰	31 乙巳					

4 月　清明 4/5　08 時 15 分　戊辰月

日	月	火	水	木	金	土
		1 丙午	2 丁未	3 戊申	4 己酉	5 清明 庚戌
6 辛亥	7 壬子	8 癸丑	9 甲寅	10 乙卯	11 丙辰	12 丁巳
13 戊午	14 己未	15 庚申	16 辛酉	17 壬戌	18 癸亥	19 甲子
20 乙丑	21 丙寅	22 丁卯	23 戊辰	24 己巳	25 庚午	26 辛未
27 壬申	28 癸酉	29 甲戌	30 乙亥			

5 月　立夏 5/6　01 時 50 分　己巳月

日	月	火	水	木	金	土
				1 丙子	2 丁丑	3 戊寅
4 己卯	5 庚辰	6 立夏 辛巳	7 壬午	8 癸未	9 甲申	10 乙酉
11 丙戌	12 丁亥	13 戊子	14 己丑	15 庚寅	16 辛卯	17 壬辰
18 癸巳	19 甲午	20 乙未	21 丙申	22 丁酉	23 戊戌	24 己亥
25 庚子	26 辛丑	27 壬寅	28 癸卯	29 甲辰	30 乙巳	31 丙午

6 月　芒種 6/6　06 時 11 分　庚午月

日	月	火	水	木	金	土
1 丁未	2 戊申	3 己酉	4 庚戌	5 辛亥	6 芒種 壬子	7 癸丑
8 甲寅	9 乙卯	10 丙辰	11 丁巳	12 戊午	13 己未	14 庚申
15 辛酉	16 壬戌	17 癸亥	18 甲子	19 乙丑	20 丙寅	21 丁卯
22 戊辰	23 己巳	24 庚午	25 辛未	26 壬申	27 癸酉	28 甲戌
29 乙亥	30 丙子					

7月　小暑 7/7　16時32分　辛未月

日	月	火	水	木	金	土
		1 丁丑	2 戊寅	3 己卯	4 庚辰	5 辛巳
6 壬午	7 小暑 癸未	8 甲申	9 乙酉	10 丙戌	11 丁亥	12 戊子
13 己丑	14 庚寅	15 辛卯	16 壬辰	17 癸巳	18 甲午	19 乙未
20 丙申	21 丁酉	22 戊戌	23 己亥	24 庚子	25 辛丑	26 壬寅
27 癸卯	28 甲辰	29 乙巳	30 丙午	31 丁未		

8月　立秋 8/8　02時14分　壬申月

日	月	火	水	木	金	土
					1 戊申	2 己酉
3 庚戌	4 辛亥	5 壬子	6 癸丑	7 甲寅	8 立秋 乙卯	9 丙辰
10 丁巳	11 戊午	12 己未	13 庚申	14 辛酉	15 壬戌	16 癸亥
17 甲子	18 乙丑	19 丙寅	20 丁卯	21 戊辰	22 己巳	23 庚午
24 辛未	25 壬申	26 癸酉	27 甲戌	28 乙亥	29 丙子	30 丁丑
31 戊寅						

9月　白露 9/8　04時56分　癸酉月

日	月	火	水	木	金	土
	1 己卯	2 庚辰	3 辛巳	4 壬午	5 癸未	6 甲申
7 乙酉	8 白露 丙戌	9 丁亥	10 戊子	11 己丑	12 庚寅	13 辛卯
14 壬辰	15 癸巳	16 甲午	17 乙未	18 丙申	19 丁酉	20 戊戌
21 己亥	22 庚子	23 辛丑	24 壬寅	25 癸卯	26 甲辰	27 乙巳
28 丙午	29 丁未	30 戊申				

10月　寒露 10/8　20時17分　甲戌月

日	月	火	水	木	金	土
			1 己酉	2 庚戌	3 辛亥	4 壬子
5 癸丑	6 甲寅	7 乙卯	8 寒露 丙辰	9 丁巳	10 戊午	11 己未
12 庚申	13 辛酉	14 壬戌	15 癸亥	16 甲子	17 乙丑	18 丙寅
19 丁卯	20 戊辰	21 己巳	22 庚午	23 辛未	24 壬申	25 癸酉
26 甲戌	27 乙亥	28 丙子	29 丁丑	30 戊寅	31 己卯	

11月　立冬 11/7　23時12分　乙亥月

日	月	火	水	木	金	土
						1 庚辰
2 辛巳	3 壬午	4 癸未	5 甲申	6 乙酉	7 立冬 丙戌	8 丁亥
9 戊子	10 己丑	11 庚寅	12 辛卯	13 壬辰	14 癸巳	15 甲午
16 乙未	17 丙申	18 丁酉	19 戊戌	20 己亥	21 庚子	22 辛丑
23 壬寅	24 癸卯	25 甲辰	26 乙巳	27 丙午	28 丁未	29 戊申
30 己酉						

12月　大雪 12/7　15時52分　丙子月

日	月	火	水	木	金	土
	1 庚戌	2 辛亥	3 壬子	4 癸丑	5 甲寅	6 乙卯
7 大雪 丙辰	8 丁巳	9 戊午	10 己未	11 庚申	12 辛酉	13 壬戌
14 癸亥	15 甲子	16 乙丑	17 丙寅	18 丁卯	19 戊辰	20 己巳
21 庚午	22 辛未	23 壬申	24 癸酉	25 甲戌	26 乙亥	27 丙子
28 丁丑	29 戊寅	30 己卯	31 庚辰			

1970 年（昭和 45 年） 庚戌年

1 月 小寒 1/6 03 時 02 分 丁丑月

日	月	火	水	木	金	土
				1 辛巳	2 壬午	3 癸未
4 甲申	5 乙酉	6 小寒 丙戌	7 丁亥	8 戊子	9 己丑	10 庚寅
11 辛卯	12 壬辰	13 癸巳	14 甲午	15 乙未	16 丙申	17 丁酉
18 戊戌	19 己亥	20 庚子	21 辛丑	22 壬寅	23 癸卯	24 甲辰
25 乙巳	26 丙午	27 丁未	28 戊申	29 己酉	30 庚戌	31 辛亥

2 月 立春 2/4 14 時 46 分 戊寅月

日	月	火	水	木	金	土
1 壬子	2 癸丑	3 甲寅	4 立春 乙卯	5 丙辰	6 丁巳	7 戊午
8 己未	9 庚申	10 辛酉	11 壬戌	12 癸亥	13 甲子	14 乙丑
15 丙寅	16 丁卯	17 戊辰	18 己巳	19 庚午	20 辛未	21 壬申
22 癸酉	23 甲戌	24 乙亥	25 丙子	26 丁丑	27 戊寅	28 己卯

3 月 啓蟄 3/6 08 時 59 分 己卯月

日	月	火	水	木	金	土
1 庚辰	2 辛巳	3 壬午	4 癸未	5 甲申	6 啓蟄 乙酉	7 丙戌
8 丁亥	9 戊子	10 己丑	11 庚寅	12 辛卯	13 壬辰	14 癸巳
15 甲午	16 乙未	17 丙申	18 丁酉	19 戊戌	20 己亥	21 庚子
22 辛丑	23 壬寅	24 癸卯	25 甲辰	26 乙巳	27 丙午	28 丁未
29 戊申	30 己酉	31 庚戌				

4 月 清明 4/5 14 時 02 分 庚辰月

日	月	火	水	木	金	土
			1 辛亥	2 壬子	3 癸丑	4 甲寅
5 清明 乙卯	6 丙辰	7 丁巳	8 戊午	9 己未	10 庚申	11 辛酉
12 壬戌	13 癸亥	14 甲子	15 乙丑	16 丙寅	17 丁卯	18 戊辰
19 己巳	20 庚午	21 辛未	22 壬申	23 癸酉	24 甲戌	25 乙亥
26 丙子	27 丁丑	28 戊寅	29 己卯	30 庚辰		

5 月 立夏 5/6 07 時 34 分 辛巳月

日	月	火	水	木	金	土
					1 辛巳	2 壬午
3 癸未	4 甲申	5 乙酉	6 立夏 丙戌	7 丁亥	8 戊子	9 己丑
10 庚寅	11 辛卯	12 壬辰	13 癸巳	14 甲午	15 乙未	16 丙申
17 丁酉	18 戊戌	19 己亥	20 庚子	21 辛丑	22 壬寅	23 癸卯
24 甲辰	25 乙巳	26 丙午	27 丁未	28 戊申	29 己酉	30 庚戌
31 辛亥						

6 月 芒種 6/6 11 時 52 分 壬午月

日	月	火	水	木	金	土
	1 壬子	2 癸丑	3 甲寅	4 乙卯	5 丙辰	6 芒種 丁巳
7 戊午	8 己未	9 庚申	10 辛酉	11 壬戌	12 癸亥	13 甲子
14 乙丑	15 丙寅	16 丁卯	17 戊辰	18 己巳	19 庚午	20 辛未
21 壬申	22 癸酉	23 甲戌	24 乙亥	25 丙子	26 丁丑	27 戊寅
28 己卯	29 庚辰	30 辛巳				

10月　寒露 10/9　02 時 02 分 丙戌月

日	月	火	水	木	金	土
				1 甲寅	2 乙卯	3 丙辰
4 丁巳	5 戊午	6 己未	7 庚申	8 辛酉	9 寒露 壬戌	10 癸亥
11 甲子	12 乙丑	13 丙寅	14 丁卯	15 戊辰	16 己巳	17 庚午
18 辛未	19 壬申	20 癸酉	21 甲戌	22 乙亥	23 丙子	24 丁丑
25 戊寅	26 己卯	27 庚辰	28 辛巳	29 壬午	30 癸未	31 甲申

11月　立冬 11/8　04 時 58 分 丁亥月

日	月	火	水	木	金	土
1 乙酉	2 丙戌	3 丁亥	4 戊子	5 己丑	6 庚寅	7 辛卯
8 立冬 壬辰	9 癸巳	10 甲午	11 乙未	12 丙申	13 丁酉	14 戊戌
15 己亥	16 庚子	17 辛丑	18 壬寅	19 癸卯	20 甲辰	21 乙巳
22 丙午	23 丁未	24 戊申	25 己酉	26 庚戌	27 辛亥	28 壬子
29 癸丑	30 甲寅					

12月　大雪 12/7　21 時 38 分 戊子月

日	月	火	水	木	金	土
		1 乙卯	2 丙辰	3 丁巳	4 戊午	5 己未
6 庚申	7 大雪 辛酉	8 壬戌	9 癸亥	10 甲子	11 乙丑	12 丙寅
13 丁卯	14 戊辰	15 己巳	16 庚午	17 辛未	18 壬申	19 癸酉
20 甲戌	21 乙亥	22 丙子	23 丁丑	24 戊寅	25 己卯	26 庚辰
27 辛巳	28 壬午	29 癸未	30 甲申	31 乙酉		

7 月　小暑 7/7　22 時 11 分　癸未月

日	月	火	水	木	金	土
			1 壬午	2 癸未	3 甲申	4 乙酉
5 丙戌	6 丁亥	7 小暑 戊子	8 己丑	9 庚寅	10 辛卯	11 壬辰
12 癸巳	13 甲午	14 乙未	15 丙申	16 丁酉	17 戊戌	18 己亥
19 庚子	20 辛丑	21 壬寅	22 癸卯	23 甲辰	24 乙巳	25 丙午
26 丁未	27 戊申	28 己酉	29 庚戌	30 辛亥	31 壬子	

8 月　立秋 8/8　07 時 54 分　甲申月

日	月	火	水	木	金	土
						1 癸丑
2 甲寅	3 乙卯	4 丙辰	5 丁巳	6 戊午	7 己未	8 立秋 庚申
9 辛酉	10 壬戌	11 癸亥	12 甲子	13 乙丑	14 丙寅	15 丁卯
16 戊辰	17 己巳	18 庚午	19 辛未	20 壬申	21 癸酉	22 甲戌
23 乙亥	24 丙子	25 丁丑	26 戊寅	27 己卯	28 庚辰	29 辛巳
30 壬午	31 癸未					

9 月　白露 9/8　10 時 38 分　乙酉月

日	月	火	水	木	金	土
		1 甲申	2 乙酉	3 丙戌	4 丁亥	5 戊子
6 己丑	7 庚寅	8 白露 辛卯	9 壬辰	10 癸巳	11 甲午	12 乙未
13 丙申	14 丁酉	15 戊戌	16 己亥	17 庚子	18 辛丑	19 壬寅
20 癸卯	21 甲辰	22 乙巳	23 丙午	24 丁未	25 戊申	26 己酉
27 庚戌	28 辛亥	29 壬子	30 癸丑			

1971年（昭和46年）　辛亥年

1月　小寒 1/6　08時45分　己丑月

日	月	火	水	木	金	土
					1 丙戌	2 丁亥
3 戊子	4 己丑	5 庚寅	6 小寒 辛卯	7 壬辰	8 癸巳	9 甲午
10 乙未	11 丙申	12 丁酉	13 戊戌	14 己亥	15 庚子	16 辛丑
17 壬寅	18 癸卯	19 甲辰	20 乙巳	21 丙午	22 丁未	23 戊申
24 己酉	25 庚戌	26 辛亥	27 壬子	28 癸丑	29 甲寅	30 乙卯
31 丙辰						

2月　立春 2/4　20時26分　庚寅月

日	月	火	水	木	金	土
	1 丁巳	2 戊午	3 己未	4 立春 庚申	5 辛酉	6 壬戌
7 癸亥	8 甲子	9 乙丑	10 丙寅	11 丁卯	12 戊辰	13 己巳
14 庚午	15 辛未	16 壬申	17 癸酉	18 甲戌	19 乙亥	20 丙子
21 丁丑	22 戊寅	23 己卯	24 庚辰	25 辛巳	26 壬午	27 癸未
28 甲申						

3月　啓蟄 3/6　14時35分　辛卯月

日	月	火	水	木	金	土
	1 乙酉	2 丙戌	3 丁亥	4 戊子	5 己丑	6 啓蟄 庚寅
7 辛卯	8 壬辰	9 癸巳	10 甲午	11 乙未	12 丙申	13 丁酉
14 戊戌	15 己亥	16 庚子	17 辛丑	18 壬寅	19 癸卯	20 甲辰
21 乙巳	22 丙午	23 丁未	24 戊申	25 己酉	26 庚戌	27 辛亥
28 壬子	29 癸丑	30 甲寅	31 乙卯			

4月　清明 4/5　19時36分　壬辰月

日	月	火	水	木	金	土
				1 丙辰	2 丁巳	3 戊午
4 己未	5 清明 庚申	6 辛酉	7 壬戌	8 癸亥	9 甲子	10 乙丑
11 丙寅	12 丁卯	13 戊辰	14 己巳	15 庚午	16 辛未	17 壬申
18 癸酉	19 甲戌	20 乙亥	21 丙子	22 丁丑	23 戊寅	24 己卯
25 庚辰	26 辛巳	27 壬午	28 癸未	29 甲申	30 乙酉	

5月　立夏 5/6　13時08分　癸巳月

日	月	火	水	木	金	土
						1 丙戌
2 丁亥	3 戊子	4 己丑	5 庚寅	6 立夏 辛卯	7 壬辰	8 癸巳
9 甲午	10 乙未	11 丙申	12 丁酉	13 戊戌	14 己亥	15 庚子
16 辛丑	17 壬寅	18 癸卯	19 甲辰	20 乙巳	21 丙午	22 丁未
23 戊申	24 己酉	25 庚戌	26 辛亥	27 壬子	28 癸丑	29 甲寅
30 乙卯	31 丙辰					

6月　芒種 6/6　17時29分　甲午月

日	月	火	水	木	金	土
		1 丁巳	2 戊午	3 己未	4 庚申	5 辛酉
6 芒種 壬戌	7 癸亥	8 甲子	9 乙丑	10 丙寅	11 丁卯	12 戊辰
13 己巳	14 庚午	15 辛未	16 壬申	17 癸酉	18 甲戌	19 乙亥
20 丙子	21 丁丑	22 戊寅	23 己卯	24 庚辰	25 辛巳	26 壬午
27 癸未	28 甲申	29 乙酉	30 丙戌			

10月　寒露 10/9　07時59分 戊戌月

日	月	火	水	木	金	土
					1 己未	2 庚申
3 辛酉	4 壬戌	5 癸亥	6 甲子	7 乙丑	8 丙寅	9 寒露 丁卯
10 戊辰	11 己巳	12 庚午	13 辛未	14 壬申	15 癸酉	16 甲戌
17 乙亥	18 丙子	19 丁丑	20 戊寅	21 己卯	22 庚辰	23 辛巳
24 壬午	25 癸未	26 甲申	27 乙酉	28 丙戌	29 丁亥	30 戊子
31 己丑						

11月　立冬 11/8　10時57分 己亥月

日	月	火	水	木	金	土
	1 庚寅	2 辛卯	3 壬辰	4 癸巳	5 甲午	6 乙未
7 丙申	8 立冬 丁酉	9 戊戌	10 己亥	11 庚子	12 辛丑	13 壬寅
14 癸卯	15 甲辰	16 乙巳	17 丙午	18 丁未	19 戊申	20 己酉
21 庚戌	22 辛亥	23 壬子	24 癸丑	25 甲寅	26 乙卯	27 丙辰
28 丁巳	29 戊午	30 己未				

12月　大雪 12/8　03時36分 庚子月

日	月	火	水	木	金	土
			1 庚申	2 辛酉	3 壬戌	4 癸亥
5 甲子	6 乙丑	7 丙寅	8 大雪 丁卯	9 戊辰	10 己巳	11 庚午
12 辛未	13 壬申	14 癸酉	15 甲戌	16 乙亥	17 丙子	18 丁丑
19 戊寅	20 己卯	21 庚辰	22 辛巳	23 壬午	24 癸未	25 甲申
26 乙酉	27 丙戌	28 丁亥	29 戊子	30 己丑	31 庚寅	

7月　小暑 7/8　03時51分　乙未月

日	月	火	水	木	金	土
				1 丁亥	2 戊子	3 己丑
4 庚寅	5 辛卯	6 壬辰	7 癸巳	8 小暑 甲午	9 乙未	10 丙申
11 丁酉	12 戊戌	13 己亥	14 庚子	15 辛丑	16 壬寅	17 癸卯
18 甲辰	19 乙巳	20 丙午	21 丁未	22 戊申	23 己酉	24 庚戌
25 辛亥	26 壬子	27 癸丑	28 甲寅	29 乙卯	30 丙辰	31 丁巳

8月　立秋 8/8　13時40分　丙申月

日	月	火	水	木	金	土
1 戊午	2 己未	3 庚申	4 辛酉	5 壬戌	6 癸亥	7 甲子
8 立秋 乙丑	9 丙寅	10 丁卯	11 戊辰	12 己巳	13 庚午	14 辛未
15 壬申	16 癸酉	17 甲戌	18 乙亥	19 丙子	20 丁丑	21 戊寅
22 己卯	23 庚辰	24 辛巳	25 壬午	26 癸未	27 甲申	28 乙酉
29 丙戌	30 丁亥	31 戊子				

9月　白露 9/8　16時30分　丁酉月

日	月	火	水	木	金	土
			1 己丑	2 庚寅	3 辛卯	4 壬辰
5 癸巳	6 甲午	7 乙未	8 白露 丙申	9 丁酉	10 戊戌	11 己亥
12 庚子	13 辛丑	14 壬寅	15 癸卯	16 甲辰	17 乙巳	18 丙午
19 丁未	20 戊申	21 己酉	22 庚戌	23 辛亥	24 壬子	25 癸丑
26 甲寅	27 乙卯	28 丙辰	29 丁巳	30 戊午		

1972年（昭和47年）　壬子年

1月　小寒 1/6　14時42分　辛丑月

日	月	火	水	木	金	土
						1 辛卯
2 壬辰	3 癸巳	4 甲午	5 乙未	6 小寒 丙申	7 丁酉	8 戊戌
9 己亥	10 庚子	11 辛丑	12 壬寅	13 癸卯	14 甲辰	15 乙巳
16 丙午	17 丁未	18 戊申	19 己酉	20 庚戌	21 辛亥	22 壬子
23 癸丑	24 甲寅	25 乙卯	26 丙辰	27 丁巳	28 戊午	29 己未
30 庚申	31 辛酉					

2月　立春 2/5　02時20分　壬寅月

日	月	火	水	木	金	土
		1 壬戌	2 癸亥	3 甲子	4 乙丑	5 立春 丙寅
6 丁卯	7 戊辰	8 己巳	9 庚午	10 辛未	11 壬申	12 癸酉
13 甲戌	14 乙亥	15 丙子	16 丁丑	17 戊寅	18 己卯	19 庚辰
20 辛巳	21 壬午	22 癸未	23 甲申	24 乙酉	25 丙戌	26 丁亥
27 戊子	28 己丑	29 庚寅				

3月　啓蟄 3/5　20時28分　癸卯月

日	月	火	水	木	金	土
			1 辛卯	2 壬辰	3 癸巳	4 甲午
5 啓蟄 乙未	6 丙申	7 丁酉	8 戊戌	9 己亥	10 庚子	11 辛丑
12 壬寅	13 癸卯	14 甲辰	15 乙巳	16 丙午	17 丁未	18 戊申
19 己酉	20 庚戌	21 辛亥	22 壬子	23 癸丑	24 甲寅	25 乙卯
26 丙辰	27 丁巳	28 戊午	29 己未	30 庚申	31 辛酉	

4月　清明 4/5　01時29分　甲辰月

日	月	火	水	木	金	土
						1 壬戌
2 癸亥	3 甲子	4 乙丑	5 清明 丙寅	6 丁卯	7 戊辰	8 己巳
9 庚午	10 辛未	11 壬申	12 癸酉	13 甲戌	14 乙亥	15 丙子
16 丁丑	17 戊寅	18 己卯	19 庚辰	20 辛巳	21 壬午	22 癸未
23 甲申	24 乙酉	25 丙戌	26 丁亥	27 戊子	28 己丑	29 庚寅
30 辛卯						

5月　立夏 5/5　19時01分　乙巳月

日	月	火	水	木	金	土
	1 壬辰	2 癸巳	3 甲午	4 乙未	5 立夏 丙申	6 丁酉
7 戊戌	8 己亥	9 庚子	10 辛丑	11 壬寅	12 癸卯	13 甲辰
14 乙巳	15 丙午	16 丁未	17 戊申	18 己酉	19 庚戌	20 辛亥
21 壬子	22 癸丑	23 甲寅	24 乙卯	25 丙辰	26 丁巳	27 戊午
28 己未	29 庚申	30 辛酉	31 壬戌			

6月　芒種 6/5　23時22分　丙午月

日	月	火	水	木	金	土
				1 癸亥	2 甲子	3 乙丑
4 丙寅	5 芒種 丁卯	6 戊辰	7 己巳	8 庚午	9 辛未	10 壬申
11 癸酉	12 甲戌	13 乙亥	14 丙子	15 丁丑	16 戊寅	17 己卯
18 庚辰	19 辛巳	20 壬午	21 癸未	22 甲申	23 乙酉	24 丙戌
25 丁亥	26 戊子	27 己丑	28 庚寅	29 辛卯	30 壬辰	

10月　寒露 10/8　13時42分 庚戌月

日	月	火	水	木	金	土
1 乙丑	2 丙寅	3 丁卯	4 戊辰	5 己巳	6 庚午	7 辛未
8 寒露 壬申	9 癸酉	10 甲戌	11 乙亥	12 丙子	13 丁丑	14 戊寅
15 己卯	16 庚辰	17 辛巳	18 壬午	19 癸未	20 甲申	21 乙酉
22 丙戌	23 丁亥	24 戊子	25 己丑	26 庚寅	27 辛卯	28 壬辰
29 癸巳	30 甲午	31 乙未				

11月　立冬 11/7　16時40分 辛亥月

日	月	火	水	木	金	土
			1 丙申	2 丁酉	3 戊戌	4 己亥
5 庚子	6 辛丑	7 立冬 壬寅	8 癸卯	9 甲辰	10 乙巳	11 丙午
12 丁未	13 戊申	14 己酉	15 庚戌	16 辛亥	17 壬子	18 癸丑
19 甲寅	20 乙卯	21 丙辰	22 丁巳	23 戊午	24 己未	25 庚申
26 辛酉	27 壬戌	28 癸亥	29 甲子	30 乙丑		

12月　大雪 12/7　09時19分 壬子月

日	月	火	水	木	金	土
					1 丙寅	2 丁卯
3 戊辰	4 己巳	5 庚午	6 辛未	7 大雪 壬申	8 癸酉	9 甲戌
10 乙亥	11 丙子	12 丁丑	13 戊寅	14 己卯	15 庚辰	16 辛巳
17 壬午	18 癸未	19 甲申	20 乙酉	21 丙戌	22 丁亥	23 戊子
24 己丑	25 庚寅	26 辛卯	27 壬辰	28 癸巳	29 甲午	30 乙未
31 丙申						

7月　小暑 7/7　09時43分　丁未月

日	月	火	水	木	金	土
						1 癸巳
2 甲午	3 乙未	4 丙申	5 丁酉	6 戊戌	7 小暑 己亥	8 庚子
9 辛丑	10 壬寅	11 癸卯	12 甲辰	13 乙巳	14 丙午	15 丁未
16 戊申	17 己酉	18 庚戌	19 辛亥	20 壬子	21 癸丑	22 甲寅
23 乙卯	24 丙辰	25 丁巳	26 戊午	27 己未	28 庚申	29 辛酉
30 壬戌	31 癸亥					

8月　立秋 8/7　19時29分　戊申月

日	月	火	水	木	金	土
		1 甲子	2 乙丑	3 丙寅	4 丁卯	5 戊辰
6 己巳	7 立秋 庚午	8 辛未	9 壬申	10 癸酉	11 甲戌	12 乙亥
13 丙子	14 丁丑	15 戊寅	16 己卯	17 庚辰	18 辛巳	19 壬午
20 癸未	21 甲申	22 乙酉	23 丙戌	24 丁亥	25 戊子	26 己丑
27 庚寅	28 辛卯	29 壬辰	30 癸巳	31 甲午		

9月　白露 9/7　22時15分　己酉月

日	月	火	水	木	金	土
					1 乙未	2 丙申
3 丁酉	4 戊戌	5 己亥	6 庚子	7 白露 辛丑	8 壬寅	9 癸卯
10 甲辰	11 乙巳	12 丙午	13 丁未	14 戊申	15 己酉	16 庚戌
17 辛亥	18 壬子	19 癸丑	20 甲寅	21 乙卯	22 丙辰	23 丁巳
24 戊午	25 己未	26 庚申	27 辛酉	28 壬戌	29 癸亥	30 甲子

1973年（昭和48年）　癸丑年

1月　小寒 1/5　20時26分　癸丑月

日	月	火	水	木	金	土
	1 丁酉	2 戊戌	3 己亥	4 庚子	5 小寒 辛丑	6 壬寅
7 癸卯	8 甲辰	9 乙巳	10 丙午	11 丁未	12 戊申	13 己酉
14 庚戌	15 辛亥	16 壬子	17 癸丑	18 甲寅	19 乙卯	20 丙辰
21 丁巳	22 戊午	23 己未	24 庚申	25 辛酉	26 壬戌	27 癸亥
28 甲子	29 乙丑	30 丙寅	31 丁卯			

2月　立春 2/4　08時04分　甲寅月

日	月	火	水	木	金	土
				1 戊辰	2 己巳	3 庚午
4 立春 辛未	5 壬申	6 癸酉	7 甲戌	8 乙亥	9 丙子	10 丁丑
11 戊寅	12 己卯	13 庚辰	14 辛巳	15 壬午	16 癸未	17 甲申
18 乙酉	19 丙戌	20 丁亥	21 戊子	22 己丑	23 庚寅	24 辛卯
25 壬辰	26 癸巳	27 甲午	28 乙未			

3月　啓蟄 3/6　02時13分　乙卯月

日	月	火	水	木	金	土
				1 丙申	2 丁酉	3 戊戌
4 己亥	5 庚子	6 啓蟄 辛丑	7 壬寅	8 癸卯	9 甲辰	10 乙巳
11 丙午	12 丁未	13 戊申	14 己酉	15 庚戌	16 辛亥	17 壬子
18 癸丑	19 甲寅	20 乙卯	21 丙辰	22 丁巳	23 戊午	24 己未
25 庚申	26 辛酉	27 壬戌	28 癸亥	29 甲子	30 乙丑	31 丙寅

4月　清明 4/5　07時14分　丙辰月

日	月	火	水	木	金	土
1 丁卯	2 戊辰	3 己巳	4 庚午	5 清明 辛未	6 壬申	7 癸酉
8 甲戌	9 乙亥	10 丙子	11 丁丑	12 戊寅	13 己卯	14 庚辰
15 辛巳	16 壬午	17 癸未	18 甲申	19 乙酉	20 丙戌	21 丁亥
22 戊子	23 己丑	24 庚寅	25 辛卯	26 壬辰	27 癸巳	28 甲午
29 乙未	30 丙申					

5月　立夏 5/6　00時46分　丁巳月

日	月	火	水	木	金	土
		1 丁酉	2 戊戌	3 己亥	4 庚子	5 辛丑
6 立夏 壬寅	7 癸卯	8 甲辰	9 乙巳	10 丙午	11 丁未	12 戊申
13 己酉	14 庚戌	15 辛亥	16 壬子	17 癸丑	18 甲寅	19 乙卯
20 丙辰	21 丁巳	22 戊午	23 己未	24 庚申	25 辛酉	26 壬戌
27 癸亥	28 甲子	29 乙丑	30 丙寅	31 丁卯		

6月　芒種 6/6　05時07分　戊午月

日	月	火	水	木	金	土
					1 戊辰	2 己巳
3 庚午	4 辛未	5 壬申	6 芒種 癸酉	7 甲戌	8 乙亥	9 丙子
10 丁丑	11 戊寅	12 己卯	13 庚辰	14 辛巳	15 壬午	16 癸未
17 甲申	18 乙酉	19 丙戌	20 丁亥	21 戊子	22 己丑	23 庚寅
24 辛卯	25 壬辰	26 癸巳	27 甲午	28 乙未	29 丙申	30 丁酉

10月　寒露 10/8　19時28分　壬戌月

日	月	火	水	木	金	土
	1 庚午	2 辛未	3 壬申	4 癸酉	5 甲戌	6 乙亥
7 丙子	8 寒露 丁丑	9 戊寅	10 己卯	11 庚辰	12 辛巳	13 壬午
14 癸未	15 甲申	16 乙酉	17 丙戌	18 丁亥	19 戊子	20 己丑
21 庚寅	22 辛卯	23 壬辰	24 癸巳	25 甲午	26 乙未	27 丙申
28 丁酉	29 戊戌	30 己亥	31 庚子			

11月　立冬 11/7　22時28分　癸亥月

日	月	火	水	木	金	土
				1 辛丑	2 壬寅	3 癸卯
4 甲辰	5 乙巳	6 丙午	7 立冬 丁未	8 戊申	9 己酉	10 庚戌
11 辛亥	12 壬子	13 癸丑	14 甲寅	15 乙卯	16 丙辰	17 丁巳
18 戊午	19 己未	20 庚申	21 辛酉	22 壬戌	23 癸亥	24 甲子
25 乙丑	26 丙寅	27 丁卯	28 戊辰	29 己巳	30 庚午	

12月　大雪 12/7　15時11分　甲子月

日	月	火	水	木	金	土
						1 辛未
2 壬申	3 癸酉	4 甲戌	5 乙亥	6 丙子	7 大雪 丁丑	8 戊寅
9 己卯	10 庚辰	11 辛巳	12 壬午	13 癸未	14 甲申	15 乙酉
16 丙戌	17 丁亥	18 戊子	19 己丑	20 庚寅	21 辛卯	22 壬辰
23 癸巳	24 甲午	25 乙未	26 丙申	27 丁酉	28 戊戌	29 己亥
30 庚子	31 辛丑					

7月　小暑 7/7　15時27分　己未月

日	月	火	水	木	金	土
1 戊戌	2 己亥	3 庚子	4 辛丑	5 壬寅	6 癸卯	7 小暑 甲辰
8 乙巳	9 丙午	10 丁未	11 戊申	12 己酉	13 庚戌	14 辛亥
15 壬子	16 癸丑	17 甲寅	18 乙卯	19 丙辰	20 丁巳	21 戊午
22 己未	23 庚申	24 辛酉	25 壬戌	26 癸亥	27 甲子	28 乙丑
29 丙寅	30 丁卯	31 戊辰				

8月　立秋 8/8　01時13分　庚申月

日	月	火	水	木	金	土
			1 己巳	2 庚午	3 辛未	4 壬申
5 癸酉	6 甲戌	7 乙亥	8 立秋 丙子	9 丁丑	10 戊寅	11 己卯
12 庚辰	13 辛巳	14 壬午	15 癸未	16 甲申	17 乙酉	18 丙戌
19 丁亥	20 戊子	21 己丑	22 庚寅	23 辛卯	24 壬辰	25 癸巳
26 甲午	27 乙未	28 丙申	29 丁酉	30 戊戌	31 己亥	

9月　白露 9/8　04時00分　辛酉月

日	月	火	水	木	金	土
						1 庚子
2 辛丑	3 壬寅	4 癸卯	5 甲辰	6 乙巳	7 丙午	8 白露 丁未
9 戊申	10 己酉	11 庚戌	12 辛亥	13 壬子	14 癸丑	15 甲寅
16 乙卯	17 丙辰	18 丁巳	19 戊午	20 己未	21 庚申	22 辛酉
23 壬戌	24 癸亥	25 甲子	26 乙丑	27 丙寅	28 丁卯	29 戊辰
30 己巳						

1974年（昭和49年）　甲寅年

1月　小寒 1/6　02時20分　乙丑月

日	月	火	水	木	金	土
		1 壬寅	2 癸卯	3 甲辰	4 乙巳	5 丙午
6 小寒 丁未	7 戊申	8 己酉	9 庚戌	10 辛亥	11 壬子	12 癸丑
13 甲寅	14 乙卯	15 丙辰	16 丁巳	17 戊午	18 己未	19 庚申
20 辛酉	21 壬戌	22 癸亥	23 甲子	24 乙丑	25 丙寅	26 丁卯
27 戊辰	28 己巳	29 庚午	30 辛未	31 壬申		

2月　立春 2/4　14時00分　丙寅月

日	月	火	水	木	金	土
					1 癸酉	2 甲戌
3 乙亥	4 立春 丙子	5 丁丑	6 戊寅	7 己卯	8 庚辰	9 辛巳
10 壬午	11 癸未	12 甲申	13 乙酉	14 丙戌	15 丁亥	16 戊子
17 己丑	18 庚寅	19 辛卯	20 壬辰	21 癸巳	22 甲午	23 乙未
24 丙申	25 丁酉	26 戊戌	27 己亥	28 庚子		

3月　啓蟄 3/6　08時07分　丁卯月

日	月	火	水	木	金	土
					1 辛丑	2 壬寅
3 癸卯	4 甲辰	5 乙巳	6 啓蟄 丙午	7 丁未	8 戊申	9 己酉
10 庚戌	11 辛亥	12 壬子	13 癸丑	14 甲寅	15 乙卯	16 丙辰
17 丁巳	18 戊午	19 己未	20 庚申	21 辛酉	22 壬戌	23 癸亥
24 甲子	25 乙丑	26 丙寅	27 丁卯	28 戊辰	29 己巳	30 庚午
31 辛未						

4月　清明 4/5　13時05分　戊辰月

日	月	火	水	木	金	土
	1 壬申	2 癸酉	3 甲戌	4 乙亥	5 清明 丙子	6 丁丑
7 戊寅	8 己卯	9 庚辰	10 辛巳	11 壬午	12 癸未	13 甲申
14 乙酉	15 丙戌	16 丁亥	17 戊子	18 己丑	19 庚寅	20 辛卯
21 壬辰	22 癸巳	23 甲午	24 乙未	25 丙申	26 丁酉	27 戊戌
28 己亥	29 庚子	30 辛丑				

5月　立夏 5/6　06時34分　己巳月

日	月	火	水	木	金	土
			1 壬寅	2 癸卯	3 甲辰	4 乙巳
5 丙午	6 立夏 丁未	7 戊申	8 己酉	9 庚戌	10 辛亥	11 壬子
12 癸丑	13 甲寅	14 乙卯	15 丙辰	16 丁巳	17 戊午	18 己未
19 庚申	20 辛酉	21 壬戌	22 癸亥	23 甲子	24 乙丑	25 丙寅
26 丁卯	27 戊辰	28 己巳	29 庚午	30 辛未	31 壬申	

6月　芒種 6/6　10時52分　庚午月

日	月	火	水	木	金	土
						1 癸酉
2 甲戌	3 乙亥	4 丙子	5 丁丑	6 芒種 戊寅	7 己卯	8 庚辰
9 辛巳	10 壬午	11 癸未	12 甲申	13 乙酉	14 丙戌	15 丁亥
16 戊子	17 己丑	18 庚寅	19 辛卯	20 壬辰	21 癸巳	22 甲午
23 乙未	24 丙申	25 丁酉	26 戊戌	27 己亥	28 庚子	29 辛丑
30 壬寅						

10月　寒露 10/9　01 時 15 分　甲戌月

日	月	火	水	木	金	土
		1 乙亥	2 丙子	3 丁丑	4 戊寅	5 己卯
6 庚辰	7 辛巳	8 壬午	9 寒露 癸未	10 甲申	11 乙酉	12 丙戌
13 丁亥	14 戊子	15 己丑	16 庚寅	17 辛卯	18 壬辰	19 癸巳
20 甲午	21 乙未	22 丙申	23 丁酉	24 戊戌	25 己亥	26 庚子
27 辛丑	28 壬寅	29 癸卯	30 甲辰	31 乙巳		

11月　立冬 11/8　04 時 18 分　乙亥月

日	月	火	水	木	金	土
					1 丙午	2 丁未
3 戊申	4 己酉	5 庚戌	6 辛亥	7 壬子	8 立冬 癸丑	9 甲寅
10 乙卯	11 丙辰	12 丁巳	13 戊午	14 己未	15 庚申	16 辛酉
17 壬戌	18 癸亥	19 甲子	20 乙丑	21 丙寅	22 丁卯	23 戊辰
24 己巳	25 庚午	26 辛未	27 壬申	28 癸酉	29 甲戌	30 乙亥

12月　大雪 12/7　21 時 05 分　丙子月

日	月	火	水	木	金	土
1 丙子	2 丁丑	3 戊寅	4 己卯	5 庚辰	6 辛巳	7 大雪 壬午
8 癸未	9 甲申	10 乙酉	11 丙戌	12 丁亥	13 戊子	14 己丑
15 庚寅	16 辛卯	17 壬辰	18 癸巳	19 甲午	20 乙未	21 丙申
22 丁酉	23 戊戌	24 己亥	25 庚子	26 辛丑	27 壬寅	28 癸卯
29 甲辰	30 乙巳	31 丙午				

7 月　小暑 7/7　21 時 11 分　辛未月

日	月	火	水	木	金	土
	1 癸卯	2 甲辰	3 乙巳	4 丙午	5 丁未	6 戊申
7 小暑 己酉	8 庚戌	9 辛亥	10 壬子	11 癸丑	12 甲寅	13 乙卯
14 丙辰	15 丁巳	16 戊午	17 己未	18 庚申	19 辛酉	20 壬戌
21 癸亥	22 甲子	23 乙丑	24 丙寅	25 丁卯	26 戊辰	27 己巳
28 庚午	29 辛未	30 壬申	31 癸酉			

8 月　立秋 8/8　06 時 57 分　壬申月

日	月	火	水	木	金	土
				1 甲戌	2 乙亥	3 丙子
4 丁丑	5 戊寅	6 己卯	7 庚辰	8 立秋 辛巳	9 壬午	10 癸未
11 甲申	12 乙酉	13 丙戌	14 丁亥	15 戊子	16 己丑	17 庚寅
18 辛卯	19 壬辰	20 癸巳	21 甲午	22 乙未	23 丙申	24 丁酉
25 戊戌	26 己亥	27 庚子	28 辛丑	29 壬寅	30 癸卯	31 甲辰

9 月　白露 9/8　09 時 45 分　癸酉月

日	月	火	水	木	金	土
1 乙巳	2 丙午	3 丁未	4 戊申	5 己酉	6 庚戌	7 辛亥
8 白露 壬子	9 癸丑	10 甲寅	11 乙卯	12 丙辰	13 丁巳	14 戊午
15 己未	16 庚申	17 辛酉	18 壬戌	19 癸亥	20 甲子	21 乙丑
22 丙寅	23 丁卯	24 戊辰	25 己巳	26 庚午	27 辛未	28 壬申
29 癸酉	30 甲戌					

1975 年（昭和 50 年）　乙卯年

1 月　小寒 1/6　08 時 18 分　丁丑月

日	月	火	水	木	金	土
			1 丁未	2 戊申	3 己酉	4 庚戌
5 辛亥	6 小寒 壬子	7 癸丑	8 甲寅	9 乙卯	10 丙辰	11 丁巳
12 戊午	13 己未	14 庚申	15 辛酉	16 壬戌	17 癸亥	18 甲子
19 乙丑	20 丙寅	21 丁卯	22 戊辰	23 己巳	24 庚午	25 辛未
26 壬申	27 癸酉	28 甲戌	29 乙亥	30 丙子	31 丁丑	

2 月　立春 2/4　19 時 59 分　戊寅月

日	月	火	水	木	金	土
						1 戊寅
2 己卯	3 庚辰	4 立春 辛巳	5 壬午	6 癸未	7 甲申	8 乙酉
9 丙戌	10 丁亥	11 戊子	12 己丑	13 庚寅	14 辛卯	15 壬辰
16 癸巳	17 甲午	18 乙未	19 丙申	20 丁酉	21 戊戌	22 己亥
23 庚子	24 辛丑	25 壬寅	26 癸卯	27 甲辰	28 乙巳	

3 月　啓蟄 3/6　14 時 06 分　己卯月

日	月	火	水	木	金	土
						1 丙午
2 丁未	3 戊申	4 己酉	5 庚戌	6 啓蟄 辛亥	7 壬子	8 癸丑
9 甲寅	10 乙卯	11 丙辰	12 丁巳	13 戊午	14 己未	15 庚申
16 辛酉	17 壬戌	18 癸亥	19 甲子	20 乙丑	21 丙寅	22 丁卯
23 戊辰	24 己巳	25 庚午	26 辛未	27 壬申	28 癸酉	29 甲戌
30 乙亥	31 丙子					

4 月　清明 4/5　19 時 02 分　庚辰月

日	月	火	水	木	金	土
		1 丁丑	2 戊寅	3 己卯	4 庚辰	5 清明 辛巳
6 壬午	7 癸未	8 甲申	9 乙酉	10 丙戌	11 丁亥	12 戊子
13 己丑	14 庚寅	15 辛卯	16 壬辰	17 癸巳	18 甲午	19 乙未
20 丙申	21 丁酉	22 戊戌	23 己亥	24 庚子	25 辛丑	26 壬寅
27 癸卯	28 甲辰	29 乙巳	30 丙午			

5 月　立夏 5/6　12 時 27 分　辛巳月

日	月	火	水	木	金	土
				1 丁未	2 戊申	3 己酉
4 庚戌	5 辛亥	6 立夏 壬子	7 癸丑	8 甲寅	9 乙卯	10 丙辰
11 丁巳	12 戊午	13 己未	14 庚申	15 辛酉	16 壬戌	17 癸亥
18 甲子	19 乙丑	20 丙寅	21 丁卯	22 戊辰	23 己巳	24 庚午
25 辛未	26 壬申	27 癸酉	28 甲戌	29 乙亥	30 丙子	31 丁丑

6 月　芒種 6/6　16 時 42 分　壬午月

日	月	火	水	木	金	土
1 戊寅	2 己卯	3 庚辰	4 辛巳	5 壬午	6 芒種 癸未	7 甲申
8 乙酉	9 丙戌	10 丁亥	11 戊子	12 己丑	13 庚寅	14 辛卯
15 壬辰	16 癸巳	17 甲午	18 乙未	19 丙申	20 丁酉	21 戊戌
22 己亥	23 庚子	24 辛丑	25 壬寅	26 癸卯	27 甲辰	28 乙巳
29 丙午	30 丁未					

10月　寒露 10/9　07時02分　丙戌月

日	月	火	水	木	金	土
			1 庚辰	2 辛巳	3 壬午	4 癸未
5 甲申	6 乙酉	7 丙戌	8 丁亥	9 寒露 戊子	10 己丑	11 庚寅
12 辛卯	13 壬辰	14 癸巳	15 甲午	16 乙未	17 丙申	18 丁酉
19 戊戌	20 己亥	21 庚子	22 辛丑	23 壬寅	24 癸卯	25 甲辰
26 乙巳	27 丙午	28 丁未	29 戊申	30 己酉	31 庚戌	

11月　立冬 11/8　10時03分　丁亥月

日	月	火	水	木	金	土
						1 辛亥
2 壬子	3 癸丑	4 甲寅	5 乙卯	6 丙辰	7 丁巳	8 立冬 戊午
9 己未	10 庚申	11 辛酉	12 壬戌	13 癸亥	14 甲子	15 乙丑
16 丙寅	17 丁卯	18 戊辰	19 己巳	20 庚午	21 辛未	22 壬申
23 癸酉	24 甲戌	25 乙亥	26 丙子	27 丁丑	28 戊寅	29 己卯
30 庚辰						

12月　大雪 12/8　02時47分　戊子月

日	月	火	水	木	金	土
	1 辛巳	2 壬午	3 癸未	4 甲申	5 乙酉	6 丙戌
7 丁亥	8 大雪 戊子	9 己丑	10 庚寅	11 辛卯	12 壬辰	13 癸巳
14 甲午	15 乙未	16 丙申	17 丁酉	18 戊戌	19 己亥	20 庚子
21 辛丑	22 壬寅	23 癸卯	24 甲辰	25 乙巳	26 丙午	27 丁未
28 戊申	29 己酉	30 庚戌	31 辛亥			

7月　小暑 7/8　02時59分　癸未月

日	月	火	水	木	金	土
		1 戊申	2 己酉	3 庚戌	4 辛亥	5 壬子
6 癸丑	7 甲寅	8 小暑 乙卯	9 丙辰	10 丁巳	11 戊午	12 己未
13 庚申	14 辛酉	15 壬戌	16 癸亥	17 甲子	18 乙丑	19 丙寅
20 丁卯	21 戊辰	22 己巳	23 庚午	24 辛未	25 壬申	26 癸酉
27 甲戌	28 乙亥	29 丙子	30 丁丑	31 戊寅		

8月　立秋 8/8　12時45分　甲申月

日	月	火	水	木	金	土
					1 己卯	2 庚辰
3 辛巳	4 壬午	5 癸未	6 甲申	7 乙酉	8 立秋 丙戌	9 丁亥
10 戊子	11 己丑	12 庚寅	13 辛卯	14 壬辰	15 癸巳	16 甲午
17 乙未	18 丙申	19 丁酉	20 戊戌	21 己亥	22 庚子	23 辛丑
24 壬寅	25 癸卯	26 甲辰	27 乙巳	28 丙午	29 丁未	30 戊申
31 己酉						

9月　白露 9/8　15時33分　乙酉月

日	月	火	水	木	金	土
	1 庚戌	2 辛亥	3 壬子	4 癸丑	5 甲寅	6 乙卯
7 丙辰	8 白露 丁巳	9 戊午	10 己未	11 庚申	12 辛酉	13 壬戌
14 癸亥	15 甲子	16 乙丑	17 丙寅	18 丁卯	19 戊辰	20 己巳
21 庚午	22 辛未	23 壬申	24 癸酉	25 甲戌	26 乙亥	27 丙子
28 丁丑	29 戊寅	30 己卯				

1976年（昭和51年）　丙辰年

4月　清明4/5　00時47分　壬辰月

日	月	火	水	木	金	土
				1 癸未	2 甲申	3 乙酉
4 丙戌	5 清明 丁亥	6 戊子	7 己丑	8 庚寅	9 辛卯	10 壬辰
11 癸巳	12 甲午	13 乙未	14 丙申	15 丁酉	16 戊戌	17 己亥
18 庚子	19 辛丑	20 壬寅	21 癸卯	22 甲辰	23 乙巳	24 丙午
25 丁未	26 戊申	27 己酉	28 庚戌	29 辛亥	30 壬子	

5月　立夏5/5　18時14分　癸巳月

日	月	火	水	木	金	土
						1 癸丑
2 甲寅	3 乙卯	4 丙辰	5 立夏 丁巳	6 戊午	7 己未	8 庚申
9 辛酉	10 壬戌	11 癸亥	12 甲子	13 乙丑	14 丙寅	15 丁卯
16 戊辰	17 己巳	18 庚午	19 辛未	20 壬申	21 癸酉	22 甲戌
23 乙亥	24 丙子	25 丁丑	26 戊寅	27 己卯	28 庚辰	29 辛巳
30 壬午	31 癸未					

6月　芒種6/5　22時31分　甲午月

日	月	火	水	木	金	土
		1 甲申	2 乙酉	3 丙戌	4 丁亥	5 芒種 戊子
6 己丑	7 庚寅	8 辛卯	9 壬辰	10 癸巳	11 甲午	12 乙未
13 丙申	14 丁酉	15 戊戌	16 己亥	17 庚子	18 辛丑	19 壬寅
20 癸卯	21 甲辰	22 乙巳	23 丙午	24 丁未	25 戊申	26 己酉
27 庚戌	28 辛亥	29 壬子	30 癸丑			

1月　小寒1/6　13時58分　己丑月

日	月	火	水	木	金	土
				1 壬子	2 癸丑	3 甲寅
4 乙卯	5 丙辰	6 小寒 丁巳	7 戊午	8 己未	9 庚申	10 辛酉
11 壬戌	12 癸亥	13 甲子	14 乙丑	15 丙寅	16 丁卯	17 戊辰
18 己巳	19 庚午	20 辛未	21 壬申	22 癸酉	23 甲戌	24 乙亥
25 丙子	26 丁丑	27 戊寅	28 己卯	29 庚辰	30 辛巳	31 壬午

2月　立春2/5　01時40分　庚寅月

日	月	火	水	木	金	土
1 癸未	2 甲申	3 乙酉	4 丙戌	5 立春 丁亥	6 戊子	7 己丑
8 庚寅	9 辛卯	10 壬辰	11 癸巳	12 甲午	13 乙未	14 丙申
15 丁酉	16 戊戌	17 己亥	18 庚子	19 辛丑	20 壬寅	21 癸卯
22 甲辰	23 乙巳	24 丙午	25 丁未	26 戊申	27 己酉	28 庚戌
29 辛亥						

3月　啓蟄3/5　19時48分　辛卯月

日	月	火	水	木	金	土
	1 壬子	2 癸丑	3 甲寅	4 乙卯	5 啓蟄 丙辰	6 丁巳
7 戊午	8 己未	9 庚申	10 辛酉	11 壬戌	12 癸亥	13 甲子
14 乙丑	15 丙寅	16 丁卯	17 戊辰	18 己巳	19 庚午	20 辛未
21 壬申	22 癸酉	23 甲戌	24 乙亥	25 丙子	26 丁丑	27 戊寅
28 己卯	29 庚辰	30 辛巳	31 壬午			

10月　寒露 10/8　12時58分 戊戌月

日	月	火	水	木	金	土
					1 丙戌	2 丁亥
3 戊子	4 己丑	5 庚寅	6 辛卯	7 壬辰	8 寒露 癸巳	9 甲午
10 乙未	11 丙申	12 丁酉	13 戊戌	14 己亥	15 庚子	16 辛丑
17 壬寅	18 癸卯	19 甲辰	20 乙巳	21 丙午	22 丁未	23 戊申
24 己酉	25 庚戌	26 辛亥	27 壬子	28 癸丑	29 甲寅	30 乙卯
31 丙辰						

11月　立冬 11/7　15時59分 己亥月

日	月	火	水	木	金	土
	1 丁巳	2 戊午	3 己未	4 庚申	5 辛酉	6 壬戌
7 立冬 癸亥	8 甲子	9 乙丑	10 丙寅	11 丁卯	12 戊辰	13 己巳
14 庚午	15 辛未	16 壬申	17 癸酉	18 甲戌	19 乙亥	20 丙子
21 丁丑	22 戊寅	23 己卯	24 庚辰	25 辛巳	26 壬午	27 癸未
28 甲申	29 乙酉	30 丙戌				

12月　大雪 12/7　08時41分 庚子月

日	月	火	水	木	金	土
			1 丁亥	2 戊子	3 己丑	4 庚寅
5 辛卯	6 壬辰	7 大雪 癸巳	8 甲午	9 乙未	10 丙申	11 丁酉
12 戊戌	13 己亥	14 庚子	15 辛丑	16 壬寅	17 癸卯	18 甲辰
19 乙巳	20 丙午	21 丁未	22 戊申	23 己酉	24 庚戌	25 辛亥
26 壬子	27 癸丑	28 甲寅	29 乙卯	30 丙辰	31 丁巳	

7月　小暑 7/7　08時51分 乙未月

日	月	火	水	木	金	土
				1 甲寅	2 乙卯	3 丙辰
4 丁巳	5 戊午	6 己未	7 小暑 庚申	8 辛酉	9 壬戌	10 癸亥
11 甲子	12 乙丑	13 丙寅	14 丁卯	15 戊辰	16 己巳	17 庚午
18 辛未	19 壬申	20 癸酉	21 甲戌	22 乙亥	23 丙子	24 丁丑
25 戊寅	26 己卯	27 庚辰	28 辛巳	29 壬午	30 癸未	31 甲申

8月　立秋 8/7　18時39分 丙申月

日	月	火	水	木	金	土
1 乙酉	2 丙戌	3 丁亥	4 戊子	5 己丑	6 庚寅	7 立秋 辛卯
8 壬辰	9 癸巳	10 甲午	11 乙未	12 丙申	13 丁酉	14 戊戌
15 己亥	16 庚子	17 辛丑	18 壬寅	19 癸卯	20 甲辰	21 乙巳
22 丙午	23 丁未	24 戊申	25 己酉	26 庚戌	27 辛亥	28 壬子
29 癸丑	30 甲寅	31 乙卯				

9月　白露 9/7　21時28分 丁酉月

日	月	火	水	木	金	土
			1 丙辰	2 丁巳	3 戊午	4 己未
5 庚申	6 辛酉	7 白露 壬戌	8 癸亥	9 甲子	10 乙丑	11 丙寅
12 丁卯	13 戊辰	14 己巳	15 庚午	16 辛未	17 壬申	18 癸酉
19 甲戌	20 乙亥	21 丙子	22 丁丑	23 戊寅	24 己卯	25 庚辰
26 辛巳	27 壬午	28 癸未	29 甲申	30 乙酉		

1977 年（昭和 52 年）　丁巳年

1 月　小寒 1/5　19 時 51 分　辛丑月

日	月	火	水	木	金	土
						1 戊午
2 己未	3 庚申	4 辛酉	5 小寒 壬戌	6 癸亥	7 甲子	8 乙丑
9 丙寅	10 丁卯	11 戊辰	12 己巳	13 庚午	14 辛未	15 壬申
16 癸酉	17 甲戌	18 乙亥	19 丙子	20 丁丑	21 戊寅	22 己卯
23 庚辰	24 辛巳	25 壬午	26 癸未	27 甲申	28 乙酉	29 丙戌
30 丁亥	31 戊子					

2 月　立春 2/4　07 時 34 分　壬寅月

日	月	火	水	木	金	土
		1 己丑	2 庚寅	3 辛卯	4 立春 壬辰	5 癸巳
6 甲午	7 乙未	8 丙申	9 丁酉	10 戊戌	11 己亥	12 庚子
13 辛丑	14 壬寅	15 癸卯	16 甲辰	17 乙巳	18 丙午	19 丁未
20 戊申	21 己酉	22 庚戌	23 辛亥	24 壬子	25 癸丑	26 甲寅
27 乙卯	28 丙辰					

3 月　啓蟄 3/6　01 時 44 分　癸卯月

日	月	火	水	木	金	土
		1 丁巳	2 戊午	3 己未	4 庚申	5 辛酉
6 啓蟄 壬戌	7 癸亥	8 甲子	9 乙丑	10 丙寅	11 丁卯	12 戊辰
13 己巳	14 庚午	15 辛未	16 壬申	17 癸酉	18 甲戌	19 乙亥
20 丙子	21 丁丑	22 戊寅	23 己卯	24 庚辰	25 辛巳	26 壬午
27 癸未	28 甲申	29 乙酉	30 丙戌	31 丁亥		

4 月　清明 4/5　06 時 46 分　甲辰月

日	月	火	水	木	金	土
					1 戊子	2 己丑
3 庚寅	4 辛卯	5 清明 壬辰	6 癸巳	7 甲午	8 乙未	9 丙申
10 丁酉	11 戊戌	12 己亥	13 庚子	14 辛丑	15 壬寅	16 癸卯
17 甲辰	18 乙巳	19 丙午	20 丁未	21 戊申	22 己酉	23 庚戌
24 辛亥	25 壬子	26 癸丑	27 甲寅	28 乙卯	29 丙辰	30 丁巳

5 月　立夏 5/6　00 時 16 分　乙巳月

日	月	火	水	木	金	土
1 戊午	2 己未	3 庚申	4 辛酉	5 壬戌	6 立夏 癸亥	7 甲子
8 乙丑	9 丙寅	10 丁卯	11 戊辰	12 己巳	13 庚午	14 辛未
15 壬申	16 癸酉	17 甲戌	18 乙亥	19 丙子	20 丁丑	21 戊寅
22 己卯	23 庚辰	24 辛巳	25 壬午	26 癸未	27 甲申	28 乙酉
29 丙戌	30 丁亥	31 戊子				

6 月　芒種 6/6　04 時 32 分　丙午月

日	月	火	水	木	金	土
			1 己丑	2 庚寅	3 辛卯	4 壬辰
5 癸巳	6 芒種 甲午	7 乙未	8 丙申	9 丁酉	10 戊戌	11 己亥
12 庚子	13 辛丑	14 壬寅	15 癸卯	16 甲辰	17 乙巳	18 丙午
19 丁未	20 戊申	21 己酉	22 庚戌	23 辛亥	24 壬子	25 癸丑
26 甲寅	27 乙卯	28 丙辰	29 丁巳	30 戊午		

10月　寒露 10/8　18 時 44 分 庚戌月

日	月	火	水	木	金	土
						1 辛卯
2 壬辰	3 癸巳	4 甲午	5 乙未	6 丙申	7 丁酉	8 寒露 戊戌
9 己亥	10 庚子	11 辛丑	12 壬寅	13 癸卯	14 甲辰	15 乙巳
16 丙午	17 丁未	18 戊申	19 己酉	20 庚戌	21 辛亥	22 壬子
23 癸丑	24 甲寅	25 乙卯	26 丙辰	27 丁巳	28 戊午	29 己未
30 庚申	31 辛酉					

11月　立冬 11/7　21 時 46 分 辛亥月

日	月	火	水	木	金	土
		1 壬戌	2 癸亥	3 甲子	4 乙丑	5 丙寅
6 丁卯	7 立冬 戊辰	8 己巳	9 庚午	10 辛未	11 壬申	12 癸酉
13 甲戌	14 乙亥	15 丙子	16 丁丑	17 戊寅	18 己卯	19 庚辰
20 辛巳	21 壬午	22 癸未	23 甲申	24 乙酉	25 丙戌	26 丁亥
27 戊子	28 己丑	29 庚寅	30 辛卯			

12月　大雪 12/7　14 時 31 分 壬子月

日	月	火	水	木	金	土
				1 壬辰	2 癸巳	3 甲午
4 乙未	5 丙申	6 丁酉	7 大雪 戊戌	8 己亥	9 庚子	10 辛丑
11 壬寅	12 癸卯	13 甲辰	14 乙巳	15 丙午	16 丁未	17 戊申
18 己酉	19 庚戌	20 辛亥	21 壬子	22 癸丑	23 甲寅	24 乙卯
25 丙辰	26 丁巳	27 戊午	28 己未	29 庚申	30 辛酉	31 壬戌

7 月　小暑 7/7　14 時 48 分　丁未月

日	月	火	水	木	金	土
					1 己未	2 庚申
3 辛酉	4 壬戌	5 癸亥	6 甲子	7 小暑 乙丑	8 丙寅	9 丁卯
10 戊辰	11 己巳	12 庚午	13 辛未	14 壬申	15 癸酉	16 甲戌
17 乙亥	18 丙子	19 丁丑	20 戊寅	21 己卯	22 庚辰	23 辛巳
24 壬午	25 癸未	26 甲申	27 乙酉	28 丙戌	29 丁亥	30 戊子
31 己丑						

8 月　立秋 8/8　00 時 30 分　戊申月

日	月	火	水	木	金	土
	1 庚寅	2 辛卯	3 壬辰	4 癸巳	5 甲午	6 乙未
7 丙申	8 立秋 丁酉	9 戊戌	10 己亥	11 庚子	12 辛丑	13 壬寅
14 癸卯	15 甲辰	16 乙巳	17 丙午	18 丁未	19 戊申	20 己酉
21 庚戌	22 辛亥	23 壬子	24 癸丑	25 甲寅	26 乙卯	27 丙辰
28 丁巳	29 戊午	30 己未	31 庚申			

9 月　白露 9/8　03 時 16 分　己酉月

日	月	火	水	木	金	土
				1 辛酉	2 壬戌	3 癸亥
4 甲子	5 乙丑	6 丙寅	7 丁卯	8 白露 戊辰	9 己巳	10 庚午
11 辛未	12 壬申	13 癸酉	14 甲戌	15 乙亥	16 丙子	17 丁丑
18 戊寅	19 己卯	20 庚辰	21 辛巳	22 壬午	23 癸未	24 甲申
25 乙酉	26 丙戌	27 丁亥	28 戊子	29 己丑	30 庚寅	

1978年（昭和53年）　戊午年

1月　小寒 1/6　01時44分　癸丑月

日	月	火	水	木	金	土
1 癸亥	2 甲子	3 乙丑	4 丙寅	5 丁卯	6 小寒 戊辰	7 己巳
8 庚午	9 辛未	10 壬申	11 癸酉	12 甲戌	13 乙亥	14 丙子
15 丁丑	16 戊寅	17 己卯	18 庚辰	19 辛巳	20 壬午	21 癸未
22 甲申	23 乙酉	24 丙戌	25 丁亥	26 戊子	27 己丑	28 庚寅
29 辛卯	30 壬辰	31 癸巳				

2月　立春 2/4　13時27分　甲寅月

日	月	火	水	木	金	土
			1 甲午	2 乙未	3 丙申	4 立春 丁酉
5 戊戌	6 己亥	7 庚子	8 辛丑	9 壬寅	10 癸卯	11 甲辰
12 乙巳	13 丙午	14 丁未	15 戊申	16 己酉	17 庚戌	18 辛亥
19 壬子	20 癸丑	21 甲寅	22 乙卯	23 丙辰	24 丁巳	25 戊午
26 己未	27 庚申	28 辛酉				

3月　啓蟄 3/6　07時38分　乙卯月

日	月	火	水	木	金	土
			1 壬戌	2 癸亥	3 甲子	4 乙丑
5 丙寅	6 啓蟄 丁卯	7 戊辰	8 己巳	9 庚午	10 辛未	11 壬申
12 癸酉	13 甲戌	14 乙亥	15 丙子	16 丁丑	17 戊寅	18 己卯
19 庚辰	20 辛巳	21 壬午	22 癸未	23 甲申	24 乙酉	25 丙戌
26 丁亥	27 戊子	28 己丑	29 庚寅	30 辛卯	31 壬辰	

4月　清明 4/5　12時39分　丙辰月

日	月	火	水	木	金	土
						1 癸巳
2 甲午	3 乙未	4 丙申	5 清明 丁酉	6 戊戌	7 己亥	8 庚子
9 辛丑	10 壬寅	11 癸卯	12 甲辰	13 乙巳	14 丙午	15 丁未
16 戊申	17 己酉	18 庚戌	19 辛亥	20 壬子	21 癸丑	22 甲寅
23 乙卯	24 丙辰	25 丁巳	26 戊午	27 己未	28 庚申	29 辛酉
30 壬戌						

5月　立夏 5/6　06時09分　丁巳月

日	月	火	水	木	金	土
	1 癸亥	2 甲子	3 乙丑	4 丙寅	5 丁卯	6 立夏 戊辰
7 己巳	8 庚午	9 辛未	10 壬申	11 癸酉	12 甲戌	13 乙亥
14 丙子	15 丁丑	16 戊寅	17 己卯	18 庚辰	19 辛巳	20 壬午
21 癸未	22 甲申	23 乙酉	24 丙戌	25 丁亥	26 戊子	27 己丑
28 庚寅	29 辛卯	30 壬辰	31 癸巳			

6月　芒種 6/6　10時23分　戊午月

日	月	火	水	木	金	土
				1 甲午	2 乙未	3 丙申
4 丁酉	5 戊戌	6 芒種 己亥	7 庚子	8 辛丑	9 壬寅	10 癸卯
11 甲辰	12 乙巳	13 丙午	14 丁未	15 戊申	16 己酉	17 庚戌
18 辛亥	19 壬子	20 癸丑	21 甲寅	22 乙卯	23 丙辰	24 丁巳
25 戊午	26 己未	27 庚申	28 辛酉	29 壬戌	30 癸亥	

10月　寒露 10/9　00時31分　**壬戌月**

日	月	火	水	木	金	土
1 丙申	2 丁酉	3 戊戌	4 己亥	5 庚子	6 辛丑	7 壬寅
8 癸卯	9 寒露 甲辰	10 乙巳	11 丙午	12 丁未	13 戊申	14 己酉
15 庚戌	16 辛亥	17 壬子	18 癸丑	19 甲寅	20 乙卯	21 丙辰
22 丁巳	23 戊午	24 己未	25 庚申	26 辛酉	27 壬戌	28 癸亥
29 甲子	30 乙丑	31 丙寅				

11月　立冬 11/8　03時34分　**癸亥月**

日	月	火	水	木	金	土
			1 丁卯	2 戊辰	3 己巳	4 庚午
5 辛未	6 壬申	7 癸酉	8 立冬 甲戌	9 乙亥	10 丙子	11 丁丑
12 戊寅	13 己卯	14 庚辰	15 辛巳	16 壬午	17 癸未	18 甲申
19 乙酉	20 丙戌	21 丁亥	22 戊子	23 己丑	24 庚寅	25 辛卯
26 壬辰	27 癸巳	28 甲午	29 乙未	30 丙申		

12月　大雪 12/7　20時20分　**甲子月**

日	月	火	水	木	金	土
					1 丁酉	2 戊戌
3 己亥	4 庚子	5 辛丑	6 壬寅	7 大雪 癸卯	8 甲辰	9 乙巳
10 丙午	11 丁未	12 戊申	13 己酉	14 庚戌	15 辛亥	16 壬子
17 癸丑	18 甲寅	19 乙卯	20 丙辰	21 丁巳	22 戊午	23 己未
24 庚申	25 辛酉	26 壬戌	27 癸亥	28 甲子	29 乙丑	30 丙寅
31 丁卯						

7月　小暑 7/7　20時37分　**己未月**

日	月	火	水	木	金	土
						1 甲子
2 乙丑	3 丙寅	4 丁卯	5 戊辰	6 己巳	7 小暑 庚午	8 辛未
9 壬申	10 癸酉	11 甲戌	12 乙亥	13 丙子	14 丁丑	15 戊寅
16 己卯	17 庚辰	18 辛巳	19 壬午	20 癸未	21 甲申	22 乙酉
23 丙戌	24 丁亥	25 戊子	26 己丑	27 庚寅	28 辛卯	29 壬辰
30 癸巳	31 甲午					

8月　立秋 8/8　06時18分　**庚申月**

日	月	火	水	木	金	土
		1 乙未	2 丙申	3 丁酉	4 戊戌	5 己亥
6 庚子	7 辛丑	8 立秋 壬寅	9 癸卯	10 甲辰	11 乙巳	12 丙午
13 丁未	14 戊申	15 己酉	16 庚戌	17 辛亥	18 壬子	19 癸丑
20 甲寅	21 乙卯	22 丙辰	23 丁巳	24 戊午	25 己未	26 庚申
27 辛酉	28 壬戌	29 癸亥	30 甲子	31 乙丑		

9月　白露 9/8　09時03分　**辛酉月**

日	月	火	水	木	金	土
					1 丙寅	2 丁卯
3 戊辰	4 己巳	5 庚午	6 辛未	7 壬申	8 白露 癸酉	9 甲戌
10 乙亥	11 丙子	12 丁丑	13 戊寅	14 己卯	15 庚辰	16 辛巳
17 壬午	18 癸未	19 甲申	20 乙酉	21 丙戌	22 丁亥	23 戊子
24 己丑	25 庚寅	26 辛卯	27 壬辰	28 癸巳	29 甲午	30 乙未

1979 年（昭和 54 年）　己未年

1 月　小寒 1/6　07 時 32 分　乙丑月

日	月	火	水	木	金	土
	1 戊辰	2 己巳	3 庚午	4 辛未	5 壬申	6 小寒 癸酉
7 甲戌	8 乙亥	9 丙子	10 丁丑	11 戊寅	12 己卯	13 庚辰
14 辛巳	15 壬午	16 癸未	17 甲申	18 乙酉	19 丙戌	20 丁亥
21 戊子	22 己丑	23 庚寅	24 辛卯	25 壬辰	26 癸巳	27 甲午
28 乙未	29 丙申	30 丁酉	31 戊戌			

2 月　立春 2/4　19 時 13 分　丙寅月

日	月	火	水	木	金	土
				1 己亥	2 庚子	3 辛丑
4 立春 壬寅	5 癸卯	6 甲辰	7 乙巳	8 丙午	9 丁未	10 戊申
11 己酉	12 庚戌	13 辛亥	14 壬子	15 癸丑	16 甲寅	17 乙卯
18 丙辰	19 丁巳	20 戊午	21 己未	22 庚申	23 辛酉	24 壬戌
25 癸亥	26 甲子	27 乙丑	28 丙寅			

3 月　啓蟄 3/6　13 時 20 分　丁卯月

日	月	火	水	木	金	土
				1 丁卯	2 戊辰	3 己巳
4 庚午	5 辛未	6 啓蟄 壬申	7 癸酉	8 甲戌	9 乙亥	10 丙子
11 丁丑	12 戊寅	13 己卯	14 庚辰	15 辛巳	16 壬午	17 癸未
18 甲申	19 乙酉	20 丙戌	21 丁亥	22 戊子	23 己丑	24 庚寅
25 辛卯	26 壬辰	27 癸巳	28 甲午	29 乙未	30 丙申	31 丁酉

4 月　清明 4/5　18 時 18 分　戊辰月

日	月	火	水	木	金	土
1 戊戌	2 己亥	3 庚子	4 辛丑	5 清明 壬寅	6 癸卯	7 甲辰
8 乙巳	9 丙午	10 丁未	11 戊申	12 己酉	13 庚戌	14 辛亥
15 壬子	16 癸丑	17 甲寅	18 乙卯	19 丙辰	20 丁巳	21 戊午
22 己未	23 庚申	24 辛酉	25 壬戌	26 癸亥	27 甲子	28 乙丑
29 丙寅	30 丁卯					

5 月　立夏 5/6　11 時 47 分　己巳月

日	月	火	水	木	金	土
		1 戊辰	2 己巳	3 庚午	4 辛未	5 壬申
6 立夏 癸酉	7 甲戌	8 乙亥	9 丙子	10 丁丑	11 戊寅	12 己卯
13 庚辰	14 辛巳	15 壬午	16 癸未	17 甲申	18 乙酉	19 丙戌
20 丁亥	21 戊子	22 己丑	23 庚寅	24 辛卯	25 壬辰	26 癸巳
27 甲午	28 乙未	29 丙申	30 丁酉	31 戊戌		

6 月　芒種 6/6　16 時 05 分　庚午月

日	月	火	水	木	金	土
					1 己亥	2 庚子
3 辛丑	4 壬寅	5 癸卯	6 芒種 甲辰	7 乙巳	8 丙午	9 丁未
10 戊申	11 己酉	12 庚戌	13 辛亥	14 壬子	15 癸丑	16 甲寅
17 乙卯	18 丙辰	19 丁巳	20 戊午	21 己未	22 庚申	23 辛酉
24 壬戌	25 癸亥	26 甲子	27 乙丑	28 丙寅	29 丁卯	30 戊辰

10月　寒露 10/9　06 時 30 分 甲戌月

日	月	火	水	木	金	土
	1 辛丑	2 壬寅	3 癸卯	4 甲辰	5 乙巳	6 丙午
7 丁未	8 戊申	9 寒露 己酉	10 庚戌	11 辛亥	12 壬子	13 癸丑
14 甲寅	15 乙卯	16 丙辰	17 丁巳	18 戊午	19 己未	20 庚申
21 辛酉	22 壬戌	23 癸亥	24 甲子	25 乙丑	26 丙寅	27 丁卯
28 戊辰	29 己巳	30 庚午	31 辛未			

11月　立冬 11/8　09 時 33 分 乙亥月

日	月	火	水	木	金	土
				1 壬申	2 癸酉	3 甲戌
4 乙亥	5 丙子	6 丁丑	7 戊寅	8 立冬 己卯	9 庚辰	10 辛巳
11 壬午	12 癸未	13 甲申	14 乙酉	15 丙戌	16 丁亥	17 戊子
18 己丑	19 庚寅	20 辛卯	21 壬辰	22 癸巳	23 甲午	24 乙未
25 丙申	26 丁酉	27 戊戌	28 己亥	29 庚子	30 辛丑	

12月　大雪 12/8　02 時 18 分 丙子月

日	月	火	水	木	金	土
						1 壬寅
2 癸卯	3 甲辰	4 乙巳	5 丙午	6 丁未	7 戊申	8 大雪 己酉
9 庚戌	10 辛亥	11 壬子	12 癸丑	13 甲寅	14 乙卯	15 丙辰
16 丁巳	17 戊午	18 己未	19 庚申	20 辛酉	21 壬戌	22 癸亥
23 甲子	24 乙丑	25 丙寅	26 丁卯	27 戊辰	28 己巳	29 庚午
30 辛未	31 壬申					

7 月　小暑 7/8　02 時 25 分　辛未月

日	月	火	水	木	金	土
1 己巳	2 庚午	3 辛未	4 壬申	5 癸酉	6 甲戌	7 乙亥
8 小暑 丙子	9 丁丑	10 戊寅	11 己卯	12 庚辰	13 辛巳	14 壬午
15 癸未	16 甲申	17 乙酉	18 丙戌	19 丁亥	20 戊子	21 己丑
22 庚寅	23 辛卯	24 壬辰	25 癸巳	26 甲午	27 乙未	28 丙申
29 丁酉	30 戊戌	31 己亥				

8 月　立秋 8/8　12 時 11 分　壬申月

日	月	火	水	木	金	土
			1 庚子	2 辛丑	3 壬寅	4 癸卯
5 甲辰	6 乙巳	7 丙午	8 立秋 丁未	9 戊申	10 己酉	11 庚戌
12 辛亥	13 壬子	14 癸丑	15 甲寅	16 乙卯	17 丙辰	18 丁巳
19 戊午	20 己未	21 庚申	22 辛酉	23 壬戌	24 癸亥	25 甲子
26 乙丑	27 丙寅	28 丁卯	29 戊辰	30 己巳	31 庚午	

9 月　白露 9/8　15 時 00 分　癸酉月

日	月	火	水	木	金	土
						1 辛未
2 壬申	3 癸酉	4 甲戌	5 乙亥	6 丙子	7 丁丑	8 白露 戊寅
9 己卯	10 庚辰	11 辛巳	12 壬午	13 癸未	14 甲申	15 乙酉
16 丙戌	17 丁亥	18 戊子	19 己丑	20 庚寅	21 辛卯	22 壬辰
23 癸巳	24 甲午	25 乙未	26 丙申	27 丁酉	28 戊戌	29 己亥
30 庚子						

1980年（昭和55年）　庚申年

1月　小寒1/6　13時29分　**丁丑月**

日	月	火	水	木	金	土
		1 癸酉	2 甲戌	3 乙亥	4 丙子	5 丁丑
6 小寒 戊寅	7 己卯	8 庚辰	9 辛巳	10 壬午	11 癸未	12 甲申
13 乙酉	14 丙戌	15 丁亥	16 戊子	17 己丑	18 庚寅	19 辛卯
20 壬辰	21 癸巳	22 甲午	23 乙未	24 丙申	25 丁酉	26 戊戌
27 己亥	28 庚子	29 辛丑	30 壬寅	31 癸卯		

2月　立春2/5　01時10分　**戊寅月**

日	月	火	水	木	金	土
					1 甲辰	2 乙巳
3 丙午	4 丁未	5 立春 戊申	6 己酉	7 庚戌	8 辛亥	9 壬子
10 癸丑	11 甲寅	12 乙卯	13 丙辰	14 丁巳	15 戊午	16 己未
17 庚申	18 辛酉	19 壬戌	20 癸亥	21 甲子	22 乙丑	23 丙寅
24 丁卯	25 戊辰	26 己巳	27 庚午	28 辛未	29 壬申	

3月　啓蟄3/5　19時17分　**己卯月**

日	月	火	水	木	金	土
						1 癸酉
2 甲戌	3 乙亥	4 丙子	5 啓蟄 丁丑	6 戊寅	7 己卯	8 庚辰
9 辛巳	10 壬午	11 癸未	12 甲申	13 乙酉	14 丙戌	15 丁亥
16 戊子	17 己丑	18 庚寅	19 辛卯	20 壬辰	21 癸巳	22 甲午
23 乙未	24 丙申	25 丁酉	26 戊戌	27 己亥	28 庚子	29 辛丑
30 壬寅	31 癸卯					

4月　清明4/5　00時15分　**庚辰月**

日	月	火	水	木	金	土
		1 甲辰	2 乙巳	3 丙午	4 丁未	5 清明 戊申
6 己酉	7 庚戌	8 辛亥	9 壬子	10 癸丑	11 甲寅	12 乙卯
13 丙辰	14 丁巳	15 戊午	16 己未	17 庚申	18 辛酉	19 壬戌
20 癸亥	21 甲子	22 乙丑	23 丙寅	24 丁卯	25 戊辰	26 己巳
27 庚午	28 辛未	29 壬申	30 癸酉			

5月　立夏5/5　17時45分　**辛巳月**

日	月	火	水	木	金	土
				1 甲戌	2 乙亥	3 丙子
4 丁丑	5 立夏 戊寅	6 己卯	7 庚辰	8 辛巳	9 壬午	10 癸未
11 甲申	12 乙酉	13 丙戌	14 丁亥	15 戊子	16 己丑	17 庚寅
18 辛卯	19 壬辰	20 癸巳	21 甲午	22 乙未	23 丙申	24 丁酉
25 戊戌	26 己亥	27 庚子	28 辛丑	29 壬寅	30 癸卯	31 甲辰

6月　芒種6/5　22時04分　**壬午月**

日	月	火	水	木	金	土
1 乙巳	2 丙午	3 丁未	4 戊申	5 芒種 己酉	6 庚戌	7 辛亥
8 壬子	9 癸丑	10 甲寅	11 乙卯	12 丙辰	13 丁巳	14 戊午
15 己未	16 庚申	17 辛酉	18 壬戌	19 癸亥	20 甲子	21 乙丑
22 丙寅	23 丁卯	24 戊辰	25 己巳	26 庚午	27 辛未	28 壬申
29 癸酉	30 甲戌					

10月　寒露 10/8　12時20分 丙戌月

日	月	火	水	木	金	土
			1 丁未	2 戊申	3 己酉	4 庚戌
5 辛亥	6 壬子	7 癸丑	8 寒露 甲寅	9 乙卯	10 丙辰	11 丁巳
12 戊午	13 己未	14 庚申	15 辛酉	16 壬戌	17 癸亥	18 甲子
19 乙丑	20 丙寅	21 丁卯	22 戊辰	23 己巳	24 庚午	25 辛未
26 壬申	27 癸酉	28 甲戌	29 乙亥	30 丙子	31 丁丑	

11月　立冬 11/7　15時19分 丁亥月

日	月	火	水	木	金	土
						1 戊寅
2 己卯	3 庚辰	4 辛巳	5 壬午	6 癸未	7 立冬 甲申	8 乙酉
9 丙戌	10 丁亥	11 戊子	12 己丑	13 庚寅	14 辛卯	15 壬辰
16 癸巳	17 甲午	18 乙未	19 丙申	20 丁酉	21 戊戌	22 己亥
23 庚子	24 辛丑	25 壬寅	26 癸卯	27 甲辰	28 乙巳	29 丙午
30 丁未						

12月　大雪 12/7　08時02分 戊子月

日	月	火	水	木	金	土
	1 戊申	2 己酉	3 庚戌	4 辛亥	5 壬子	6 癸丑
7 大雪 甲寅	8 乙卯	9 丙辰	10 丁巳	11 戊午	12 己未	13 庚申
14 辛酉	15 壬戌	16 癸亥	17 甲子	18 乙丑	19 丙寅	20 丁卯
21 戊辰	22 己巳	23 庚午	24 辛未	25 壬申	26 癸酉	27 甲戌
28 乙亥	29 丙子	30 丁丑	31 戊寅			

7月　小暑 7/7　08時24分　癸未月

日	月	火	水	木	金	土
		1 乙亥	2 丙子	3 丁丑	4 戊寅	5 己卯
6 庚辰	7 小暑 辛巳	8 壬午	9 癸未	10 甲申	11 乙酉	12 丙戌
13 丁亥	14 戊子	15 己丑	16 庚寅	17 辛卯	18 壬辰	19 癸巳
20 甲午	21 乙未	22 丙申	23 丁酉	24 戊戌	25 己亥	26 庚子
27 辛丑	28 壬寅	29 癸卯	30 甲辰	31 乙巳		

8月　立秋 8/7　18時09分　甲申月

日	月	火	水	木	金	土
					1 丙午	2 丁未
3 戊申	4 己酉	5 庚戌	6 辛亥	7 立秋 壬子	8 癸丑	9 甲寅
10 乙卯	11 丙辰	12 丁巳	13 戊午	14 己未	15 庚申	16 辛酉
17 壬戌	18 癸亥	19 甲子	20 乙丑	21 丙寅	22 丁卯	23 戊辰
24 己巳	25 庚午	26 辛未	27 壬申	28 癸酉	29 甲戌	30 乙亥
31 丙子						

9月　白露 9/7　20時54分　乙酉月

日	月	火	水	木	金	土
	1 丁丑	2 戊寅	3 己卯	4 庚辰	5 辛巳	6 壬午
7 白露 癸未	8 甲申	9 乙酉	10 丙戌	11 丁亥	12 戊子	13 己丑
14 庚寅	15 辛卯	16 壬辰	17 癸巳	18 甲午	19 乙未	20 丙申
21 丁酉	22 戊戌	23 己亥	24 庚子	25 辛丑	26 壬寅	27 癸卯
28 甲辰	29 乙巳	30 丙午				

1981年（昭和56年）　辛酉年

1月　小寒 1/5　19時13分　己丑月

日	月	火	水	木	金	土
				1 己卯	2 庚辰	3 辛巳
4 壬午	5 小寒 癸未	6 甲申	7 乙酉	8 丙戌	9 丁亥	10 戊子
11 己丑	12 庚寅	13 辛卯	14 壬辰	15 癸巳	16 甲午	17 乙未
18 丙申	19 丁酉	20 戊戌	21 己亥	22 庚子	23 辛丑	24 壬寅
25 癸卯	26 甲辰	27 乙巳	28 丙午	29 丁未	30 戊申	31 己酉

2月　立春 2/4　06時56分　庚寅月

日	月	火	水	木	金	土
1 庚戌	2 辛亥	3 壬子	4 立春 癸丑	5 甲寅	6 乙卯	7 丙辰
8 丁巳	9 戊午	10 己未	11 庚申	12 辛酉	13 壬戌	14 癸亥
15 甲子	16 乙丑	17 丙寅	18 丁卯	19 戊辰	20 己巳	21 庚午
22 辛未	23 壬申	24 癸酉	25 甲戌	26 乙亥	27 丙子	28 丁丑

3月　啓蟄 3/6　01時05分　辛卯月

日	月	火	水	木	金	土
1 戊寅	2 己卯	3 庚辰	4 辛巳	5 壬午	6 啓蟄 癸未	7 甲申
8 乙酉	9 丙戌	10 丁亥	11 戊子	12 己丑	13 庚寅	14 辛卯
15 壬辰	16 癸巳	17 甲午	18 乙未	19 丙申	20 丁酉	21 戊戌
22 己亥	23 庚子	24 辛丑	25 壬寅	26 癸卯	27 甲辰	28 乙巳
29 丙午	30 丁未	31 戊申				

4月　清明 4/5　06時05分　壬辰月

日	月	火	水	木	金	土
			1 己酉	2 庚戌	3 辛亥	4 壬子
5 清明 癸丑	6 甲寅	7 乙卯	8 丙辰	9 丁巳	10 戊午	11 己未
12 庚申	13 辛酉	14 壬戌	15 癸亥	16 甲子	17 乙丑	18 丙寅
19 丁卯	20 戊辰	21 己巳	22 庚午	23 辛未	24 壬申	25 癸酉
26 甲戌	27 乙亥	28 丙子	29 丁丑	30 戊寅		

5月　立夏 5/5　23時35分　癸巳月

日	月	火	水	木	金	土
					1 己卯	2 庚辰
3 辛巳	4 壬午	5 立夏 癸未	6 甲申	7 乙酉	8 丙戌	9 丁亥
10 戊子	11 己丑	12 庚寅	13 辛卯	14 壬辰	15 癸巳	16 甲午
17 乙未	18 丙申	19 丁酉	20 戊戌	21 己亥	22 庚子	23 辛丑
24 壬寅	25 癸卯	26 甲辰	27 乙巳	28 丙午	29 丁未	30 戊申
31 己酉						

6月　芒種 6/6　03時53分　甲午月

日	月	火	水	木	金	土
	1 庚戌	2 辛亥	3 壬子	4 癸丑	5 甲寅	6 芒種 乙卯
7 丙辰	8 丁巳	9 戊午	10 己未	11 庚申	12 辛酉	13 壬戌
14 癸亥	15 甲子	16 乙丑	17 丙寅	18 丁卯	19 戊辰	20 己巳
21 庚午	22 辛未	23 壬申	24 癸酉	25 甲戌	26 乙亥	27 丙子
28 丁丑	29 戊寅	30 己卯				

10月　寒露 10/8　18時10分 戊戌月

日	月	火	水	木	金	土
				1 壬子	2 癸丑	3 甲寅
4 乙卯	5 丙辰	6 丁巳	7 戊午	8 寒露 己未	9 庚申	10 辛酉
11 壬戌	12 癸亥	13 甲子	14 乙丑	15 丙寅	16 丁卯	17 戊辰
18 己巳	19 庚午	20 辛未	21 壬申	22 癸酉	23 甲戌	24 乙亥
25 丙子	26 丁丑	27 戊寅	28 己卯	29 庚辰	30 辛巳	31 壬午

11月　立冬 11/7　21時09分 己亥月

日	月	火	水	木	金	土
1 癸未	2 甲申	3 乙酉	4 丙戌	5 丁亥	6 戊子	7 立冬 己丑
8 庚寅	9 辛卯	10 壬辰	11 癸巳	12 甲午	13 乙未	14 丙申
15 丁酉	16 戊戌	17 己亥	18 庚子	19 辛丑	20 壬寅	21 癸卯
22 甲辰	23 乙巳	24 丙午	25 丁未	26 戊申	27 己酉	28 庚戌
29 辛亥	30 壬子					

12月　大雪 12/7　13時52分 庚子月

日	月	火	水	木	金	土
		1 癸丑	2 甲寅	3 乙卯	4 丙辰	5 丁巳
6 戊午	7 大雪 己未	8 庚申	9 辛酉	10 壬戌	11 癸亥	12 甲子
13 乙丑	14 丙寅	15 丁卯	16 戊辰	17 己巳	18 庚午	19 辛未
20 壬申	21 癸酉	22 甲戌	23 乙亥	24 丙子	25 丁丑	26 戊寅
27 己卯	28 庚辰	29 辛巳	30 壬午	31 癸未		

7月　小暑 7/7　14時12分　乙未月

日	月	火	水	木	金	土
			1 庚辰	2 辛巳	3 壬午	4 癸未
5 甲申	6 乙酉	7 小暑 丙戌	8 丁亥	9 戊子	10 己丑	11 庚寅
12 辛卯	13 壬辰	14 癸巳	15 甲午	16 乙未	17 丙申	18 丁酉
19 戊戌	20 己亥	21 庚子	22 辛丑	23 壬寅	24 癸卯	25 甲辰
26 乙巳	27 丙午	28 丁未	29 戊申	30 己酉	31 庚戌	

8月　立秋 8/7　23時57分　丙申月

日	月	火	水	木	金	土
						1 辛亥
2 壬子	3 癸丑	4 甲寅	5 乙卯	6 丙辰	7 立秋 丁巳	8 戊午
9 己未	10 庚申	11 辛酉	12 壬戌	13 癸亥	14 甲子	15 乙丑
16 丙寅	17 丁卯	18 戊辰	19 己巳	20 庚午	21 辛未	22 壬申
23 癸酉	24 甲戌	25 乙亥	26 丙子	27 丁丑	28 戊寅	29 己卯
30 庚辰	31 辛巳					

9月　白露 9/8　02時43分　丁酉月

日	月	火	水	木	金	土
		1 壬午	2 癸未	3 甲申	4 乙酉	5 丙戌
6 丁亥	7 戊子	8 白露 己丑	9 庚寅	10 辛卯	11 壬辰	12 癸巳
13 甲午	14 乙未	15 丙申	16 丁酉	17 戊戌	18 己亥	19 庚子
20 辛丑	21 壬寅	22 癸卯	23 甲辰	24 乙巳	25 丙午	26 丁未
27 戊申	28 己酉	29 庚戌	30 辛亥			

1982 年（昭和 57 年）　壬戌年

4 月　清明 4/5　11 時 53 分　甲辰月

日	月	火	水	木	金	土
				1 甲寅	2 乙卯	3 丙辰
4 丁巳	5 清明 戊午	6 己未	7 庚申	8 辛酉	9 壬戌	10 癸亥
11 甲子	12 乙丑	13 丙寅	14 丁卯	15 戊辰	16 己巳	17 庚午
18 辛未	19 壬申	20 癸酉	21 甲戌	22 乙亥	23 丙子	24 丁丑
25 戊寅	26 己卯	27 庚辰	28 辛巳	29 壬午	30 癸未	

5 月　立夏 5/6　05 時 20 分　乙巳月

日	月	火	水	木	金	土
						1 甲申
2 乙酉	3 丙戌	4 丁亥	5 戊子	6 立夏 己丑	7 庚寅	8 辛卯
9 壬辰	10 癸巳	11 甲午	12 乙未	13 丙申	14 丁酉	15 戊戌
16 己亥	17 庚子	18 辛丑	19 壬寅	20 癸卯	21 甲辰	22 乙巳
23 丙午	24 丁未	25 戊申	26 己酉	27 庚戌	28 辛亥	29 壬子
30 癸丑	31 甲寅					

6 月　芒種 6/6　09 時 36 分　丙午月

日	月	火	水	木	金	土
		1 乙卯	2 丙辰	3 丁巳	4 戊午	5 己未
6 芒種 庚申	7 辛酉	8 壬戌	9 癸亥	10 甲子	11 乙丑	12 丙寅
13 丁卯	14 戊辰	15 己巳	16 庚午	17 辛未	18 壬申	19 癸酉
20 甲戌	21 乙亥	22 丙子	23 丁丑	24 戊寅	25 己卯	26 庚辰
27 辛巳	28 壬午	29 癸未	30 甲申			

1 月　小寒 1/6　01 時 03 分　辛丑月

日	月	火	水	木	金	土
					1 甲申	2 乙酉
3 丙戌	4 丁亥	5 戊子	6 小寒 己丑	7 庚寅	8 辛卯	9 壬辰
10 癸巳	11 甲午	12 乙未	13 丙申	14 丁酉	15 戊戌	16 己亥
17 庚子	18 辛丑	19 壬寅	20 癸卯	21 甲辰	22 乙巳	23 丙午
24 丁未	25 戊申	26 己酉	27 庚戌	28 辛亥	29 壬子	30 癸丑
31 甲寅						

2 月　立春 2/4　12 時 46 分　壬寅月

日	月	火	水	木	金	土
	1 乙卯	2 丙辰	3 丁巳	4 立春 戊午	5 己未	6 庚申
7 辛酉	8 壬戌	9 癸亥	10 甲子	11 乙丑	12 丙寅	13 丁卯
14 戊辰	15 己巳	16 庚午	17 辛未	18 壬申	19 癸酉	20 甲戌
21 乙亥	22 丙子	23 丁丑	24 戊寅	25 己卯	26 庚辰	27 辛巳
28 壬午						

3 月　啓蟄 3/6　06 時 55 分　癸卯月

日	月	火	水	木	金	土
	1 癸未	2 甲申	3 乙酉	4 丙戌	5 丁亥	6 啓蟄 戊子
7 己丑	8 庚寅	9 辛卯	10 壬辰	11 癸巳	12 甲午	13 乙未
14 丙申	15 丁酉	16 戊戌	17 己亥	18 庚子	19 辛丑	20 壬寅
21 癸卯	22 甲辰	23 乙巳	24 丙午	25 丁未	26 戊申	27 己酉
28 庚戌	29 辛亥	30 壬子	31 癸丑			

7月 小暑 7/7 19時55分 丁未月

日	月	火	水	木	金	土
				1 乙酉	2 丙戌	3 丁亥
4 戊子	5 己丑	6 庚寅	7 小暑 辛卯	8 壬辰	9 癸巳	10 甲午
11 乙未	12 丙申	13 丁酉	14 戊戌	15 己亥	16 庚子	17 辛丑
18 壬寅	19 癸卯	20 甲辰	21 乙巳	22 丙午	23 丁未	24 戊申
25 己酉	26 庚戌	27 辛亥	28 壬子	29 癸丑	30 甲寅	31 乙卯

8月 立秋 8/8 05時42分 戊申月

日	月	火	水	木	金	土
1 丙辰	2 丁巳	3 戊午	4 己未	5 庚申	6 辛酉	7 壬戌
8 立秋 癸亥	9 甲子	10 乙丑	11 丙寅	12 丁卯	13 戊辰	14 己巳
15 庚午	16 辛未	17 壬申	18 癸酉	19 甲戌	20 乙亥	21 丙子
22 丁丑	23 戊寅	24 己卯	25 庚辰	26 辛巳	27 壬午	28 癸未
29 甲申	30 乙酉	31 丙戌				

9月 白露 9/8 08時32分 己酉月

日	月	火	水	木	金	土
			1 丁亥	2 戊子	3 己丑	4 庚寅
5 辛卯	6 壬辰	7 癸巳	8 白露 甲午	9 乙未	10 丙申	11 丁酉
12 戊戌	13 己亥	14 庚子	15 辛丑	16 壬寅	17 癸卯	18 甲辰
19 乙巳	20 丙午	21 丁未	22 戊申	23 己酉	24 庚戌	25 辛亥
26 壬子	27 癸丑	28 甲寅	29 乙卯	30 丙辰		

10月 寒露 10/9 00時02分 庚戌月

日	月	火	水	木	金	土
					1 丁巳	2 戊午
3 己未	4 庚申	5 辛酉	6 壬戌	7 癸亥	8 甲子	9 寒露 乙丑
10 丙寅	11 丁卯	12 戊辰	13 己巳	14 庚午	15 辛未	16 壬申
17 癸酉	18 甲戌	19 乙亥	20 丙子	21 丁丑	22 戊寅	23 己卯
24 庚辰	25 辛巳	26 壬午	27 癸未	28 甲申	29 乙酉	30 丙戌
31 丁亥						

11月 立冬 11/8 03時04分 辛亥月

日	月	火	水	木	金	土
	1 戊子	2 己丑	3 庚寅	4 辛卯	5 壬辰	6 癸巳
7 甲午	8 立冬 乙未	9 丙申	10 丁酉	11 戊戌	12 己亥	13 庚子
14 辛丑	15 壬寅	16 癸卯	17 甲辰	18 乙巳	19 丙午	20 丁未
21 戊申	22 己酉	23 庚戌	24 辛亥	25 壬子	26 癸丑	27 甲寅
28 乙卯	29 丙辰	30 丁巳				

12月 大雪 12/7 19時48分 壬子月

日	月	火	水	木	金	土
			1 戊午	2 己未	3 庚申	4 辛酉
5 壬戌	6 癸亥	7 大雪 甲子	8 乙丑	9 丙寅	10 丁卯	11 戊辰
12 己巳	13 庚午	14 辛未	15 壬申	16 癸酉	17 甲戌	18 乙亥
19 丙子	20 丁丑	21 戊寅	22 己卯	23 庚辰	24 辛巳	25 壬午
26 癸未	27 甲申	28 乙酉	29 丙戌	30 丁亥	31 戊子	

1983 年（昭和 58 年）　癸亥年

4 月　清明 4/5　17 時 44 分　丙辰月

日	月	火	水	木	金	土
					1 己未	2 庚申
3 辛酉	4 壬戌	5 清明 癸亥	6 甲子	7 乙丑	8 丙寅	9 丁卯
10 戊辰	11 己巳	12 庚午	13 辛未	14 壬申	15 癸酉	16 甲戌
17 乙亥	18 丙子	19 丁丑	20 戊寅	21 己卯	22 庚辰	23 辛巳
24 壬午	25 癸未	26 甲申	27 乙酉	28 丙戌	29 丁亥	30 戊子

5 月　立夏 5/6　11 時 11 分　丁巳月

日	月	火	水	木	金	土
1 己丑	2 庚寅	3 辛卯	4 壬辰	5 癸巳	6 立夏 甲午	7 乙未
8 丙申	9 丁酉	10 戊戌	11 己亥	12 庚子	13 辛丑	14 壬寅
15 癸卯	16 甲辰	17 乙巳	18 丙午	19 丁未	20 戊申	21 己酉
22 庚戌	23 辛亥	24 壬子	25 癸丑	26 甲寅	27 乙卯	28 丙辰
29 丁巳	30 戊午	31 己未				

6 月　芒種 6/6　15 時 26 分　戊午月

日	月	火	水	木	金	土
			1 庚申	2 辛酉	3 壬戌	4 癸亥
5 甲子	6 芒種 乙丑	7 丙寅	8 丁卯	9 戊辰	10 己巳	11 庚午
12 辛未	13 壬申	14 癸酉	15 甲戌	16 乙亥	17 丙子	18 丁丑
19 戊寅	20 己卯	21 庚辰	22 辛巳	23 壬午	24 癸未	25 甲申
26 乙酉	27 丙戌	28 丁亥	29 戊子	30 己丑		

1 月　小寒 1/6　06 時 59 分　癸丑月

日	月	火	水	木	金	土
						1 己丑
2 庚寅	3 辛卯	4 壬辰	5 癸巳	6 小寒 甲午	7 乙未	8 丙申
9 丁酉	10 戊戌	11 己亥	12 庚子	13 辛丑	14 壬寅	15 癸卯
16 甲辰	17 乙巳	18 丙午	19 丁未	20 戊申	21 己酉	22 庚戌
23 辛亥	24 壬子	25 癸丑	26 甲寅	27 乙卯	28 丙辰	29 丁巳
30 戊午	31 己未					

2 月　立春 2/4　18 時 40 分　甲寅月

日	月	火	水	木	金	土
		1 庚申	2 辛酉	3 壬戌	4 立春 癸亥	5 甲子
6 乙丑	7 丙寅	8 丁卯	9 戊辰	10 己巳	11 庚午	12 辛未
13 壬申	14 癸酉	15 甲戌	16 乙亥	17 丙子	18 丁丑	19 戊寅
20 己卯	21 庚辰	22 辛巳	23 壬午	24 癸未	25 甲申	26 乙酉
27 丙戌	28 丁亥					

3 月　啓蟄 3/6　12 時 47 分　乙卯月

日	月	火	水	木	金	土
		1 戊子	2 己丑	3 庚寅	4 辛卯	5 壬辰
6 啓蟄 癸巳	7 甲午	8 乙未	9 丙申	10 丁酉	11 戊戌	12 己亥
13 庚子	14 辛丑	15 壬寅	16 癸卯	17 甲辰	18 乙巳	19 丙午
20 丁未	21 戊申	22 己酉	23 庚戌	24 辛亥	25 壬子	26 癸丑
27 甲寅	28 乙卯	29 丙辰	30 丁巳	31 戊午		

7月　小暑 7/8　01 時 43 分　己未月

日	月	火	水	木	金	土
					1 庚寅	2 辛卯
3 壬辰	4 癸巳	5 甲午	6 乙未	7 丙申	8 小暑 丁酉	9 戊戌
10 己亥	11 庚子	12 辛丑	13 壬寅	14 癸卯	15 甲辰	16 乙巳
17 丙午	18 丁未	19 戊申	20 己酉	21 庚戌	22 辛亥	23 壬子
24 癸丑	25 甲寅	26 乙卯	27 丙辰	28 丁巳	29 戊午	30 己未
31 庚申						

8月　立秋 8/8　11 時 30 分　庚申月

日	月	火	水	木	金	土
	1 辛酉	2 壬戌	3 癸亥	4 甲子	5 乙丑	6 丙寅
7 丁卯	8 立秋 戊辰	9 己巳	10 庚午	11 辛未	12 壬申	13 癸酉
14 甲戌	15 乙亥	16 丙子	17 丁丑	18 戊寅	19 己卯	20 庚辰
21 辛巳	22 壬午	23 癸未	24 甲申	25 乙酉	26 丙戌	27 丁亥
28 戊子	29 己丑	30 庚寅	31 辛卯			

9月　白露 9/8　14 時 20 分　辛酉月

日	月	火	水	木	金	土
				1 壬辰	2 癸巳	3 甲午
4 乙未	5 丙申	6 丁酉	7 戊戌	8 白露 己亥	9 庚子	10 辛丑
11 壬寅	12 癸卯	13 甲辰	14 乙巳	15 丙午	16 丁未	17 戊申
18 己酉	19 庚戌	20 辛亥	21 壬子	22 癸丑	23 甲寅	24 乙卯
25 丙辰	26 丁巳	27 戊午	28 己未	29 庚申	30 辛酉	

10月　寒露 10/9　05 時 51 分 壬戌月

日	月	火	水	木	金	土
						1 壬戌
2 癸亥	3 甲子	4 乙丑	5 丙寅	6 丁卯	7 戊辰	8 己巳
9 寒露 庚午	10 辛未	11 壬申	12 癸酉	13 甲戌	14 乙亥	15 丙子
16 丁丑	17 戊寅	18 己卯	19 庚辰	20 辛巳	21 壬午	22 癸未
23 甲申	24 乙酉	25 丙戌	26 丁亥	27 戊子	28 己丑	29 庚寅
30 辛卯	31 壬辰					

11月　立冬 11/8　08 時 53 分 癸亥月

日	月	火	水	木	金	土
		1 癸巳	2 甲午	3 乙未	4 丙申	5 丁酉
6 戊戌	7 己亥	8 立冬 庚子	9 辛丑	10 壬寅	11 癸卯	12 甲辰
13 乙巳	14 丙午	15 丁未	16 戊申	17 己酉	18 庚戌	19 辛亥
20 壬子	21 癸丑	22 甲寅	23 乙卯	24 丙辰	25 丁巳	26 戊午
27 己未	28 庚申	29 辛酉	30 壬戌			

12月　大雪 12/8　01 時 34 分 甲子月

日	月	火	水	木	金	土
				1 癸亥	2 甲子	3 乙丑
4 丙寅	5 丁卯	6 戊辰	7 己巳	8 大雪 庚午	9 辛未	10 壬申
11 癸酉	12 甲戌	13 乙亥	14 丙子	15 丁丑	16 戊寅	17 己卯
18 庚辰	19 辛巳	20 壬午	21 癸未	22 甲申	23 乙酉	24 丙戌
25 丁亥	26 戊子	27 己丑	28 庚寅	29 辛卯	30 壬辰	31 癸巳

1984年（昭和59年）　甲子年

1月　小寒 1/6　12時41分　乙丑月

日	月	火	水	木	金	土
1 甲午	2 乙未	3 丙申	4 丁酉	5 戊戌	6 小寒 己亥	7 庚子
8 辛丑	9 壬寅	10 癸卯	11 甲辰	12 乙巳	13 丙午	14 丁未
15 戊申	16 己酉	17 庚戌	18 辛亥	19 壬子	20 癸丑	21 甲寅
22 乙卯	23 丙辰	24 丁巳	25 戊午	26 己未	27 庚申	28 辛酉
29 壬戌	30 癸亥	31 甲子				

2月　立春 2/5　00時19分　丙寅月

日	月	火	水	木	金	土
			1 乙丑	2 丙寅	3 丁卯	4 戊辰
5 立春 己巳	6 庚午	7 辛未	8 壬申	9 癸酉	10 甲戌	11 乙亥
12 丙子	13 丁丑	14 戊寅	15 己卯	16 庚辰	17 辛巳	18 壬午
19 癸未	20 甲申	21 乙酉	22 丙戌	23 丁亥	24 戊子	25 己丑
26 庚寅	27 辛卯	28 壬辰	29 癸巳			

3月　啓蟄 3/5　18時25分　丁卯月

日	月	火	水	木	金	土
				1 甲午	2 乙未	3 丙申
4 丁酉	5 啓蟄 戊戌	6 己亥	7 庚子	8 辛丑	9 壬寅	10 癸卯
11 甲辰	12 乙巳	13 丙午	14 丁未	15 戊申	16 己酉	17 庚戌
18 辛亥	19 壬子	20 癸丑	21 甲寅	22 乙卯	23 丙辰	24 丁巳
25 戊午	26 己未	27 庚申	28 辛酉	29 壬戌	30 癸亥	31 甲子

4月　清明 4/4　23時22分　戊辰月

日	月	火	水	木	金	土
1 乙丑	2 丙寅	3 丁卯	4 清明 戊辰	5 己巳	6 庚午	7 辛未
8 壬申	9 癸酉	10 甲戌	11 乙亥	12 丙子	13 丁丑	14 戊寅
15 己卯	16 庚辰	17 辛巳	18 壬午	19 癸未	20 甲申	21 乙酉
22 丙戌	23 丁亥	24 戊子	25 己丑	26 庚寅	27 辛卯	28 壬辰
29 癸巳	30 甲午					

5月　立夏 5/5　16時51分　己巳月

日	月	火	水	木	金	土
		1 乙未	2 丙申	3 丁酉	4 戊戌	5 立夏 己亥
6 庚子	7 辛丑	8 壬寅	9 癸卯	10 甲辰	11 乙巳	12 丙午
13 丁未	14 戊申	15 己酉	16 庚戌	17 辛亥	18 壬子	19 癸丑
20 甲寅	21 乙卯	22 丙辰	23 丁巳	24 戊午	25 己未	26 庚申
27 辛酉	28 壬戌	29 癸亥	30 甲子	31 乙丑		

6月　芒種 6/5　21時09分　庚午月

日	月	火	水	木	金	土
					1 丙寅	2 丁卯
3 戊辰	4 己巳	5 芒種 庚午	6 辛未	7 壬申	8 癸酉	9 甲戌
10 乙亥	11 丙子	12 丁丑	13 戊寅	14 己卯	15 庚辰	16 辛巳
17 壬午	18 癸未	19 甲申	20 乙酉	21 丙戌	22 丁亥	23 戊子
24 己丑	25 庚寅	26 辛卯	27 壬辰	28 癸巳	29 甲午	30 乙未

10月　寒露 10/8　11 時 43 分 甲戌月

日	月	火	水	木	金	土
	1 戊辰	2 己巳	3 庚午	4 辛未	5 壬申	6 癸酉
7 甲戌	8 寒露 乙亥	9 丙子	10 丁丑	11 戊寅	12 己卯	13 庚辰
14 辛巳	15 壬午	16 癸未	17 甲申	18 乙酉	19 丙戌	20 丁亥
21 戊子	22 己丑	23 庚寅	24 辛卯	25 壬辰	26 癸巳	27 甲午
28 乙未	29 丙申	30 丁酉	31 戊戌			

11月　立冬 11/7　14 時 46 分 乙亥月

日	月	火	水	木	金	土
				1 己亥	2 庚子	3 辛丑
4 壬寅	5 癸卯	6 甲辰	7 立冬 乙巳	8 丙午	9 丁未	10 戊申
11 己酉	12 庚戌	13 辛亥	14 壬子	15 癸丑	16 甲寅	17 乙卯
18 丙辰	19 丁巳	20 戊午	21 己未	22 庚申	23 辛酉	24 壬戌
25 癸亥	26 甲子	27 乙丑	28 丙寅	29 丁卯	30 戊辰	

12月　大雪 12/7　07 時 28 分 丙子月

日	月	火	水	木	金	土
						1 己巳
2 庚午	3 辛未	4 壬申	5 癸酉	6 甲戌	7 大雪 乙亥	8 丙子
9 丁丑	10 戊寅	11 己卯	12 庚辰	13 辛巳	14 壬午	15 癸未
16 甲申	17 乙酉	18 丙戌	19 丁亥	20 戊子	21 己丑	22 庚寅
23 辛卯	24 壬辰	25 癸巳	26 甲午	27 乙未	28 丙申	29 丁酉
30 戊戌	31 己亥					

7 月　小暑 7/7　07 時 29 分　辛未月

日	月	火	水	木	金	土
1 丙申	2 丁酉	3 戊戌	4 己亥	5 庚子	6 辛丑	7 小暑 壬寅
8 癸卯	9 甲辰	10 乙巳	11 丙午	12 丁未	13 戊申	14 己酉
15 庚戌	16 辛亥	17 壬子	18 癸丑	19 甲寅	20 乙卯	21 丙辰
22 丁巳	23 戊午	24 己未	25 庚申	26 辛酉	27 壬戌	28 癸亥
29 甲子	30 乙丑	31 丙寅				

8 月　立秋 8/7　17 時 18 分　壬申月

日	月	火	水	木	金	土
			1 丁卯	2 戊辰	3 己巳	4 庚午
5 辛未	6 壬申	7 立秋 癸酉	8 甲戌	9 乙亥	10 丙子	11 丁丑
12 戊寅	13 己卯	14 庚辰	15 辛巳	16 壬午	17 癸未	18 甲申
19 乙酉	20 丙戌	21 丁亥	22 戊子	23 己丑	24 庚寅	25 辛卯
26 壬辰	27 癸巳	28 甲午	29 乙未	30 丙申	31 丁酉	

9 月　白露 9/7　20 時 10 分　癸酉月

日	月	火	水	木	金	土
						1 戊戌
2 己亥	3 庚子	4 辛丑	5 壬寅	6 癸卯	7 白露 甲辰	8 乙巳
9 丙午	10 丁未	11 戊申	12 己酉	13 庚戌	14 辛亥	15 壬子
16 癸丑	17 甲寅	18 乙卯	19 丙辰	20 丁巳	21 戊午	22 己未
23 庚申	24 辛酉	25 壬戌	26 癸亥	27 甲子	28 乙丑	29 丙寅
30 丁卯						

1985年（昭和60年）　乙丑年

1月　小寒 1/5　18時35分　丁丑月

日	月	火	水	木	金	土
		1 庚子	2 辛丑	3 壬寅	4 癸卯	5 小寒 甲辰
6 乙巳	7 丙午	8 丁未	9 戊申	10 己酉	11 庚戌	12 辛亥
13 壬子	14 癸丑	15 甲寅	16 乙卯	17 丙辰	18 丁巳	19 戊午
20 己未	21 庚申	22 辛酉	23 壬戌	24 癸亥	25 甲子	26 乙丑
27 丙寅	28 丁卯	29 戊辰	30 己巳	31 庚午		

2月　立春 2/4　06時12分　戊寅月

日	月	火	水	木	金	土
					1 辛未	2 壬申
3 癸酉	4 立春 甲戌	5 乙亥	6 丙子	7 丁丑	8 戊寅	9 己卯
10 庚辰	11 辛巳	12 壬午	13 癸未	14 甲申	15 乙酉	16 丙戌
17 丁亥	18 戊子	19 己丑	20 庚寅	21 辛卯	22 壬辰	23 癸巳
24 甲午	25 乙未	26 丙申	27 丁酉	28 戊戌		

3月　啓蟄 3/6　00時16分　己卯月

日	月	火	水	木	金	土
					1 己亥	2 庚子
3 辛丑	4 壬寅	5 癸卯	6 啓蟄 甲辰	7 乙巳	8 丙午	9 丁未
10 戊申	11 己酉	12 庚戌	13 辛亥	14 壬子	15 癸丑	16 甲寅
17 乙卯	18 丙辰	19 丁巳	20 戊午	21 己未	22 庚申	23 辛酉
24 壬戌	25 癸亥	26 甲子	27 乙丑	28 丙寅	29 丁卯	30 戊辰
31 己巳						

4月　清明 4/5　05時14分　庚辰月

日	月	火	水	木	金	土
	1 庚午	2 辛未	3 壬申	4 癸酉	5 清明 甲戌	6 乙亥
7 丙子	8 丁丑	9 戊寅	10 己卯	11 庚辰	12 辛巳	13 壬午
14 癸未	15 甲申	16 乙酉	17 丙戌	18 丁亥	19 戊子	20 己丑
21 庚寅	22 辛卯	23 壬辰	24 癸巳	25 甲午	26 乙未	27 丙申
28 丁酉	29 戊戌	30 己亥				

5月　立夏 5/5　22時43分　辛巳月

日	月	火	水	木	金	土
			1 庚子	2 辛丑	3 壬寅	4 癸卯
5 立夏 甲辰	6 乙巳	7 丙午	8 丁未	9 戊申	10 己酉	11 庚戌
12 辛亥	13 壬子	14 癸丑	15 甲寅	16 乙卯	17 丙辰	18 丁巳
19 戊午	20 己未	21 庚申	22 辛酉	23 壬戌	24 癸亥	25 甲子
26 乙丑	27 丙寅	28 丁卯	29 戊辰	30 己巳	31 庚午	

6月　芒種 6/6　03時00分　壬午月

日	月	火	水	木	金	土
						1 辛未
2 壬申	3 癸酉	4 甲戌	5 乙亥	6 芒種 丙子	7 丁丑	8 戊寅
9 己卯	10 庚辰	11 辛巳	12 壬午	13 癸未	14 甲申	15 乙酉
16 丙戌	17 丁亥	18 戊子	19 己丑	20 庚寅	21 辛卯	22 壬辰
23 癸巳	24 甲午	25 乙未	26 丙申	27 丁酉	28 戊戌	29 己亥
30 庚子						

10月　寒露 10/8　17 時 25 分 丙戌月

日	月	火	水	木	金	土
		1 癸酉	2 甲戌	3 乙亥	4 丙子	5 丁丑
6 戊寅	7 己卯	8 寒露 庚辰	9 辛巳	10 壬午	11 癸未	12 甲申
13 乙酉	14 丙戌	15 丁亥	16 戊子	17 己丑	18 庚寅	19 辛卯
20 壬辰	21 癸巳	22 甲午	23 乙未	24 丙申	25 丁酉	26 戊戌
27 己亥	28 庚子	29 辛丑	30 壬寅	31 癸卯		

11月　立冬 11/7　20 時 29 分 丁亥月

日	月	火	水	木	金	土
					1 甲辰	2 乙巳
3 丙午	4 丁未	5 戊申	6 己酉	7 立冬 庚戌	8 辛亥	9 壬子
10 癸丑	11 甲寅	12 乙卯	13 丙辰	14 丁巳	15 戊午	16 己未
17 庚申	18 辛酉	19 壬戌	20 癸亥	21 甲子	22 乙丑	23 丙寅
24 丁卯	25 戊辰	26 己巳	27 庚午	28 辛未	29 壬申	30 癸酉

12月　大雪 12/7　13 時 16 分 戊子月

日	月	火	水	木	金	土
1 甲戌	2 乙亥	3 丙子	4 丁丑	5 戊寅	6 己卯	7 大雪 庚辰
8 辛巳	9 壬午	10 癸未	11 甲申	12 乙酉	13 丙戌	14 丁亥
15 戊子	16 己丑	17 庚寅	18 辛卯	19 壬辰	20 癸巳	21 甲午
22 乙未	23 丙申	24 丁酉	25 戊戌	26 己亥	27 庚子	28 辛丑
29 壬寅	30 癸卯	31 甲辰				

7 月　小暑 7/7　13 時 19 分　癸未月

日	月	火	水	木	金	土
	1 辛丑	2 壬寅	3 癸卯	4 甲辰	5 乙巳	6 丙午
7 小暑 丁未	8 戊申	9 己酉	10 庚戌	11 辛亥	12 壬子	13 癸丑
14 甲寅	15 乙卯	16 丙辰	17 丁巳	18 戊午	19 己未	20 庚申
21 辛酉	22 壬戌	23 癸亥	24 甲子	25 乙丑	26 丙寅	27 丁卯
28 戊辰	29 己巳	30 庚午	31 辛未			

8 月　立秋 8/7　23 時 04 分　甲申月

日	月	火	水	木	金	土
				1 壬申	2 癸酉	3 甲戌
4 乙亥	5 丙子	6 丁丑	7 立秋 戊寅	8 己卯	9 庚辰	10 辛巳
11 壬午	12 癸未	13 甲申	14 乙酉	15 丙戌	16 丁亥	17 戊子
18 己丑	19 庚寅	20 辛卯	21 壬辰	22 癸巳	23 甲午	24 乙未
25 丙申	26 丁酉	27 戊戌	28 己亥	29 庚子	30 辛丑	31 壬寅

9 月　白露 9/8　01 時 53 分　乙酉月

日	月	火	水	木	金	土
1 癸卯	2 甲辰	3 乙巳	4 丙午	5 丁未	6 戊申	7 己酉
8 白露 庚戌	9 辛亥	10 壬子	11 癸丑	12 甲寅	13 乙卯	14 丙辰
15 丁巳	16 戊午	17 己未	18 庚申	19 辛酉	20 壬戌	21 癸亥
22 甲子	23 乙丑	24 丙寅	25 丁卯	26 戊辰	27 己巳	28 庚午
29 辛未	30 壬申					

1986 年（昭和 61 年） 丙寅年

4 月　清明 4/5　11 時 06 分　壬辰月

日	月	火	水	木	金	土
		1 乙亥	2 丙子	3 丁丑	4 戊寅	5 清明 己卯
6 庚辰	7 辛巳	8 壬午	9 癸未	10 甲申	11 乙酉	12 丙戌
13 丁亥	14 戊子	15 己丑	16 庚寅	17 辛卯	18 壬辰	19 癸巳
20 甲午	21 乙未	22 丙申	23 丁酉	24 戊戌	25 己亥	26 庚子
27 辛丑	28 壬寅	29 癸卯	30 甲辰			

5 月　立夏 5/6　04 時 31 分　癸巳月

日	月	火	水	木	金	土
				1 乙巳	2 丙午	3 丁未
4 戊申	5 己酉	6 立夏 庚戌	7 辛亥	8 壬子	9 癸丑	10 甲寅
11 乙卯	12 丙辰	13 丁巳	14 戊午	15 己未	16 庚申	17 辛酉
18 壬戌	19 癸亥	20 甲子	21 乙丑	22 丙寅	23 丁卯	24 戊辰
25 己巳	26 庚午	27 辛未	28 壬申	29 癸酉	30 甲戌	31 乙亥

6 月　芒種 6/6　08 時 44 分　甲午月

日	月	火	水	木	金	土
1 丙子	2 丁丑	3 戊寅	4 己卯	5 庚辰	6 芒種 辛巳	7 壬午
8 癸未	9 甲申	10 乙酉	11 丙戌	12 丁亥	13 戊子	14 己丑
15 庚寅	16 辛卯	17 壬辰	18 癸巳	19 甲午	20 乙未	21 丙申
22 丁酉	23 戊戌	24 己亥	25 庚子	26 辛丑	27 壬寅	28 癸卯
29 甲辰	30 乙巳					

1 月　小寒 1/6　00 時 28 分　己丑月

日	月	火	水	木	金	土
			1 乙巳	2 丙午	3 丁未	4 戊申
5 己酉	6 小寒 庚戌	7 辛亥	8 壬子	9 癸丑	10 甲寅	11 乙卯
12 丙辰	13 丁巳	14 戊午	15 己未	16 庚申	17 辛酉	18 壬戌
19 癸亥	20 甲子	21 乙丑	22 丙寅	23 丁卯	24 戊辰	25 己巳
26 庚午	27 辛未	28 壬申	29 癸酉	30 甲戌	31 乙亥	

2 月　立春 2/4　12 時 08 分　庚寅月

日	月	火	水	木	金	土
						1 丙子
2 丁丑	3 戊寅	4 立春 己卯	5 庚辰	6 辛巳	7 壬午	8 癸未
9 甲申	10 乙酉	11 丙戌	12 丁亥	13 戊子	14 己丑	15 庚寅
16 辛卯	17 壬辰	18 癸巳	19 甲午	20 乙未	21 丙申	22 丁酉
23 戊戌	24 己亥	25 庚子	26 辛丑	27 壬寅	28 癸卯	

3 月　啓蟄 3/6　06 時 12 分　辛卯月

日	月	火	水	木	金	土
						1 甲辰
2 乙巳	3 丙午	4 丁未	5 戊申	6 啓蟄 己酉	7 庚戌	8 辛亥
9 壬子	10 癸丑	11 甲寅	12 乙卯	13 丙辰	14 丁巳	15 戊午
16 己未	17 庚申	18 辛酉	19 壬戌	20 癸亥	21 甲子	22 乙丑
23 丙寅	24 丁卯	25 戊辰	26 己巳	27 庚午	28 辛未	29 壬申
30 癸酉	31 甲戌					

10月　寒露 10/8　23時07分 戊戌月

日	月	火	水	木	金	土
			1 戊寅	2 己卯	3 庚辰	4 辛巳
5 壬午	6 癸未	7 甲申	8 寒露 乙酉	9 丙戌	10 丁亥	11 戊子
12 己丑	13 庚寅	14 辛卯	15 壬辰	16 癸巳	17 甲午	18 乙未
19 丙申	20 丁酉	21 戊戌	22 己亥	23 庚子	24 辛丑	25 壬寅
26 癸卯	27 甲辰	28 乙巳	29 丙午	30 丁未	31 戊申	

11月　立冬 11/8　02時13分 己亥月

日	月	火	水	木	金	土
						1 己酉
2 庚戌	3 辛亥	4 壬子	5 癸丑	6 甲寅	7 乙卯	8 立冬 丙辰
9 丁巳	10 戊午	11 己未	12 庚申	13 辛酉	14 壬戌	15 癸亥
16 甲子	17 乙丑	18 丙寅	19 丁卯	20 戊辰	21 己巳	22 庚午
23 辛未	24 壬申	25 癸酉	26 甲戌	27 乙亥	28 丙子	29 丁丑
30 戊寅						

12月　大雪 12/7　19時01分 庚子月

日	月	火	水	木	金	土
	1 己卯	2 庚辰	3 辛巳	4 壬午	5 癸未	6 甲申
7 大雪 乙酉	8 丙戌	9 丁亥	10 戊子	11 己丑	12 庚寅	13 辛卯
14 壬辰	15 癸巳	16 甲午	17 乙未	18 丙申	19 丁酉	20 戊戌
21 己亥	22 庚子	23 辛丑	24 壬寅	25 癸卯	26 甲辰	27 乙巳
28 丙午	29 丁未	30 戊申	31 己酉			

7月　小暑 7/7　19時01分　乙未月

日	月	火	水	木	金	土
		1 丙午	2 丁未	3 戊申	4 己酉	5 庚戌
6 辛亥	7 小暑 壬子	8 癸丑	9 甲寅	10 乙卯	11 丙辰	12 丁巳
13 戊午	14 己未	15 庚申	16 辛酉	17 壬戌	18 癸亥	19 甲子
20 乙丑	21 丙寅	22 丁卯	23 戊辰	24 己巳	25 庚午	26 辛未
27 壬申	28 癸酉	29 甲戌	30 乙亥	31 丙子		

8月　立秋 8/8　04時46分　丙申月

日	月	火	水	木	金	土
					1 丁丑	2 戊寅
3 己卯	4 庚辰	5 辛巳	6 壬午	7 癸未	8 立秋 甲申	9 乙酉
10 丙戌	11 丁亥	12 戊子	13 己丑	14 庚寅	15 辛卯	16 壬辰
17 癸巳	18 甲午	19 乙未	20 丙申	21 丁酉	22 戊戌	23 己亥
24 庚子	25 辛丑	26 壬寅	27 癸卯	28 甲辰	29 乙巳	30 丙午
31 丁未						

9月　白露 9/8　07時35分　丁酉月

日	月	火	水	木	金	土
	1 戊申	2 己酉	3 庚戌	4 辛亥	5 壬子	6 癸丑
7 甲寅	8 白露 乙卯	9 丙辰	10 丁巳	11 戊午	12 己未	13 庚申
14 辛酉	15 壬戌	16 癸亥	17 甲子	18 乙丑	19 丙寅	20 丁卯
21 戊辰	22 己巳	23 庚午	24 辛未	25 壬申	26 癸酉	27 甲戌
28 乙亥	29 丙子	30 丁丑				

1987年（昭和62年）　丁卯年

4月　清明4/5　16時44分　甲辰月

日	月	火	水	木	金	土
			1 庚辰	2 辛巳	3 壬午	4 癸未
5 清明 甲申	6 乙酉	7 丙戌	8 丁亥	9 戊子	10 己丑	11 庚寅
12 辛卯	13 壬辰	14 癸巳	15 甲午	16 乙未	17 丙申	18 丁酉
19 戊戌	20 己亥	21 庚子	22 辛丑	23 壬寅	24 癸卯	25 甲辰
26 乙巳	27 丙午	28 丁未	29 戊申	30 己酉		

5月　立夏5/6　10時06分　乙巳月

日	月	火	水	木	金	土
					1 庚戌	2 辛亥
3 壬子	4 癸丑	5 甲寅	6 立夏 乙卯	7 丙辰	8 丁巳	9 戊午
10 己未	11 庚申	12 辛酉	13 壬戌	14 癸亥	15 甲子	16 乙丑
17 丙寅	18 丁卯	19 戊辰	20 己巳	21 庚午	22 辛未	23 壬申
24 癸酉	25 甲戌	26 乙亥	27 丙子	28 丁丑	29 戊寅	30 己卯
31 庚辰						

6月　芒種6/6　14時19分　丙午月

日	月	火	水	木	金	土
	1 辛巳	2 壬午	3 癸未	4 甲申	5 乙酉	6 芒種 丙戌
7 丁亥	8 戊子	9 己丑	10 庚寅	11 辛卯	12 壬辰	13 癸巳
14 甲午	15 乙未	16 丙申	17 丁酉	18 戊戌	19 己亥	20 庚子
21 辛丑	22 壬寅	23 癸卯	24 甲辰	25 乙巳	26 丙午	27 丁未
28 戊申	29 己酉	30 庚戌				

1月　小寒1/6　06時13分　辛丑月

日	月	火	水	木	金	土
				1 庚戌	2 辛亥	3 壬子
4 癸丑	5 甲寅	6 小寒 乙卯	7 丙辰	8 丁巳	9 戊午	10 己未
11 庚申	12 辛酉	13 壬戌	14 癸亥	15 甲子	16 乙丑	17 丙寅
18 丁卯	19 戊辰	20 己巳	21 庚午	22 辛未	23 壬申	24 癸酉
25 甲戌	26 乙亥	27 丙子	28 丁丑	29 戊寅	30 己卯	31 庚辰

2月　立春2/4　17時52分　壬寅月

日	月	火	水	木	金	土
1 辛巳	2 壬午	3 癸未	4 立春 甲申	5 乙酉	6 丙戌	7 丁亥
8 戊子	9 己丑	10 庚寅	11 辛卯	12 壬辰	13 癸巳	14 甲午
15 乙未	16 丙申	17 丁酉	18 戊戌	19 己亥	20 庚子	21 辛丑
22 壬寅	23 癸卯	24 甲辰	25 乙巳	26 丙午	27 丁未	28 戊申

3月　啓蟄3/6　11時54分　癸卯月

日	月	火	水	木	金	土
1 己酉	2 庚戌	3 辛亥	4 壬子	5 癸丑	6 啓蟄 甲寅	7 乙卯
8 丙辰	9 丁巳	10 戊午	11 己未	12 庚申	13 辛酉	14 壬戌
15 癸亥	16 甲子	17 乙丑	18 丙寅	19 丁卯	20 戊辰	21 己巳
22 庚午	23 辛未	24 壬申	25 癸酉	26 甲戌	27 乙亥	28 丙子
29 丁丑	30 戊寅	31 己卯				

10月　寒露 10/9　05時00分 庚戌月

日	月	火	水	木	金	土
				1 癸未	2 甲申	3 乙酉
4 丙戌	5 丁亥	6 戊子	7 己丑	8 庚寅	9 寒露 辛卯	10 壬辰
11 癸巳	12 甲午	13 乙未	14 丙申	15 丁酉	16 戊戌	17 己亥
18 庚子	19 辛丑	20 壬寅	21 癸卯	22 甲辰	23 乙巳	24 丙午
25 丁未	26 戊申	27 己酉	28 庚戌	29 辛亥	30 壬子	31 癸丑

11月　立冬 11/8　08時06分 辛亥月

日	月	火	水	木	金	土
1 甲寅	2 乙卯	3 丙辰	4 丁巳	5 戊午	6 己未	7 庚申
8 立冬 辛酉	9 壬戌	10 癸亥	11 甲子	12 乙丑	13 丙寅	14 丁卯
15 戊辰	16 己巳	17 庚午	18 辛未	19 壬申	20 癸酉	21 甲戌
22 乙亥	23 丙子	24 丁丑	25 戊寅	26 己卯	27 庚辰	28 辛巳
29 壬午	30 癸未					

12月　大雪 12/8　00時52分 壬子月

日	月	火	水	木	金	土
		1 甲申	2 乙酉	3 丙戌	4 丁亥	5 戊子
6 己丑	7 庚寅	8 大雪 辛卯	9 壬辰	10 癸巳	11 甲午	12 乙未
13 丙申	14 丁酉	15 戊戌	16 己亥	17 庚子	18 辛丑	19 壬寅
20 癸卯	21 甲辰	22 乙巳	23 丙午	24 丁未	25 戊申	26 己酉
27 庚戌	28 辛亥	29 壬子	30 癸丑	31 甲寅		

7月　小暑 7/8　00時39分　丁未月

日	月	火	水	木	金	土
			1 辛亥	2 壬子	3 癸丑	4 甲寅
5 乙卯	6 丙辰	7 丁巳	8 小暑 戊午	9 己未	10 庚申	11 辛酉
12 壬戌	13 癸亥	14 甲子	15 乙丑	16 丙寅	17 丁卯	18 戊辰
19 己巳	20 庚午	21 辛未	22 壬申	23 癸酉	24 甲戌	25 乙亥
26 丙子	27 丁丑	28 戊寅	29 己卯	30 庚辰	31 辛巳	

8月　立秋 8/8　10時29分　戊申月

日	月	火	水	木	金	土
						1 壬午
2 癸未	3 甲申	4 乙酉	5 丙戌	6 丁亥	7 戊子	8 立秋 己丑
9 庚寅	10 辛卯	11 壬辰	12 癸巳	13 甲午	14 乙未	15 丙申
16 丁酉	17 戊戌	18 己亥	19 庚子	20 辛丑	21 壬寅	22 癸卯
23 甲辰	24 乙巳	25 丙午	26 丁未	27 戊申	28 己酉	29 庚戌
30 辛亥	31 壬子					

9月　白露 9/8　13時24分　己酉月

日	月	火	水	木	金	土
		1 癸丑	2 甲寅	3 乙卯	4 丙辰	5 丁巳
6 戊午	7 己未	8 白露 庚申	9 辛酉	10 壬戌	11 癸亥	12 甲子
13 乙丑	14 丙寅	15 丁卯	16 戊辰	17 己巳	18 庚午	19 辛未
20 壬申	21 癸酉	22 甲戌	23 乙亥	24 丙子	25 丁丑	26 戊寅
27 己卯	28 庚辰	29 辛巳	30 壬午			

1988年（昭和63年）　戊辰年

1月　小寒 1/6　12時04分　癸丑月

日	月	火	水	木	金	土
					1 乙卯	2 丙辰
3 丁巳	4 戊午	5 己未	6 小寒 庚申	7 辛酉	8 壬戌	9 癸亥
10 甲子	11 乙丑	12 丙寅	13 丁卯	14 戊辰	15 己巳	16 庚午
17 辛未	18 壬申	19 癸酉	20 甲戌	21 乙亥	22 丙子	23 丁丑
24 戊寅	25 己卯	26 庚辰	27 辛巳	28 壬午	29 癸未	30 甲申
31 乙酉						

2月　立春 2/4　23時43分　甲寅月

日	月	火	水	木	金	土
	1 丙戌	2 丁亥	3 戊子	4 立春 己丑	5 庚寅	6 辛卯
7 壬辰	8 癸巳	9 甲午	10 乙未	11 丙申	12 丁酉	13 戊戌
14 己亥	15 庚子	16 辛丑	17 壬寅	18 癸卯	19 甲辰	20 乙巳
21 丙午	22 丁未	23 戊申	24 己酉	25 庚戌	26 辛亥	27 壬子
28 癸丑	29 甲寅					

3月　啓蟄 3/5　17時47分　乙卯月

日	月	火	水	木	金	土
		1 乙卯	2 丙辰	3 丁巳	4 戊午	5 啓蟄 己未
6 庚申	7 辛酉	8 壬戌	9 癸亥	10 甲子	11 乙丑	12 丙寅
13 丁卯	14 戊辰	15 己巳	16 庚午	17 辛未	18 壬申	19 癸酉
20 甲戌	21 乙亥	22 丙子	23 丁丑	24 戊寅	25 己卯	26 庚辰
27 辛巳	28 壬午	29 癸未	30 甲申	31 乙酉		

4月　清明 4/4　22時39分　丙辰月

日	月	火	水	木	金	土
					1 丙戌	2 丁亥
3 戊子	4 清明 己丑	5 庚寅	6 辛卯	7 壬辰	8 癸巳	9 甲午
10 乙未	11 丙申	12 丁酉	13 戊戌	14 己亥	15 庚子	16 辛丑
17 壬寅	18 癸卯	19 甲辰	20 乙巳	21 丙午	22 丁未	23 戊申
24 己酉	25 庚戌	26 辛亥	27 壬子	28 癸丑	29 甲寅	30 乙卯

5月　立夏 5/5　16時02分　丁巳月

日	月	火	水	木	金	土
1 丙辰	2 丁巳	3 戊午	4 己未	5 立夏 庚申	6 辛酉	7 壬戌
8 癸亥	9 甲子	10 乙丑	11 丙寅	12 丁卯	13 戊辰	14 己巳
15 庚午	16 辛未	17 壬申	18 癸酉	19 甲戌	20 乙亥	21 丙子
22 丁丑	23 戊寅	24 己卯	25 庚辰	26 辛巳	27 壬午	28 癸未
29 甲申	30 乙酉	31 丙戌				

6月　芒種 6/5　20時15分　戊午月

日	月	火	水	木	金	土
			1 丁亥	2 戊子	3 己丑	4 庚寅
5 芒種 辛卯	6 壬辰	7 癸巳	8 甲午	9 乙未	10 丙申	11 丁酉
12 戊戌	13 己亥	14 庚子	15 辛丑	16 壬寅	17 癸卯	18 甲辰
19 乙巳	20 丙午	21 丁未	22 戊申	23 己酉	24 庚戌	25 辛亥
26 壬子	27 癸丑	28 甲寅	29 乙卯	30 丙辰		

7月　小暑 7/7　06時33分　己未月

日	月	火	水	木	金	土
					1 丁巳	2 戊午
3 己未	4 庚申	5 辛酉	6 壬戌	7 小暑 癸亥	8 甲子	9 乙丑
10 丙寅	11 丁卯	12 戊辰	13 己巳	14 庚午	15 辛未	16 壬申
17 癸酉	18 甲戌	19 乙亥	20 丙子	21 丁丑	22 戊寅	23 己卯
24 庚辰	25 辛巳	26 壬午	27 癸未	28 甲申	29 乙酉	30 丙戌
31 丁亥						

8月　立秋 8/7　16時20分　庚申月

日	月	火	水	木	金	土
	1 戊子	2 己丑	3 庚寅	4 辛卯	5 壬辰	6 癸巳
7 立秋 甲午	8 乙未	9 丙申	10 丁酉	11 戊戌	12 己亥	13 庚子
14 辛丑	15 壬寅	16 癸卯	17 甲辰	18 乙巳	19 丙午	20 丁未
21 戊申	22 己酉	23 庚戌	24 辛亥	25 壬子	26 癸丑	27 甲寅
28 乙卯	29 丙辰	30 丁巳	31 戊午			

9月　白露 9/7　19時12分　辛酉月

日	月	火	水	木	金	土
				1 己未	2 庚申	3 辛酉
4 壬戌	5 癸亥	6 甲子	7 白露 乙丑	8 丙寅	9 丁卯	10 戊辰
11 己巳	12 庚午	13 辛未	14 壬申	15 癸酉	16 甲戌	17 乙亥
18 丙子	19 丁丑	20 戊寅	21 己卯	22 庚辰	23 辛巳	24 壬午
25 癸未	26 甲申	27 乙酉	28 丙戌	29 丁亥	30 戊子	

10月　寒露 10/8　10時45分　壬戌月

日	月	火	水	木	金	土
						1 己丑
2 庚寅	3 辛卯	4 壬辰	5 癸巳	6 甲午	7 乙未	8 寒露 丙申
9 丁酉	10 戊戌	11 己亥	12 庚子	13 辛丑	14 壬寅	15 癸卯
16 甲辰	17 乙巳	18 丙午	19 丁未	20 戊申	21 己酉	22 庚戌
23 辛亥	24 壬子	25 癸丑	26 甲寅	27 乙卯	28 丙辰	29 丁巳
30 戊午	31 己未					

11月　立冬 11/7　13時49分　癸亥月

日	月	火	水	木	金	土
		1 庚申	2 辛酉	3 壬戌	4 癸亥	5 甲子
6 乙丑	7 立冬 丙寅	8 丁卯	9 戊辰	10 己巳	11 庚午	12 辛未
13 壬申	14 癸酉	15 甲戌	16 乙亥	17 丙子	18 丁丑	19 戊寅
20 己卯	21 庚辰	22 辛巳	23 壬午	24 癸未	25 甲申	26 乙酉
27 丙戌	28 丁亥	29 戊子	30 己丑			

12月　大雪 12/7　06時34分　甲子月

日	月	火	水	木	金	土
				1 庚寅	2 辛卯	3 壬辰
4 癸巳	5 甲午	6 乙未	7 大雪 丙申	8 丁酉	9 戊戌	10 己亥
11 庚子	12 辛丑	13 壬寅	14 癸卯	15 甲辰	16 乙巳	17 丙午
18 丁未	19 戊申	20 己酉	21 庚戌	22 辛亥	23 壬子	24 癸丑
25 甲寅	26 乙卯	27 丙辰	28 丁巳	29 戊午	30 己未	31 庚申

1989 年（昭和 64/※1 月 8 日より平成元年）　己巳年

4 月　清明 4/5　04 時 30 分　戊辰月

日	月	火	水	木	金	土
						1 辛卯
2 壬辰	3 癸巳	4 甲午	5 清明 乙未	6 丙申	7 丁酉	8 戊戌
9 己亥	10 庚子	11 辛丑	12 壬寅	13 癸卯	14 甲辰	15 乙巳
16 丙午	17 丁未	18 戊申	19 己酉	20 庚戌	21 辛亥	22 壬子
23 癸丑	24 甲寅	25 乙卯	26 丙辰	27 丁巳	28 戊午	29 己未
30 庚申						

5 月　立夏 5/5　21 時 54 分　己巳月

日	月	火	水	木	金	土
	1 辛酉	2 壬戌	3 癸亥	4 甲子	5 立夏 乙丑	6 丙寅
7 丁卯	8 戊辰	9 己巳	10 庚午	11 辛未	12 壬申	13 癸酉
14 甲戌	15 乙亥	16 丙子	17 丁丑	18 戊寅	19 己卯	20 庚辰
21 辛巳	22 壬午	23 癸未	24 甲申	25 乙酉	26 丙戌	27 丁亥
28 戊子	29 己丑	30 庚寅	31 辛卯			

6 月　芒種 6/6　02 時 05 分　庚午月

日	月	火	水	木	金	土
				1 壬辰	2 癸巳	3 甲午
4 乙未	5 丙申	6 芒種 丁酉	7 戊戌	8 己亥	9 庚子	10 辛丑
11 壬寅	12 癸卯	13 甲辰	14 乙巳	15 丙午	16 丁未	17 戊申
18 己酉	19 庚戌	20 辛亥	21 壬子	22 癸丑	23 甲寅	24 乙卯
25 丙辰	26 丁巳	27 戊午	28 己未	29 庚申	30 辛酉	

1 月　小寒 1/5　17 時 46 分　乙丑月

日	月	火	水	木	金	土
1 辛酉	2 壬戌	3 癸亥	4 甲子	5 小寒 乙丑	6 丙寅	7 丁卯
8 戊辰	9 己巳	10 庚午	11 辛未	12 壬申	13 癸酉	14 甲戌
15 乙亥	16 丙子	17 丁丑	18 戊寅	19 己卯	20 庚辰	21 辛巳
22 壬午	23 癸未	24 甲申	25 乙酉	26 丙戌	27 丁亥	28 戊子
29 己丑	30 庚寅	31 辛卯				

2 月　立春 2/4　05 時 27 分　丙寅月

日	月	火	水	木	金	土
			1 壬辰	2 癸巳	3 甲午	4 立春 乙未
5 丙申	6 丁酉	7 戊戌	8 己亥	9 庚子	10 辛丑	11 壬寅
12 癸卯	13 甲辰	14 乙巳	15 丙午	16 丁未	17 戊申	18 己酉
19 庚戌	20 辛亥	21 壬子	22 癸丑	23 甲寅	24 乙卯	25 丙辰
26 丁巳	27 戊午	28 己未				

3 月　啓蟄 3/5　23 時 34 分　丁卯月

日	月	火	水	木	金	土
			1 庚申	2 辛酉	3 壬戌	4 癸亥
5 啓蟄 甲子	6 乙丑	7 丙寅	8 丁卯	9 戊辰	10 己巳	11 庚午
12 辛未	13 壬申	14 癸酉	15 甲戌	16 乙亥	17 丙子	18 丁丑
19 戊寅	20 己卯	21 庚辰	22 辛巳	23 壬午	24 癸未	25 甲申
26 乙酉	27 丙戌	28 丁亥	29 戊子	30 己丑	31 庚寅	

7月　小暑 7/7　12時19分　辛未月

日	月	火	水	木	金	土
						1 壬戌
2 癸亥	3 甲子	4 乙丑	5 丙寅	6 丁卯	7 小暑 戊辰	8 己巳
9 庚午	10 辛未	11 壬申	12 癸酉	13 甲戌	14 乙亥	15 丙子
16 丁丑	17 戊寅	18 己卯	19 庚辰	20 辛巳	21 壬午	22 癸未
23 甲申	24 乙酉	25 丙戌	26 丁亥	27 戊子	28 己丑	29 庚寅
30 辛卯	31 壬辰					

8月　立秋 8/7　22時04分　壬申月

日	月	火	水	木	金	土
		1 癸巳	2 甲午	3 乙未	4 丙申	5 丁酉
6 戊戌	7 立秋 己亥	8 庚子	9 辛丑	10 壬寅	11 癸卯	12 甲辰
13 乙巳	14 丙午	15 丁未	16 戊申	17 己酉	18 庚戌	19 辛亥
20 壬子	21 癸丑	22 甲寅	23 乙卯	24 丙辰	25 丁巳	26 戊午
27 己未	28 庚申	29 辛酉	30 壬戌	31 癸亥		

9月　白露 9/8　00時54分　癸酉月

日	月	火	水	木	金	土
					1 甲子	2 乙丑
3 丙寅	4 丁卯	5 戊辰	6 己巳	7 庚午	8 白露 辛未	9 壬申
10 癸酉	11 甲戌	12 乙亥	13 丙子	14 丁丑	15 戊寅	16 己卯
17 庚辰	18 辛巳	19 壬午	20 癸未	21 甲申	22 乙酉	23 丙戌
24 丁亥	25 戊子	26 己丑	27 庚寅	28 辛卯	29 壬辰	30 癸巳

10月　寒露 10/8　16時27分　甲戌月

日	月	火	水	木	金	土
1 甲午	2 乙未	3 丙申	4 丁酉	5 戊戌	6 己亥	7 庚子
8 寒露 辛丑	9 壬寅	10 癸卯	11 甲辰	12 乙巳	13 丙午	14 丁未
15 戊申	16 己酉	17 庚戌	18 辛亥	19 壬子	20 癸丑	21 甲寅
22 乙卯	23 丙辰	24 丁巳	25 戊午	26 己未	27 庚申	28 辛酉
29 壬戌	30 癸亥	31 甲子				

11月　立冬 11/7　19時34分　乙亥月

日	月	火	水	木	金	土
			1 乙丑	2 丙寅	3 丁卯	4 戊辰
5 己巳	6 庚午	7 立冬 辛未	8 壬申	9 癸酉	10 甲戌	11 乙亥
12 丙子	13 丁丑	14 戊寅	15 己卯	16 庚辰	17 辛巳	18 壬午
19 癸未	20 甲申	21 乙酉	22 丙戌	23 丁亥	24 戊子	25 己丑
26 庚寅	27 辛卯	28 壬辰	29 癸巳	30 甲午		

12月　大雪 12/7　12時21分　丙子月

日	月	火	水	木	金	土
					1 乙未	2 丙申
3 丁酉	4 戊戌	5 己亥	6 庚子	7 大雪 辛丑	8 壬寅	9 癸卯
10 甲辰	11 乙巳	12 丙午	13 丁未	14 戊申	15 己酉	16 庚戌
17 辛亥	18 壬子	19 癸丑	20 甲寅	21 乙卯	22 丙辰	23 丁巳
24 戊午	25 己未	26 庚申	27 辛酉	28 壬戌	29 癸亥	30 甲子
31 乙丑						

1990 年（平成 2 年）　庚午年

1 月　小寒 1/5　23 時 33 分　丁丑月

日	月	火	水	木	金	土
	1 丙寅	2 丁卯	3 戊辰	4 己巳	5 小寒 庚午	6 辛未
7 壬申	8 癸酉	9 甲戌	10 乙亥	11 丙子	12 丁丑	13 戊寅
14 己卯	15 庚辰	16 辛巳	17 壬午	18 癸未	19 甲申	20 乙酉
21 丙戌	22 丁亥	23 戊子	24 己丑	25 庚寅	26 辛卯	27 壬辰
28 癸巳	29 甲午	30 乙未	31 丙申			

2 月　立春 2/4　11 時 14 分　戊寅月

日	月	火	水	木	金	土
				1 丁酉	2 戊戌	3 己亥
4 立春 庚子	5 辛丑	6 壬寅	7 癸卯	8 甲辰	9 乙巳	10 丙午
11 丁未	12 戊申	13 己酉	14 庚戌	15 辛亥	16 壬子	17 癸丑
18 甲寅	19 乙卯	20 丙辰	21 丁巳	22 戊午	23 己未	24 庚申
25 辛酉	26 壬戌	27 癸亥	28 甲子			

3 月　啓蟄 3/6　05 時 19 分　己卯月

日	月	火	水	木	金	土
				1 乙丑	2 丙寅	3 丁卯
4 戊辰	5 己巳	6 啓蟄 庚午	7 辛未	8 壬申	9 癸酉	10 甲戌
11 乙亥	12 丙子	13 丁丑	14 戊寅	15 己卯	16 庚辰	17 辛巳
18 壬午	19 癸未	20 甲申	21 乙酉	22 丙戌	23 丁亥	24 戊子
25 己丑	26 庚寅	27 辛卯	28 壬辰	29 癸巳	30 甲午	31 乙未

4 月　清明 4/5　10 時 13 分　庚辰月

日	月	火	水	木	金	土
1 丙申	2 丁酉	3 戊戌	4 己亥	5 清明 庚子	6 辛丑	7 壬寅
8 癸卯	9 甲辰	10 乙巳	11 丙午	12 丁未	13 戊申	14 己酉
15 庚戌	16 辛亥	17 壬子	18 癸丑	19 甲寅	20 乙卯	21 丙辰
22 丁巳	23 戊午	24 己未	25 庚申	26 辛酉	27 壬戌	28 癸亥
29 甲子	30 乙丑					

5 月　立夏 5/6　03 時 35 分　辛巳月

日	月	火	水	木	金	土
		1 丙寅	2 丁卯	3 戊辰	4 己巳	5 庚午
6 立夏 辛未	7 壬申	8 癸酉	9 甲戌	10 乙亥	11 丙子	12 丁丑
13 戊寅	14 己卯	15 庚辰	16 辛巳	17 壬午	18 癸未	19 甲申
20 乙酉	21 丙戌	22 丁亥	23 戊子	24 己丑	25 庚寅	26 辛卯
27 壬辰	28 癸巳	29 甲午	30 乙未	31 丙申		

6 月　芒種 6/6　07 時 46 分　壬午月

日	月	火	水	木	金	土
					1 丁酉	2 戊戌
3 己亥	4 庚子	5 辛丑	6 芒種 壬寅	7 癸卯	8 甲辰	9 乙巳
10 丙午	11 丁未	12 戊申	13 己酉	14 庚戌	15 辛亥	16 壬子
17 癸丑	18 甲寅	19 乙卯	20 丙辰	21 丁巳	22 戊午	23 己未
24 庚申	25 辛酉	26 壬戌	27 癸亥	28 甲子	29 乙丑	30 丙寅

10月　寒露 10/8　22時14分　丙戌月

日	月	火	水	木	金	土
	1 己亥	2 庚子	3 辛丑	4 壬寅	5 癸卯	6 甲辰
7 乙巳	8 寒露 丙午	9 丁未	10 戊申	11 己酉	12 庚戌	13 辛亥
14 壬子	15 癸丑	16 甲寅	17 乙卯	18 丙辰	19 丁巳	20 戊午
21 己未	22 庚申	23 辛酉	24 壬戌	25 癸亥	26 甲子	27 乙丑
28 丙寅	29 丁卯	30 戊辰	31 己巳			

11月　立冬 11/8　01時23分　丁亥月

日	月	火	水	木	金	土
				1 庚午	2 辛未	3 壬申
4 癸酉	5 甲戌	6 乙亥	7 丙子	8 立冬 丁丑	9 戊寅	10 己卯
11 庚辰	12 辛巳	13 壬午	14 癸未	15 甲申	16 乙酉	17 丙戌
18 丁亥	19 戊子	20 己丑	21 庚寅	22 辛卯	23 壬辰	24 癸巳
25 甲午	26 乙未	27 丙申	28 丁酉	29 戊戌	30 己亥	

12月　大雪 12/7　18時14分　戊子月

日	月	火	水	木	金	土
						1 庚子
2 辛丑	3 壬寅	4 癸卯	5 甲辰	6 乙巳	7 大雪 丙午	8 丁未
9 戊申	10 己酉	11 庚戌	12 辛亥	13 壬子	14 癸丑	15 甲寅
16 乙卯	17 丙辰	18 丁巳	19 戊午	20 己未	21 庚申	22 辛酉
23 壬戌	24 癸亥	25 甲子	26 乙丑	27 丙寅	28 丁卯	29 戊辰
30 己巳	31 庚午					

7月　小暑 7/7　18時00分　癸未月

日	月	火	水	木	金	土
1 丁卯	2 戊辰	3 己巳	4 庚午	5 辛未	6 壬申	7 小暑 癸酉
8 甲戌	9 乙亥	10 丙子	11 丁丑	12 戊寅	13 己卯	14 庚辰
15 辛巳	16 壬午	17 癸未	18 甲申	19 乙酉	20 丙戌	21 丁亥
22 戊子	23 己丑	24 庚寅	25 辛卯	26 壬辰	27 癸巳	28 甲午
29 乙未	30 丙申	31 丁酉				

8月　立秋 8/8　03時46分　甲申月

日	月	火	水	木	金	土
			1 戊戌	2 己亥	3 庚子	4 辛丑
5 壬寅	6 癸卯	7 甲辰	8 立秋 乙巳	9 丙午	10 丁未	11 戊申
12 己酉	13 庚戌	14 辛亥	15 壬子	16 癸丑	17 甲寅	18 乙卯
19 丙辰	20 丁巳	21 戊午	22 己未	23 庚申	24 辛酉	25 壬戌
26 癸亥	27 甲子	28 乙丑	29 丙寅	30 丁卯	31 戊辰	

9月　白露 9/8　06時37分　乙酉月

日	月	火	水	木	金	土
						1 己巳
2 庚午	3 辛未	4 壬申	5 癸酉	6 甲戌	7 乙亥	8 白露 丙子
9 丁丑	10 戊寅	11 己卯	12 庚辰	13 辛巳	14 壬午	15 癸未
16 甲申	17 乙酉	18 丙戌	19 丁亥	20 戊子	21 己丑	22 庚寅
23 辛卯	24 壬辰	25 癸巳	26 甲午	27 乙未	28 丙申	29 丁酉
30 戊戌						

1991年（平成3年）　辛未年

1月　小寒 1/6　05時28分　己丑月

日	月	火	水	木	金	土
		1 辛未	2 壬申	3 癸酉	4 甲戌	5 乙亥
6 小寒 丙子	7 丁丑	8 戊寅	9 己卯	10 庚辰	11 辛巳	12 壬午
13 癸未	14 甲申	15 乙酉	16 丙戌	17 丁亥	18 戊子	19 己丑
20 庚寅	21 辛卯	22 壬辰	23 癸巳	24 甲午	25 乙未	26 丙申
27 丁酉	28 戊戌	29 己亥	30 庚子	31 辛丑		

2月　立春 2/4　17時08分　庚寅月

日	月	火	水	木	金	土
					1 壬寅	2 癸卯
3 甲辰	4 立春 乙巳	5 丙午	6 丁未	7 戊申	8 己酉	9 庚戌
10 辛亥	11 壬子	12 癸丑	13 甲寅	14 乙卯	15 丙辰	16 丁巳
17 戊午	18 己未	19 庚申	20 辛酉	21 壬戌	22 癸亥	23 甲子
24 乙丑	25 丙寅	26 丁卯	27 戊辰	28 己巳		

3月　啓蟄 3/6　11時12分　辛卯月

日	月	火	水	木	金	土
					1 庚午	2 辛未
3 壬申	4 癸酉	5 甲戌	6 啓蟄 乙亥	7 丙子	8 丁丑	9 戊寅
10 己卯	11 庚辰	12 辛巳	13 壬午	14 癸未	15 甲申	16 乙酉
17 丙戌	18 丁亥	19 戊子	20 己丑	21 庚寅	22 辛卯	23 壬辰
24 癸巳	25 甲午	26 乙未	27 丙申	28 丁酉	29 戊戌	30 己亥
31 庚子						

4月　清明 4/5　16時05分　壬辰月

日	月	火	水	木	金	土
	1 辛丑	2 壬寅	3 癸卯	4 甲辰	5 清明 乙巳	6 丙午
7 丁未	8 戊申	9 己酉	10 庚戌	11 辛亥	12 壬子	13 癸丑
14 甲寅	15 乙卯	16 丙辰	17 丁巳	18 戊午	19 己未	20 庚申
21 辛酉	22 壬戌	23 癸亥	24 甲子	25 乙丑	26 丙寅	27 丁卯
28 戊辰	29 己巳	30 庚午				

5月　立夏 5/6　09時27分　癸巳月

日	月	火	水	木	金	土
			1 辛未	2 壬申	3 癸酉	4 甲戌
5 乙亥	6 立夏 丙子	7 丁丑	8 戊寅	9 己卯	10 庚辰	11 辛巳
12 壬午	13 癸未	14 甲申	15 乙酉	16 丙戌	17 丁亥	18 戊子
19 己丑	20 庚寅	21 辛卯	22 壬辰	23 癸巳	24 甲午	25 乙未
26 丙申	27 丁酉	28 戊戌	29 己亥	30 庚子	31 辛丑	

6月　芒種 6/6　13時38分　甲午月

日	月	火	水	木	金	土
						1 壬寅
2 癸卯	3 甲辰	4 乙巳	5 丙午	6 芒種 丁未	7 戊申	8 己酉
9 庚戌	10 辛亥	11 壬子	12 癸丑	13 甲寅	14 乙卯	15 丙辰
16 丁巳	17 戊午	18 己未	19 庚申	20 辛酉	21 壬戌	22 癸亥
23 甲子	24 乙丑	25 丙寅	26 丁卯	27 戊辰	28 己巳	29 庚午
30 辛未						

7月　小暑 7/7　23時53分　乙未月

日	月	火	水	木	金	土
	1 壬申	2 癸酉	3 甲戌	4 乙亥	5 丙子	6 丁丑
7 小暑 戊寅	8 己卯	9 庚辰	10 辛巳	11 壬午	12 癸未	13 甲申
14 乙酉	15 丙戌	16 丁亥	17 戊子	18 己丑	19 庚寅	20 辛卯
21 壬辰	22 癸巳	23 甲午	24 乙未	25 丙申	26 丁酉	27 戊戌
28 己亥	29 庚子	30 辛丑	31 壬寅			

8月　立秋 8/8　09時37分　丙申月

日	月	火	水	木	金	土
				1 癸卯	2 甲辰	3 乙巳
4 丙午	5 丁未	6 戊申	7 己酉	8 立秋 庚戌	9 辛亥	10 壬子
11 癸丑	12 甲寅	13 乙卯	14 丙辰	15 丁巳	16 戊午	17 己未
18 庚申	19 辛酉	20 壬戌	21 癸亥	22 甲子	23 乙丑	24 丙寅
25 丁卯	26 戊辰	27 己巳	28 庚午	29 辛未	30 壬申	31 癸酉

9月　白露 9/8　12時27分　丁酉月

日	月	火	水	木	金	土
1 甲戌	2 乙亥	3 丙子	4 丁丑	5 戊寅	6 己卯	7 庚辰
8 白露 辛巳	9 壬午	10 癸未	11 甲申	12 乙酉	13 丙戌	14 丁亥
15 戊子	16 己丑	17 庚寅	18 辛卯	19 壬辰	20 癸巳	21 甲午
22 乙未	23 丙申	24 丁酉	25 戊戌	26 己亥	27 庚子	28 辛丑
29 壬寅	30 癸卯					

10月　寒露 10/9　04時01分　戊戌月

日	月	火	水	木	金	土
		1 甲辰	2 乙巳	3 丙午	4 丁未	5 戊申
6 己酉	7 庚戌	8 辛亥	9 寒露 壬子	10 癸丑	11 甲寅	12 乙卯
13 丙辰	14 丁巳	15 戊午	16 己未	17 庚申	18 辛酉	19 壬戌
20 癸亥	21 甲子	22 乙丑	23 丙寅	24 丁卯	25 戊辰	26 己巳
27 庚午	28 辛未	29 壬申	30 癸酉	31 甲戌		

11月　立冬 11/8　07時08分　己亥月

日	月	火	水	木	金	土
					1 乙亥	2 丙子
3 丁丑	4 戊寅	5 己卯	6 庚辰	7 辛巳	8 立冬 壬午	9 癸未
10 甲申	11 乙酉	12 丙戌	13 丁亥	14 戊子	15 己丑	16 庚寅
17 辛卯	18 壬辰	19 癸巳	20 甲午	21 乙未	22 丙申	23 丁酉
24 戊戌	25 己亥	26 庚子	27 辛丑	28 壬寅	29 癸卯	30 甲辰

12月　大雪 12/7　23時56分　庚子月

日	月	火	水	木	金	土
1 乙巳	2 丙午	3 丁未	4 戊申	5 己酉	6 庚戌	7 大雪 辛亥
8 壬子	9 癸丑	10 甲寅	11 乙卯	12 丙辰	13 丁巳	14 戊午
15 己未	16 庚申	17 辛酉	18 壬戌	19 癸亥	20 甲子	21 乙丑
22 丙寅	23 丁卯	24 戊辰	25 己巳	26 庚午	27 辛未	28 壬申
29 癸酉	30 甲戌	31 乙亥				

1992年（平成4年）　壬申年

4月　清明 4/4　21時45分　甲辰月

日	月	火	水	木	金	土
			1 丁未	2 戊申	3 己酉	4 清明 庚戌
5 辛亥	6 壬子	7 癸丑	8 甲寅	9 乙卯	10 丙辰	11 丁巳
12 戊午	13 己未	14 庚申	15 辛酉	16 壬戌	17 癸亥	18 甲子
19 乙丑	20 丙寅	21 丁卯	22 戊辰	23 己巳	24 庚午	25 辛未
26 壬申	27 癸酉	28 甲戌	29 乙亥	30 丙子		

5月　立夏 5/5　15時09分　乙巳月

日	月	火	水	木	金	土
					1 丁丑	2 戊寅
3 己卯	4 庚辰	5 立夏 辛巳	6 壬午	7 癸未	8 甲申	9 乙酉
10 丙戌	11 丁亥	12 戊子	13 己丑	14 庚寅	15 辛卯	16 壬辰
17 癸巳	18 甲午	19 乙未	20 丙申	21 丁酉	22 戊戌	23 己亥
24 庚子	25 辛丑	26 壬寅	27 癸卯	28 甲辰	29 乙巳	30 丙午
31 丁未						

6月　芒種 6/5　19時22分　丙午月

日	月	火	水	木	金	土
	1 戊申	2 己酉	3 庚戌	4 辛亥	5 芒種 壬子	6 癸丑
7 甲寅	8 乙卯	9 丙辰	10 丁巳	11 戊午	12 己未	13 庚申
14 辛酉	15 壬戌	16 癸亥	17 甲子	18 乙丑	19 丙寅	20 丁卯
21 戊辰	22 己巳	23 庚午	24 辛未	25 壬申	26 癸酉	27 甲戌
28 乙亥	29 丙子	30 丁丑				

1月　小寒 1/6　11時09分　辛丑月

日	月	火	水	木	金	土
			1 丙子	2 丁丑	3 戊寅	4 己卯
5 庚辰	6 小寒 辛巳	7 壬午	8 癸未	9 甲申	10 乙酉	11 丙戌
12 丁亥	13 戊子	14 己丑	15 庚寅	16 辛卯	17 壬辰	18 癸巳
19 甲午	20 乙未	21 丙申	22 丁酉	23 戊戌	24 己亥	25 庚子
26 辛丑	27 壬寅	28 癸卯	29 甲辰	30 乙巳	31 丙午	

2月　立春 2/4　22時48分　壬寅月

日	月	火	水	木	金	土
						1 丁未
2 戊申	3 己酉	4 立春 庚戌	5 辛亥	6 壬子	7 癸丑	8 甲寅
9 乙卯	10 丙辰	11 丁巳	12 戊午	13 己未	14 庚申	15 辛酉
16 壬戌	17 癸亥	18 甲子	19 乙丑	20 丙寅	21 丁卯	22 戊辰
23 己巳	24 庚午	25 辛未	26 壬申	27 癸酉	28 甲戌	29 乙亥

3月　啓蟄 3/5　16時52分　癸卯月

日	月	火	水	木	金	土
1 丙子	2 丁丑	3 戊寅	4 己卯	5 啓蟄 庚辰	6 辛巳	7 壬午
8 癸未	9 甲申	10 乙酉	11 丙戌	12 丁亥	13 戊子	14 己丑
15 庚寅	16 辛卯	17 壬辰	18 癸巳	19 甲午	20 乙未	21 丙申
22 丁酉	23 戊戌	24 己亥	25 庚子	26 辛丑	27 壬寅	28 癸卯
29 甲辰	30 乙巳	31 丙午				

10月　寒露 10/8　09 時 51 分 庚戌月

日	月	火	水	木	金	土
				1 庚戌	2 辛亥	3 壬子
4 癸丑	5 甲寅	6 乙卯	7 丙辰	8 寒露 丁巳	9 戊午	10 己未
11 庚申	12 辛酉	13 壬戌	14 癸亥	15 甲子	16 乙丑	17 丙寅
18 丁卯	19 戊辰	20 己巳	21 庚午	22 辛未	23 壬申	24 癸酉
25 甲戌	26 乙亥	27 丙子	28 丁丑	29 戊寅	30 己卯	31 庚辰

11月　立冬 11/7　12 時 57 分 辛亥月

日	月	火	水	木	金	土
1 辛巳	2 壬午	3 癸未	4 甲申	5 乙酉	6 丙戌	7 立冬 丁亥
8 戊子	9 己丑	10 庚寅	11 辛卯	12 壬辰	13 癸巳	14 甲午
15 乙未	16 丙申	17 丁酉	18 戊戌	19 己亥	20 庚子	21 辛丑
22 壬寅	23 癸卯	24 甲辰	25 乙巳	26 丙午	27 丁未	28 戊申
29 己酉	30 庚戌					

12月　大雪 12/7　05 時 44 分 壬子月

日	月	火	水	木	金	土
		1 辛亥	2 壬子	3 癸丑	4 甲寅	5 乙卯
6 丙辰	7 大雪 丁巳	8 戊午	9 己未	10 庚申	11 辛酉	12 壬戌
13 癸亥	14 甲子	15 乙丑	16 丙寅	17 丁卯	18 戊辰	19 己巳
20 庚午	21 辛未	22 壬申	23 癸酉	24 甲戌	25 乙亥	26 丙子
27 丁丑	28 戊寅	29 己卯	30 庚辰	31 辛巳		

7 月　小暑 7/7　05 時 40 分　丁未月

日	月	火	水	木	金	土
			1 戊寅	2 己卯	3 庚辰	4 辛巳
5 壬午	6 癸未	7 小暑 甲申	8 乙酉	9 丙戌	10 丁亥	11 戊子
12 己丑	13 庚寅	14 辛卯	15 壬辰	16 癸巳	17 甲午	18 乙未
19 丙申	20 丁酉	21 戊戌	22 己亥	23 庚子	24 辛丑	25 壬寅
26 癸卯	27 甲辰	28 乙巳	29 丙午	30 丁未	31 戊申	

8 月　立秋 8/7　15 時 27 分　戊申月

日	月	火	水	木	金	土
						1 己酉
2 庚戌	3 辛亥	4 壬子	5 癸丑	6 甲寅	7 立秋 乙卯	8 丙辰
9 丁巳	10 戊午	11 己未	12 庚申	13 辛酉	14 壬戌	15 癸亥
16 甲子	17 乙丑	18 丙寅	19 丁卯	20 戊辰	21 己巳	22 庚午
23 辛未	24 壬申	25 癸酉	26 甲戌	27 乙亥	28 丙子	29 丁丑
30 戊寅	31 己卯					

9 月　白露 9/7　18 時 18 分　己酉月

日	月	火	水	木	金	土
		1 庚辰	2 辛巳	3 壬午	4 癸未	5 甲申
6 乙酉	7 白露 丙戌	8 丁亥	9 戊子	10 己丑	11 庚寅	12 辛卯
13 壬辰	14 癸巳	15 甲午	16 乙未	17 丙申	18 丁酉	19 戊戌
20 己亥	21 庚子	22 辛丑	23 壬寅	24 癸卯	25 甲辰	26 乙巳
27 丙午	28 丁未	29 戊申	30 己酉			

1993 年（平成 5 年） 癸酉年

1 月 小寒 1/5 16 時 57 分 癸丑月

日	月	火	水	木	金	土
					1 壬午	2 癸未
3 甲申	4 乙酉	5 小寒 丙戌	6 丁亥	7 戊子	8 己丑	9 庚寅
10 辛卯	11 壬辰	12 癸巳	13 甲午	14 乙未	15 丙申	16 丁酉
17 戊戌	18 己亥	19 庚子	20 辛丑	21 壬寅	22 癸卯	23 甲辰
24 乙巳	25 丙午	26 丁未	27 戊申	28 己酉	29 庚戌	30 辛亥
31 壬子						

2 月 立春 2/4 04 時 37 分 甲寅月

日	月	火	水	木	金	土
	1 癸丑	2 甲寅	3 乙卯	4 立春 丙辰	5 丁巳	6 戊午
7 己未	8 庚申	9 辛酉	10 壬戌	11 癸亥	12 甲子	13 乙丑
14 丙寅	15 丁卯	16 戊辰	17 己巳	18 庚午	19 辛未	20 壬申
21 癸酉	22 甲戌	23 乙亥	24 丙子	25 丁丑	26 戊寅	27 己卯
28 庚辰						

3 月 啓蟄 3/5 22 時 43 分 乙卯月

日	月	火	水	木	金	土
	1 辛巳	2 壬午	3 癸未	4 甲申	5 啓蟄 乙酉	6 丙戌
7 丁亥	8 戊子	9 己丑	10 庚寅	11 辛卯	12 壬辰	13 癸巳
14 甲午	15 乙未	16 丙申	17 丁酉	18 戊戌	19 己亥	20 庚子
21 辛丑	22 壬寅	23 癸卯	24 甲辰	25 乙巳	26 丙午	27 丁未
28 戊申	29 己酉	30 庚戌	31 辛亥			

4 月 清明 4/5 03 時 37 分 丙辰月

日	月	火	水	木	金	土
				1 壬子	2 癸丑	3 甲寅
4 乙卯	5 清明 丙辰	6 丁巳	7 戊午	8 己未	9 庚申	10 辛酉
11 壬戌	12 癸亥	13 甲子	14 乙丑	15 丙寅	16 丁卯	17 戊辰
18 己巳	19 庚午	20 辛未	21 壬申	22 癸酉	23 甲戌	24 乙亥
25 丙子	26 丁丑	27 戊寅	28 己卯	29 庚辰	30 辛巳	

5 月 立夏 5/5 21 時 02 分 丁巳月

日	月	火	水	木	金	土
						1 壬午
2 癸未	3 甲申	4 乙酉	5 立夏 丙戌	6 丁亥	7 戊子	8 己丑
9 庚寅	10 辛卯	11 壬辰	12 癸巳	13 甲午	14 乙未	15 丙申
16 丁酉	17 戊戌	18 己亥	19 庚子	20 辛丑	21 壬寅	22 癸卯
23 甲辰	24 乙巳	25 丙午	26 丁未	27 戊申	28 己酉	29 庚戌
30 辛亥	31 壬子					

6 月 芒種 6/6 01 時 15 分 戊午月

日	月	火	水	木	金	土
		1 癸丑	2 甲寅	3 乙卯	4 丙辰	5 丁巳
6 芒種 戊午	7 己未	8 庚申	9 辛酉	10 壬戌	11 癸亥	12 甲子
13 乙丑	14 丙寅	15 丁卯	16 戊辰	17 己巳	18 庚午	19 辛未
20 壬申	21 癸酉	22 甲戌	23 乙亥	24 丙子	25 丁丑	26 戊寅
27 己卯	28 庚辰	29 辛巳	30 壬午			

10月　寒露 10/8　15時40分 壬戌月

日	月	火	水	木	金	土
					1 乙卯	2 丙辰
3 丁巳	4 戊午	5 己未	6 庚申	7 辛酉	8 寒露 壬戌	9 癸亥
10 甲子	11 乙丑	12 丙寅	13 丁卯	14 戊辰	15 己巳	16 庚午
17 辛未	18 壬申	19 癸酉	20 甲戌	21 乙亥	22 丙子	23 丁丑
24 戊寅	25 己卯	26 庚辰	27 辛巳	28 壬午	29 癸未	30 甲申
31 乙酉						

11月　立冬 11/7　18時46分 癸亥月

日	月	火	水	木	金	土
	1 丙戌	2 丁亥	3 戊子	4 己丑	5 庚寅	6 辛卯
7 立冬 壬辰	8 癸巳	9 甲午	10 乙未	11 丙申	12 丁酉	13 戊戌
14 己亥	15 庚子	16 辛丑	17 壬寅	18 癸卯	19 甲辰	20 乙巳
21 丙午	22 丁未	23 戊申	24 己酉	25 庚戌	26 辛亥	27 壬子
28 癸丑	29 甲寅	30 乙卯				

12月　大雪 12/7　11時34分 甲子月

日	月	火	水	木	金	土
			1 丙辰	2 丁巳	3 戊午	4 己未
5 庚申	6 辛酉	7 大雪 壬戌	8 癸亥	9 甲子	10 乙丑	11 丙寅
12 丁卯	13 戊辰	14 己巳	15 庚午	16 辛未	17 壬申	18 癸酉
19 甲戌	20 乙亥	21 丙子	22 丁丑	23 戊寅	24 己卯	25 庚辰
26 辛巳	27 壬午	28 癸未	29 甲申	30 乙酉	31 丙戌	

7月　小暑 7/7　11時32分　己未月

日	月	火	水	木	金	土
				1 癸未	2 甲申	3 乙酉
4 丙戌	5 丁亥	6 戊子	7 小暑 己丑	8 庚寅	9 辛卯	10 壬辰
11 癸巳	12 甲午	13 乙未	14 丙申	15 丁酉	16 戊戌	17 己亥
18 庚子	19 辛丑	20 壬寅	21 癸卯	22 甲辰	23 乙巳	24 丙午
25 丁未	26 戊申	27 己酉	28 庚戌	29 辛亥	30 壬子	31 癸丑

8月　立秋 8/7　21時18分　庚申月

日	月	火	水	木	金	土
1 甲寅	2 乙卯	3 丙辰	4 丁巳	5 戊午	6 己未	7 立秋 庚申
8 辛酉	9 壬戌	10 癸亥	11 甲子	12 乙丑	13 丙寅	14 丁卯
15 戊辰	16 己巳	17 庚午	18 辛未	19 壬申	20 癸酉	21 甲戌
22 乙亥	23 丙子	24 丁丑	25 戊寅	26 己卯	27 庚辰	28 辛巳
29 壬午	30 癸未	31 甲申				

9月　白露 9/8　00時08分　辛酉月

日	月	火	水	木	金	土
			1 乙酉	2 丙戌	3 丁亥	4 戊子
5 己丑	6 庚寅	7 辛卯	8 白露 壬辰	9 癸巳	10 甲午	11 乙未
12 丙申	13 丁酉	14 戊戌	15 己亥	16 庚子	17 辛丑	18 壬寅
19 癸卯	20 甲辰	21 乙巳	22 丙午	23 丁未	24 戊申	25 己酉
26 庚戌	27 辛亥	28 壬子	29 癸丑	30 甲寅		

1994 年（平成 6 年）　甲戌年

4 月　清明 4/5　09 時 32 分　戊辰月

日	月	火	水	木	金	土
					1 丁巳	2 戊午
3 己未	4 庚申	5 清明 辛酉	6 壬戌	7 癸亥	8 甲子	9 乙丑
10 丙寅	11 丁卯	12 戊辰	13 己巳	14 庚午	15 辛未	16 壬申
17 癸酉	18 甲戌	19 乙亥	20 丙子	21 丁丑	22 戊寅	23 己卯
24 庚辰	25 辛巳	26 壬午	27 癸未	28 甲申	29 乙酉	30 丙戌

5 月　立夏 5/6　02 時 54 分　己巳月

日	月	火	水	木	金	土
1 丁亥	2 戊子	3 己丑	4 庚寅	5 辛卯	6 立夏 壬辰	7 癸巳
8 甲午	9 乙未	10 丙申	11 丁酉	12 戊戌	13 己亥	14 庚子
15 辛丑	16 壬寅	17 癸卯	18 甲辰	19 乙巳	20 丙午	21 丁未
22 戊申	23 己酉	24 庚戌	25 辛亥	26 壬子	27 癸丑	28 甲寅
29 乙卯	30 丙辰	31 丁巳				

6 月　芒種 6/6　07 時 05 分　庚午月

日	月	火	水	木	金	土
			1 戊午	2 己未	3 庚申	4 辛酉
5 壬戌	6 芒種 癸亥	7 甲子	8 乙丑	9 丙寅	10 丁卯	11 戊辰
12 己巳	13 庚午	14 辛未	15 壬申	16 癸酉	17 甲戌	18 乙亥
19 丙子	20 丁丑	21 戊寅	22 己卯	23 庚辰	24 辛巳	25 壬午
26 癸未	27 甲申	28 乙酉	29 丙戌	30 丁亥		

1 月　小寒 1/5　22 時 48 分　乙丑月

日	月	火	水	木	金	土
						1 丁亥
2 戊子	3 己丑	4 庚寅	5 小寒 辛卯	6 壬辰	7 癸巳	8 甲午
9 乙未	10 丙申	11 丁酉	12 戊戌	13 己亥	14 庚子	15 辛丑
16 壬寅	17 癸卯	18 甲辰	19 乙巳	20 丙午	21 丁未	22 戊申
23 己酉	24 庚戌	25 辛亥	26 壬子	27 癸丑	28 甲寅	29 乙卯
30 丙辰	31 丁巳					

2 月　立春 2/4　10 時 31 分　丙寅月

日	月	火	水	木	金	土
		1 戊午	2 己未	3 庚申	4 立春 辛酉	5 壬戌
6 癸亥	7 甲子	8 乙丑	9 丙寅	10 丁卯	11 戊辰	12 己巳
13 庚午	14 辛未	15 壬申	16 癸酉	17 甲戌	18 乙亥	19 丙子
20 丁丑	21 戊寅	22 己卯	23 庚辰	24 辛巳	25 壬午	26 癸未
27 甲申	28 乙酉					

3 月　啓蟄 3/6　04 時 38 分　丁卯月

日	月	火	水	木	金	土
		1 丙戌	2 丁亥	3 戊子	4 己丑	5 庚寅
6 啓蟄 辛卯	7 壬辰	8 癸巳	9 甲午	10 乙未	11 丙申	12 丁酉
13 戊戌	14 己亥	15 庚子	16 辛丑	17 壬寅	18 癸卯	19 甲辰
20 乙巳	21 丙午	22 丁未	23 戊申	24 己酉	25 庚戌	26 辛亥
27 壬子	28 癸丑	29 甲寅	30 乙卯	31 丙辰		

10月　寒露 10/8　21時29分 甲戌月

日	月	火	水	木	金	土
						1 庚申
2 辛酉	3 壬戌	4 癸亥	5 甲子	6 乙丑	7 丙寅	8 寒露 丁卯
9 戊辰	10 己巳	11 庚午	12 辛未	13 壬申	14 癸酉	15 甲戌
16 乙亥	17 丙子	18 丁丑	19 戊寅	20 己卯	21 庚辰	22 辛巳
23 壬午	24 癸未	25 甲申	26 乙酉	27 丙戌	28 丁亥	29 戊子
30 己丑	31 庚寅					

11月　立冬 11/8　00時36分 乙亥月

日	月	火	水	木	金	土
		1 辛卯	2 壬辰	3 癸巳	4 甲午	5 乙未
6 丙申	7 丁酉	8 立冬 戊戌	9 己亥	10 庚子	11 辛丑	12 壬寅
13 癸卯	14 甲辰	15 乙巳	16 丙午	17 丁未	18 戊申	19 己酉
20 庚戌	21 辛亥	22 壬子	23 癸丑	24 甲寅	25 乙卯	26 丙辰
27 丁巳	28 戊午	29 己未	30 庚申			

12月　大雪 12/7　17時23分 丙子月

日	月	火	水	木	金	土
				1 辛酉	2 壬戌	3 癸亥
4 甲子	5 乙丑	6 丙寅	7 大雪 丁卯	8 戊辰	9 己巳	10 庚午
11 辛未	12 壬申	13 癸酉	14 甲戌	15 乙亥	16 丙子	17 丁丑
18 戊寅	19 己卯	20 庚辰	21 辛巳	22 壬午	23 癸未	24 甲申
25 乙酉	26 丙戌	27 丁亥	28 戊子	29 己丑	30 庚寅	31 辛卯

7月　小暑 7/7　17時19分　辛未月

日	月	火	水	木	金	土
					1 戊子	2 己丑
3 庚寅	4 辛卯	5 壬辰	6 癸巳	7 小暑 甲午	8 乙未	9 丙申
10 丁酉	11 戊戌	12 己亥	13 庚子	14 辛丑	15 壬寅	16 癸卯
17 甲辰	18 乙巳	19 丙午	20 丁未	21 戊申	22 己酉	23 庚戌
24 辛亥	25 壬子	26 癸丑	27 甲寅	28 乙卯	29 丙辰	30 丁巳
31 戊午						

8月　立秋 8/8　03時04分　壬申月

日	月	火	水	木	金	土
	1 己未	2 庚申	3 辛酉	4 壬戌	5 癸亥	6 甲子
7 乙丑	8 立秋 丙寅	9 丁卯	10 戊辰	11 己巳	12 庚午	13 辛未
14 壬申	15 癸酉	16 甲戌	17 乙亥	18 丙子	19 丁丑	20 戊寅
21 己卯	22 庚辰	23 辛巳	24 壬午	25 癸未	26 甲申	27 乙酉
28 丙戌	29 丁亥	30 戊子	31 己丑			

9月　白露 9/8　05時55分　癸酉月

日	月	火	水	木	金	土
				1 庚寅	2 辛卯	3 壬辰
4 癸巳	5 甲午	6 乙未	7 丙申	8 白露 丁酉	9 戊戌	10 己亥
11 庚子	12 辛丑	13 壬寅	14 癸卯	15 甲辰	16 乙巳	17 丙午
18 丁未	19 戊申	20 己酉	21 庚戌	22 辛亥	23 壬子	24 癸丑
25 甲寅	26 乙卯	27 丙辰	28 丁巳	29 戊午	30 己未	

1995 年（平成 7 年）　乙亥年

1 月　小寒 1/6　04 時 34 分　丁丑月

日	月	火	水	木	金	土
1 壬辰	2 癸巳	3 甲午	4 乙未	5 丙申	6 小寒 丁酉	7 戊戌
8 己亥	9 庚子	10 辛丑	11 壬寅	12 癸卯	13 甲辰	14 乙巳
15 丙午	16 丁未	17 戊申	18 己酉	19 庚戌	20 辛亥	21 壬子
22 癸丑	23 甲寅	24 乙卯	25 丙辰	26 丁巳	27 戊午	28 己未
29 庚申	30 辛酉	31 壬戌				

2 月　立春 2/4　16 時 13 分　戊寅月

日	月	火	水	木	金	土
			1 癸亥	2 甲子	3 乙丑	4 立春 丙寅
5 丁卯	6 戊辰	7 己巳	8 庚午	9 辛未	10 壬申	11 癸酉
12 甲戌	13 乙亥	14 丙子	15 丁丑	16 戊寅	17 己卯	18 庚辰
19 辛巳	20 壬午	21 癸未	22 甲申	23 乙酉	24 丙戌	25 丁亥
26 戊子	27 己丑	28 庚寅				

3 月　啓蟄 3/6　10 時 16 分　己卯月

日	月	火	水	木	金	土
			1 辛卯	2 壬辰	3 癸巳	4 甲午
5 乙未	6 啓蟄 丙申	7 丁酉	8 戊戌	9 己亥	10 庚子	11 辛丑
12 壬寅	13 癸卯	14 甲辰	15 乙巳	16 丙午	17 丁未	18 戊申
19 己酉	20 庚戌	21 辛亥	22 壬子	23 癸丑	24 甲寅	25 乙卯
26 丙辰	27 丁巳	28 戊午	29 己未	30 庚申	31 辛酉	

4 月　清明 4/5　15 時 08 分　庚辰月

日	月	火	水	木	金	土
						1 壬戌
2 癸亥	3 甲子	4 乙丑	5 清明 丙寅	6 丁卯	7 戊辰	8 己巳
9 庚午	10 辛未	11 壬申	12 癸酉	13 甲戌	14 乙亥	15 丙子
16 丁丑	17 戊寅	18 己卯	19 庚辰	20 辛巳	21 壬午	22 癸未
23 甲申	24 乙酉	25 丙戌	26 丁亥	27 戊子	28 己丑	29 庚寅
30 辛卯						

5 月　立夏 5/6　08 時 30 分　辛巳月

日	月	火	水	木	金	土
	1 壬辰	2 癸巳	3 甲午	4 乙未	5 丙申	6 立夏 丁酉
7 戊戌	8 己亥	9 庚子	10 辛丑	11 壬寅	12 癸卯	13 甲辰
14 乙巳	15 丙午	16 丁未	17 戊申	18 己酉	19 庚戌	20 辛亥
21 壬子	22 癸丑	23 甲寅	24 乙卯	25 丙辰	26 丁巳	27 戊午
28 己未	29 庚申	30 辛酉	31 壬戌			

6 月　芒種 6/6　12 時 42 分　壬午月

日	月	火	水	木	金	土
				1 癸亥	2 甲子	3 乙丑
4 丙寅	5 丁卯	6 芒種 戊辰	7 己巳	8 庚午	9 辛未	10 壬申
11 癸酉	12 甲戌	13 乙亥	14 丙子	15 丁丑	16 戊寅	17 己卯
18 庚辰	19 辛巳	20 壬午	21 癸未	22 甲申	23 乙酉	24 丙戌
25 丁亥	26 戊子	27 己丑	28 庚寅	29 辛卯	30 壬辰	

10月　寒露 10/9　03 時 27 分 丙戌月

日	月	火	水	木	金	土
1 乙丑	2 丙寅	3 丁卯	4 戊辰	5 己巳	6 庚午	7 辛未
8 壬申	9 寒露 癸酉	10 甲戌	11 乙亥	12 丙子	13 丁丑	14 戊寅
15 己卯	16 庚辰	17 辛巳	18 壬午	19 癸未	20 甲申	21 乙酉
22 丙戌	23 丁亥	24 戊子	25 己丑	26 庚寅	27 辛卯	28 壬辰
29 癸巳	30 甲午	31 乙未				

11月　立冬 11/8　06 時 36 分 丁亥月

日	月	火	水	木	金	土
			1 丙申	2 丁酉	3 戊戌	4 己亥
5 庚子	6 辛丑	7 壬寅	8 立冬 癸卯	9 甲辰	10 乙巳	11 丙午
12 丁未	13 戊申	14 己酉	15 庚戌	16 辛亥	17 壬子	18 癸丑
19 甲寅	20 乙卯	21 丙辰	22 丁巳	23 戊午	24 己未	25 庚申
26 辛酉	27 壬戌	28 癸亥	29 甲子	30 乙丑		

12月　大雪 12/7　23 時 22 分 戊子月

日	月	火	水	木	金	土
					1 丙寅	2 丁卯
3 戊辰	4 己巳	5 庚午	6 辛未	7 大雪 壬申	8 癸酉	9 甲戌
10 乙亥	11 丙子	12 丁丑	13 戊寅	14 己卯	15 庚辰	16 辛巳
17 壬午	18 癸未	19 甲申	20 乙酉	21 丙戌	22 丁亥	23 戊子
24 己丑	25 庚寅	26 辛卯	27 壬辰	28 癸巳	29 甲午	30 乙未
31 丙申						

7 月　小暑 7/7　23 時 01 分　癸未月

日	月	火	水	木	金	土
						1 癸巳
2 甲午	3 乙未	4 丙申	5 丁酉	6 戊戌	7 小暑 己亥	8 庚子
9 辛丑	10 壬寅	11 癸卯	12 甲辰	13 乙巳	14 丙午	15 丁未
16 戊申	17 己酉	18 庚戌	19 辛亥	20 壬子	21 癸丑	22 甲寅
23 乙卯	24 丙辰	25 丁巳	26 戊午	27 己未	28 庚申	29 辛酉
30 壬戌	31 癸亥					

8 月　立秋 8/8　08 時 52 分　甲申月

日	月	火	水	木	金	土
		1 甲子	2 乙丑	3 丙寅	4 丁卯	5 戊辰
6 己巳	7 庚午	8 立秋 辛未	9 壬申	10 癸酉	11 甲戌	12 乙亥
13 丙子	14 丁丑	15 戊寅	16 己卯	17 庚辰	18 辛巳	19 壬午
20 癸未	21 甲申	22 乙酉	23 丙戌	24 丁亥	25 戊子	26 己丑
27 庚寅	28 辛卯	29 壬辰	30 癸巳	31 甲午		

9 月　白露 9/8　11 時 49 分　乙酉月

日	月	火	水	木	金	土
					1 乙未	2 丙申
3 丁酉	4 戊戌	5 己亥	6 庚子	7 辛丑	8 白露 壬寅	9 癸卯
10 甲辰	11 乙巳	12 丙午	13 丁未	14 戊申	15 己酉	16 庚戌
17 辛亥	18 壬子	19 癸丑	20 甲寅	21 乙卯	22 丙辰	23 丁巳
24 戊午	25 己未	26 庚申	27 辛酉	28 壬戌	29 癸亥	30 甲子

1996 年（平成 8 年）　丙子年

1 月　小寒 1/6　10 時 31 分　己丑月

日	月	火	水	木	金	土
	1 丁酉	2 戊戌	3 己亥	4 庚子	5 辛丑	6 小寒 壬寅
7 癸卯	8 甲辰	9 乙巳	10 丙午	11 丁未	12 戊申	13 己酉
14 庚戌	15 辛亥	16 壬子	17 癸丑	18 甲寅	19 乙卯	20 丙辰
21 丁巳	22 戊午	23 己未	24 庚申	25 辛酉	26 壬戌	27 癸亥
28 甲子	29 乙丑	30 丙寅	31 丁卯			

2 月　立春 2/4　22 時 08 分　庚寅月

日	月	火	水	木	金	土
				1 戊辰	2 己巳	3 庚午
4 立春 辛未	5 壬申	6 癸酉	7 甲戌	8 乙亥	9 丙子	10 丁丑
11 戊寅	12 己卯	13 庚辰	14 辛巳	15 壬午	16 癸未	17 甲申
18 乙酉	19 丙戌	20 丁亥	21 戊子	22 己丑	23 庚寅	24 辛卯
25 壬辰	26 癸巳	27 甲午	28 乙未	29 丙申		

3 月　啓蟄 3/5　16 時 10 分　辛卯月

日	月	火	水	木	金	土
					1 丁酉	2 戊戌
3 己亥	4 庚子	5 啓蟄 辛丑	6 壬寅	7 癸卯	8 甲辰	9 乙巳
10 丙午	11 丁未	12 戊申	13 己酉	14 庚戌	15 辛亥	16 壬子
17 癸丑	18 甲寅	19 乙卯	20 丙辰	21 丁巳	22 戊午	23 己未
24 庚申	25 辛酉	26 壬戌	27 癸亥	28 甲子	29 乙丑	30 丙寅
31 丁卯						

4 月　清明 4/4　21 時 02 分　壬辰月

日	月	火	水	木	金	土
	1 戊辰	2 己巳	3 庚午	4 清明 辛未	5 壬申	6 癸酉
7 甲戌	8 乙亥	9 丙子	10 丁丑	11 戊寅	12 己卯	13 庚辰
14 辛巳	15 壬午	16 癸未	17 甲申	18 乙酉	19 丙戌	20 丁亥
21 戊子	22 己丑	23 庚寅	24 辛卯	25 壬辰	26 癸巳	27 甲午
28 乙未	29 丙申	30 丁酉				

5 月　立夏 5/5　14 時 26 分　癸巳月

日	月	火	水	木	金	土
			1 戊戌	2 己亥	3 庚子	4 辛丑
5 立夏 壬寅	6 癸卯	7 甲辰	8 乙巳	9 丙午	10 丁未	11 戊申
12 己酉	13 庚戌	14 辛亥	15 壬子	16 癸丑	17 甲寅	18 乙卯
19 丙辰	20 丁巳	21 戊午	22 己未	23 庚申	24 辛酉	25 壬戌
26 癸亥	27 甲子	28 乙丑	29 丙寅	30 丁卯	31 戊辰	

6 月　芒種 6/5　18 時 41 分　甲午月

日	月	火	水	木	金	土
						1 己巳
2 庚午	3 辛未	4 壬申	5 芒種 癸酉	6 甲戌	7 乙亥	8 丙子
9 丁丑	10 戊寅	11 己卯	12 庚辰	13 辛巳	14 壬午	15 癸未
16 甲申	17 乙酉	18 丙戌	19 丁亥	20 戊子	21 己丑	22 庚寅
23 辛卯	24 壬辰	25 癸巳	26 甲午	27 乙未	28 丙申	29 丁酉
30 戊戌						

7月　小暑 7/7　05時00分　乙未月

日	月	火	水	木	金	土
	1 己亥	2 庚子	3 辛丑	4 壬寅	5 癸卯	6 甲辰
7 小暑 乙巳	8 丙午	9 丁未	10 戊申	11 己酉	12 庚戌	13 辛亥
14 壬子	15 癸丑	16 甲寅	17 乙卯	18 丙辰	19 丁巳	20 戊午
21 己未	22 庚申	23 辛酉	24 壬戌	25 癸亥	26 甲子	27 乙丑
28 丙寅	29 丁卯	30 戊辰	31 己巳			

8月　立秋 8/7　14時49分　丙申月

日	月	火	水	木	金	土
				1 庚午	2 辛未	3 壬申
4 癸酉	5 甲戌	6 乙亥	7 立秋 丙子	8 丁丑	9 戊寅	10 己卯
11 庚辰	12 辛巳	13 壬午	14 癸未	15 甲申	16 乙酉	17 丙戌
18 丁亥	19 戊子	20 己丑	21 庚寅	22 辛卯	23 壬辰	24 癸巳
25 甲午	26 乙未	27 丙申	28 丁酉	29 戊戌	30 己亥	31 庚子

9月　白露 9/7　17時42分　丁酉月

日	月	火	水	木	金	土
1 辛丑	2 壬寅	3 癸卯	4 甲辰	5 乙巳	6 丙午	7 白露 丁未
8 戊申	9 己酉	10 庚戌	11 辛亥	12 壬子	13 癸丑	14 甲寅
15 乙卯	16 丙辰	17 丁巳	18 戊午	19 己未	20 庚申	21 辛酉
22 壬戌	23 癸亥	24 甲子	25 乙丑	26 丙寅	27 丁卯	28 戊辰
29 己巳	30 庚午					

10月　寒露 10/8　09時19分　戊戌月

日	月	火	水	木	金	土
		1 辛未	2 壬申	3 癸酉	4 甲戌	5 乙亥
6 丙子	7 丁丑	8 寒露 戊寅	9 己卯	10 庚辰	11 辛巳	12 壬午
13 癸未	14 甲申	15 乙酉	16 丙戌	17 丁亥	18 戊子	19 己丑
20 庚寅	21 辛卯	22 壬辰	23 癸巳	24 甲午	25 乙未	26 丙申
27 丁酉	28 戊戌	29 己亥	30 庚子	31 辛丑		

11月　立冬 11/7　12時27分　己亥月

日	月	火	水	木	金	土
					1 壬寅	2 癸卯
3 甲辰	4 乙巳	5 丙午	6 丁未	7 立冬 戊申	8 己酉	9 庚戌
10 辛亥	11 壬子	12 癸丑	13 甲寅	14 乙卯	15 丙辰	16 丁巳
17 戊午	18 己未	19 庚申	20 辛酉	21 壬戌	22 癸亥	23 甲子
24 乙丑	25 丙寅	26 丁卯	27 戊辰	28 己巳	29 庚午	30 辛未

12月　大雪 12/7　05時14分　庚子月

日	月	火	水	木	金	土
1 壬申	2 癸酉	3 甲戌	4 乙亥	5 丙子	6 丁丑	7 大雪 戊寅
8 己卯	9 庚辰	10 辛巳	11 壬午	12 癸未	13 甲申	14 乙酉
15 丙戌	16 丁亥	17 戊子	18 己丑	19 庚寅	20 辛卯	21 壬辰
22 癸巳	23 甲午	24 乙未	25 丙申	26 丁酉	27 戊戌	28 己亥
29 庚子	30 辛丑	31 壬寅				

1997 年（平成 9 年） 丁丑年

1 月 小寒 1/5 16 時 24 分 辛丑月

日	月	火	水	木	金	土
			1 癸卯	2 甲辰	3 乙巳	4 丙午
5 小寒 丁未	6 戊申	7 己酉	8 庚戌	9 辛亥	10 壬子	11 癸丑
12 甲寅	13 乙卯	14 丙辰	15 丁巳	16 戊午	17 己未	18 庚申
19 辛酉	20 壬戌	21 癸亥	22 甲子	23 乙丑	24 丙寅	25 丁卯
26 戊辰	27 己巳	28 庚午	29 辛未	30 壬申	31 癸酉	

2 月 立春 2/4 04 時 02 分 壬寅月

日	月	火	水	木	金	土
						1 甲戌
2 乙亥	3 丙子	4 立春 丁丑	5 戊寅	6 己卯	7 庚辰	8 辛巳
9 壬午	10 癸未	11 甲申	12 乙酉	13 丙戌	14 丁亥	15 戊子
16 己丑	17 庚寅	18 辛卯	19 壬辰	20 癸巳	21 甲午	22 乙未
23 丙申	24 丁酉	25 戊戌	26 己亥	27 庚子	28 辛丑	

3 月 啓蟄 3/5 22 時 04 分 癸卯月

日	月	火	水	木	金	土
						1 壬寅
2 癸卯	3 甲辰	4 乙巳	5 啓蟄 丙午	6 丁未	7 戊申	8 己酉
9 庚戌	10 辛亥	11 壬子	12 癸丑	13 甲寅	14 乙卯	15 丙辰
16 丁巳	17 戊午	18 己未	19 庚申	20 辛酉	21 壬戌	22 癸亥
23 甲子	24 乙丑	25 丙寅	26 丁卯	27 戊辰	28 己巳	29 庚午
30 辛未	31 壬申					

4 月 清明 4/5 02 時 56 分 甲辰月

日	月	火	水	木	金	土
		1 癸酉	2 甲戌	3 乙亥	4 丙子	5 清明 丁丑
6 戊寅	7 己卯	8 庚辰	9 辛巳	10 壬午	11 癸未	12 甲申
13 乙酉	14 丙戌	15 丁亥	16 戊子	17 己丑	18 庚寅	19 辛卯
20 壬辰	21 癸巳	22 甲午	23 乙未	24 丙申	25 丁酉	26 戊戌
27 己亥	28 庚子	29 辛丑	30 壬寅			

5 月 立夏 5/5 20 時 19 分 乙巳月

日	月	火	水	木	金	土
				1 癸卯	2 甲辰	3 乙巳
4 丙午	5 立夏 丁未	6 戊申	7 己酉	8 庚戌	9 辛亥	10 壬子
11 癸丑	12 甲寅	13 乙卯	14 丙辰	15 丁巳	16 戊午	17 己未
18 庚申	19 辛酉	20 壬戌	21 癸亥	22 甲子	23 乙丑	24 丙寅
25 丁卯	26 戊辰	27 己巳	28 庚午	29 辛未	30 壬申	31 癸酉

6 月 芒種 6/6 00 時 33 分 丙午月

日	月	火	水	木	金	土
1 甲戌	2 乙亥	3 丙子	4 丁丑	5 戊寅	6 芒種 己卯	7 庚辰
8 辛巳	9 壬午	10 癸未	11 甲申	12 乙酉	13 丙戌	14 丁亥
15 戊子	16 己丑	17 庚寅	18 辛卯	19 壬辰	20 癸巳	21 甲午
22 乙未	23 丙申	24 丁酉	25 戊戌	26 己亥	27 庚子	28 辛丑
29 壬寅	30 癸卯					

10月　寒露 10/8　15時 05分 庚戌月

日	月	火	水	木	金	土
			1 丙子	2 丁丑	3 戊寅	4 己卯
5 庚辰	6 辛巳	7 壬午	8 寒露 癸未	9 甲申	10 乙酉	11 丙戌
12 丁亥	13 戊子	14 己丑	15 庚寅	16 辛卯	17 壬辰	18 癸巳
19 甲午	20 乙未	21 丙申	22 丁酉	23 戊戌	24 己亥	25 庚子
26 辛丑	27 壬寅	28 癸卯	29 甲辰	30 乙巳	31 丙午	

11月　立冬 11/7　18時 15分 辛亥月

日	月	火	水	木	金	土
						1 丁未
2 戊申	3 己酉	4 庚戌	5 辛亥	6 壬子	7 立冬 癸丑	8 甲寅
9 乙卯	10 丙辰	11 丁巳	12 戊午	13 己未	14 庚申	15 辛酉
16 壬戌	17 癸亥	18 甲子	19 乙丑	20 丙寅	21 丁卯	22 戊辰
23 己巳	24 庚午	25 辛未	26 壬申	27 癸酉	28 甲戌	29 乙亥
30 丙子						

12月　大雪 12/7　11時 05分 壬子月

日	月	火	水	木	金	土
	1 丁丑	2 戊寅	3 己卯	4 庚辰	5 辛巳	6 壬午
7 大雪 癸未	8 甲申	9 乙酉	10 丙戌	11 丁亥	12 戊子	13 己丑
14 庚寅	15 辛卯	16 壬辰	17 癸巳	18 甲午	19 乙未	20 丙申
21 丁酉	22 戊戌	23 己亥	24 庚子	25 辛丑	26 壬寅	27 癸卯
28 甲辰	29 乙巳	30 丙午	31 丁未			

7月　小暑 7/7　10時 49分　丁未月

日	月	火	水	木	金	土
		1 甲辰	2 乙巳	3 丙午	4 丁未	5 戊申
6 己酉	7 小暑 庚戌	8 辛亥	9 壬子	10 癸丑	11 甲寅	12 乙卯
13 丙辰	14 丁巳	15 戊午	16 己未	17 庚申	18 辛酉	19 壬戌
20 癸亥	21 甲子	22 乙丑	23 丙寅	24 丁卯	25 戊辰	26 己巳
27 庚午	28 辛未	29 壬申	30 癸酉	31 甲戌		

8月　立秋 8/7　20時 36分　戊申月

日	月	火	水	木	金	土
					1 乙亥	2 丙子
3 丁丑	4 戊寅	5 己卯	6 庚辰	7 立秋 辛巳	8 壬午	9 癸未
10 甲申	11 乙酉	12 丙戌	13 丁亥	14 戊子	15 己丑	16 庚寅
17 辛卯	18 壬辰	19 癸巳	20 甲午	21 乙未	22 丙申	23 丁酉
24 戊戌	25 己亥	26 庚子	27 辛丑	28 壬寅	29 癸卯	30 甲辰
31 乙巳						

9月　白露 9/7　23時 29分　己酉月

日	月	火	水	木	金	土
	1 丙午	2 丁未	3 戊申	4 己酉	5 庚戌	6 辛亥
7 白露 壬子	8 癸丑	9 甲寅	10 乙卯	11 丙辰	12 丁巳	13 戊午
14 己未	15 庚申	16 辛酉	17 壬戌	18 癸亥	19 甲子	20 乙丑
21 丙寅	22 丁卯	23 戊辰	24 己巳	25 庚午	26 辛未	27 壬申
28 癸酉	29 甲戌	30 乙亥				

1998年（平成10年）　戊寅年

1月　小寒 1/5　22時18分　癸丑月

日	月	火	水	木	金	土
				1 戊申	2 己酉	3 庚戌
4 辛亥	5 小寒 壬子	6 癸丑	7 甲寅	8 乙卯	9 丙辰	10 丁巳
11 戊午	12 己未	13 庚申	14 辛酉	15 壬戌	16 癸亥	17 甲子
18 乙丑	19 丙寅	20 丁卯	21 戊辰	22 己巳	23 庚午	24 辛未
25 壬申	26 癸酉	27 甲戌	28 乙亥	29 丙子	30 丁丑	31 戊寅

2月　立春 2/4　09時57分　甲寅月

日	月	火	水	木	金	土
1 己卯	2 庚辰	3 辛巳	4 立春 壬午	5 癸未	6 甲申	7 乙酉
8 丙戌	9 丁亥	10 戊子	11 己丑	12 庚寅	13 辛卯	14 壬辰
15 癸巳	16 甲午	17 乙未	18 丙申	19 丁酉	20 戊戌	21 己亥
22 庚子	23 辛丑	24 壬寅	25 癸卯	26 甲辰	27 乙巳	28 丙午

3月　啓蟄 3/6　03時57分　乙卯月

日	月	火	水	木	金	土
1 丁未	2 戊申	3 己酉	4 庚戌	5 辛亥	6 啓蟄 壬子	7 癸丑
8 甲寅	9 乙卯	10 丙辰	11 丁巳	12 戊午	13 己未	14 庚申
15 辛酉	16 壬戌	17 癸亥	18 甲子	19 乙丑	20 丙寅	21 丁卯
22 戊辰	23 己巳	24 庚午	25 辛未	26 壬申	27 癸酉	28 甲戌
29 乙亥	30 丙子	31 丁丑				

4月　清明 4/5　08時45分　丙辰月

日	月	火	水	木	金	土
			1 戊寅	2 己卯	3 庚辰	4 辛巳
5 清明 壬午	6 癸未	7 甲申	8 乙酉	9 丙戌	10 丁亥	11 戊子
12 己丑	13 庚寅	14 辛卯	15 壬辰	16 癸巳	17 甲午	18 乙未
19 丙申	20 丁酉	21 戊戌	22 己亥	23 庚子	24 辛丑	25 壬寅
26 癸卯	27 甲辰	28 乙巳	29 丙午	30 丁未		

5月　立夏 5/6　02時03分　丁巳月

日	月	火	水	木	金	土
					1 戊申	2 己酉
3 庚戌	4 辛亥	5 壬子	6 立夏 癸丑	7 甲寅	8 乙卯	9 丙辰
10 丁巳	11 戊午	12 己未	13 庚申	14 辛酉	15 壬戌	16 癸亥
17 甲子	18 乙丑	19 丙寅	20 丁卯	21 戊辰	22 己巳	23 庚午
24 辛未	25 壬申	26 癸酉	27 甲戌	28 乙亥	29 丙子	30 丁丑
31 戊寅						

6月　芒種 6/6　06時13分　戊午月

日	月	火	水	木	金	土
	1 己卯	2 庚辰	3 辛巳	4 壬午	5 癸未	6 芒種 甲申
7 乙酉	8 丙戌	9 丁亥	10 戊子	11 己丑	12 庚寅	13 辛卯
14 壬辰	15 癸巳	16 甲午	17 乙未	18 丙申	19 丁酉	20 戊戌
21 己亥	22 庚子	23 辛丑	24 壬寅	25 癸卯	26 甲辰	27 乙巳
28 丙午	29 丁未	30 戊申				

10月　寒露 10/8　20時56分　壬戌月

日	月	火	水	木	金	土
				1 辛巳	2 壬午	3 癸未
4 甲申	5 乙酉	6 丙戌	7 丁亥	8 寒露 戊子	9 己丑	10 庚寅
11 辛卯	12 壬辰	13 癸巳	14 甲午	15 乙未	16 丙申	17 丁酉
18 戊戌	19 己亥	20 庚子	21 辛丑	22 壬寅	23 癸卯	24 甲辰
25 乙巳	26 丙午	27 丁未	28 戊申	29 己酉	30 庚戌	31 辛亥

11月　立冬 11/8　00時08分　癸亥月

日	月	火	水	木	金	土
1 壬子	2 癸丑	3 甲寅	4 乙卯	5 丙辰	6 丁巳	7 戊午
8 立冬 己未	9 庚申	10 辛酉	11 壬戌	12 癸亥	13 甲子	14 乙丑
15 丙寅	16 丁卯	17 戊辰	18 己巳	19 庚午	20 辛未	21 壬申
22 癸酉	23 甲戌	24 乙亥	25 丙子	26 丁丑	27 戊寅	28 己卯
29 庚辰	30 辛巳					

12月　大雪 12/7　17時02分　甲子月

日	月	火	水	木	金	土
		1 壬午	2 癸未	3 甲申	4 乙酉	5 丙戌
6 丁亥	7 大雪 戊子	8 己丑	9 庚寅	10 辛卯	11 壬辰	12 癸巳
13 甲午	14 乙未	15 丙申	16 丁酉	17 戊戌	18 己亥	19 庚子
20 辛丑	21 壬寅	22 癸卯	23 甲辰	24 乙巳	25 丙午	26 丁未
27 戊申	28 己酉	29 庚戌	30 辛亥	31 壬子		

7月　小暑 7/7　16時30分　己未月

日	月	火	水	木	金	土
			1 己酉	2 庚戌	3 辛亥	4 壬子
5 癸丑	6 甲寅	7 小暑 乙卯	8 丙辰	9 丁巳	10 戊午	11 己未
12 庚申	13 辛酉	14 壬戌	15 癸亥	16 甲子	17 乙丑	18 丙寅
19 丁卯	20 戊辰	21 己巳	22 庚午	23 辛未	24 壬申	25 癸酉
26 甲戌	27 乙亥	28 丙子	29 丁丑	30 戊寅	31 己卯	

8月　立秋 8/8　02時20分　庚申月

日	月	火	水	木	金	土
						1 庚辰
2 辛巳	3 壬午	4 癸未	5 甲申	6 乙酉	7 丙戌	8 立秋 丁亥
9 戊子	10 己丑	11 庚寅	12 辛卯	13 壬辰	14 癸巳	15 甲午
16 乙未	17 丙申	18 丁酉	19 戊戌	20 己亥	21 庚子	22 辛丑
23 壬寅	24 癸卯	25 甲辰	26 乙巳	27 丙午	28 丁未	29 戊申
30 己酉	31 庚戌					

9月　白露 9/8　05時16分　辛酉月

日	月	火	水	木	金	土
		1 辛亥	2 壬子	3 癸丑	4 甲寅	5 乙卯
6 丙辰	7 丁巳	8 白露 戊午	9 己未	10 庚申	11 辛酉	12 壬戌
13 癸亥	14 甲子	15 乙丑	16 丙寅	17 丁卯	18 戊辰	19 己巳
20 庚午	21 辛未	22 壬申	23 癸酉	24 甲戌	25 乙亥	26 丙子
27 丁丑	28 戊寅	29 己卯	30 庚辰			

1999 年（平成 11 年） 己卯年

1 月 小寒 1/6 04 時 17 分 乙丑月

日	月	火	水	木	金	土
					1 癸丑	2 甲寅
3 乙卯	4 丙辰	5 丁巳	6 小寒 戊午	7 己未	8 庚申	9 辛酉
10 壬戌	11 癸亥	12 甲子	13 乙丑	14 丙寅	15 丁卯	16 戊辰
17 己巳	18 庚午	19 辛未	20 壬申	21 癸酉	22 甲戌	23 乙亥
24 丙子	25 丁丑	26 戊寅	27 己卯	28 庚辰	29 辛巳	30 壬午
31 癸未						

2 月 立春 2/4 15 時 57 分 丙寅月

日	月	火	水	木	金	土
	1 甲申	2 乙酉	3 丙戌	4 立春 丁亥	5 戊子	6 己丑
7 庚寅	8 辛卯	9 壬辰	10 癸巳	11 甲午	12 乙未	13 丙申
14 丁酉	15 戊戌	16 己亥	17 庚子	18 辛丑	19 壬寅	20 癸卯
21 甲辰	22 乙巳	23 丙午	24 丁未	25 戊申	26 己酉	27 庚戌
28 辛亥						

3 月 啓蟄 3/6 09 時 58 分 丁卯月

日	月	火	水	木	金	土
	1 壬子	2 癸丑	3 甲寅	4 乙卯	5 丙辰	6 啓蟄 丁巳
7 戊午	8 己未	9 庚申	10 辛酉	11 壬戌	12 癸亥	13 甲子
14 乙丑	15 丙寅	16 丁卯	17 戊辰	18 己巳	19 庚午	20 辛未
21 壬申	22 癸酉	23 甲戌	24 乙亥	25 丙子	26 丁丑	27 戊寅
28 己卯	29 庚辰	30 辛巳	31 壬午			

4 月 清明 4/5 14 時 45 分 戊辰月

日	月	火	水	木	金	土
				1 癸未	2 甲申	3 乙酉
4 丙戌	5 清明 丁亥	6 戊子	7 己丑	8 庚寅	9 辛卯	10 壬辰
11 癸巳	12 甲午	13 乙未	14 丙申	15 丁酉	16 戊戌	17 己亥
18 庚子	19 辛丑	20 壬寅	21 癸卯	22 甲辰	23 乙巳	24 丙午
25 丁未	26 戊申	27 己酉	28 庚戌	29 辛亥	30 壬子	

5 月 立夏 5/6 08 時 01 分 己巳月

日	月	火	水	木	金	土
						1 癸丑
2 甲寅	3 乙卯	4 丙辰	5 丁巳	6 立夏 戊午	7 己未	8 庚申
9 辛酉	10 壬戌	11 癸亥	12 甲子	13 乙丑	14 丙寅	15 丁卯
16 戊辰	17 己巳	18 庚午	19 辛未	20 壬申	21 癸酉	22 甲戌
23 乙亥	24 丙子	25 丁丑	26 戊寅	27 己卯	28 庚辰	29 辛巳
30 壬午	31 癸未					

6 月 芒種 6/6 12 時 09 分 庚午月

日	月	火	水	木	金	土
		1 甲申	2 乙酉	3 丙戌	4 丁亥	5 戊子
6 芒種 己丑	7 庚寅	8 辛卯	9 壬辰	10 癸巳	11 甲午	12 乙未
13 丙申	14 丁酉	15 戊戌	16 己亥	17 庚子	18 辛丑	19 壬寅
20 癸卯	21 甲辰	22 乙巳	23 丙午	24 丁未	25 戊申	26 己酉
27 庚戌	28 辛亥	29 壬子	30 癸丑			

7 月　小暑 7/7　22 時 25 分　辛未月

日	月	火	水	木	金	土
				1 甲寅	2 乙卯	3 丙辰
4 丁巳	5 戊午	6 己未	7 小暑 庚申	8 辛酉	9 壬戌	10 癸亥
11 甲子	12 乙丑	13 丙寅	14 丁卯	15 戊辰	16 己巳	17 庚午
18 辛未	19 壬申	20 癸酉	21 甲戌	22 乙亥	23 丙子	24 丁丑
25 戊寅	26 己卯	27 庚辰	28 辛巳	29 壬午	30 癸未	31 甲申

8 月　立秋 8/8　08 時 14 分　壬申月

日	月	火	水	木	金	土
1 乙酉	2 丙戌	3 丁亥	4 戊子	5 己丑	6 庚寅	7 辛卯
8 立秋 壬辰	9 癸巳	10 甲午	11 乙未	12 丙申	13 丁酉	14 戊戌
15 己亥	16 庚子	17 辛丑	18 壬寅	19 癸卯	20 甲辰	21 乙巳
22 丙午	23 丁未	24 戊申	25 己酉	26 庚戌	27 辛亥	28 壬子
29 癸丑	30 甲寅	31 乙卯				

9 月　白露 9/8　11 時 10 分　癸酉月

日	月	火	水	木	金	土
			1 丙辰	2 丁巳	3 戊午	4 己未
5 庚申	6 辛酉	7 壬戌	8 白露 癸亥	9 甲子	10 乙丑	11 丙寅
12 丁卯	13 戊辰	14 己巳	15 庚午	16 辛未	17 壬申	18 癸酉
19 甲戌	20 乙亥	21 丙子	22 丁丑	23 戊寅	24 己卯	25 庚辰
26 辛巳	27 壬午	28 癸未	29 甲申	30 乙酉		

10月　寒露 10/9　02 時 48 分　甲戌月

日	月	火	水	木	金	土
					1 丙戌	2 丁亥
3 戊子	4 己丑	5 庚寅	6 辛卯	7 壬辰	8 癸巳	9 寒露 甲午
10 乙未	11 丙申	12 丁酉	13 戊戌	14 己亥	15 庚子	16 辛丑
17 壬寅	18 癸卯	19 甲辰	20 乙巳	21 丙午	22 丁未	23 戊申
24 己酉	25 庚戌	26 辛亥	27 壬子	28 癸丑	29 甲寅	30 乙卯
31 丙辰						

11月　立冬 11/8　05 時 58 分　乙亥月

日	月	火	水	木	金	土
	1 丁巳	2 戊午	3 己未	4 庚申	5 辛酉	6 壬戌
7 癸亥	8 立冬 甲子	9 乙丑	10 丙寅	11 丁卯	12 戊辰	13 己巳
14 庚午	15 辛未	16 壬申	17 癸酉	18 甲戌	19 乙亥	20 丙子
21 丁丑	22 戊寅	23 己卯	24 庚辰	25 辛巳	26 壬午	27 癸未
28 甲申	29 乙酉	30 丙戌				

12月　大雪 12/7　22 時 47 分　丙子月

日	月	火	水	木	金	土
			1 丁亥	2 戊子	3 己丑	4 庚寅
5 辛卯	6 壬辰	7 大雪 癸巳	8 甲午	9 乙未	10 丙申	11 丁酉
12 戊戌	13 己亥	14 庚子	15 辛丑	16 壬寅	17 癸卯	18 甲辰
19 乙巳	20 丙午	21 丁未	22 戊申	23 己酉	24 庚戌	25 辛亥
26 壬子	27 癸丑	28 甲寅	29 乙卯	30 丙辰	31 丁巳	

2000年（平成12年） 庚辰年

4月　清明 4/4　20時32分　庚辰月

日	月	火	水	木	金	土
						1 己丑
2 庚寅	3 辛卯	4 清明 壬辰	5 癸巳	6 甲午	7 乙未	8 丙申
9 丁酉	10 戊戌	11 己亥	12 庚子	13 辛丑	14 壬寅	15 癸卯
16 甲辰	17 乙巳	18 丙午	19 丁未	20 戊申	21 己酉	22 庚戌
23 辛亥	24 壬子	25 癸丑	26 甲寅	27 乙卯	28 丙辰	29 丁巳
30 戊午						

5月　立夏 5/5　13時50分　辛巳月

日	月	火	水	木	金	土
	1 己未	2 庚申	3 辛酉	4 壬戌	5 立夏 癸亥	6 甲子
7 乙丑	8 丙寅	9 丁卯	10 戊辰	11 己巳	12 庚午	13 辛未
14 壬申	15 癸酉	16 甲戌	17 乙亥	18 丙子	19 丁丑	20 戊寅
21 己卯	22 庚辰	23 辛巳	24 壬午	25 癸未	26 甲申	27 乙酉
28 丙戌	29 丁亥	30 戊子	31 己丑			

6月　芒種 6/5　17時59分　壬午月

日	月	火	水	木	金	土
				1 庚寅	2 辛卯	3 壬辰
4 癸巳	5 芒種 甲午	6 乙未	7 丙申	8 丁酉	9 戊戌	10 己亥
11 庚子	12 辛丑	13 壬寅	14 癸卯	15 甲辰	16 乙巳	17 丙午
18 丁未	19 戊申	20 己酉	21 庚戌	22 辛亥	23 壬子	24 癸丑
25 甲寅	26 乙卯	27 丙辰	28 丁巳	29 戊午	30 己未	

1月　小寒 1/6　10時01分　丁丑月

日	月	火	水	木	金	土
						1 戊午
2 己未	3 庚申	4 辛酉	5 壬戌	6 小寒 癸亥	7 甲子	8 乙丑
9 丙寅	10 丁卯	11 戊辰	12 己巳	13 庚午	14 辛未	15 壬申
16 癸酉	17 甲戌	18 乙亥	19 丙子	20 丁丑	21 戊寅	22 己卯
23 庚辰	24 辛巳	25 壬午	26 癸未	27 甲申	28 乙酉	29 丙戌
30 丁亥	31 戊子					

2月　立春 2/4　21時40分　戊寅月

日	月	火	水	木	金	土
		1 己丑	2 庚寅	3 辛卯	4 立春 壬辰	5 癸巳
6 甲午	7 乙未	8 丙申	9 丁酉	10 戊戌	11 己亥	12 庚子
13 辛丑	14 壬寅	15 癸卯	16 甲辰	17 乙巳	18 丙午	19 丁未
20 戊申	21 己酉	22 庚戌	23 辛亥	24 壬子	25 癸丑	26 甲寅
27 乙卯	28 丙辰	29 丁巳				

3月　啓蟄 3/5　15時43分　己卯月

日	月	火	水	木	金	土
			1 戊午	2 己未	3 庚申	4 辛酉
5 啓蟄 壬戌	6 癸亥	7 甲子	8 乙丑	9 丙寅	10 丁卯	11 戊辰
12 己巳	13 庚午	14 辛未	15 壬申	16 癸酉	17 甲戌	18 乙亥
19 丙子	20 丁丑	21 戊寅	22 己卯	23 庚辰	24 辛巳	25 壬午
26 癸未	27 甲申	28 乙酉	29 丙戌	30 丁亥	31 戊子	

10月　寒露 10/8　08時38分 丙戌月

日	月	火	水	木	金	土
1 壬辰	2 癸巳	3 甲午	4 乙未	5 丙申	6 丁酉	7 戊戌
8 寒露 己亥	9 庚子	10 辛丑	11 壬寅	12 癸卯	13 甲辰	14 乙巳
15 丙午	16 丁未	17 戊申	18 己酉	19 庚戌	20 辛亥	21 壬子
22 癸丑	23 甲寅	24 乙卯	25 丙辰	26 丁巳	27 戊午	28 己未
29 庚申	30 辛酉	31 壬戌				

7月　小暑 7/7　04時14分　癸未月

日	月	火	水	木	金	土
						1 庚申
2 辛酉	3 壬戌	4 癸亥	5 甲子	6 乙丑	7 小暑 丙寅	8 丁卯
9 戊辰	10 己巳	11 庚午	12 辛未	13 壬申	14 癸酉	15 甲戌
16 乙亥	17 丙子	18 丁丑	19 戊寅	20 己卯	21 庚辰	22 辛巳
23 壬午	24 癸未	25 甲申	26 乙酉	27 丙戌	28 丁亥	29 戊子
30 己丑	31 庚寅					

11月　立冬 11/7　11時48分 丁亥月

日	月	火	水	木	金	土
			1 癸亥	2 甲子	3 乙丑	4 丙寅
5 丁卯	6 戊辰	7 立冬 己巳	8 庚午	9 辛未	10 壬申	11 癸酉
12 甲戌	13 乙亥	14 丙子	15 丁丑	16 戊寅	17 己卯	18 庚辰
19 辛巳	20 壬午	21 癸未	22 甲申	23 乙酉	24 丙戌	25 丁亥
26 戊子	27 己丑	28 庚寅	29 辛卯	30 壬辰		

8月　立秋 8/7　14時03分　甲申月

日	月	火	水	木	金	土
		1 辛卯	2 壬辰	3 癸巳	4 甲午	5 乙未
6 丙申	7 立秋 丁酉	8 戊戌	9 己亥	10 庚子	11 辛丑	12 壬寅
13 癸卯	14 甲辰	15 乙巳	16 丙午	17 丁未	18 戊申	19 己酉
20 庚戌	21 辛亥	22 壬子	23 癸丑	24 甲寅	25 乙卯	26 丙辰
27 丁巳	28 戊午	29 己未	30 庚申	31 辛酉		

12月　大雪 12/7　04時37分 戊子月

日	月	火	水	木	金	土
					1 癸巳	2 甲午
3 乙未	4 丙申	5 丁酉	6 戊戌	7 大雪 己亥	8 庚子	9 辛丑
10 壬寅	11 癸卯	12 甲辰	13 乙巳	14 丙午	15 丁未	16 戊申
17 己酉	18 庚戌	19 辛亥	20 壬子	21 癸丑	22 甲寅	23 乙卯
24 丙辰	25 丁巳	26 戊午	27 己未	28 庚申	29 辛酉	30 壬戌
31 癸亥						

9月　白露 9/7　16時59分　乙酉月

日	月	火	水	木	金	土
					1 壬戌	2 癸亥
3 甲子	4 乙丑	5 丙寅	6 丁卯	7 白露 戊辰	8 己巳	9 庚午
10 辛未	11 壬申	12 癸酉	13 甲戌	14 乙亥	15 丙子	16 丁丑
17 戊寅	18 己卯	19 庚辰	20 辛巳	21 壬午	22 癸未	23 甲申
24 乙酉	25 丙戌	26 丁亥	27 戊子	28 己丑	29 庚寅	30 辛卯

2001年（平成13年）　辛巳年

1月　小寒 1/5　15時49分　己丑月

日	月	火	水	木	金	土
	1 甲子	2 乙丑	3 丙寅	4 丁卯	5 小寒 戊辰	6 己巳
7 庚午	8 辛未	9 壬申	10 癸酉	11 甲戌	12 乙亥	13 丙子
14 丁丑	15 戊寅	16 己卯	17 庚辰	18 辛巳	19 壬午	20 癸未
21 甲申	22 乙酉	23 丙戌	24 丁亥	25 戊子	26 己丑	27 庚寅
28 辛卯	29 壬辰	30 癸巳	31 甲午			

2月　立春 2/4　03時29分　庚寅月

日	月	火	水	木	金	土
				1 乙未	2 丙申	3 丁酉
4 立春 戊戌	5 己亥	6 庚子	7 辛丑	8 壬寅	9 癸卯	10 甲辰
11 乙巳	12 丙午	13 丁未	14 戊申	15 己酉	16 庚戌	17 辛亥
18 壬子	19 癸丑	20 甲寅	21 乙卯	22 丙辰	23 丁巳	24 戊午
25 己未	26 庚申	27 辛酉	28 壬戌			

3月　啓蟄 3/5　21時32分　辛卯月

日	月	火	水	木	金	土
				1 癸亥	2 甲子	3 乙丑
4 丙寅	5 啓蟄 丁卯	6 戊辰	7 己巳	8 庚午	9 辛未	10 壬申
11 癸酉	12 甲戌	13 乙亥	14 丙子	15 丁丑	16 戊寅	17 己卯
18 庚辰	19 辛巳	20 壬午	21 癸未	22 甲申	23 乙酉	24 丙戌
25 丁亥	26 戊子	27 己丑	28 庚寅	29 辛卯	30 壬辰	31 癸巳

4月　清明 4/5　02時24分　壬辰月

日	月	火	水	木	金	土
1 甲午	2 乙未	3 丙申	4 丁酉	5 清明 戊戌	6 己亥	7 庚子
8 辛丑	9 壬寅	10 癸卯	11 甲辰	12 乙巳	13 丙午	14 丁未
15 戊申	16 己酉	17 庚戌	18 辛亥	19 壬子	20 癸丑	21 甲寅
22 乙卯	23 丙辰	24 丁巳	25 戊午	26 己未	27 庚申	28 辛酉
29 壬戌	30 癸亥					

5月　立夏 5/5　19時45分　癸巳月

日	月	火	水	木	金	土
		1 甲子	2 乙丑	3 丙寅	4 丁卯	5 立夏 戊辰
6 己巳	7 庚午	8 辛未	9 壬申	10 癸酉	11 甲戌	12 乙亥
13 丙子	14 丁丑	15 戊寅	16 己卯	17 庚辰	18 辛巳	19 壬午
20 癸未	21 甲申	22 乙酉	23 丙戌	24 丁亥	25 戊子	26 己丑
27 庚寅	28 辛卯	29 壬辰	30 癸巳	31 甲午		

6月　芒種 6/5　23時54分　甲午月

日	月	火	水	木	金	土
					1 乙未	2 丙申
3 丁酉	4 戊戌	5 芒種 己亥	6 庚子	7 辛丑	8 壬寅	9 癸卯
10 甲辰	11 乙巳	12 丙午	13 丁未	14 戊申	15 己酉	16 庚戌
17 辛亥	18 壬子	19 癸丑	20 甲寅	21 乙卯	22 丙辰	23 丁巳
24 戊午	25 己未	26 庚申	27 辛酉	28 壬戌	29 癸亥	30 甲子

10月　寒露 10/8　14時25分 戊戌月

日	月	火	水	木	金	土
	1 丁酉	2 戊戌	3 己亥	4 庚子	5 辛丑	6 壬寅
7 癸卯	8 寒露 甲辰	9 乙巳	10 丙午	11 丁未	12 戊申	13 己酉
14 庚戌	15 辛亥	16 壬子	17 癸丑	18 甲寅	19 乙卯	20 丙辰
21 丁巳	22 戊午	23 己未	24 庚申	25 辛酉	26 壬戌	27 癸亥
28 甲子	29 乙丑	30 丙寅	31 丁卯			

11月　立冬 11/7　17時37分 己亥月

日	月	火	水	木	金	土
				1 戊辰	2 己巳	3 庚午
4 辛未	5 壬申	6 癸酉	7 立冬 甲戌	8 乙亥	9 丙子	10 丁丑
11 戊寅	12 己卯	13 庚辰	14 辛巳	15 壬午	16 癸未	17 甲申
18 乙酉	19 丙戌	20 丁亥	21 戊子	22 己丑	23 庚寅	24 辛卯
25 壬辰	26 癸巳	27 甲午	28 乙未	29 丙申	30 丁酉	

12月　大雪 12/7　10時29分 庚子月

日	月	火	水	木	金	土
						1 戊戌
2 己亥	3 庚子	4 辛丑	5 壬寅	6 癸卯	7 大雪 甲辰	8 乙巳
9 丙午	10 丁未	11 戊申	12 己酉	13 庚戌	14 辛亥	15 壬子
16 癸丑	17 甲寅	18 乙卯	19 丙辰	20 丁巳	21 戊午	22 己未
23 庚申	24 辛酉	25 壬戌	26 癸亥	27 甲子	28 乙丑	29 丙寅
30 丁卯	31 戊辰					

7月　小暑 7/7　10時07分　乙未月

日	月	火	水	木	金	土
1 乙丑	2 丙寅	3 丁卯	4 戊辰	5 己巳	6 庚午	7 小暑 辛未
8 壬申	9 癸酉	10 甲戌	11 乙亥	12 丙子	13 丁丑	14 戊寅
15 己卯	16 庚辰	17 辛巳	18 壬午	19 癸未	20 甲申	21 乙酉
22 丙戌	23 丁亥	24 戊子	25 己丑	26 庚寅	27 辛卯	28 壬辰
29 癸巳	30 甲午	31 乙未				

8月　立秋 8/7　19時52分　丙申月

日	月	火	水	木	金	土
			1 丙申	2 丁酉	3 戊戌	4 己亥
5 庚子	6 辛丑	7 立秋 壬寅	8 癸卯	9 甲辰	10 乙巳	11 丙午
12 丁未	13 戊申	14 己酉	15 庚戌	16 辛亥	17 壬子	18 癸丑
19 甲寅	20 乙卯	21 丙辰	22 丁巳	23 戊午	24 己未	25 庚申
26 辛酉	27 壬戌	28 癸亥	29 甲子	30 乙丑	31 丙寅	

9月　白露 9/7　22時46分　丁酉月

日	月	火	水	木	金	土
						1 丁卯
2 戊辰	3 己巳	4 庚午	5 辛未	6 壬申	7 白露 癸酉	8 甲戌
9 乙亥	10 丙子	11 丁丑	12 戊寅	13 己卯	14 庚辰	15 辛巳
16 壬午	17 癸未	18 甲申	19 乙酉	20 丙戌	21 丁亥	22 戊子
23 己丑	24 庚寅	25 辛卯	26 壬辰	27 癸巳	28 甲午	29 乙未
30 丙申						

2002年（平成14年）　壬午年

1月　小寒 1/5　21時43分　辛丑月

日	月	火	水	木	金	土
		1 己巳	2 庚午	3 辛未	4 壬申	5 小寒 癸酉
6 甲戌	7 乙亥	8 丙子	9 丁丑	10 戊寅	11 己卯	12 庚辰
13 辛巳	14 壬午	15 癸未	16 甲申	17 乙酉	18 丙戌	19 丁亥
20 戊子	21 己丑	22 庚寅	23 辛卯	24 壬辰	25 癸巳	26 甲午
27 乙未	28 丙申	29 丁酉	30 戊戌	31 己亥		

2月　立春 2/4　09時24分　壬寅月

日	月	火	水	木	金	土
					1 庚子	2 辛丑
3 壬寅	4 立春 癸卯	5 甲辰	6 乙巳	7 丙午	8 丁未	9 戊申
10 己酉	11 庚戌	12 辛亥	13 壬子	14 癸丑	15 甲寅	16 乙卯
17 丙辰	18 丁巳	19 戊午	20 己未	21 庚申	22 辛酉	23 壬戌
24 癸亥	25 甲子	26 乙丑	27 丙寅	28 丁卯		

3月　啓蟄 3/6　03時28分　癸卯月

日	月	火	水	木	金	土
					1 戊辰	2 己巳
3 庚午	4 辛未	5 壬申	6 啓蟄 癸酉	7 甲戌	8 乙亥	9 丙子
10 丁丑	11 戊寅	12 己卯	13 庚辰	14 辛巳	15 壬午	16 癸未
17 甲申	18 乙酉	19 丙戌	20 丁亥	21 戊子	22 己丑	23 庚寅
24 辛卯	25 壬辰	26 癸巳	27 甲午	28 乙未	29 丙申	30 丁酉
31 戊戌						

4月　清明 4/5　08時18分　甲辰月

日	月	火	水	木	金	土
	1 己亥	2 庚子	3 辛丑	4 壬寅	5 清明 癸卯	6 甲辰
7 乙巳	8 丙午	9 丁未	10 戊申	11 己酉	12 庚戌	13 辛亥
14 壬子	15 癸丑	16 甲寅	17 乙卯	18 丙辰	19 丁巳	20 戊午
21 己未	22 庚申	23 辛酉	24 壬戌	25 癸亥	26 甲子	27 乙丑
28 丙寅	29 丁卯	30 戊辰				

5月　立夏 5/6　01時37分　乙巳月

日	月	火	水	木	金	土
			1 己巳	2 庚午	3 辛未	4 壬申
5 癸酉	6 立夏 甲戌	7 乙亥	8 丙子	9 丁丑	10 戊寅	11 己卯
12 庚辰	13 辛巳	14 壬午	15 癸未	16 甲申	17 乙酉	18 丙戌
19 丁亥	20 戊子	21 己丑	22 庚寅	23 辛卯	24 壬辰	25 癸巳
26 甲午	27 乙未	28 丙申	29 丁酉	30 戊戌	31 己亥	

6月　芒種 6/6　05時45分　丙午月

日	月	火	水	木	金	土
						1 庚子
2 辛丑	3 壬寅	4 癸卯	5 甲辰	6 芒種 乙巳	7 丙午	8 丁未
9 戊申	10 己酉	11 庚戌	12 辛亥	13 壬子	14 癸丑	15 甲寅
16 乙卯	17 丙辰	18 丁巳	19 戊午	20 己未	21 庚申	22 辛酉
23 壬戌	24 癸亥	25 甲子	26 乙丑	27 丙寅	28 丁卯	29 戊辰
30 己巳						

10月　寒露 10/8　20 時 09 分 庚戌月

日	月	火	水	木	金	土
		1 壬寅	2 癸卯	3 甲辰	4 乙巳	5 丙午
6 丁未	7 戊申	8 寒露 己酉	9 庚戌	10 辛亥	11 壬子	12 癸丑
13 甲寅	14 乙卯	15 丙辰	16 丁巳	17 戊午	18 己未	19 庚申
20 辛酉	21 壬戌	22 癸亥	23 甲子	24 乙丑	25 丙寅	26 丁卯
27 戊辰	28 己巳	29 庚午	30 辛未	31 壬申		

11月　立冬 11/7　23 時 22 分 辛亥月

日	月	火	水	木	金	土
					1 癸酉	2 甲戌
3 乙亥	4 丙子	5 丁丑	6 戊寅	7 立冬 己卯	8 庚辰	9 辛巳
10 壬午	11 癸未	12 甲申	13 乙酉	14 丙戌	15 丁亥	16 戊子
17 己丑	18 庚寅	19 辛卯	20 壬辰	21 癸巳	22 甲午	23 乙未
24 丙申	25 丁酉	26 戊戌	27 己亥	28 庚子	29 辛丑	30 壬寅

12月　大雪 12/7　16 時 14 分 壬子月

日	月	火	水	木	金	土
1 癸卯	2 甲辰	3 乙巳	4 丙午	5 丁未	6 戊申	7 大雪 己酉
8 庚戌	9 辛亥	10 壬子	11 癸丑	12 甲寅	13 乙卯	14 丙辰
15 丁巳	16 戊午	17 己未	18 庚申	19 辛酉	20 壬戌	21 癸亥
22 甲子	23 乙丑	24 丙寅	25 丁卯	26 戊辰	27 己巳	28 庚午
29 辛未	30 壬申	31 癸酉				

7 月　小暑 7/7　15 時 56 分　丁未月

日	月	火	水	木	金	土
	1 庚午	2 辛未	3 壬申	4 癸酉	5 甲戌	6 乙亥
7 小暑 丙子	8 丁丑	9 戊寅	10 己卯	11 庚辰	12 辛巳	13 壬午
14 癸未	15 甲申	16 乙酉	17 丙戌	18 丁亥	19 戊子	20 己丑
21 庚寅	22 辛卯	23 壬辰	24 癸巳	25 甲午	26 乙未	27 丙申
28 丁酉	29 戊戌	30 己亥	31 庚子			

8 月　立秋 8/8　01 時 39 分　戊申月

日	月	火	水	木	金	土
				1 辛丑	2 壬寅	3 癸卯
4 甲辰	5 乙巳	6 丙午	7 丁未	8 立秋 戊申	9 己酉	10 庚戌
11 辛亥	12 壬子	13 癸丑	14 甲寅	15 乙卯	16 丙辰	17 丁巳
18 戊午	19 己未	20 庚申	21 辛酉	22 壬戌	23 癸亥	24 甲子
25 乙丑	26 丙寅	27 丁卯	28 戊辰	29 己巳	30 庚午	31 辛未

9 月　白露 9/8　04 時 31 分　己酉月

日	月	火	水	木	金	土
1 壬申	2 癸酉	3 甲戌	4 乙亥	5 丙子	6 丁丑	7 戊寅
8 白露 己卯	9 庚辰	10 辛巳	11 壬午	12 癸未	13 甲申	14 乙酉
15 丙戌	16 丁亥	17 戊子	18 己丑	19 庚寅	20 辛卯	21 壬辰
22 癸巳	23 甲午	24 乙未	25 丙申	26 丁酉	27 戊戌	28 己亥
29 庚子	30 辛丑					

2003年（平成15年）　癸未年

1月　小寒 1/6　03時28分　癸丑月

日	月	火	水	木	金	土
			1 甲戌	2 乙亥	3 丙子	4 丁丑
5 戊寅	6 小寒 己卯	7 庚辰	8 辛巳	9 壬午	10 癸未	11 甲申
12 乙酉	13 丙戌	14 丁亥	15 戊子	16 己丑	17 庚寅	18 辛卯
19 壬辰	20 癸巳	21 甲午	22 乙未	23 丙申	24 丁酉	25 戊戌
26 己亥	27 庚子	28 辛丑	29 壬寅	30 癸卯	31 甲辰	

2月　立春 2/4　15時05分　甲寅月

日	月	火	水	木	金	土
						1 乙巳
2 丙午	3 丁未	4 立春 戊申	5 己酉	6 庚戌	7 辛亥	8 壬子
9 癸丑	10 甲寅	11 乙卯	12 丙辰	13 丁巳	14 戊午	15 己未
16 庚申	17 辛酉	18 壬戌	19 癸亥	20 甲子	21 乙丑	22 丙寅
23 丁卯	24 戊辰	25 己巳	26 庚午	27 辛未	28 壬申	

3月　啓蟄 3/6　09時05分　乙卯月

日	月	火	水	木	金	土
						1 癸酉
2 甲戌	3 乙亥	4 丙子	5 丁丑	6 啓蟄 戊寅	7 己卯	8 庚辰
9 辛巳	10 壬午	11 癸未	12 甲申	13 乙酉	14 丙戌	15 丁亥
16 戊子	17 己丑	18 庚寅	19 辛卯	20 壬辰	21 癸巳	22 甲午
23 乙未	24 丙申	25 丁酉	26 戊戌	27 己亥	28 庚子	29 辛丑
30 壬寅	31 癸卯					

4月　清明 4/5　13時52分　丙辰月

日	月	火	水	木	金	土
		1 甲辰	2 乙巳	3 丙午	4 丁未	5 清明 戊申
6 己酉	7 庚戌	8 辛亥	9 壬子	10 癸丑	11 甲寅	12 乙卯
13 丙辰	14 丁巳	15 戊午	16 己未	17 庚申	18 辛酉	19 壬戌
20 癸亥	21 甲子	22 乙丑	23 丙寅	24 丁卯	25 戊辰	26 己巳
27 庚午	28 辛未	29 壬申	30 癸酉			

5月　立夏 5/6　07時10分　丁巳月

日	月	火	水	木	金	土
				1 甲戌	2 乙亥	3 丙子
4 丁丑	5 戊寅	6 立夏 己卯	7 庚辰	8 辛巳	9 壬午	10 癸未
11 甲申	12 乙酉	13 丙戌	14 丁亥	15 戊子	16 己丑	17 庚寅
18 辛卯	19 壬辰	20 癸巳	21 甲午	22 乙未	23 丙申	24 丁酉
25 戊戌	26 己亥	27 庚子	28 辛丑	29 壬寅	30 癸卯	31 甲辰

6月　芒種 6/6　11時20分　戊午月

日	月	火	水	木	金	土
1 乙巳	2 丙午	3 丁未	4 戊申	5 己酉	6 芒種 庚戌	7 辛亥
8 壬子	9 癸丑	10 甲寅	11 乙卯	12 丙辰	13 丁巳	14 戊午
15 己未	16 庚申	17 辛酉	18 壬戌	19 癸亥	20 甲子	21 乙丑
22 丙寅	23 丁卯	24 戊辰	25 己巳	26 庚午	27 辛未	28 壬申
29 癸酉	30 甲戌					

10月　寒露 10/9　02 時 01 分 壬戌月

日	月	火	水	木	金	土
			1 丁未	2 戊申	3 己酉	4 庚戌
5 辛亥	6 壬子	7 癸丑	8 甲寅	9 寒露 乙卯	10 丙辰	11 丁巳
12 戊午	13 己未	14 庚申	15 辛酉	16 壬戌	17 癸亥	18 甲子
19 乙丑	20 丙寅	21 丁卯	22 戊辰	23 己巳	24 庚午	25 辛未
26 壬申	27 癸酉	28 甲戌	29 乙亥	30 丙子	31 丁丑	

11月　立冬 11/8　05 時 13 分 癸亥月

日	月	火	水	木	金	土
						1 戊寅
2 己卯	3 庚辰	4 辛巳	5 壬午	6 癸未	7 甲申	8 立冬 乙酉
9 丙戌	10 丁亥	11 戊子	12 己丑	13 庚寅	14 辛卯	15 壬辰
16 癸巳	17 甲午	18 乙未	19 丙申	20 丁酉	21 戊戌	22 己亥
23 庚子	24 辛丑	25 壬寅	26 癸卯	27 甲辰	28 乙巳	29 丙午
30 丁未						

12月　大雪 12/7　22 時 05 分 甲子月

日	月	火	水	木	金	土
	1 戊申	2 己酉	3 庚戌	4 辛亥	5 壬子	6 癸丑
7 大雪 甲寅	8 乙卯	9 丙辰	10 丁巳	11 戊午	12 己未	13 庚申
14 辛酉	15 壬戌	16 癸亥	17 甲子	18 乙丑	19 丙寅	20 丁卯
21 戊辰	22 己巳	23 庚午	24 辛未	25 壬申	26 癸酉	27 甲戌
28 乙亥	29 丙子	30 丁丑	31 戊寅			

7 月　小暑 7/7　21 時 36 分　己未月

日	月	火	水	木	金	土
		1 乙亥	2 丙子	3 丁丑	4 戊寅	5 己卯
6 庚辰	7 小暑 辛巳	8 壬午	9 癸未	10 甲申	11 乙酉	12 丙戌
13 丁亥	14 戊子	15 己丑	16 庚寅	17 辛卯	18 壬辰	19 癸巳
20 甲午	21 乙未	22 丙申	23 丁酉	24 戊戌	25 己亥	26 庚子
27 辛丑	28 壬寅	29 癸卯	30 甲辰	31 乙巳		

8 月　立秋 8/8　07 時 24 分　庚申月

日	月	火	水	木	金	土
					1 丙午	2 丁未
3 戊申	4 己酉	5 庚戌	6 辛亥	7 壬子	8 立秋 癸丑	9 甲寅
10 乙卯	11 丙辰	12 丁巳	13 戊午	14 己未	15 庚申	16 辛酉
17 壬戌	18 癸亥	19 甲子	20 乙丑	21 丙寅	22 丁卯	23 戊辰
24 己巳	25 庚午	26 辛未	27 壬申	28 癸酉	29 甲戌	30 乙亥
31 丙子						

9 月　白露 9/8　10 時 20 分　辛酉月

日	月	火	水	木	金	土
	1 丁丑	2 戊寅	3 己卯	4 庚辰	5 辛巳	6 壬午
7 癸未	8 白露 甲申	9 乙酉	10 丙戌	11 丁亥	12 戊子	13 己丑
14 庚寅	15 辛卯	16 壬辰	17 癸巳	18 甲午	19 乙未	20 丙申
21 丁酉	22 戊戌	23 己亥	24 庚子	25 辛丑	26 壬寅	27 癸卯
28 甲辰	29 乙巳	30 丙午				

2004年（平成16年）　甲申年

1月　小寒 1/6　09時19分　乙丑月

日	月	火	水	木	金	土
				1 己卯	2 庚辰	3 辛巳
4 壬午	5 癸未	6 小寒 甲申	7 乙酉	8 丙戌	9 丁亥	10 戊子
11 己丑	12 庚寅	13 辛卯	14 壬辰	15 癸巳	16 甲午	17 乙未
18 丙申	19 丁酉	20 戊戌	21 己亥	22 庚子	23 辛丑	24 壬寅
25 癸卯	26 甲辰	27 乙巳	28 丙午	29 丁未	30 戊申	31 己酉

2月　立春 2/4　20時56分　丙寅月

日	月	火	水	木	金	土
1 庚戌	2 辛亥	3 壬子	4 立春 癸丑	5 甲寅	6 乙卯	7 丙辰
8 丁巳	9 戊午	10 己未	11 庚申	12 辛酉	13 壬戌	14 癸亥
15 甲子	16 乙丑	17 丙寅	18 丁卯	19 戊辰	20 己巳	21 庚午
22 辛未	23 壬申	24 癸酉	25 甲戌	26 乙亥	27 丙子	28 丁丑
29 戊寅						

3月　啓蟄 3/5　14時56分　丁卯月

日	月	火	水	木	金	土
	1 己卯	2 庚辰	3 辛巳	4 壬午	5 啓蟄 癸未	6 甲申
7 乙酉	8 丙戌	9 丁亥	10 戊子	11 己丑	12 庚寅	13 辛卯
14 壬辰	15 癸巳	16 甲午	17 乙未	18 丙申	19 丁酉	20 戊戌
21 己亥	22 庚子	23 辛丑	24 壬寅	25 癸卯	26 甲辰	27 乙巳
28 丙午	29 丁未	30 戊申	31 己酉			

4月　清明 4/4　19時43分　戊辰月

日	月	火	水	木	金	土
				1 庚戌	2 辛亥	3 壬子
4 清明 癸丑	5 甲寅	6 乙卯	7 丙辰	8 丁巳	9 戊午	10 己未
11 庚申	12 辛酉	13 壬戌	14 癸亥	15 甲子	16 乙丑	17 丙寅
18 丁卯	19 戊辰	20 己巳	21 庚午	22 辛未	23 壬申	24 癸酉
25 甲戌	26 乙亥	27 丙子	28 丁丑	29 戊寅	30 己卯	

5月　立夏 5/5　13時02分　己巳月

日	月	火	水	木	金	土
						1 庚辰
2 辛巳	3 壬午	4 癸未	5 立夏 甲申	6 乙酉	7 丙戌	8 丁亥
9 戊子	10 己丑	11 庚寅	12 辛卯	13 壬辰	14 癸巳	15 甲午
16 乙未	17 丙申	18 丁酉	19 戊戌	20 己亥	21 庚子	22 辛丑
23 壬寅	24 癸卯	25 甲辰	26 乙巳	27 丙午	28 丁未	29 戊申
30 己酉	31 庚戌					

6月　芒種 6/5　17時14分　庚午月

日	月	火	水	木	金	土
		1 辛亥	2 壬子	3 癸丑	4 甲寅	5 芒種 乙卯
6 丙辰	7 丁巳	8 戊午	9 己未	10 庚申	11 辛酉	12 壬戌
13 癸亥	14 甲子	15 乙丑	16 丙寅	17 丁卯	18 戊辰	19 己巳
20 庚午	21 辛未	22 壬申	23 癸酉	24 甲戌	25 乙亥	26 丙子
27 丁丑	28 戊寅	29 己卯	30 庚辰			

10月　寒露 10/8　07時49分　甲戌月

日	月	火	水	木	金	土
					1 癸丑	2 甲寅
3 乙卯	4 丙辰	5 丁巳	6 戊午	7 己未	8 寒露 庚申	9 辛酉
10 壬戌	11 癸亥	12 甲子	13 乙丑	14 丙寅	15 丁卯	16 戊辰
17 己巳	18 庚午	19 辛未	20 壬申	21 癸酉	22 甲戌	23 乙亥
24 丙子	25 丁丑	26 戊寅	27 己卯	28 庚辰	29 辛巳	30 壬午
31 癸未						

11月　立冬 11/7　10時59分　乙亥月

日	月	火	水	木	金	土
	1 甲申	2 乙酉	3 丙戌	4 丁亥	5 戊子	6 己丑
7 立冬 庚寅	8 辛卯	9 壬辰	10 癸巳	11 甲午	12 乙未	13 丙申
14 丁酉	15 戊戌	16 己亥	17 庚子	18 辛丑	19 壬寅	20 癸卯
21 甲辰	22 乙巳	23 丙午	24 丁未	25 戊申	26 己酉	27 庚戌
28 辛亥	29 壬子	30 癸丑				

12月　大雪 12/7　03時49分　丙子月

日	月	火	水	木	金	土
			1 甲寅	2 乙卯	3 丙辰	4 丁巳
5 戊午	6 己未	7 大雪 庚申	8 辛酉	9 壬戌	10 癸亥	11 甲子
12 乙丑	13 丙寅	14 丁卯	15 戊辰	16 己巳	17 庚午	18 辛未
19 壬申	20 癸酉	21 甲戌	22 乙亥	23 丙子	24 丁丑	25 戊寅
26 己卯	27 庚辰	28 辛巳	29 壬午	30 癸未	31 甲申	

7月　小暑 7/7　03時31分　辛未月

日	月	火	水	木	金	土
				1 辛巳	2 壬午	3 癸未
4 甲申	5 乙酉	6 丙戌	7 小暑 丁亥	8 戊子	9 己丑	10 庚寅
11 辛卯	12 壬辰	13 癸巳	14 甲午	15 乙未	16 丙申	17 丁酉
18 戊戌	19 己亥	20 庚子	21 辛丑	22 壬寅	23 癸卯	24 甲辰
25 乙巳	26 丙午	27 丁未	28 戊申	29 己酉	30 庚戌	31 辛亥

8月　立秋 8/7　13時20分　壬申月

日	月	火	水	木	金	土
1 壬子	2 癸丑	3 甲寅	4 乙卯	5 丙辰	6 丁巳	7 立秋 戊午
8 己未	9 庚申	10 辛酉	11 壬戌	12 癸亥	13 甲子	14 乙丑
15 丙寅	16 丁卯	17 戊辰	18 己巳	19 庚午	20 辛未	21 壬申
22 癸酉	23 甲戌	24 乙亥	25 丙子	26 丁丑	27 戊寅	28 己卯
29 庚辰	30 辛巳	31 壬午				

9月　白露 9/7　16時13分　癸酉月

日	月	火	水	木	金	土
			1 癸未	2 甲申	3 乙酉	4 丙戌
5 丁亥	6 戊子	7 白露 己丑	8 庚寅	9 辛卯	10 壬辰	11 癸巳
12 甲午	13 乙未	14 丙申	15 丁酉	16 戊戌	17 己亥	18 庚子
19 辛丑	20 壬寅	21 癸卯	22 甲辰	23 乙巳	24 丙午	25 丁未
26 戊申	27 己酉	28 庚戌	29 辛亥	30 壬子		

2005年（平成17年）　乙酉年

1月　小寒 1/5　15時03分　丁丑月

日	月	火	水	木	金	土
						1 乙酉
2 丙戌	3 丁亥	4 戊子	5 小寒 己丑	6 庚寅	7 辛卯	8 壬辰
9 癸巳	10 甲午	11 乙未	12 丙申	13 丁酉	14 戊戌	15 己亥
16 庚子	17 辛丑	18 壬寅	19 癸卯	20 甲辰	21 乙巳	22 丙午
23 丁未	24 戊申	25 己酉	26 庚戌	27 辛亥	28 壬子	29 癸丑
30 甲寅	31 乙卯					

2月　立春 2/4　02時43分　戊寅月

日	月	火	水	木	金	土
		1 丙辰	2 丁巳	3 戊午	4 立春 己未	5 庚申
6 辛酉	7 壬戌	8 癸亥	9 甲子	10 乙丑	11 丙寅	12 丁卯
13 戊辰	14 己巳	15 庚午	16 辛未	17 壬申	18 癸酉	19 甲戌
20 乙亥	21 丙子	22 丁丑	23 戊寅	24 己卯	25 庚辰	26 辛巳
27 壬午	28 癸未					

3月　啓蟄 3/5　20時45分　己卯月

日	月	火	水	木	金	土
		1 甲申	2 乙酉	3 丙戌	4 丁亥	5 啓蟄 戊子
6 己丑	7 庚寅	8 辛卯	9 壬辰	10 癸巳	11 甲午	12 乙未
13 丙申	14 丁酉	15 戊戌	16 己亥	17 庚子	18 辛丑	19 壬寅
20 癸卯	21 甲辰	22 乙巳	23 丙午	24 丁未	25 戊申	26 己酉
27 庚戌	28 辛亥	29 壬子	30 癸丑	31 甲寅		

4月　清明 4/5　01時34分　庚辰月

日	月	火	水	木	金	土
					1 乙卯	2 丙辰
3 丁巳	4 戊午	5 清明 己未	6 庚申	7 辛酉	8 壬戌	9 癸亥
10 甲子	11 乙丑	12 丙寅	13 丁卯	14 戊辰	15 己巳	16 庚午
17 辛未	18 壬申	19 癸酉	20 甲戌	21 乙亥	22 丙子	23 丁丑
24 戊寅	25 己卯	26 庚辰	27 辛巳	28 壬午	29 癸未	30 甲申

5月　立夏 5/5　18時53分　辛巳月

日	月	火	水	木	金	土
1 乙酉	2 丙戌	3 丁亥	4 戊子	5 立夏 己丑	6 庚寅	7 辛卯
8 壬辰	9 癸巳	10 甲午	11 乙未	12 丙申	13 丁酉	14 戊戌
15 己亥	16 庚子	17 辛丑	18 壬寅	19 癸卯	20 甲辰	21 乙巳
22 丙午	23 丁未	24 戊申	25 己酉	26 庚戌	27 辛亥	28 壬子
29 癸丑	30 甲寅	31 乙卯				

6月　芒種 6/5　23時02分　壬午月

日	月	火	水	木	金	土
			1 丙辰	2 丁巳	3 戊午	4 己未
5 芒種 庚申	6 辛酉	7 壬戌	8 癸亥	9 甲子	10 乙丑	11 丙寅
12 丁卯	13 戊辰	14 己巳	15 庚午	16 辛未	17 壬申	18 癸酉
19 甲戌	20 乙亥	21 丙子	22 丁丑	23 戊寅	24 己卯	25 庚辰
26 辛巳	27 壬午	28 癸未	29 甲申	30 乙酉		

10月　寒露 10/8　13時33分 丙戌月

日	月	火	水	木	金	土
						1 戊午
2 己未	3 庚申	4 辛酉	5 壬戌	6 癸亥	7 甲子	8 寒露 乙丑
9 丙寅	10 丁卯	11 戊辰	12 己巳	13 庚午	14 辛未	15 壬申
16 癸酉	17 甲戌	18 乙亥	19 丙子	20 丁丑	21 戊寅	22 己卯
23 庚辰	24 辛巳	25 壬午	26 癸未	27 甲申	28 乙酉	29 丙戌
30 丁亥	31 戊子					

11月　立冬 11/7　16時42分 丁亥月

日	月	火	水	木	金	土
		1 己丑	2 庚寅	3 辛卯	4 壬辰	5 癸巳
6 甲午	7 立冬 乙未	8 丙申	9 丁酉	10 戊戌	11 己亥	12 庚子
13 辛丑	14 壬寅	15 癸卯	16 甲辰	17 乙巳	18 丙午	19 丁未
20 戊申	21 己酉	22 庚戌	23 辛亥	24 壬子	25 癸丑	26 甲寅
27 乙卯	28 丙辰	29 丁巳	30 戊午			

12月　大雪 12/7　09時33分 戊子月

日	月	火	水	木	金	土
				1 己未	2 庚申	3 辛酉
4 壬戌	5 癸亥	6 甲子	7 大雪 乙丑	8 丙寅	9 丁卯	10 戊辰
11 己巳	12 庚午	13 辛未	14 壬申	15 癸酉	16 甲戌	17 乙亥
18 丙子	19 丁丑	20 戊寅	21 己卯	22 庚辰	23 辛巳	24 壬午
25 癸未	26 甲申	27 乙酉	28 丙戌	29 丁亥	30 戊子	31 己丑

7月　小暑 7/7　09時17分　癸未月

日	月	火	水	木	金	土
					1 丙戌	2 丁亥
3 戊子	4 己丑	5 庚寅	6 辛卯	7 小暑 壬辰	8 癸巳	9 甲午
10 乙未	11 丙申	12 丁酉	13 戊戌	14 己亥	15 庚子	16 辛丑
17 壬寅	18 癸卯	19 甲辰	20 乙巳	21 丙午	22 丁未	23 戊申
24 己酉	25 庚戌	26 辛亥	27 壬子	28 癸丑	29 甲寅	30 乙卯
31 丙辰						

8月　立秋 8/7　19時03分　甲申月

日	月	火	水	木	金	土
	1 丁巳	2 戊午	3 己未	4 庚申	5 辛酉	6 壬戌
7 立秋 癸亥	8 甲子	9 乙丑	10 丙寅	11 丁卯	12 戊辰	13 己巳
14 庚午	15 辛未	16 壬申	17 癸酉	18 甲戌	19 乙亥	20 丙子
21 丁丑	22 戊寅	23 己卯	24 庚辰	25 辛巳	26 壬午	27 癸未
28 甲申	29 乙酉	30 丙戌	31 丁亥			

9月　白露 9/7　21時57分　乙酉月

日	月	火	水	木	金	土
				1 戊子	2 己丑	3 庚寅
4 辛卯	5 壬辰	6 癸巳	7 白露 甲午	8 乙未	9 丙申	10 丁酉
11 戊戌	12 己亥	13 庚子	14 辛丑	15 壬寅	16 癸卯	17 甲辰
18 乙巳	19 丙午	20 丁未	21 戊申	22 己酉	23 庚戌	24 辛亥
25 壬子	26 癸丑	27 甲寅	28 乙卯	29 丙辰	30 丁巳	

2006 年（平成 18 年）　丙戌年

1 月　小寒 1/5　20 時 47 分　己丑月

日	月	火	水	木	金	土
1 庚寅	2 辛卯	3 壬辰	4 癸巳	5 小寒 甲午	6 乙未	7 丙申
8 丁酉	9 戊戌	10 己亥	11 庚子	12 辛丑	13 壬寅	14 癸卯
15 甲辰	16 乙巳	17 丙午	18 丁未	19 戊申	20 己酉	21 庚戌
22 辛亥	23 壬子	24 癸丑	25 甲寅	26 乙卯	27 丙辰	28 丁巳
29 戊午	30 己未	31 庚申				

2 月　立春 2/4　08 時 27 分　庚寅月

日	月	火	水	木	金	土
			1 辛酉	2 壬戌	3 癸亥	4 立春 甲子
5 乙丑	6 丙寅	7 丁卯	8 戊辰	9 己巳	10 庚午	11 辛未
12 壬申	13 癸酉	14 甲戌	15 乙亥	16 丙子	17 丁丑	18 戊寅
19 己卯	20 庚辰	21 辛巳	22 壬午	23 癸未	24 甲申	25 乙酉
26 丙戌	27 丁亥	28 戊子				

3 月　啓蟄 3/6　02 時 29 分　辛卯月

日	月	火	水	木	金	土
			1 己丑	2 庚寅	3 辛卯	4 壬辰
5 癸巳	6 啓蟄 甲午	7 乙未	8 丙申	9 丁酉	10 戊戌	11 己亥
12 庚子	13 辛丑	14 壬寅	15 癸卯	16 甲辰	17 乙巳	18 丙午
19 丁未	20 戊申	21 己酉	22 庚戌	23 辛亥	24 壬子	25 癸丑
26 甲寅	27 乙卯	28 丙辰	29 丁巳	30 戊午	31 己未	

4 月　清明 4/5　07 時 15 分　壬辰月

日	月	火	水	木	金	土
						1 庚申
2 辛酉	3 壬戌	4 癸亥	5 清明 甲子	6 乙丑	7 丙寅	8 丁卯
9 戊辰	10 己巳	11 庚午	12 辛未	13 壬申	14 癸酉	15 甲戌
16 乙亥	17 丙子	18 丁丑	19 戊寅	20 己卯	21 庚辰	22 辛巳
23 壬午	24 癸未	25 甲申	26 乙酉	27 丙戌	28 丁亥	29 戊子
30 己丑						

5 月　立夏 5/6　00 時 31 分　癸巳月

日	月	火	水	木	金	土
	1 庚寅	2 辛卯	3 壬辰	4 癸巳	5 甲午	6 立夏 乙未
7 丙申	8 丁酉	9 戊戌	10 己亥	11 庚子	12 辛丑	13 壬寅
14 癸卯	15 甲辰	16 乙巳	17 丙午	18 丁未	19 戊申	20 己酉
21 庚戌	22 辛亥	23 壬子	24 癸丑	25 甲寅	26 乙卯	27 丙辰
28 丁巳	29 戊午	30 己未	31 庚申			

6 月　芒種 6/6　04 時 37 分　甲午月

日	月	火	水	木	金	土
				1 辛酉	2 壬戌	3 癸亥
4 甲子	5 乙丑	6 芒種 丙寅	7 丁卯	8 戊辰	9 己巳	10 庚午
11 辛未	12 壬申	13 癸酉	14 甲戌	15 乙亥	16 丙子	17 丁丑
18 戊寅	19 己卯	20 庚辰	21 辛巳	22 壬午	23 癸未	24 甲申
25 乙酉	26 丙戌	27 丁亥	28 戊子	29 己丑	30 庚寅	

10月　寒露 10/8　19時21分 戊戌月

日	月	火	水	木	金	土
1 癸亥	2 甲子	3 乙丑	4 丙寅	5 丁卯	6 戊辰	7 己巳
8 寒露 庚午	9 辛未	10 壬申	11 癸酉	12 甲戌	13 乙亥	14 丙子
15 丁丑	16 戊寅	17 己卯	18 庚辰	19 辛巳	20 壬午	21 癸未
22 甲申	23 乙酉	24 丙戌	25 丁亥	26 戊子	27 己丑	28 庚寅
29 辛卯	30 壬辰	31 癸巳				

11月　立冬 11/7　22時35分 己亥月

日	月	火	水	木	金	土
			1 甲午	2 乙未	3 丙申	4 丁酉
5 戊戌	6 己亥	7 立冬 庚子	8 辛丑	9 壬寅	10 癸卯	11 甲辰
12 乙巳	13 丙午	14 丁未	15 戊申	16 己酉	17 庚戌	18 辛亥
19 壬子	20 癸丑	21 甲寅	22 乙卯	23 丙辰	24 丁巳	25 戊午
26 己未	27 庚申	28 辛酉	29 壬戌	30 癸亥		

12月　大雪 12/7　15時27分 庚子月

日	月	火	水	木	金	土
					1 甲子	2 乙丑
3 丙寅	4 丁卯	5 戊辰	6 己巳	7 大雪 庚午	8 辛未	9 壬申
10 癸酉	11 甲戌	12 乙亥	13 丙子	14 丁丑	15 戊寅	16 己卯
17 庚辰	18 辛巳	19 壬午	20 癸未	21 甲申	22 乙酉	23 丙戌
24 丁亥	25 戊子	26 己丑	27 庚寅	28 辛卯	29 壬辰	30 癸巳
31 甲午						

7月　小暑 7/7　14時51分　乙未月

日	月	火	水	木	金	土
						1 辛卯
2 壬辰	3 癸巳	4 甲午	5 乙未	6 丙申	7 小暑 丁酉	8 戊戌
9 己亥	10 庚子	11 辛丑	12 壬寅	13 癸卯	14 甲辰	15 乙巳
16 丙午	17 丁未	18 戊申	19 己酉	20 庚戌	21 辛亥	22 壬子
23 癸丑	24 甲寅	25 乙卯	26 丙辰	27 丁巳	28 戊午	29 己未
30 庚申	31 辛酉					

8月　立秋 8/8　00時41分　丙申月

日	月	火	水	木	金	土
		1 壬戌	2 癸亥	3 甲子	4 乙丑	5 丙寅
6 丁卯	7 戊辰	8 立秋 己巳	9 庚午	10 辛未	11 壬申	12 癸酉
13 甲戌	14 乙亥	15 丙子	16 丁丑	17 戊寅	18 己卯	19 庚辰
20 辛巳	21 壬午	22 癸未	23 甲申	24 乙酉	25 丙戌	26 丁亥
27 戊子	28 己丑	29 庚寅	30 辛卯	31 壬辰		

9月　白露 9/8　03時39分　丁酉月

日	月	火	水	木	金	土
					1 癸巳	2 甲午
3 乙未	4 丙申	5 丁酉	6 戊戌	7 己亥	8 白露 庚子	9 辛丑
10 壬寅	11 癸卯	12 甲辰	13 乙巳	14 丙午	15 丁未	16 戊申
17 己酉	18 庚戌	19 辛亥	20 壬子	21 癸丑	22 甲寅	23 乙卯
24 丙辰	25 丁巳	26 戊午	27 己未	28 庚申	29 辛酉	30 壬戌

2007年（平成19年）　丁亥年

1月　小寒 1/6　02時40分　辛丑月

日	月	火	水	木	金	土
	1 乙未	2 丙申	3 丁酉	4 戊戌	5 己亥	6 小寒 庚子
7 辛丑	8 壬寅	9 癸卯	10 甲辰	11 乙巳	12 丙午	13 丁未
14 戊申	15 己酉	16 庚戌	17 辛亥	18 壬子	19 癸丑	20 甲寅
21 乙卯	22 丙辰	23 丁巳	24 戊午	25 己未	26 庚申	27 辛酉
28 壬戌	29 癸亥	30 甲子	31 乙丑			

2月　立春 2/4　14時18分　壬寅月

日	月	火	水	木	金	土
				1 丙寅	2 丁卯	3 戊辰
4 立春 己巳	5 庚午	6 辛未	7 壬申	8 癸酉	9 甲戌	10 乙亥
11 丙子	12 丁丑	13 戊寅	14 己卯	15 庚辰	16 辛巳	17 壬午
18 癸未	19 甲申	20 乙酉	21 丙戌	22 丁亥	23 戊子	24 己丑
25 庚寅	26 辛卯	27 壬辰	28 癸巳			

3月　啓蟄 3/6　08時18分　癸卯月

日	月	火	水	木	金	土
				1 甲午	2 乙未	3 丙申
4 丁酉	5 戊戌	6 啓蟄 己亥	7 庚子	8 辛丑	9 壬寅	10 癸卯
11 甲辰	12 乙巳	13 丙午	14 丁未	15 戊申	16 己酉	17 庚戌
18 辛亥	19 壬子	20 癸丑	21 甲寅	22 乙卯	23 丙辰	24 丁巳
25 戊午	26 己未	27 庚申	28 辛酉	29 壬戌	30 癸亥	31 甲子

4月　清明 4/5　13時05分　甲辰月

日	月	火	水	木	金	土
1 乙丑	2 丙寅	3 丁卯	4 戊辰	5 清明 己巳	6 庚午	7 辛未
8 壬申	9 癸酉	10 甲戌	11 乙亥	12 丙子	13 丁丑	14 戊寅
15 己卯	16 庚辰	17 辛巳	18 壬午	19 癸未	20 甲申	21 乙酉
22 丙戌	23 丁亥	24 戊子	25 己丑	26 庚寅	27 辛卯	28 壬辰
29 癸巳	30 甲午					

5月　立夏 5/6　06時20分　乙巳月

日	月	火	水	木	金	土
		1 乙未	2 丙申	3 丁酉	4 戊戌	5 己亥
6 立夏 庚子	7 辛丑	8 壬寅	9 癸卯	10 甲辰	11 乙巳	12 丙午
13 丁未	14 戊申	15 己酉	16 庚戌	17 辛亥	18 壬子	19 癸丑
20 甲寅	21 乙卯	22 丙辰	23 丁巳	24 戊午	25 己未	26 庚申
27 辛酉	28 壬戌	29 癸亥	30 甲子	31 乙丑		

6月　芒種 6/6　10時27分　丙午月

日	月	火	水	木	金	土
					1 丙寅	2 丁卯
3 戊辰	4 己巳	5 庚午	6 芒種 辛未	7 壬申	8 癸酉	9 甲戌
10 乙亥	11 丙子	12 丁丑	13 戊寅	14 己卯	15 庚辰	16 辛巳
17 壬午	18 癸未	19 甲申	20 乙酉	21 丙戌	22 丁亥	23 戊子
24 己丑	25 庚寅	26 辛卯	27 壬辰	28 癸巳	29 甲午	30 乙未

10月　寒露 10/9　01時12分 庚戌月

日	月	火	水	木	金	土
	1 戊辰	2 己巳	3 庚午	4 辛未	5 壬申	6 癸酉
7 甲戌	8 乙亥	9 寒露 丙子	10 丁丑	11 戊寅	12 己卯	13 庚辰
14 辛巳	15 壬午	16 癸未	17 甲申	18 乙酉	19 丙戌	20 丁亥
21 戊子	22 己丑	23 庚寅	24 辛卯	25 壬辰	26 癸巳	27 甲午
28 乙未	29 丙申	30 丁酉	31 戊戌			

11月　立冬 11/8　04時24分 辛亥月

日	月	火	水	木	金	土
				1 己亥	2 庚子	3 辛丑
4 壬寅	5 癸卯	6 甲辰	7 乙巳	8 立冬 丙午	9 丁未	10 戊申
11 己酉	12 庚戌	13 辛亥	14 壬子	15 癸丑	16 甲寅	17 乙卯
18 丙辰	19 丁巳	20 戊午	21 己未	22 庚申	23 辛酉	24 壬戌
25 癸亥	26 甲子	27 乙丑	28 丙寅	29 丁卯	30 戊辰	

12月　大雪 12/7　21時14分 壬子月

日	月	火	水	木	金	土
						1 己巳
2 庚午	3 辛未	4 壬申	5 癸酉	6 甲戌	7 大雪 乙亥	8 丙子
9 丁丑	10 戊寅	11 己卯	12 庚辰	13 辛巳	14 壬午	15 癸未
16 甲申	17 乙酉	18 丙戌	19 丁亥	20 戊子	21 己丑	22 庚寅
23 辛卯	24 壬辰	25 癸巳	26 甲午	27 乙未	28 丙申	29 丁酉
30 戊戌	31 己亥					

7月　小暑 7/7　20時42分　丁未月

日	月	火	水	木	金	土
1 丙申	2 丁酉	3 戊戌	4 己亥	5 庚子	6 辛丑	7 小暑 壬寅
8 癸卯	9 甲辰	10 乙巳	11 丙午	12 丁未	13 戊申	14 己酉
15 庚戌	16 辛亥	17 壬子	18 癸丑	19 甲寅	20 乙卯	21 丙辰
22 丁巳	23 戊午	24 己未	25 庚申	26 辛酉	27 壬戌	28 癸亥
29 甲子	30 乙丑	31 丙寅				

8月　立秋 8/8　06時31分　戊申月

日	月	火	水	木	金	土
			1 丁卯	2 戊辰	3 己巳	4 庚午
5 辛未	6 壬申	7 癸酉	8 立秋 甲戌	9 乙亥	10 丙子	11 丁丑
12 戊寅	13 己卯	14 庚辰	15 辛巳	16 壬午	17 癸未	18 甲申
19 乙酉	20 丙戌	21 丁亥	22 戊子	23 己丑	24 庚寅	25 辛卯
26 壬辰	27 癸巳	28 甲午	29 乙未	30 丙申	31 丁酉	

9月　白露 9/8　09時29分　己酉月

日	月	火	水	木	金	土
						1 戊戌
2 己亥	3 庚子	4 辛丑	5 壬寅	6 癸卯	7 甲辰	8 白露 乙巳
9 丙午	10 丁未	11 戊申	12 己酉	13 庚戌	14 辛亥	15 壬子
16 癸丑	17 甲寅	18 乙卯	19 丙辰	20 丁巳	21 戊午	22 己未
23 庚申	24 辛酉	25 壬戌	26 癸亥	27 甲子	28 乙丑	29 丙寅
30 丁卯						

2008年（平成20年）　戊子年

1月　小寒 1/6　08時25分　癸丑月

日	月	火	水	木	金	土
		1 庚子	2 辛丑	3 壬寅	4 癸卯	5 甲辰
6 小寒 乙巳	7 丙午	8 丁未	9 戊申	10 己酉	11 庚戌	12 辛亥
13 壬子	14 癸丑	15 甲寅	16 乙卯	17 丙辰	18 丁巳	19 戊午
20 己未	21 庚申	22 辛酉	23 壬戌	24 癸亥	25 甲子	26 乙丑
27 丙寅	28 丁卯	29 戊辰	30 己巳	31 庚午		

2月　立春 2/4　20時00分　甲寅月

日	月	火	水	木	金	土
					1 辛未	2 壬申
3 癸酉	4 立春 甲戌	5 乙亥	6 丙子	7 丁丑	8 戊寅	9 己卯
10 庚辰	11 辛巳	12 壬午	13 癸未	14 甲申	15 乙酉	16 丙戌
17 丁亥	18 戊子	19 己丑	20 庚寅	21 辛卯	22 壬辰	23 癸巳
24 甲午	25 乙未	26 丙申	27 丁酉	28 戊戌	29 己亥	

3月　啓蟄 3/5　13時59分　乙卯月

日	月	火	水	木	金	土
						1 庚子
2 辛丑	3 壬寅	4 癸卯	5 啓蟄 甲辰	6 乙巳	7 丙午	8 丁未
9 戊申	10 己酉	11 庚戌	12 辛亥	13 壬子	14 癸丑	15 甲寅
16 乙卯	17 丙辰	18 丁巳	19 戊午	20 己未	21 庚申	22 辛酉
23 壬戌	24 癸亥	25 甲子	26 乙丑	27 丙寅	28 丁卯	29 戊辰
30 己巳	31 庚午					

4月　清明 4/4　18時46分　丙辰月

日	月	火	水	木	金	土
		1 辛未	2 壬申	3 癸酉	4 清明 甲戌	5 乙亥
6 丙子	7 丁丑	8 戊寅	9 己卯	10 庚辰	11 辛巳	12 壬午
13 癸未	14 甲申	15 乙酉	16 丙戌	17 丁亥	18 戊子	19 己丑
20 庚寅	21 辛卯	22 壬辰	23 癸巳	24 甲午	25 乙未	26 丙申
27 丁酉	28 戊戌	29 己亥	30 庚子			

5月　立夏 5/5　12時03分　丁巳月

日	月	火	水	木	金	土
				1 辛丑	2 壬寅	3 癸卯
4 甲辰	5 立夏 乙巳	6 丙午	7 丁未	8 戊申	9 己酉	10 庚戌
11 辛亥	12 壬子	13 癸丑	14 甲寅	15 乙卯	16 丙辰	17 丁巳
18 戊午	19 己未	20 庚申	21 辛酉	22 壬戌	23 癸亥	24 甲子
25 乙丑	26 丙寅	27 丁卯	28 戊辰	29 己巳	30 庚午	31 辛未

6月　芒種 6/5　16時12分　戊午月

日	月	火	水	木	金	土
1 壬申	2 癸酉	3 甲戌	4 乙亥	5 芒種 丙子	6 丁丑	7 戊寅
8 己卯	9 庚辰	10 辛巳	11 壬午	12 癸未	13 甲申	14 乙酉
15 丙戌	16 丁亥	17 戊子	18 己丑	19 庚寅	20 辛卯	21 壬辰
22 癸巳	23 甲午	24 乙未	25 丙申	26 丁酉	27 戊戌	28 己亥
29 庚子	30 辛丑					

10月　寒露 10/8　06時57分 壬戌月

日	月	火	水	木	金	土
			1 甲戌	2 乙亥	3 丙子	4 丁丑
5 戊寅	6 己卯	7 庚辰	8 寒露 辛巳	9 壬午	10 癸未	11 甲申
12 乙酉	13 丙戌	14 丁亥	15 戊子	16 己丑	17 庚寅	18 辛卯
19 壬辰	20 癸巳	21 甲午	22 乙未	23 丙申	24 丁酉	25 戊戌
26 己亥	27 庚子	28 辛丑	29 壬寅	30 癸卯	31 甲辰	

11月　立冬 11/7　10時11分 癸亥月

日	月	火	水	木	金	土
						1 乙巳
2 丙午	3 丁未	4 戊申	5 己酉	6 庚戌	7 立冬 辛亥	8 壬子
9 癸丑	10 甲寅	11 乙卯	12 丙辰	13 丁巳	14 戊午	15 己未
16 庚申	17 辛酉	18 壬戌	19 癸亥	20 甲子	21 乙丑	22 丙寅
23 丁卯	24 戊辰	25 己巳	26 庚午	27 辛未	28 壬申	29 癸酉
30 甲戌						

12月　大雪 12/7　03時02分 甲子月

日	月	火	水	木	金	土
	1 乙亥	2 丙子	3 丁丑	4 戊寅	5 己卯	6 庚辰
7 大雪 辛巳	8 壬午	9 癸未	10 甲申	11 乙酉	12 丙戌	13 丁亥
14 戊子	15 己丑	16 庚寅	17 辛卯	18 壬辰	19 癸巳	20 甲午
21 乙未	22 丙申	23 丁酉	24 戊戌	25 己亥	26 庚子	27 辛丑
28 壬寅	29 癸卯	30 甲辰	31 乙巳			

7月　小暑 7/7　02時27分　己未月

日	月	火	水	木	金	土
		1 壬寅	2 癸卯	3 甲辰	4 乙巳	5 丙午
6 丁未	7 小暑 戊申	8 己酉	9 庚戌	10 辛亥	11 壬子	12 癸丑
13 甲寅	14 乙卯	15 丙辰	16 丁巳	17 戊午	18 己未	19 庚申
20 辛酉	21 壬戌	22 癸亥	23 甲子	24 乙丑	25 丙寅	26 丁卯
27 戊辰	28 己巳	29 庚午	30 辛未	31 壬申		

8月　立秋 8/7　12時16分　庚申月

日	月	火	水	木	金	土
					1 癸酉	2 甲戌
3 乙亥	4 丙子	5 丁丑	6 戊寅	7 立秋 己卯	8 庚辰	9 辛巳
10 壬午	11 癸未	12 甲申	13 乙酉	14 丙戌	15 丁亥	16 戊子
17 己丑	18 庚寅	19 辛卯	20 壬辰	21 癸巳	22 甲午	23 乙未
24 丙申	25 丁酉	26 戊戌	27 己亥	28 庚子	29 辛丑	30 壬寅
31 癸卯						

9月　白露 9/7　15時14分　辛酉月

日	月	火	水	木	金	土
	1 甲辰	2 乙巳	3 丙午	4 丁未	5 戊申	6 己酉
7 白露 庚戌	8 辛亥	9 壬子	10 癸丑	11 甲寅	12 乙卯	13 丙辰
14 丁巳	15 戊午	16 己未	17 庚申	18 辛酉	19 壬戌	20 癸亥
21 甲子	22 乙丑	23 丙寅	24 丁卯	25 戊辰	26 己巳	27 庚午
28 辛未	29 壬申	30 癸酉				

2009 年（平成 21 年）　己丑年

1 月　小寒 1/5　14 時 14 分　乙丑月

日	月	火	水	木	金	土
				1 丙午	2 丁未	3 戊申
4 己酉	5 小寒 庚戌	6 辛亥	7 壬子	8 癸丑	9 甲寅	10 乙卯
11 丙辰	12 丁巳	13 戊午	14 己未	15 庚申	16 辛酉	17 壬戌
18 癸亥	19 甲子	20 乙丑	21 丙寅	22 丁卯	23 戊辰	24 己巳
25 庚午	26 辛未	27 壬申	28 癸酉	29 甲戌	30 乙亥	31 丙子

2 月　立春 2/4　01 時 50 分　丙寅月

日	月	火	水	木	金	土
1 丁丑	2 戊寅	3 己卯	4 立春 庚辰	5 辛巳	6 壬午	7 癸未
8 甲申	9 乙酉	10 丙戌	11 丁亥	12 戊子	13 己丑	14 庚寅
15 辛卯	16 壬辰	17 癸巳	18 甲午	19 乙未	20 丙申	21 丁酉
22 戊戌	23 己亥	24 庚子	25 辛丑	26 壬寅	27 癸卯	28 甲辰

3 月　啓蟄 3/5　19 時 48 分　丁卯月

日	月	火	水	木	金	土
1 乙巳	2 丙午	3 丁未	4 戊申	5 啓蟄 己酉	6 庚戌	7 辛亥
8 壬子	9 癸丑	10 甲寅	11 乙卯	12 丙辰	13 丁巳	14 戊午
15 己未	16 庚申	17 辛酉	18 壬戌	19 癸亥	20 甲子	21 乙丑
22 丙寅	23 丁卯	24 戊辰	25 己巳	26 庚午	27 辛未	28 壬申
29 癸酉	30 甲戌	31 乙亥				

4 月　清明 4/5　00 時 34 分　戊辰月

日	月	火	水	木	金	土
			1 丙子	2 丁丑	3 戊寅	4 己卯
5 清明 庚辰	6 辛巳	7 壬午	8 癸未	9 甲申	10 乙酉	11 丙戌
12 丁亥	13 戊子	14 己丑	15 庚寅	16 辛卯	17 壬辰	18 癸巳
19 甲午	20 乙未	21 丙申	22 丁酉	23 戊戌	24 己亥	25 庚子
26 辛丑	27 壬寅	28 癸卯	29 甲辰	30 乙巳		

5 月　立夏 5/5　17 時 51 分　己巳月

日	月	火	水	木	金	土
					1 丙午	2 丁未
3 戊申	4 己酉	5 立夏 庚戌	6 辛亥	7 壬子	8 癸丑	9 甲寅
10 乙卯	11 丙辰	12 丁巳	13 戊午	14 己未	15 庚申	16 辛酉
17 壬戌	18 癸亥	19 甲子	20 乙丑	21 丙寅	22 丁卯	23 戊辰
24 己巳	25 庚午	26 辛未	27 壬申	28 癸酉	29 甲戌	30 乙亥
31 丙子						

6 月　芒種 6/5　21 時 59 分　庚午月

日	月	火	水	木	金	土
	1 丁丑	2 戊寅	3 己卯	4 庚辰	5 芒種 辛巳	6 壬午
7 癸未	8 甲申	9 乙酉	10 丙戌	11 丁亥	12 戊子	13 己丑
14 庚寅	15 辛卯	16 壬辰	17 癸巳	18 甲午	19 乙未	20 丙申
21 丁酉	22 戊戌	23 己亥	24 庚子	25 辛丑	26 壬寅	27 癸卯
28 甲辰	29 乙巳	30 丙午				

10月　寒露 10/8　12時40分 甲戌月

日	月	火	水	木	金	土
				1 己卯	2 庚辰	3 辛巳
4 壬午	5 癸未	6 甲申	7 乙酉	8 寒露 丙戌	9 丁亥	10 戊子
11 己丑	12 庚寅	13 辛卯	14 壬辰	15 癸巳	16 甲午	17 乙未
18 丙申	19 丁酉	20 戊戌	21 己亥	22 庚子	23 辛丑	24 壬寅
25 癸卯	26 甲辰	27 乙巳	28 丙午	29 丁未	30 戊申	31 己酉

11月　立冬 11/7　15時56分 乙亥月

日	月	火	水	木	金	土
1 庚戌	2 辛亥	3 壬子	4 癸丑	5 甲寅	6 乙卯	7 立冬 丙辰
8 丁巳	9 戊午	10 己未	11 庚申	12 辛酉	13 壬戌	14 癸亥
15 甲子	16 乙丑	17 丙寅	18 丁卯	19 戊辰	20 己巳	21 庚午
22 辛未	23 壬申	24 癸酉	25 甲戌	26 乙亥	27 丙子	28 丁丑
29 戊寅	30 己卯					

12月　大雪 12/7　08時52分 丙子月

日	月	火	水	木	金	土
		1 庚辰	2 辛巳	3 壬午	4 癸未	5 甲申
6 乙酉	7 大雪 丙戌	8 丁亥	9 戊子	10 己丑	11 庚寅	12 辛卯
13 壬辰	14 癸巳	15 甲午	16 乙未	17 丙申	18 丁酉	19 戊戌
20 己亥	21 庚子	22 辛丑	23 壬寅	24 癸卯	25 甲辰	26 乙巳
27 丙午	28 丁未	29 戊申	30 己酉	31 庚戌		

7月　小暑 7/7　08時13分　辛未月

日	月	火	水	木	金	土
			1 丁未	2 戊申	3 己酉	4 庚戌
5 辛亥	6 壬子	7 小暑 癸丑	8 甲寅	9 乙卯	10 丙辰	11 丁巳
12 戊午	13 己未	14 庚申	15 辛酉	16 壬戌	17 癸亥	18 甲子
19 乙丑	20 丙寅	21 丁卯	22 戊辰	23 己巳	24 庚午	25 辛未
26 壬申	27 癸酉	28 甲戌	29 乙亥	30 丙子	31 丁丑	

8月　立秋 8/7　18時01分　壬申月

日	月	火	水	木	金	土
						1 戊寅
2 己卯	3 庚辰	4 辛巳	5 壬午	6 癸未	7 立秋 甲申	8 乙酉
9 丙戌	10 丁亥	11 戊子	12 己丑	13 庚寅	14 辛卯	15 壬辰
16 癸巳	17 甲午	18 乙未	19 丙申	20 丁酉	21 戊戌	22 己亥
23 庚子	24 辛丑	25 壬寅	26 癸卯	27 甲辰	28 乙巳	29 丙午
30 丁未	31 戊申					

9月　白露 9/7　20時58分　癸酉月

日	月	火	水	木	金	土
		1 己酉	2 庚戌	3 辛亥	4 壬子	5 癸丑
6 甲寅	7 白露 乙卯	8 丙辰	9 丁巳	10 戊午	11 己未	12 庚申
13 辛酉	14 壬戌	15 癸亥	16 甲子	17 乙丑	18 丙寅	19 丁卯
20 戊辰	21 己巳	22 庚午	23 辛未	24 壬申	25 癸酉	26 甲戌
27 乙亥	28 丙子	29 丁丑	30 戊寅			

2010 年（平成 22 年）　庚寅年

1 月　小寒 1/5　20 時 09 分　丁丑月

日	月	火	水	木	金	土
					1 辛亥	2 壬子
3 癸丑	4 甲寅	5 小寒 乙卯	6 丙辰	7 丁巳	8 戊午	9 己未
10 庚申	11 辛酉	12 壬戌	13 癸亥	14 甲子	15 乙丑	16 丙寅
17 丁卯	18 戊辰	19 己巳	20 庚午	21 辛未	22 壬申	23 癸酉
24 甲戌	25 乙亥	26 丙子	27 丁丑	28 戊寅	29 己卯	30 庚辰
31 辛巳						

2 月　立春 2/4　07 時 48 分　戊寅月

日	月	火	水	木	金	土
	1 壬午	2 癸未	3 甲申	4 立春 乙酉	5 丙戌	6 丁亥
7 戊子	8 己丑	9 庚寅	10 辛卯	11 壬辰	12 癸巳	13 甲午
14 乙未	15 丙申	16 丁酉	17 戊戌	18 己亥	19 庚子	20 辛丑
21 壬寅	22 癸卯	23 甲辰	24 乙巳	25 丙午	26 丁未	27 戊申
28 己酉						

3 月　啓蟄 3/6　01 時 46 分　己卯月

日	月	火	水	木	金	土
	1 庚戌	2 辛亥	3 壬子	4 癸丑	5 甲寅	6 啓蟄 乙卯
7 丙辰	8 丁巳	9 戊午	10 己未	11 庚申	12 辛酉	13 壬戌
14 癸亥	15 甲子	16 乙丑	17 丙寅	18 丁卯	19 戊辰	20 己巳
21 庚午	22 辛未	23 壬申	24 癸酉	25 甲戌	26 乙亥	27 丙子
28 丁丑	29 戊寅	30 己卯	31 庚辰			

4 月　清明 4/5　06 時 30 分　庚辰月

日	月	火	水	木	金	土
				1 辛巳	2 壬午	3 癸未
4 甲申	5 清明 乙酉	6 丙戌	7 丁亥	8 戊子	9 己丑	10 庚寅
11 辛卯	12 壬辰	13 癸巳	14 甲午	15 乙未	16 丙申	17 丁酉
18 戊戌	19 己亥	20 庚子	21 辛丑	22 壬寅	23 癸卯	24 甲辰
25 乙巳	26 丙午	27 丁未	28 戊申	29 己酉	30 庚戌	

5 月　立夏 5/5　23 時 44 分　辛巳月

日	月	火	水	木	金	土
						1 辛亥
2 壬子	3 癸丑	4 甲寅	5 立夏 乙卯	6 丙辰	7 丁巳	8 戊午
9 己未	10 庚申	11 辛酉	12 壬戌	13 癸亥	14 甲子	15 乙丑
16 丙寅	17 丁卯	18 戊辰	19 己巳	20 庚午	21 辛未	22 壬申
23 癸酉	24 甲戌	25 乙亥	26 丙子	27 丁丑	28 戊寅	29 己卯
30 庚辰	31 辛巳					

6 月　芒種 6/6　03 時 49 分　壬午月

日	月	火	水	木	金	土
		1 壬午	2 癸未	3 甲申	4 乙酉	5 丙戌
6 芒種 丁亥	7 戊子	8 己丑	9 庚寅	10 辛卯	11 壬辰	12 癸巳
13 甲午	14 乙未	15 丙申	16 丁酉	17 戊戌	18 己亥	19 庚子
20 辛丑	21 壬寅	22 癸卯	23 甲辰	24 乙巳	25 丙午	26 丁未
27 戊申	28 己酉	29 庚戌	30 辛亥			

10月　寒露 10/8　18時26分 丙戌月

日	月	火	水	木	金	土
					1 甲申	2 乙酉
3 丙戌	4 丁亥	5 戊子	6 己丑	7 庚寅	8 寒露 辛卯	9 壬辰
10 癸巳	11 甲午	12 乙未	13 丙申	14 丁酉	15 戊戌	16 己亥
17 庚子	18 辛丑	19 壬寅	20 癸卯	21 甲辰	22 乙巳	23 丙午
24 丁未	25 戊申	26 己酉	27 庚戌	28 辛亥	29 壬子	30 癸丑
31 甲寅						

11月　立冬 11/7　21時42分 丁亥月

日	月	火	水	木	金	土
	1 乙卯	2 丙辰	3 丁巳	4 戊午	5 己未	6 庚申
7 立冬 辛酉	8 壬戌	9 癸亥	10 甲子	11 乙丑	12 丙寅	13 丁卯
14 戊辰	15 己巳	16 庚午	17 辛未	18 壬申	19 癸酉	20 甲戌
21 乙亥	22 丙子	23 丁丑	24 戊寅	25 己卯	26 庚辰	27 辛巳
28 壬午	29 癸未	30 甲申				

12月　大雪 12/7　14時38分 戊子月

日	月	火	水	木	金	土
			1 乙酉	2 丙戌	3 丁亥	4 戊子
5 己丑	6 庚寅	7 大雪 辛卯	8 壬辰	9 癸巳	10 甲午	11 乙未
12 丙申	13 丁酉	14 戊戌	15 己亥	16 庚子	17 辛丑	18 壬寅
19 癸卯	20 甲辰	21 乙巳	22 丙午	23 丁未	24 戊申	25 己酉
26 庚戌	27 辛亥	28 壬子	29 癸丑	30 甲寅	31 乙卯	

7月　小暑 7/7　14時02分　癸未月

日	月	火	水	木	金	土
				1 壬子	2 癸丑	3 甲寅
4 乙卯	5 丙辰	6 丁巳	7 小暑 戊午	8 己未	9 庚申	10 辛酉
11 壬戌	12 癸亥	13 甲子	14 乙丑	15 丙寅	16 丁卯	17 戊辰
18 己巳	19 庚午	20 辛未	21 壬申	22 癸酉	23 甲戌	24 乙亥
25 丙子	26 丁丑	27 戊寅	28 己卯	29 庚辰	30 辛巳	31 壬午

8月　立秋 8/7　23時49分　甲申月

日	月	火	水	木	金	土
1 癸未	2 甲申	3 乙酉	4 丙戌	5 丁亥	6 戊子	7 立秋 己丑
8 庚寅	9 辛卯	10 壬辰	11 癸巳	12 甲午	13 乙未	14 丙申
15 丁酉	16 戊戌	17 己亥	18 庚子	19 辛丑	20 壬寅	21 癸卯
22 甲辰	23 乙巳	24 丙午	25 丁未	26 戊申	27 己酉	28 庚戌
29 辛亥	30 壬子	31 癸丑				

9月　白露 9/8　02時45分　乙酉月

日	月	火	水	木	金	土
			1 甲寅	2 乙卯	3 丙辰	4 丁巳
5 戊午	6 己未	7 庚申	8 白露 辛酉	9 壬戌	10 癸亥	11 甲子
12 乙丑	13 丙寅	14 丁卯	15 戊辰	16 己巳	17 庚午	18 辛未
19 壬申	20 癸酉	21 甲戌	22 乙亥	23 丙子	24 丁丑	25 戊寅
26 己卯	27 庚辰	28 辛巳	29 壬午	30 癸未		

2011年（平成23年）　辛卯年

1月　小寒 1/6　01時55分　己丑月

日	月	火	水	木	金	土
						1 丙辰
2 丁巳	3 戊午	4 己未	5 庚申	6 小寒 辛酉	7 壬戌	8 癸亥
9 甲子	10 乙丑	11 丙寅	12 丁卯	13 戊辰	14 己巳	15 庚午
16 辛未	17 壬申	18 癸酉	19 甲戌	20 乙亥	21 丙子	22 丁丑
23 戊寅	24 己卯	25 庚辰	26 辛巳	27 壬午	28 癸未	29 甲申
30 乙酉	31 丙戌					

2月　立春 2/4　13時33分　庚寅月

日	月	火	水	木	金	土
		1 丁亥	2 戊子	3 己丑	4 立春 庚寅	5 辛卯
6 壬辰	7 癸巳	8 甲午	9 乙未	10 丙申	11 丁酉	12 戊戌
13 己亥	14 庚子	15 辛丑	16 壬寅	17 癸卯	18 甲辰	19 乙巳
20 丙午	21 丁未	22 戊申	23 己酉	24 庚戌	25 辛亥	26 壬子
27 癸丑	28 甲寅					

3月　啓蟄 3/6　07時30分　辛卯月

日	月	火	水	木	金	土
		1 乙卯	2 丙辰	3 丁巳	4 戊午	5 己未
6 啓蟄 庚申	7 辛酉	8 壬戌	9 癸亥	10 甲子	11 乙丑	12 丙寅
13 丁卯	14 戊辰	15 己巳	16 庚午	17 辛未	18 壬申	19 癸酉
20 甲戌	21 乙亥	22 丙子	23 丁丑	24 戊寅	25 己卯	26 庚辰
27 辛巳	28 壬午	29 癸未	30 甲申	31 乙酉		

4月　清明 4/5　12時12分　壬辰月

日	月	火	水	木	金	土
					1 丙戌	2 丁亥
3 戊子	4 己丑	5 清明 庚寅	6 辛卯	7 壬辰	8 癸巳	9 甲午
10 乙未	11 丙申	12 丁酉	13 戊戌	14 己亥	15 庚子	16 辛丑
17 壬寅	18 癸卯	19 甲辰	20 乙巳	21 丙午	22 丁未	23 戊申
24 己酉	25 庚戌	26 辛亥	27 壬子	28 癸丑	29 甲寅	30 乙卯

5月　立夏 5/6　05時23分　癸巳月

日	月	火	水	木	金	土
1 丙辰	2 丁巳	3 戊午	4 己未	5 庚申	6 立夏 辛酉	7 壬戌
8 癸亥	9 甲子	10 乙丑	11 丙寅	12 丁卯	13 戊辰	14 己巳
15 庚午	16 辛未	17 壬申	18 癸酉	19 甲戌	20 乙亥	21 丙子
22 丁丑	23 戊寅	24 己卯	25 庚辰	26 辛巳	27 壬午	28 癸未
29 甲申	30 乙酉	31 丙戌				

6月　芒種 6/6　09時27分　甲午月

日	月	火	水	木	金	土
			1 丁亥	2 戊子	3 己丑	4 庚寅
5 辛卯	6 芒種 壬辰	7 癸巳	8 甲午	9 乙未	10 丙申	11 丁酉
12 戊戌	13 己亥	14 庚子	15 辛丑	16 壬寅	17 癸卯	18 甲辰
19 乙巳	20 丙午	21 丁未	22 戊申	23 己酉	24 庚戌	25 辛亥
26 壬子	27 癸丑	28 甲寅	29 乙卯	30 丙辰		

10月　寒露 10/9　00 時 19 分 戊戌月

日	月	火	水	木	金	土
						1 己丑
2 庚寅	3 辛卯	4 壬辰	5 癸巳	6 甲午	7 乙未	8 丙申
9 寒露 丁酉	10 戊戌	11 己亥	12 庚子	13 辛丑	14 壬寅	15 癸卯
16 甲辰	17 乙巳	18 丙午	19 丁未	20 戊申	21 己酉	22 庚戌
23 辛亥	24 壬子	25 癸丑	26 甲寅	27 乙卯	28 丙辰	29 丁巳
30 戊午	31 己未					

11月　立冬 11/8　03 時 35 分 己亥月

日	月	火	水	木	金	土
		1 庚申	2 辛酉	3 壬戌	4 癸亥	5 甲子
6 乙丑	7 丙寅	8 立冬 丁卯	9 戊辰	10 己巳	11 庚午	12 辛未
13 壬申	14 癸酉	15 甲戌	16 乙亥	17 丙子	18 丁丑	19 戊寅
20 己卯	21 庚辰	22 辛巳	23 壬午	24 癸未	25 甲申	26 乙酉
27 丙戌	28 丁亥	29 戊子	30 己丑			

12月　大雪 12/7　20 時 29 分 庚子月

日	月	火	水	木	金	土
				1 庚寅	2 辛卯	3 壬辰
4 癸巳	5 甲午	6 乙未	7 大雪 丙申	8 丁酉	9 戊戌	10 己亥
11 庚子	12 辛丑	13 壬寅	14 癸卯	15 甲辰	16 乙巳	17 丙午
18 丁未	19 戊申	20 己酉	21 庚戌	22 辛亥	23 壬子	24 癸丑
25 甲寅	26 乙卯	27 丙辰	28 丁巳	29 戊午	30 己未	31 庚申

7 月　小暑 7/7　19 時 42 分　乙未月

日	月	火	水	木	金	土
					1 丁巳	2 戊午
3 己未	4 庚申	5 辛酉	6 壬戌	7 小暑 癸亥	8 甲子	9 乙丑
10 丙寅	11 丁卯	12 戊辰	13 己巳	14 庚午	15 辛未	16 壬申
17 癸酉	18 甲戌	19 乙亥	20 丙子	21 丁丑	22 戊寅	23 己卯
24 庚辰	25 辛巳	26 壬午	27 癸未	28 甲申	29 乙酉	30 丙戌
31 丁亥						

8 月　立秋 8/8　05 時 33 分　丙申月

日	月	火	水	木	金	土
	1 戊子	2 己丑	3 庚寅	4 辛卯	5 壬辰	6 癸巳
7 甲午	8 立秋 乙未	9 丙申	10 丁酉	11 戊戌	12 己亥	13 庚子
14 辛丑	15 壬寅	16 癸卯	17 甲辰	18 乙巳	19 丙午	20 丁未
21 戊申	22 己酉	23 庚戌	24 辛亥	25 壬子	26 癸丑	27 甲寅
28 乙卯	29 丙辰	30 丁巳	31 戊午			

9 月　白露 9/8　08 時 34 分　丁酉月

日	月	火	水	木	金	土
				1 己未	2 庚申	3 辛酉
4 壬戌	5 癸亥	6 甲子	7 乙丑	8 白露 丙寅	9 丁卯	10 戊辰
11 己巳	12 庚午	13 辛未	14 壬申	15 癸酉	16 甲戌	17 乙亥
18 丙子	19 丁丑	20 戊寅	21 己卯	22 庚辰	23 辛巳	24 壬午
25 癸未	26 甲申	27 乙酉	28 丙戌	29 丁亥	30 戊子	

2012年（平成24年）　壬辰年

4月　清明 4/4　18時06分　甲辰月

日	月	火	水	木	金	土
1 壬辰	2 癸巳	3 甲午	4 清明 乙未	5 丙申	6 丁酉	7 戊戌
8 己亥	9 庚子	10 辛丑	11 壬寅	12 癸卯	13 甲辰	14 乙巳
15 丙午	16 丁未	17 戊申	18 己酉	19 庚戌	20 辛亥	21 壬子
22 癸丑	23 甲寅	24 乙卯	25 丙辰	26 丁巳	27 戊午	28 己未
29 庚申	30 辛酉					

5月　立夏 5/5　11時20分　乙巳月

日	月	火	水	木	金	土
		1 壬戌	2 癸亥	3 甲子	4 乙丑	5 立夏 丙寅
6 丁卯	7 戊辰	8 己巳	9 庚午	10 辛未	11 壬申	12 癸酉
13 甲戌	14 乙亥	15 丙子	16 丁丑	17 戊寅	18 己卯	19 庚辰
20 辛巳	21 壬午	22 癸未	23 甲申	24 乙酉	25 丙戌	26 丁亥
27 戊子	28 己丑	29 庚寅	30 辛卯	31 壬辰		

6月　芒種 6/5　15時26分　丙午月

日	月	火	水	木	金	土
					1 癸巳	2 甲午
3 乙未	4 丙申	5 芒種 丁酉	6 戊戌	7 己亥	8 庚子	9 辛丑
10 壬寅	11 癸卯	12 甲辰	13 乙巳	14 丙午	15 丁未	16 戊申
17 己酉	18 庚戌	19 辛亥	20 壬子	21 癸丑	22 甲寅	23 乙卯
24 丙辰	25 丁巳	26 戊午	27 己未	28 庚申	29 辛酉	30 壬戌

1月　小寒 1/6　07時44分　辛丑月

日	月	火	水	木	金	土
1 辛酉	2 壬戌	3 癸亥	4 甲子	5 乙丑	6 小寒 丙寅	7 丁卯
8 戊辰	9 己巳	10 庚午	11 辛未	12 壬申	13 癸酉	14 甲戌
15 乙亥	16 丙子	17 丁丑	18 戊寅	19 己卯	20 庚辰	21 辛巳
22 壬午	23 癸未	24 甲申	25 乙酉	26 丙戌	27 丁亥	28 戊子
29 己丑	30 庚寅	31 辛卯				

2月　立春 2/4　19時22分　壬寅月

日	月	火	水	木	金	土
			1 壬辰	2 癸巳	3 甲午	4 立春 乙未
5 丙申	6 丁酉	7 戊戌	8 己亥	9 庚子	10 辛丑	11 壬寅
12 癸卯	13 甲辰	14 乙巳	15 丙午	16 丁未	17 戊申	18 己酉
19 庚戌	20 辛亥	21 壬子	22 癸丑	23 甲寅	24 乙卯	25 丙辰
26 丁巳	27 戊午	28 己未	29 庚申			

3月　啓蟄 3/5　13時21分　癸卯月

日	月	火	水	木	金	土
				1 辛酉	2 壬戌	3 癸亥
4 甲子	5 啓蟄 乙丑	6 丙寅	7 丁卯	8 戊辰	9 己巳	10 庚午
11 辛未	12 壬申	13 癸酉	14 甲戌	15 乙亥	16 丙子	17 丁丑
18 戊寅	19 己卯	20 庚辰	21 辛巳	22 壬午	23 癸未	24 甲申
25 乙酉	26 丙戌	27 丁亥	28 戊子	29 己丑	30 庚寅	31 辛卯

10月　寒露 10/8　06時12分 庚戌月

日	月	火	水	木	金	土
	1 乙未	2 丙申	3 丁酉	4 戊戌	5 己亥	6 庚子
7 辛丑	8 寒露 壬寅	9 癸卯	10 甲辰	11 乙巳	12 丙午	13 丁未
14 戊申	15 己酉	16 庚戌	17 辛亥	18 壬子	19 癸丑	20 甲寅
21 乙卯	22 丙辰	23 丁巳	24 戊午	25 己未	26 庚申	27 辛酉
28 壬戌	29 癸亥	30 甲子	31 乙丑			

11月　立冬 11/7　09時26分 辛亥月

日	月	火	水	木	金	土
				1 丙寅	2 丁卯	3 戊辰
4 己巳	5 庚午	6 辛未	7 立冬 壬申	8 癸酉	9 甲戌	10 乙亥
11 丙子	12 丁丑	13 戊寅	14 己卯	15 庚辰	16 辛巳	17 壬午
18 癸未	19 甲申	20 乙酉	21 丙戌	22 丁亥	23 戊子	24 己丑
25 庚寅	26 辛卯	27 壬辰	28 癸巳	29 甲午	30 乙未	

12月　大雪 12/7　02時19分 壬子月

日	月	火	水	木	金	土
						1 丙申
2 丁酉	3 戊戌	4 己亥	5 庚子	6 辛丑	7 大雪 壬寅	8 癸卯
9 甲辰	10 乙巳	11 丙午	12 丁未	13 戊申	14 己酉	15 庚戌
16 辛亥	17 壬子	18 癸丑	19 甲寅	20 乙卯	21 丙辰	22 丁巳
23 戊午	24 己未	25 庚申	26 辛酉	27 壬戌	28 癸亥	29 甲子
30 乙丑	31 丙寅					

7月　小暑 7/7　01時41分　丁未月

日	月	火	水	木	金	土
1 癸亥	2 甲子	3 乙丑	4 丙寅	5 丁卯	6 戊辰	7 小暑 己巳
8 庚午	9 辛未	10 壬申	11 癸酉	12 甲戌	13 乙亥	14 丙子
15 丁丑	16 戊寅	17 己卯	18 庚辰	19 辛巳	20 壬午	21 癸未
22 甲申	23 乙酉	24 丙戌	25 丁亥	26 戊子	27 己丑	28 庚寅
29 辛卯	30 壬辰	31 癸巳				

8月　立秋 8/7　11時31分　戊申月

日	月	火	水	木	金	土
			1 甲午	2 乙未	3 丙申	4 丁酉
5 戊戌	6 己亥	7 立秋 庚子	8 辛丑	9 壬寅	10 癸卯	11 甲辰
12 乙巳	13 丙午	14 丁未	15 戊申	16 己酉	17 庚戌	18 辛亥
19 壬子	20 癸丑	21 甲寅	22 乙卯	23 丙辰	24 丁巳	25 戊午
26 己未	27 庚申	28 辛酉	29 壬戌	30 癸亥	31 甲子	

9月　白露 9/7　14時29分　己酉月

日	月	火	水	木	金	土
						1 乙丑
2 丙寅	3 丁卯	4 戊辰	5 己巳	6 庚午	7 白露 辛未	8 壬申
9 癸酉	10 甲戌	11 乙亥	12 丙子	13 丁丑	14 戊寅	15 己卯
16 庚辰	17 辛巳	18 壬午	19 癸未	20 甲申	21 乙酉	22 丙戌
23 丁亥	24 戊子	25 己丑	26 庚寅	27 辛卯	28 壬辰	29 癸巳
30 甲午						

2013年（平成25年）　癸巳年

4月　清明 4/5　00時02分　丙辰月

日	月	火	水	木	金	土
	1 丁酉	2 戊戌	3 己亥	4 庚子	5 清明 辛丑	6 壬寅
7 癸卯	8 甲辰	9 乙巳	10 丙午	11 丁未	12 戊申	13 己酉
14 庚戌	15 辛亥	16 壬子	17 癸丑	18 甲寅	19 乙卯	20 丙辰
21 丁巳	22 戊午	23 己未	24 庚申	25 辛酉	26 壬戌	27 癸亥
28 甲子	29 乙丑	30 丙寅				

5月　立夏 5/5　17時18分　丁巳月

日	月	火	水	木	金	土
			1 丁卯	2 戊辰	3 己巳	4 庚午
5 立夏 辛未	6 壬申	7 癸酉	8 甲戌	9 乙亥	10 丙子	11 丁丑
12 戊寅	13 己卯	14 庚辰	15 辛巳	16 壬午	17 癸未	18 甲申
19 乙酉	20 丙戌	21 丁亥	22 戊子	23 己丑	24 庚寅	25 辛卯
26 壬辰	27 癸巳	28 甲午	29 乙未	30 丙申	31 丁酉	

6月　芒種 6/5　21時23分　戊午月

日	月	火	水	木	金	土
						1 戊戌
2 己亥	3 庚子	4 辛丑	5 芒種 壬寅	6 癸卯	7 甲辰	8 乙巳
9 丙午	10 丁未	11 戊申	12 己酉	13 庚戌	14 辛亥	15 壬子
16 癸丑	17 甲寅	18 乙卯	19 丙辰	20 丁巳	21 戊午	22 己未
23 庚申	24 辛酉	25 壬戌	26 癸亥	27 甲子	28 乙丑	29 丙寅
30 丁卯						

1月　小寒 1/5　13時34分　癸丑月

日	月	火	水	木	金	土
		1 丁卯	2 戊辰	3 己巳	4 庚午	5 小寒 辛未
6 壬申	7 癸酉	8 甲戌	9 乙亥	10 丙子	11 丁丑	12 戊寅
13 己卯	14 庚辰	15 辛巳	16 壬午	17 癸未	18 甲申	19 乙酉
20 丙戌	21 丁亥	22 戊子	23 己丑	24 庚寅	25 辛卯	26 壬辰
27 癸巳	28 甲午	29 乙未	30 丙申	31 丁酉		

2月　立春 2/4　01時13分　甲寅月

日	月	火	水	木	金	土
					1 戊戌	2 己亥
3 庚子	4 立春 辛丑	5 壬寅	6 癸卯	7 甲辰	8 乙巳	9 丙午
10 丁未	11 戊申	12 己酉	13 庚戌	14 辛亥	15 壬子	16 癸丑
17 甲寅	18 乙卯	19 丙辰	20 丁巳	21 戊午	22 己未	23 庚申
24 辛酉	25 壬戌	26 癸亥	27 甲子	28 乙丑		

3月　啓蟄 3/5　19時15分　乙卯月

日	月	火	水	木	金	土
					1 丙寅	2 丁卯
3 戊辰	4 己巳	5 啓蟄 庚午	6 辛未	7 壬申	8 癸酉	9 甲戌
10 乙亥	11 丙子	12 丁丑	13 戊寅	14 己卯	15 庚辰	16 辛巳
17 壬午	18 癸未	19 甲申	20 乙酉	21 丙戌	22 丁亥	23 戊子
24 己丑	25 庚寅	26 辛卯	27 壬辰	28 癸巳	29 甲午	30 乙未
31 丙申						

10月　寒露 10/8　11時58分 壬戌月

日	月	火	水	木	金	土
		1 庚子	2 辛丑	3 壬寅	4 癸卯	5 甲辰
6 乙巳	7 丙午	8 寒露 丁未	9 戊申	10 己酉	11 庚戌	12 辛亥
13 壬子	14 癸丑	15 甲寅	16 乙卯	17 丙辰	18 丁巳	19 戊午
20 己未	21 庚申	22 辛酉	23 壬戌	24 癸亥	25 甲子	26 乙丑
27 丙寅	28 丁卯	29 戊辰	30 己巳	31 庚午		

11月　立冬 11/7　15時14分 癸亥月

日	月	火	水	木	金	土
					1 辛未	2 壬申
3 癸酉	4 甲戌	5 乙亥	6 丙子	7 立冬 丁丑	8 戊寅	9 己卯
10 庚辰	11 辛巳	12 壬午	13 癸未	14 甲申	15 乙酉	16 丙戌
17 丁亥	18 戊子	19 己丑	20 庚寅	21 辛卯	22 壬辰	23 癸巳
24 甲午	25 乙未	26 丙申	27 丁酉	28 戊戌	29 己亥	30 庚子

12月　大雪 12/7　08時09分 甲子月

日	月	火	水	木	金	土
1 辛丑	2 壬寅	3 癸卯	4 甲辰	5 乙巳	6 丙午	7 大雪 丁未
8 戊申	9 己酉	10 庚戌	11 辛亥	12 壬子	13 癸丑	14 甲寅
15 乙卯	16 丙辰	17 丁巳	18 戊午	19 己未	20 庚申	21 辛酉
22 壬戌	23 癸亥	24 甲子	25 乙丑	26 丙寅	27 丁卯	28 戊辰
29 己巳	30 庚午	31 辛未				

7月　小暑 7/7　07時35分　己未月

日	月	火	水	木	金	土
	1 戊辰	2 己巳	3 庚午	4 辛未	5 壬申	6 癸酉
7 小暑 甲戌	8 乙亥	9 丙子	10 丁丑	11 戊寅	12 己卯	13 庚辰
14 辛巳	15 壬午	16 癸未	17 甲申	18 乙酉	19 丙戌	20 丁亥
21 戊子	22 己丑	23 庚寅	24 辛卯	25 壬辰	26 癸巳	27 甲午
28 乙未	29 丙申	30 丁酉	31 戊戌			

8月　立秋 8/7　17時20分　庚申月

日	月	火	水	木	金	土
				1 己亥	2 庚子	3 辛丑
4 壬寅	5 癸卯	6 甲辰	7 立秋 乙巳	8 丙午	9 丁未	10 戊申
11 己酉	12 庚戌	13 辛亥	14 壬子	15 癸丑	16 甲寅	17 乙卯
18 丙辰	19 丁巳	20 戊午	21 己未	22 庚申	23 辛酉	24 壬戌
25 癸亥	26 甲子	27 乙丑	28 丙寅	29 丁卯	30 戊辰	31 己巳

9月　白露 9/7　20時16分　辛酉月

日	月	火	水	木	金	土
1 庚午	2 辛未	3 壬申	4 癸酉	5 甲戌	6 乙亥	7 白露 丙子
8 丁丑	9 戊寅	10 己卯	11 庚辰	12 辛巳	13 壬午	14 癸未
15 甲申	16 乙酉	17 丙戌	18 丁亥	19 戊子	20 己丑	21 庚寅
22 辛卯	23 壬辰	24 癸巳	25 甲午	26 乙未	27 丙申	28 丁酉
29 戊戌	30 己亥					

2014 年（平成 26 年）　甲午年

1 月　小寒 1/5　19 時 24 分　乙丑月

日	月	火	水	木	金	土
			1 壬申	2 癸酉	3 甲戌	4 乙亥
5 小寒 丙子	6 丁丑	7 戊寅	8 己卯	9 庚辰	10 辛巳	11 壬午
12 癸未	13 甲申	14 乙酉	15 丙戌	16 丁亥	17 戊子	18 己丑
19 庚寅	20 辛卯	21 壬辰	22 癸巳	23 甲午	24 乙未	25 丙申
26 丁酉	27 戊戌	28 己亥	29 庚子	30 辛丑	31 壬寅	

2 月　立春 2/4　07 時 03 分　丙寅月

日	月	火	水	木	金	土
						1 癸卯
2 甲辰	3 乙巳	4 立春 丙午	5 丁未	6 戊申	7 己酉	8 庚戌
9 辛亥	10 壬子	11 癸丑	12 甲寅	13 乙卯	14 丙辰	15 丁巳
16 戊午	17 己未	18 庚申	19 辛酉	20 壬戌	21 癸亥	22 甲子
23 乙丑	24 丙寅	25 丁卯	26 戊辰	27 己巳	28 庚午	

3 月　啓蟄 3/6　01 時 02 分　丁卯月

日	月	火	水	木	金	土
						1 辛未
2 壬申	3 癸酉	4 甲戌	5 乙亥	6 啓蟄 丙子	7 丁丑	8 戊寅
9 己卯	10 庚辰	11 辛巳	12 壬午	13 癸未	14 甲申	15 乙酉
16 丙戌	17 丁亥	18 戊子	19 己丑	20 庚寅	21 辛卯	22 壬辰
23 癸巳	24 甲午	25 乙未	26 丙申	27 丁酉	28 戊戌	29 己亥
30 庚子	31 辛丑					

4 月　清明 4/5　05 時 47 分　戊辰月

日	月	火	水	木	金	土
		1 壬寅	2 癸卯	3 甲辰	4 乙巳	5 清明 丙午
6 丁未	7 戊申	8 己酉	9 庚戌	10 辛亥	11 壬子	12 癸丑
13 甲寅	14 乙卯	15 丙辰	16 丁巳	17 戊午	18 己未	19 庚申
20 辛酉	21 壬戌	22 癸亥	23 甲子	24 乙丑	25 丙寅	26 丁卯
27 戊辰	28 己巳	29 庚午	30 辛未			

5 月　立夏 5/5　22 時 59 分　己巳月

日	月	火	水	木	金	土
				1 壬申	2 癸酉	3 甲戌
4 乙亥	5 立夏 丙子	6 丁丑	7 戊寅	8 己卯	9 庚辰	10 辛巳
11 壬午	12 癸未	13 甲申	14 乙酉	15 丙戌	16 丁亥	17 戊子
18 己丑	19 庚寅	20 辛卯	21 壬辰	22 癸巳	23 甲午	24 乙未
25 丙申	26 丁酉	27 戊戌	28 己亥	29 庚子	30 辛丑	31 壬寅

6 月　芒種 6/6　03 時 03 分　庚午月

日	月	火	水	木	金	土
1 癸卯	2 甲辰	3 乙巳	4 丙午	5 丁未	6 芒種 戊申	7 己酉
8 庚戌	9 辛亥	10 壬子	11 癸丑	12 甲寅	13 乙卯	14 丙辰
15 丁巳	16 戊午	17 己未	18 庚申	19 辛酉	20 壬戌	21 癸亥
22 甲子	23 乙丑	24 丙寅	25 丁卯	26 戊辰	27 己巳	28 庚午
29 辛未	30 壬申					

10月　寒露 10/8　17時48分　甲戌月

日	月	火	水	木	金	土
			1 乙巳	2 丙午	3 丁未	4 戊申
5 己酉	6 庚戌	7 辛亥	8 寒露 壬子	9 癸丑	10 甲寅	11 乙卯
12 丙辰	13 丁巳	14 戊午	15 己未	16 庚申	17 辛酉	18 壬戌
19 癸亥	20 甲子	21 乙丑	22 丙寅	23 丁卯	24 戊辰	25 己巳
26 庚午	27 辛未	28 壬申	29 癸酉	30 甲戌	31 乙亥	

11月　立冬 11/7　21時07分　乙亥月

日	月	火	水	木	金	土
						1 丙子
2 丁丑	3 戊寅	4 己卯	5 庚辰	6 辛巳	7 立冬 壬午	8 癸未
9 甲申	10 乙酉	11 丙戌	12 丁亥	13 戊子	14 己丑	15 庚寅
16 辛卯	17 壬辰	18 癸巳	19 甲午	20 乙未	21 丙申	22 丁酉
23 戊戌	24 己亥	25 庚子	26 辛丑	27 壬寅	28 癸卯	29 甲辰
30 乙巳						

12月　大雪 12/7　14時04分　丙子月

日	月	火	水	木	金	土
	1 丙午	2 丁未	3 戊申	4 己酉	5 庚戌	6 辛亥
7 大雪 壬子	8 癸丑	9 甲寅	10 乙卯	11 丙辰	12 丁巳	13 戊午
14 己未	15 庚申	16 辛酉	17 壬戌	18 癸亥	19 甲子	20 乙丑
21 丙寅	22 丁卯	23 戊辰	24 己巳	25 庚午	26 辛未	27 壬申
28 癸酉	29 甲戌	30 乙亥	31 丙子			

7月　小暑 7/7　13時15分　辛未月

日	月	火	水	木	金	土
		1 癸酉	2 甲戌	3 乙亥	4 丙子	5 丁丑
6 戊寅	7 小暑 己卯	8 庚辰	9 辛巳	10 壬午	11 癸未	12 甲申
13 乙酉	14 丙戌	15 丁亥	16 戊子	17 己丑	18 庚寅	19 辛卯
20 壬辰	21 癸巳	22 甲午	23 乙未	24 丙申	25 丁酉	26 戊戌
27 己亥	28 庚子	29 辛丑	30 壬寅	31 癸卯		

8月　立秋 8/7　23時02分　壬申月

日	月	火	水	木	金	土
					1 甲辰	2 乙巳
3 丙午	4 丁未	5 戊申	6 己酉	7 立秋 庚戌	8 辛亥	9 壬子
10 癸丑	11 甲寅	12 乙卯	13 丙辰	14 丁巳	15 戊午	16 己未
17 庚申	18 辛酉	19 壬戌	20 癸亥	21 甲子	22 乙丑	23 丙寅
24 丁卯	25 戊辰	26 己巳	27 庚午	28 辛未	29 壬申	30 癸酉
31 甲戌						

9月　白露 9/8　02時01分　癸酉月

日	月	火	水	木	金	土
	1 乙亥	2 丙子	3 丁丑	4 戊寅	5 己卯	6 庚辰
7 辛巳	8 白露 壬午	9 癸未	10 甲申	11 乙酉	12 丙戌	13 丁亥
14 戊子	15 己丑	16 庚寅	17 辛卯	18 壬辰	19 癸巳	20 甲午
21 乙未	22 丙申	23 丁酉	24 戊戌	25 己亥	26 庚子	27 辛丑
28 壬寅	29 癸卯	30 甲辰				

著者略歴＊御堂龍児（みどう　りゅうじ）
1980年以来、台湾において風水を正統的に伝える老師より知識・技術を修得。尋龍点穴ができる日本唯一の風水師として高い評価を受け、活躍の場は台湾・韓国にまで広がる。昨今の矮小化された風水ブームを憂い、「大自然の流れの中の風水」を信条に、本来的な開運法を紹介。主宰する山川哲学委員会においては、四柱推命の伝授にも力を注いでいる。『定本地理風水大全』（国書刊行会）、『喜神占星術』（竹内書店新社）、『「タオ」のパワースポット』（講談社）など著書多数。

山川哲学委員会
〒160-0023　東京都新宿区西新宿7-22-9-1F
TEL 03-5389-4866　http://www.mido-ryuji.com

四柱《しちゅう》推命《すいめい》大鑑《たいかん》

二〇一四年十一月十四日初版第一刷発行
二〇二一年一月二十五日初版第二刷発行

著　者　御堂龍児
発行者　佐藤今朝夫
発行所　株式会社国書刊行会
東京都板橋区志村一-一三-一五
電話〇三(五九七〇)七四二一　FAX〇三(五九七〇)七四二七
https://www.kokusho.co.jp
印　刷　三報社印刷株式会社
製　本　株式会社ブックアート
装　丁　長井究衡

ISBN978-4-336-05803-4